天
Borderless
下

天下，在乎正义和你

天

Borderless

下

早期中国的法律世界

李平 著

法律出版社 LAW PRESS·CHINA

北京

图书在版编目（CIP）数据

早期中国的法律世界 / 李平著. -- 北京：法律出版社, 2023
ISBN 978-7-5197-7941-2

Ⅰ. ①早… Ⅱ. ①李… Ⅲ. ①法制史–研究–中国
Ⅳ. ①D929

中国国家版本馆CIP数据核字（2023）第089858号

早期中国的法律世界
ZAOQI ZHONGGUO DE FALÜ SHIJIE

作　　者：李　平
责任编辑：韩满春
装帧设计：贾丹丹
出版发行：法律出版社
编辑统筹：学术・对外出版分社
责任校对：王　丰　郭艳萍
责任印制：陶　松
经　　销：新华书店
开　　本：A5
印　　张：12.5
字　　数：286千
版　　本：2023年8月第1版
印　　次：2023年8月第1次印刷
印　　刷：天津嘉恒印务有限公司
书　　号：ISBN 978-7-5197-7941-2
定　　价：78.00元

销售电话：010-83938349　客服电话：010-83938350　咨询电话：010-63939796
地　　址：北京市丰台区莲花池西里7号(100073)
网　　址：www.lawpress.com.cn
投稿邮箱：info@lawpress.com.cn
举报盗版邮箱：jbwq@lawpress.com.cn
凡购买本社图书，如有印装错误，我社负责退换。电话：010-83938349

作者简介

李 平

清华大学法学院副教授，博士生导师，清华大学法学院法律与文化研究中心主任，历史学博士。长期从事中国法理学、中国法律史、先秦思想史和经学史研究。

前　言

这是一本关于早期中国法文化的习作，尝试从两个方面为深入理解中国法文化提供基础性认识：一是对关键概念，诸如法、法学、法家、狱讼、礼、法、德、刑等进行解说，提供理论基础。二是通过对三皇时代至春秋战国法文化发展中关键节点的考证和解释，展现出中国法文化如何产生并渐次泛政治化、治术化、宗法化、道德化，为理解秦汉以后的传统法文化提供历史基础。

怎样理解中国传统的法文化？面对这个近代以来抛给所有中国法学家的问题，我们已经在不计其数的论著中获得了各种各样的解说。既然如此，还有什么必要画蛇添足般再写上一本著作呢？在进入分章别目的正式研讨之前，有必要先行做一些交代。

之所以特别说到“近代以来”，是因为怎样理解中国传统“法文化”从根本上说是个近代问题。这要从两个方面来看：一是中国传统文化本身从来不曾析出法文化这样一个专门分支。前贤们之所以不作这种分判,是因为以往的思考和研究与现代学术有完全不同的分类观念。现代法学所涉及的法律文化问题,在当时大抵都被当作治术层面的话题,细分起来包括诸如刑名学、律学、官箴学等。直到近代"西学东渐"以后法学才在中国成为专门的学科,同时逐渐开始借鉴西方模式建立自己的理论体系,自此如何"专门"地看待、理解、评价中国古代的"法文化"方始成为"问题"。二是现今所见到的大部分关于传统中国法文化的论著,都以类似古代人做、现代人看的方式展开。传统法文化基本上都被预设为与现代法律、法治"异质",被当作标本来看待。现代研究者仿佛全然置身事外,用完全不同于古代的视角、方法、标准来审视、品鉴甚至批判传统法文化,而且往往还在研究时秉持居高临下的姿态,例如,近年来很流行的知识考古学就是典型之一。

这种基于"古代人做、现代人看"的模式作出的论述,能不能把传统法文化真正解说清楚?对于这个问题,需要两分地看待:其一,从现象层面来看,由于借助了考古学、文字学、文献学、社会学等新方法、新材料,人们认识到的现象确实较之以往有积累性的提升。例如,利用考古成果和出土文献,夏、商、周三代的法文化越来越可捉摸;又如,通过对明清档案、方志等材料作社会史研究,近世司法和一般法律观念的实态越发清晰。但厘清现象只是一方面,如何认识现象及如何理解现象背后的道理又是另一方面。后者恰是现代式研究的短板。

其二,具体到研究和写作层面上,现在常见的做法大体上可以分为四个步骤:首先,把传统文化中与"法"相关的材料抽绎出来;其次,将传统文化按照现代学界能够接受的方式作出分类;再次,使用"现代"的方法进行研究;最后,运用现时人们所习惯的表达方式撰写成文。可是这种人们习以为常的研究“套路”果真适合说清楚传统法文化的内在机理和义理吗？现今也有学者对此做出批判性反思，尤其是对研究方法和立场，特别强调不能拿着西方的问题、方法和标准来削足适履式地研讨中国传统。这些看法非常值得肯定，毕竟中、西两种不同文化间本不存在高下或先进落后之分，同时也很难直接套用一方的概念、学理体系和价值标准去解释甚至评判另一方。可是近代以来整个法学界几乎被西方学术占领，无论是话语、理论还是思维方式，当我们彻底地批判了“反向格义”式的以西释中之后，怎样研究、怎样阐释传统法文化旋即成为更大的问题。

十几年来的研究与思考越发让我觉得，针对如何“理解”，应该建立起新的基点，其中既包括正本清源的历史基础，也包括理论基础，尤其是围绕中华文明最根本性的“道”的观念，阐明法文化如何承载、呈现此“道”。把握中国历史、文化、思想的整体脉络和基质，进行正本清源的研究，方可获得真正切近于是的认识。或者说，要做到理解，就需还原。要把现象作历史场景、文化环境和思想观念的还原。换句话说，只有把法文化的现象重新置于传统文化的整体之中，才有可能真正理解其中的道理。

洋务运动以后，国人花费了很长时间去尝试营造出一种能够与西方文明所主导的观念、价值和体制相契合的状态。这既是为了图存、图强，也是为了中华文明的赓续和日新。现今知识界又都不约而同地重新倚重传统文化，对之加以创造性转化以图引领未来。促成这种复归式转向的原因很多，其中西方现代文明和文化的内在缺陷和积弊越来越多地暴露，整个西方世界呈现衰颓的迹象，加之单纯引入西方价值、体制和治理技术出现了难以回避的水土不服等问题，都在促使人们重新审视自己既有的文化资源并重估其价值。

当然,在这本书中只择取了宏阔的早期法律文化中相对而言比较基础性的,且存在较多误解、不曾被澄清的面相进行了“打桩”式的论说,以期为进一步认识、理解传统法文化建立一些必要的基础。

首先面临的问题便是认识、界定中国古代的“法”究竟是什么?这样才能把握古人“法”基于什么样的观念基础成立,有着怎样的内涵与特质,围绕它的学理研究讨论哪些问题等。

但凡论及中国文化,无论主题为何,若欲求深刻理解,俱应先把握“道”理。中华文明之所以历经劫难,履不绝如缕之险而终能长存自新,至要者莫过于坚守此“道”。所谓“道”,简言之乃是作为整体的世界的根、质、体。传统文化中的法,大而言之是合于“道”的规则,亦应是“道”的表现。所以一切的“法”最基本,也是最终极的要求是要合于道。以此为基础,人和世界不是对立的,当然也就没有主客体两分。西方法律的前提是主客体两分,一部分人成为主体,其他存在是客体,所以才会有人征服世界,人战胜自然这样的命题出现。在中国不是这样,世界中的一切都需要合于道,所以人的行为规则、组织方式,从根本上说和其他一切存在物的存在方式以及背后的规则同质。由此,中国人在理解法的时候,首先把它看作道的体现,同时也强调它的规范性、权威性、道德性。所以总体来说,中国传统的法律指的是合于道的,具有权威性和强制力,且富有道德内涵的一系列规范。

这种特殊的“法”,到了战国以后渐次形成了多层次、多面相的学理讨论。大致从战国初年的墨子肇始,经历了战国中期黄老思潮融会道家思想的理论创化,再结合实践中的经验与智慧,最终形成了“道法学”、“法术论”和“律令学”三个层次,关涉政道、治理术和法律实践的复杂学问体系。以上这些是第一章的主要论题。

与“法”和“法学”这个话题最紧密相关的便是“法家”,通常人们都认为这是战国时的一个足以与儒、道、墨等量齐观的尚法、论法为务的学派。有了前章的讨论的基础便能了解,战国中期以后论“法”可以说是一种风尚、思潮。除广为人知的商鞅、韩非,像《管子》《慎子》《申子》外,《墨子》《荀子》等被后人认定为黄老、墨家、儒家的代表性作品也都论法甚至尚法。不过尽管他们尚法,但却又着实看不到一个派别或者学脉意义上的“法家”学派,至少那些被后世认定为法家学派的代表人物们自己没有这种意识。于是我们需要弄清,究竟是谁,在什么情景下,因为什么需求而“创造”了“法家”。第二章中,整理出了这个再造历程中的几个节点,包括司马谈、司马迁父子,刘歆、班固和刘邵等,以此示明今人常说的“法家”,实乃汉代以后多次塑造的产物。

梳理清楚关于“法”的概念与研究之后,便可以回过头去追溯,中国古代的法究竟是怎样产生的,最早的形态如何,又包含哪些特质。这些是第三章的主要内容,讨论聚焦于当下崇尚实证的研究界罕有关注的三皇时代。在这个被古人认定为中华文明最早期的阶段,社会呈现“有治无政”和“万邦分治”的状态。尚无政权的情况下,各个部族内部的“技术”掌握者通过垄断技术知识和神性以掌控治权,并将神性的技术知识转述为“技术规则”以用于社会治理,这就是最早的法律,其中自始就包含天人合一意义上的神性、规范性、私性和功利性特质。而这种权力、法律运行方式又是中国文化“阴本”传统的典型表现。

与“阴本”传统相对的还有“阳动”传统,两者并存方可成就“一阴一阳之谓道”。“阳动”传统肇起于伏羲,表现为人为而非因循神意的主动理解和解释世界,并基于这种理解和解释,为人的行为制定规则。伏羲作八卦、设置庖厨(祭祀)仪制、创设婚仪和建立书写(记事)规则,实际上就是最早的人为“立法”。这些将在第四章中详论。

黄帝以后历史进入“五帝时代”,与之前三皇时代最大的差异在于,自此以后中国步入了有“政”有“治”的政治社会。黄帝的最大功绩在于基于人为,亦即“阳动”地草创出了被后世称为“天下”的政权。而这个政权与现代主权国家,或者诸如城邦、帝国等其他政权形态最根本性的差异在于以“道”为基础,而非以为特定主体牟取利益为旨归。

如果把眼光放得更长远一些,近代中华遭遇西方文明冲击而命悬一线,经历了沉沦、迷茫、觉醒和自新,随着屡次试错,终致复兴的漫长历程,其实只是自黄帝肇起天下以来中华文明若干次不绝如缕的危机之一。而中华文明之所以能屹立不倒,且不断将原本外在的,甚至具有对抗性的文化元素加以整合、内化,[1]并屡屡实现旧邦维新,最深层的原因就在于这个传统始终以人之整体性和合于“道”而非有限主体(如个人、社群、国族等)之“利”的最大化为终极追求。

有了政权之后,便产生了政治性立法。古代中国法文化中的泛政治性也自此时开始逐渐形成并强化。黄帝之后的颛顼、帝喾分别为政治主导的立法注入了天道自然性和宗亲性,也标志着传统中国法文化的基本特质,即泛政治性、天道自然性、宗亲性已初具规模。与此同时,三皇时代“阳动”和“阴本”两大传统表现出政权与治权的矛盾、冲突与竞合,这在尧舜时期体现得尤为突出。以

---

〔1〕 最典型的例证是中土文化对佛教文化的吸纳、整合与改造。尽管从最初的“佛教征服中国”到“中国征服佛教”,甚至重塑佛教花费了近千年的时间,且期间屡有曲折,但最终结果的确昭示了中国传统文化独特的包容性和生命力。

上是第五章主要论说的内容。

尧舜之后一转而为“家天下”，传统儒家将之视为政权的公、私之变。在第六章中，我尝试从另一个角度，也就是“阴本”传统掌握治权之后的变化来解说禹夏“家天下”的法文化样态和成因。其中最重要者莫过于作为早期技术传统苗裔的禹，本着“阴本”传统的立场与思路，依托治水的契机，建构起了与五帝时代判然有别的政治、法律形态，以中央集权、赋税制度、法治、吏治为典型表征，并由之生成了一个治道层面的“王道”。

周人一反夏商两代的“王道”与天下模式，重拾五帝时代的“阳动”立场，建立起了一套新的政治格局，同时也展现出与前代迥异的法文化。其中最值得关注者莫过于周文王围绕《周易》展开的意识形态立法和民本、德政原则的确立。当然这些都与周人“革命”的需求密切相关。对后世法文化有着深远影响的还包括“制礼”的周公，经由他的创化，传统法文化中具有强烈伦理性的德、礼内涵得以成立。这些话题将在第七章展开。

西周以后，传统法文化的基本特质和演变历程大致可以把握，不过其中的具体面相还需要进一步澄清。与作为治术的法关系最紧密者是被韩非称为“二柄”的刑、德。第八章专门论“刑”，阐明了上古纯政治性的“兵刑”和作为道德耻辱性惩戒机制的“象刑”两种最主要的惩罚机制如何产生、演化并最终融为一个体系，进而解说了传说中最早的体系化刑制——《禹刑》以及之后刑书机制的形成和演化。

第九章专门讨论作为治术的“德”，说得更确切一些可谓是恩德之治的内涵和运作机制。由于周代以后德政与德治的话题已有众多成熟的研究，所以这一章的论说围绕着相对而言尚未被准确把握的“慎刑”如何“明德”，或者说如何以刑治彰显德政展开，可以概括为“以赦显德”。

接下来的三章,分别谈及了对于理解早期法文化而言不可或缺的三个侧面,分别是狱讼观念、礼法之争和“法官”的角色与使命。第十章针对狱讼观念,尝试理论化地解说古人如何看待诉讼。自先秦时代起,“讼”便已同时包含“争”与“理”两重内涵,由于人的“阳动”特质,“争”是必然的,同时又需要疏导、化解。“理”即“理讼”,既是明辨事理,又需化解争讼以使世界和谐有序,以和合于道。近代以来被当作传统法文化标志性特色之一的“无讼”观念,其实只反映了“讼”的多元化价值中的一隅。

礼法之争,或者说礼与法之间的分隔、对立与竞合,是西周礼制和礼治成立之后便已存在的问题,不过通常认为最突出的理论论争出现在战国和汉代。其中又可析分出礼治与法治之争、儒法之争、礼法合流等更具体的论题。第十一章中讨论了礼与法的相关问题。

第十二章名曰“寻找‘法官’”,实际上古代中国并没有可与现代法治文化精确对应的法官和司法权,这与古今法律文化、制度文明的整体性设置差异有关。中国古代的审判权“偏在”于各个权力机关,审判者同时扮演着官僚制度之内的“官员”和超制度的“明理者”双重角色,正好可以对应前文谈到的“政”与“治”两个不同层次。这种独特的审判者角色设定具有广泛的认同,影响延续至今,对于今人重新思考“法官”的角色与责任非常重要。

最后一章,重新界定了“天下”这个堪为整个传统法律、政治文化“载体”的话题。不过近代以来学界对“天下”的把握多不准确,与受制于西方式政治学、法哲学不无关系。实则“天下”既非政治实体,也非“想象”,而是“证道”的工夫,或曰践行大道过程的表现。人们最熟悉的政治天下,即是天下的政治性实践。具体实践可以表现为政体、政治治理、制度文明，也可以表现为“图法”、仪式等。而所有这些都旨在表现“政道”，即政权正当性的基础——和合于道。这种政治正当性的诉求和表达实则古今一致，例如，当下“人类命运共同体”等提法，质言之即“天下”的当代表达，而背后的义理基础需基于传统政道思想方能厘清。

以上各章中讨论的一众话题，以往诸如法制史、法律思想史和法文化方面的研究多有专论，然而本书中所提供的绝大部分论断并不墨守、因循既有的理解模式和结论，欲以一家之言，期“抛砖”之效。

目录

第一章　中国的“法”和“法学”

一、“法”是什么

（一）字源与字义

人们对汉语“法”的字形、词文渊源认识长期处于似是而非的状态，这与许慎在《说文解字》中的那段著名解说不无关系。按照许氏之说：“灋，刑也，刑平如水，从水。廌，所以触不直者去之，从去。法，今文省。仚，古文。”〔1〕尽管这段表述颇受质疑，但至今仍为绝大多数法学家采信。更有甚者，还由此生发出了不少以讹传讹、望文生义的阐发，诸如说中国古代之刑法、刑罚有公平正义的价值内涵，古时盛行神明裁判等。因此需要细加辩证。

在重新讨论之前，有必要说明两个前提：第一，许慎没有见过殷商和西周的甲骨文、金文，他

〔1〕（东汉）许慎：《说文解字》，中华书局1963年版，第202页。

所谓的古文大抵是战国的小篆、籀文等，因此对字源的解释多有臆断。第二，殷商甲骨文中没有“灋”字，西周金文中“灋”的用法也和春秋战国时期文献中的“法”不同。

先看“灋，刑也”一句。有学者据此认为许慎将法视为刑法、刑罚的代名词并不准确。梁启超《中国法理学发达史论》中已经做了解释：

> 《说文》“灋”下云“荆也”。而刀部有刑字，无荆字。刑下，云刭也。刭下云：刑也。二字转注。然则刑之本义甚狭，谓刭人之颈而已。段《注》云：“并刑罚、典刑、仪刑等字，以刑当之者，俗字也。造字之旨既殊，井声开声各部。凡井声在十一部，凡开声在十二部也。”则荆不足以当刑。而荆之义究云何？说文土部型下云，“铸器之法也”。是疋与法为转注。段注云：“以木为之曰模，以竹曰范，以土曰型。”而许书木部“模”下竹部“范”下，皆训法。是亦转注也。《诗》毛传屡云荆，法也，亦转注也。《易》曰：“利用荆人，以正法也。”是荆含有正之意。《荀子·强国篇》云：“荆范正，金锡美。”是荆以正为贵也。《记·王制》云：“荆，侀也。侀，成也，一成而不可变，故君子尽心焉。”一成不变，正与型之性质相合，其字又与形通。《左传》引《诗》，“形民之力而无醉饱之心”。杜注云：“形，同刑。程量其力之所能为而不过也。”然则荆有形式之意，模范之意，程量之意，故典荆仪侀等字，皆备此诸义……然则《说文》虽无荆字，今可以意补之云。“荆，法也，从刀从井。井亦声。”而下其定义，则当云荆也者，以人力制定一有秩序而不变之形式，可以为事物之模范及程量者也。是与法

之观念极相合也。[2]

通过梁氏的考证可知，许慎“灋，刑也”说的是“事物之模范及程量”的意思。这很契合出土的战国竹简中反映的情况。不过问题在于，西周金文中出现的“灋”的用例中，无一例有此含义。这就让人不得不怀疑，许慎的解释只针对战国的文字使用情况，至于之前词义、用法如何则超出他的观察范围。

基于对诸早期文献的简单梳理和统计不难发现，自春秋晚期至战国中后期，“法”这个词的使用频率和在士人话语中的重要性都呈现重大提升，词文也出现了巨大变化。这种现象背后势必受思想文化剧变的影响。因此许慎基于战国文献作的解说，明显不适用于春秋及之前的状况。

而西周金文中的“灋”只有两种用法：一种是作“废”用，如常见的成语“勿灋朕命”。[3] 这个用法延续到了春秋战国，甚至在睡虎地秦简中仍有用例出现。另一种用法如“灋保先王”，[4]但具体词文所指仍有争议，多数论家认为“灋”读作“大”。[5] 不过此解于文义仅勉强可通，并不一定确切。笔者曾撰文论述过“廌”乃一个特殊的用于祭祀的善兽，而以之为部首的字，亦多与祭祀行为相联

〔2〕 梁启超：《法字语源》（《中国法理学发达史论》1904年版），载范忠信编：《梁启超法学文集》，中国政法大学出版社1999年版。

〔3〕 如周宣王时代的“四十三年逨鼎”有“敬夙夕，勿灋朕命”。参见李学勤：《四十三年佐鼎与牧簋》，载《中国史研究》2003年第2期。

〔4〕 最早的记录出现在被认为是西周康王时器物的大盂鼎上。其字两出，字形分别作和，其文曰：“故天异（翼）临子，灋保先王，□有四方”；又“王曰：盂，敬若乃正，勿灋朕命”。文中引字来自容庚《金文编》中的摹写，在参考了上海博物馆编《盂鼎 · 克鼎》（1959年）一书公布的铭文拓片后确认其无误。释文亦取自《盂鼎 · 克鼎》一书。尽管学界对盂鼎铭文释文仍有争论，但对此句的意见基本一致。

〔5〕 例如，王国维在《盂鼎铭考释》中指出，“灋，读为废。废，大也。《诗 · 小雅》：废为残贼。《释诂》：废，大也。‘天翼临子，灋保先王’者，尤《召诰》云：天迪子从子保矣”。（王国维：《古史新证——王国维最后的讲义》，清华大学出版社1994年版，第104页。）

系。综合康殷对“灋”之“去”部从(器)的考证,[6]有理由认为西周“灋”的词源很可能与某种涉及“水”的神圣仪式有关,后引申为庄严、严正之义。《论语·子罕》:“法语之言,能无从乎?改之为贵。”其中的“法”就是这个用法。据邢昺《论语注疏》以“法语之言”作“礼法正道之言”。[7] 程树德云:“法语者,正言之也。”[8]毛子水《论语今注今译》云:“法,严正貌。”[9]反过来以此义解释“灋保先王”,即庄严、严正、好好地保有先王之道,较之释“灋”为“大”更加通畅。

传世和出土文献所见的周人正统话语系统中的“灋”,用作严正、庄严、好等义乃是常态,到了春秋时代的作品中仍多有保留。例如,马王堆帛书本《老子》第五十七章中“法(灋)物滋章”的“法物”,河上公就注释为“好物”。又如,《左传》庄公二十三年曹刿之言“君举必书,书而不法,后嗣何观”与《子罕》中用例的含义相同,再如,马王堆帛书《伊尹·九主》篇中“法君”之“法”,[10]亦是这个用法。鉴于此,笔者认为“灋”在早期有表好、正的含义,这个词义很可能是与其字形有关的原义。不过自东汉许慎以来,此义被长久埋没。

既然如此,后世最常见的作效法、模仿和规则、刑范之义的“法”从何而来呢?其实许慎已经在《说文解字》中给出了提示,即“佱,古文”。现在对“佱”的研究有限,且争议颇多。张永和使用书法史与文字训诂相结合的方式进行了讨论,指出“佱”和“灋”字的

---

〔6〕 参见康殷:《文字源流浅说》,荣宝斋 1979 年版,第 165 页。

〔7〕 (三国魏)何晏注,(北宋)邢昺疏:《论语注疏》卷九《子罕第九》。

〔8〕 程树德:《论语集释》,中华书局 1990 年版,第 618 页。

〔9〕 毛子水:《论语今注今译》,台北,商务印书馆 1979 年版,第 140 页。

〔10〕 释文和阐释参见李学勤:《试论马王堆汉墓帛书〈伊尹·九主〉》,载《文物》1974 年第 11 期。

结构不存在任何书法上的内在关联性。由此推断出“法”的古体实际上存在两个书法上完全不同的系统。[11] 许进雄指出，“金文的金字，⿱亼正⿱亼正等，即由甲骨文铸字中的亼形演变而来，表现范与模已套好，待浇铸或已浇铸之状。《说文解字》对于法的解释，其中铸型之一义是解释其古文字形⿱亼正，也是范与模已套好的形状。因为型范也像法规，是规范铸器的准则。战国中山王墓所出器物以⿱亼正、⿱亼正等字形作为百字使用，也是范与模已套好的形状，因法的发音在某地区与百相近，故而得以借用。布币上百字写作⿱亼正，大半是法字的借用”。[12] 另外，江陵雨台山21号战国楚墓发现4支律管上有墨书，两支有⿱亼正字，辞作“⿱亼正新钟之宫为浊穆”“平皇角为⿱亼正文王商”，发掘者隶为定字，于义不通，当隶定为“⿱亼正”。[13] 战国时的用例还见于《𡢁蚉壶》铭“日夜不忘大⿱亼正”[14]。

据上文可知，“⿱亼正”才是作规则、规范之义的“法”的本字，引申出效法、模仿之义。也就是说，在战国时代以前，其实有两个“法”，即由某种神圣仪式转生出的表严正、严整、好等义的“灋”和意指规范、模型并引申作效法、模仿之义的“⿱亼正”。不过到了战国中后期两者已经融合为一了，大都写作“灋”，同时“⿱亼正”字逐渐淡出了人们的视线。

至此，我们可以获得几点可确证的认识：其一，“灋”是“法”的古文，或为其字源，但并非后世“法”的词源。它的本义，一则借用作“废”；二则大致为好的、庄严的、严整的。周人正统话语系统中

---

〔11〕 张永和：《法义》，中国检察出版社2006年版，第26-27页。

〔12〕 许进雄：《谈与“⿱亼正”有关的字》，载《殷都学刊》1992年第2期。

〔13〕 谭维四亦指出⿱亼正与定的字形相去较远，隶定为“法”才是对的。参见谭维四：《江陵雨台山21号楚墓律管浅论》，载《文物》1988年第5期。

〔14〕 《殷周金文集成释文》（第5册），香港中文大学中国文化研究所2000年版，第474页。原释文隶“[illegible]”为“去”，不允，按字形当隶定为“⿱亼正”。

的“灋”,用作严正、庄严、好等义,是一种常态的使用方式。其二,许慎用以释法之义的不是“刑”而是“井刂”,即“型”。灋、刑也指的是法的规范义。其三,“佱”才是“法”的词源。它的原义是铸造青铜器时使用的模范,因此“法”的本义就是规范、模式、范型,与刑罚、诉讼本无关系。〔15〕 以上是关于“法”义之源的考论,可以作为进一步论说的前提。

(二)义理内涵

“法”(佱)的词义原本非常简单直白,就是规范、模型、范型之类,到了春秋晚期至战国中后期才逐步丰满起来。迨至战国晚期,它的意义生长达至顶峰,秦以后各种语境中使用到的“法”的含义均不出其范围。所以我们可以结合春秋战国的用例来对传统语境中法的内涵做一番解说。〔16〕

首先,“法”用于指代一切规范、规则、程式、标准。这是“法”的基本义,从“佱”的原义,也就是从之前铸造时的规范、模式、范型衍生而来。不过在很长一段时间里,这个概念仅限于技术知识界(以工匠、术士等为主)使用,并不入官方话语和一般知识人的法眼。所以在西周时代的金文中以及传世的春秋以前的文献中,“法”极少被用到。大概到西周中后期或春秋早期,“法”方始拓展出指称人域社会的规范、法则等含义。〔17〕 西周时期仅有的用例见于《尚

---

〔15〕 详细论证参见李平:《法义新论》,载《现代法学》2013 年第 2 期。

〔16〕 由于与下文讨论相关的文献材料异常丰富,数量巨大,为了限制篇幅,并做到言简意赅,征引时尽量只取其最典型代表,不求周详尽备。

〔17〕 此中需要排除公认不可靠或后世转述过的早期文献,如《尚书》中的“古文”部分,《逸周书》的大部分篇章等。

书·吕刑》的“苗民弗用灵，制以刑，惟作五虐之刑曰法”。[18] 上海博物馆简本《缁衣》引述此句时则写作“隹作五虐之型金”。[19] 恰好说明这时的“法”本应写作“金”。春秋前期典型用例如《左传》晋文公六年(公元前621年)载：

> 六年春，晋蒐于夷，舍二军。使狐射姑将中军，赵盾佐之。阳处父至自温，改搜于董，易中军。阳子，成季之属也，故党于赵氏，且谓赵盾能，曰：“使能，国之利也。”是以上之。宣子于是乎始为国政，正法罪，辟狱刑，董逋逃，由质要，治旧污，本秩礼，续常职，出滞淹。既成，以授大傅阳子与大师贾佗，使行诸晋国，以为常法。[20]

此即著名的“赵宣子之法”，或记曰“夷之蒐”。文中两见“法”：一是“法罪”；二是“常法”。两者都取规范、标准义，但用法略有差别。前者按杨伯峻说：“孔《疏》：‘正法罪者，准所犯轻重，豫为之法，使在后依用之也。’则若后代之制定刑罚律令。”[21] 此义重在“标准”。后者则遍指前述九制，为人域制度规范的统称。这广、狭两种用法到了战国晚期已被广为采用，如《文子·道原》之“法刻刑诛”与《精诚》的“圣人之法”；《吕氏春秋》之“修法饬刑”和“胜理以治国，则法立，法立则天下服矣”；[22] 等等。

---

[18] 法史研究者往往引此证明周人的“法”即指刑。但结合《吕刑》的成文背景来看，这种解读是有问题的，此乃是吕命王在描述苗民的暴政，当释为“但以五种暴虐之制为治理规范”。

[19] 释文参见马承源主编：《上海博物馆藏战国楚竹书》(一)，上海古籍出版社2001年版，第190页。由此亦可辅证春秋战国以后表规范义的“法”(写作“灋”)实由“金”转出。

[20] 杨伯峻：《春秋左传注》，中华书局1990年版，第544—546页。

[21] 杨伯峻：《春秋左传注》，中华书局1990年版，第545页。

[22] 二者分别出自《吕氏春秋·季夏纪·音律》和《仲夏纪·适音》。

正是因为以“佱”的本义为基础,“法”自始具备与规、矩、绳、墨、平、准等相类似的“度量衡”功能属性。以规、矩、绳、墨之类喻“法”始自《墨子·法仪》篇,后遍见于战国诸子著作。如《管子·七法》谓:“尺寸也、绳墨也、规矩也、衡石也、斗斛也、角量也谓之法。”《七臣七主》云:“法律政令者,吏民规矩绳墨也。”还有如《文子·上德》的“循绳而断即不过,悬衡而量即不差。悬古法以类有时,而遂杖格之属,有时而施”。马王堆《黄帝四经·经法·道法》曰:“法者,引得失以绳,而明曲直者殹(也)。”“度量已具,则治而制之矣。”《慎子佚文》曰:“寄治乱于法术,托是非于赏罚,属轻重于权衡。”《荀子·非相篇》曰:“故君子之度己则以绳,接人则用抴。度己以绳,故足以为天下法则矣;接人用抴,故能宽容,因众以成天下之大事矣。”〔23〕

需注意到,“法”在传统语境中并不仅仅用于指称政治社会领域的规范,而是遍指一切具有规范、规律、准则特质的对象。大到天体运行规律,〔24〕细至匠作技术标准〔25〕及史官之“书法”〔26〕等均可称为“法”。并且无论大或小、广或狭、人或物,但凡是“法”便具有根本上的同质性。此乃古人对宇宙万有所持的天人合一,大道一体分殊观念的印证。《鹖冠子·度万》一言以蔽之,曰“守一道制万物者法也”。只不过由于政治特别受关注,故知识界对此类型的“法”义讨论、发明最充分。

其次,“法”既有度量、衡准一切行为的功能,故就基本属性而

〔23〕 王先谦:《荀子集解》,中华书局1988年版,第84页。

〔24〕 如马王堆帛书《伊尹·九主》篇有“唯天不失佱”之说。(释文参见李学勤:《试论马王堆汉墓帛书〈伊尹·九主〉》,载《文物》1974年第11期。)

〔25〕 如占卜所借的“三兆之法”“三易之法”“三梦之法”等。(参见《周礼·春官宗伯·太卜》)

〔26〕 如《左传》宣公二年载孔子曰:“董孤,古之良史也,书法不隐。赵宣子,古之良大夫也,为法受恶。惜也,越竟乃免。”

言，它在观念体系中被定位为“器”（工具），如云“法者，天地之正器也”（《鹖冠子·泰鸿》）。具体到人域社会治理领域的“法”就是“治器”，故有言曰“法制度量，王者典器也”（《管子·侈靡》）。

这个“器”的含义与《周易·系辞上》“形而上者谓之道，形而下者谓之器”的“器”相同。在中国传统的话语环境中，“道”“器”之分是为最基本的思想范畴分判。而相较于一般意义上的“器”，“法”之为“器”又有其特殊性。前者已经说到，世界万有皆有“法”，但除却人类政治社会中的书于竹帛的“实在法”外，绝大多数的“法”都无有具形，它们或自然呈现（如天法、地法），或为约定俗成（如口传的技术规范、民间习惯等）。“法”不契合一般之“器”的“形而下”（可理解为“有具体形态”或实体性）属性，这恰又使其有了沟通“道”与实体之器的功能。简单来说，表现为成器之法、器用之法均须合道。〔27〕

再次，既然“法”属于特殊的“器”，便有两点与法的属性相关：一为“道”；二为“用”。前者即“道—器”关系下的“法”。“法”既是能够沟通“道”与实体之“器”的特殊之“器”，则“法”本身应有先天的规定性，或曰今所谓正当性标准。毋庸置疑，法的最高正当性标准非“道”莫属。不过由于“道”本身难以直接体认，引起了现实中正当性标准认定与设置上的重重困难。

无论哪一层次的“法”均需借由人的认识、反思和表述才能现实化，是故“法”也成为沟通天人的纽带与工具。按此，一切“法”可分作反思所得和人为定立两类。反思所得之法的代表，如今人所谓自然规律；人为定立之法以人域社会的行为规范、技术准则等为代表，具有人主动“创制”的特质。由于有“道”的最高规定性，因此

〔27〕 这句表述可能需要结合下文方能理解。

人为定立之法就需要按照“道”来定立。然而“道”体无从直接观察，故需要“法象”，即通过对“道”体的诸“相”(如天道、地道等)的效仿来实现，由此，“法”所具有的取法、模仿的用法被彰显出来。自《老子》首倡“人法地，地法天，天法道”，此一取法道相以获取人域之“法”的终极正当性的思路广受认同。而归纳自道相本身的“法”，就是反思所得之法。反思所得之法，由对诸道相的认识、反思，并通过语言或文字的表达而落实。于是，认识得当、正确，是此“法”成立的基本。此则可以通过对现象的再认识来加以校验。

人为定立之法有双重正当标准：一是须合于“道”；二是要有人域权威的认同。仅以治法为例即可知悉其要。所有人域社会治理的“法”俱是人为定立之法，内容涉及权力关系，如“官法”之属；〔28〕也包含对民众的政治治理，故《文子·道德》谓“法烦刑峻，即民生诈”。这些“法”之所以能成立，两重正当性简言之可谓法自王出〔29〕和王法合道。《管子·心术上》将之概括为“故事督乎法，法出乎权，权出乎道”。《荀子·王霸》则曰“百王之法不同，若是所归者一也”。《尹文子·大道上》更析之为“道不足以治则用法，法不足以治则用术，术不足以治则用权，权不足以治则用势。势用则反权，权用则反术，术用则反法，法用则反道，道用则无为而自治”。〔30〕两相比较，“道”的权威高于人域权威，所以王法亦有好坏、治乱、善恶之分。如《荀子·王霸》所言“无国而不有治法，无国而不有乱法”。是否“正当”，究竟要看其合道与否。如前文所述，

〔28〕 如《韩非子·八经》之“功名所生，必出于官法”，《管子·七法》的“奸吏伤官法”，等等。

〔29〕 如《管子·任法》说“有生法，有守法，有法于法。夫生法者君也，守法者臣也，法于法者民也”。

〔30〕 王启湘：《尹文子校诠》(卷上)，载《周秦名家三子校诠》，古籍出版社 1957 年版。

“道”体难识,须借由人对诸道相主观能动地把握。因此人为定立之法是否合道,只能通过参比某些反思所得之法,如天法(天道)、地法(或曰地道、地理)等方能获知。

问题在于,天地自然之“法”不能自表,如《庄子·知北游》所言“天地有大美而不言,四时有明法而不议,万物有成理而不说”。而人对道相的认识未必齐一,一时的认识也未必准确,是故那些有权能去表述、阐释或修订反思所得之法的人们,势必成为为人域诸法提供终极合法性标准之人。老子、孔子以空前的自觉首开真理之学,深探道原,以此而成为一切人定法正当性的裁断者,亦是所有政治社会现象的评判者,后世称此特殊身份为“素王”。战国以降但凡有识之士,无不洞悉于此。

此外,也正是由于对道相的认识存在不确定性,故有学者以为当抛开法象思路,直取人心。如《鹖冠子·近迭》云:“天高而难知,有福不可请,有祸不可避,法天则戾。地广大深厚,多利而鲜威,法地则辱。时举错代,更无一,法时则贰。三者不可以立化树俗,故圣人弗法。”

最后,人们对“道”本身的理解、诠释存在差异,直接影响到对“法”所应涵摄的价值内涵的判定。就总体而言可概括为特重“法”之“公”“正”,即如《慎子·威德》所言之“法制礼籍,所以立公义也”,亦如《鹖冠子·泰鸿》所言之“用法不正,元德不成”。

再说后者:“器—用”关系下的“法”。恰是因为“器”与“道”和“用”的紧密关联,以及“法”所具备的能够勾连“道”与一般实体之“器”的特殊性,在“法”一词的实际使用中会有或侧重于“道”的层面,或侧重于“用”的层面之分。这种区分多在与其他概念关联时出现,是一种相对意义上的分判。例如《周易·系辞上》说“形乃谓之器,制而用之谓之法”,强调的是“法”为“成器”之“用”。而《尹文子·大道上》说“术者,人君之所密用,群下不可妄窥。势者,制法之利器,群下不可妄为”。此则强调“术”的“成法”之“用”。

由此可见,“法”于不同场合分别表现出“器”“用”二重属性。法之“器”的属性,也即是它“成器”的功能,随对象不同而表现有差,但总而言之俱是在发挥其规范属性。具体到人域社会则以结构秩序为要。甚至鄙薄人域制度、价值,以为“礼法度数,形名比详,治之末也”(《庄子·天道》)的《庄子》也承认“齐于法而不乱”(《庄子·在宥》)。若细辨之,大体上如《尹文子·大道上》的“法有四呈”说:“一曰不变之法,君臣上下是也;二曰齐俗之法,能鄙同异是也;三曰治众之法,庆赏刑罚是也;四曰平准之法,律度权量是也。”〔31〕

关于“成法”之“用”,简单地说关乎“法”何以成立、运行。诚如孟子“徒法不足以自行”之论,孤立的“法”本身并无价值可言。战国以后,这成为思想界研讨的中心论题,大体上如《鹖冠子·天则》所云:“故法者,曲制,官备,主用也。”其中至少涉及两个面相:一是法如何作用于权力运行,使君权(政权)和官吏的治权能够合法、有序;二是法如何运作于社会治理,成为社会秩序乃至民众价值观念〔32〕的准则和依托。《管子·权修》对这两者解说得非常清楚:

> 法者,将立朝廷者也;将立朝廷者,则爵服不可不贵也;爵服加于不义,则民贱其爵服;民贱其爵服,则人主不尊;人主不尊,则令不行矣。法者,将用民力者也;将用民力者,则禄赏不可不重也;禄赏加于无功,则民轻其禄赏;

---

〔31〕 王启湘:《尹文子校诠》(卷上),载《周秦名家三子校诠》,古籍出版社1957年版。

〔32〕 如《慎子·威德》之“法虽不善,犹愈于无法,所以一人心也”。

民轻其禄赏，则上无以劝民；上无以劝民，则令不行矣。法者，将用民能者也；将用民能者，则授官不可不审也；授官不审，则民闲其治；民闲其治，则理不上通；理不上通，则下怨其上；下怨其上，则令不行矣。法者，将用民之死命者也；用民之死命者，则刑罚不可不审；刑罚不审，则有辟就；有辟就，则杀不辜而赦有罪；杀不辜而赦有罪，则国不免于贼臣矣。

“立朝廷”与权力运行相关，“用民力”“用民能”“用民之死命”大致属于社会治理。此处重在说牧民，故与权力运行相关者较为简略。但战国中后期却出现了数量众多的学理讨论，似乎更加侧重于讨论前者，即法在政权（君权）、治权运行中所扮演的角色，以及如何对二者关系加以规范。这些内容关乎法的功能，以及“法”之成立、运行等一系列论题，最突出者即是“术”“势”“礼”“数”等观念。像《管子》《黄帝四经》《慎子》《申子》《尹文子》《韩非子》《鹖冠子》《吕氏春秋》等乃至儒家的《荀子》和大小戴《礼记》中的部分篇章均是如此。综合来看，各家基本态度可概括为均认同“按法而治而不乱”（《黄帝四经·称》），析分则大致包括：(1)君权须守法。[33] (2)君以法治官吏，辅之术、势。[34] (3)官吏按法治民。[35]

---

〔33〕 例如，《黄帝四经·经法·道法》云：“执道者，生法而弗敢犯殹（也），法立而弗敢废殹〔也〕。〔故〕能自引以绳，然后见知天下而不惑矣。”又如，《慎子·君人》云：“大君任法而弗躬，则事断于法矣。法之所加，各以其分，蒙其赏罚而无望于君也。是以怨不生而上下和矣。”

〔34〕 例如，《申子佚文》云：“君必有明法正义，若悬权衡以称轻重，所以一群臣也。”《荀子·君道》云：“天子三公，诸侯一相，大夫擅官，士保职，莫不法度而公：是所以班治之也。”《荀子·富国》则强调“正法以齐官”。

〔35〕 例如，《慎子·佚文》言：“民一于君，事断于法，是国之大道也。”又如，《晏子春秋·内篇·谏下》云：“官无废法，臣无隐忠，而百姓大说。”

概括来说，法的“器”“用”二重属性落实到学理和现实层面均不出“技术”的范畴。就人域政治社会的人为定立之法而言，相关论说大抵属于是“治理术”。就其规范功能而言，法是“成器”的保障，故表现为“用”；当讨论到“法”何以成立、运行相关问题涉及成法、行法之术时，则更偏重“器”的属性。

通过以上论述可知，中国传统语境中脱生于古文“灋”的“法”一词，指涉一切规范、程式、标准，具有度量、衡准一切行为、事物的功能。早期学者对它的探讨，最重人域政治社会治理之法，然而从不曾脱离天人同质的观念基础和对世界一体分殊的“体—用”（“道—器”）理解框架。于道体而言，“法”的性质为“器”，且按人在“成法”过程中发挥的不同作用二分为“反思所得”和“人为定立”。人为定立之法有双重正当性标准，既要合“道”，又须有人域权威的认同。相对其他有形之“器”，“法”有其特殊性，它具备能够勾连“道”与一般实体之“器”的功能。故“法”在不同场合分别表现出“器”“用”二重属性。由此可见，中国传统语境中的“法”是一个包容性极强的概念范畴，它不仅可以囊括今日所言之法律、法规，亦可含摄大至天道，小及日常行事准则的方方面面，并且还可推展出本体、价值、功能等诸多层次的哲理和技法理论。未来若能以此概念为基础，势能兼收中西，并蓄其他文化传统，整合创化出全新的中国法学。以上是对中国传统语境中“法”义的概说。不过此概念并非自始如是，相反，其经历了漫长的衍生历程，整个过程从春秋晚期持续到了战国末期。更有甚者，围绕对“法”这个中心概念的学理讨论，逐步形成了一门特殊的学问，即下文中要说到的“法学”。

二、什么是“法学”

此处所论的“法学”，与今日作为社会科学分支之一的法学大相径庭，这是一门生长于中国传统文化土壤的特殊学问。接下来将概说它的内涵，并厘清衍生脉理。释明这两个问题，则传统法学与西学以及今日中国流行的“法学”的异同、关系等问题，信可一望而知。

（一）“法学”的构造

传统中国的“法学”，顾名思义，可谓是以对“法”的思考为中心推衍出的一套学问、学术。所关注的“法”重在二端：一是“法象”之“法”，即前文所谓反思所得之法；二是人为定立之法中关乎政治社会治理的“法”，下文称为“治法”。而对于其他诸如工匠的技法、[36]史官的书法、祭祀的仪法、[37]师法、学法[38]等，虽略有论及但不为所重。

传统“法学”的思想和知识立足于特殊的文化环境，[39]肇启自春秋晚期的墨子。由他首先对“法”这一概念的反思，并加以推崇，将之学理化；成型且全盛于战国末期，迨至吕不韦、韩非时，已具倾盈天下之势，成为一时之“显学”。然而受累于汉初反思秦过，又为

---

〔36〕 工匠的技法在战国亦被称为“法”，如《礼记·少仪》“工依于法”。在时人眼中，此“法”与治理之法并无质的差异。

〔37〕 《礼记》中有《祭法》一篇，专门讨论祭祀仪法。此亦是“法”之一种。先秦时有“祀典”对之进行专门规定。而“典”，与“宪”“令”“则”“刑书”等，俱是“法”的载体表现形式。

〔38〕 《大戴礼记·保傅》所谓“诗书礼乐无经，学业不法”之“法”，是为其例。

〔39〕 有关于此，在下文中还将陆续说明。

汉武帝独尊儒术所倾覆而旋即没落,仅律学一支尚能残喘。[40]

从其内涵上分疏,战国时成型的"法学"包含了道法论、法术论和律令学三个层次,所涉及的内容与"法"义所包含的意义层次可相印证。

"道法学"[41]关乎上文所言"法"的双重正当性:一是解决"法"的最高正当性问题;二是解决"法"之世俗合法性问题。

关于前者,可以《黄帝四经》所倡"道生法"一说为典型。[42] 换言之,思想界的共识是,作为世界本根、本原和最高规定性的"道",[43]是一切"法"的终极正当性标准。战国中后期的《管子》《庄子》《鹖冠子》《尹文子》《荀子》《韩非子》《晏子春秋》《吕氏春秋》等诸子作品,对此问题态度大体统一。[44]

人域治法当专出自君王,这个认识受到普遍认同,此论或为古时"礼乐征伐自天子出"观念的孑遗。就目的而言,除为"一体之治"(《管子·七法》)外,也有防限官吏治权膨胀的用意。[45] 在法

---

〔40〕 有关"法学"产生、发展以至没落的个中曲折,下文将会细说。

〔41〕 "道法"之名,取自《黄帝四经·经法》首篇之目。此一复合词见于《管子》《慎子》《鹖冠子》《荀子》《韩非子》等文献。

〔42〕 白奚指出,"道生法"确立了黄老之学的基本思路。这一命题首次将道与法统一了起来,明确地揭示了道与法的基本关系——法是由道派生的,是道这一宇宙间的根本法则在社会领域的落实和体现。从"道生法"这一命题出发,《黄帝四经》推衍出它的所有政治主张。以后的黄老学者无不循着这一路数论证他们的主张。(白奚:《稷下学研究——中国古代的思想自由与百家争鸣》,生活·读书·新知三联书店 1998 年版,第 120 页。)

〔43〕 余明光也注意到"道"的两重属性,指出"道"不仅意味着自然发展变化的规律,也意味着存在的最高实体。(余明光:《黄帝四经与黄老思想》,黑龙江人民出版社 1989 年版,第 240 页。)

〔44〕 代表者如《心术上》之谓"事督乎法,法出乎权,权出乎道"。《尹文子·大道上》主"道不足以治则用法……法用则反道"。《庄子·在宥》喻之为"主者,天道也;臣者,人道也"。《鹖冠子·环流》曰"惟圣人究道之情,唯道之法,公政以明"。

〔45〕 如《管子·法禁》所谓"君壹置其仪,则百官守其法;上明陈其制,则下皆会其度矣……君人而不能知立君之道,以为国本,则大臣之赘下而射人心者必多矣;君不能审立其法,以为下制,则百姓之立私理而径于利者必众矣"。

事实上出于君王的基础上，人域的治法还需具备价值上的正当性。相对而言，除所公认的“公”的价值外，各家对这一层的态度非常多样化。

“法术论”重在讨论如何成法、行法，亦即如何使“治法”在现实政治社会环境中发挥作用。因之契合于战国时代思想界功利化、治术化的风气，是故成为当时“法学”理论的中心。很明显，“法”代表着一种相对静态的衡定标准，而运用“法”来治国则是一个动态的过程。如何处理其间的关系，以求得富国强兵乃至于治世、得天下等目标，是当时知识人最关注的话题。[46] 由于“法”本义由规范、标准、程式生发，直接观照则是规范化的政治社会治理方式，是故崇“法”，即是对此种治理模式、技术的推崇。而战国“法学”兴起最基本的原因和旨归便在于此。

“法术论”包含两层：一是君权如何以法治臣，即君臣关系问题，在战国学界呈现越来越重要的趋势，从商鞅的“法、信、权”、申不害的术论、慎到的势论到韩非的法术势并重，所针对的实际上主要是如何治官吏，防限治权的滥用与私化。从基本出发点，即按法而治和目的上说，各家主张并无二致，大抵如《韩非子·爱臣》所云“明君之蓄其臣也，尽之以法，质之以备”。差异在于成就“法治”的技术如何具体展开与落实。[47] 二是君臣如何以法治民。以法治民，即《礼记·表记》之所谓“置法以民”，涉及秩序与民心两个方面。通过规范化社会治理营造有序的社会局面本就是“法”的特性

---

〔46〕 法术论是战国后期“法学”理论中最受关注者，且保留论著篇章最多的部分。诸如慎子的“势论”、申不害的“术论”、韩非的“法、术、势”说等，均属于此。仅近代以来，对相关内容的讲述、研究就已汗牛充栋，深为学术界所认识。因限于篇幅，此处不复展开论说。

〔47〕 对管、黄、慎、申、荀、韩等家的治术理论，学术界的讨论业已非常细致，故不烦敷陈。

所致,这便不难理解战国诸子每谈“法治”即有秩序化的要求。其中,官吏按法、守职分而行治权以治民乃是各家按法而治理论的基本要求,如《尸子·发蒙》曰“若夫临官治事者,案其法则民敬事”。

同时以法治民也针对民心问题,也就是整肃社会价值观念,在“一民心”这个基本立场下,在操作技术方面怀柔还是激进,重教抑或重刑的具体举措选择上,各家态度分野较大。儒家讲究“率法而强之,资仁也”(《礼记·表记》),故强调“导之以德教者,德教行而民康乐;欧之以法令后则,法令极而民哀戚”(《大戴礼记·礼察》)。但战国诸子所面对的是思想界普遍以为“礼义之不如法令,教化之不如刑罚”(《大戴礼记·礼察》)的情形,通过立法明确赏罚来矫正民众的价值观念和行为当时更受推崇。主此者,有管黄立说,商君践行,至于韩非更主“以法为教”,“以吏为师”(《韩非子·五蠹》)是为其极。

“律令学”意指法的具体定立、实施的技术之学。[48] 睡虎地秦简中的《法律答问》篇是律令学的早期代表作品。然而战国时的“法学”理论大都只关注“道法”与“治术”二层,律令学并不在主流思想家的视野中。究其原因,或在于真理之学的出现,与当时作为人域法定立、实施基础的政权及治权极度私化相对应,彰显出政治正当性的严重危机。故“律令学”的层次并不入精英知识人的法眼,它们仅被作为刀笔吏的技术被小范围掌握和传承,并未形成系统性的理论。

(二)“法学”的演化

最初将“法”带入治术领域的是墨子,他关注的重心在于“法”

---

〔48〕 有关先秦“律令学”的文献材料极其有限,限制了对之的认识。对它的记载稀少与道法论、法术论的蓬勃势头形成了鲜明对比。也正是受制于文献匮乏,尚无法对其全貌、细节以及其处境的成因作深入分析,这一点有待日后补足。

所提供的规范化、标准化、程式化治理的思路,最典型地体现在《法仪》篇中:

子墨子曰:天下从事者,不可以无法仪。无法仪而其事能成者,无有也。虽至士之为将相者皆有法,虽至百工从事者亦皆有法。百工为方以矩,为圆以规,直以绳,正以县。无巧工不巧工,皆以此五[49]者为法。巧者能中之,不巧者虽不能中,放依以从事,犹逾已。故百工从事,皆有法所度。今大者治天下,其次治大国,而无法所度,此不若百工辩也。[50]

据引文可知,墨子对"法"的功能做了类推式的拓展,即从百工从事者的技术规则、标准,即规矩绳县之法,类推到"士之为将相者皆有法"。由此,按"法"以从事被归纳为政治社会治理与工匠制作的共性,而是否能够"中"法则成为评断其行事的唯一标准。如此一来,"法"这个本属于技术知识层次的概念便自然而然地被移植到社会政治领域,成为人域治理之学中的关键范畴,而原本作为技术人常识的"有法所度"也顺理成章地被拓展为社会治理的基本原则。

尚"法"实际上是对按照既定的规范、标准、程式来运行政治权力和进行社会治理的方式的推崇。这种方式强调严格限制权力的自主化和任意化。对于"法"的内容相对来说关注得并不多。墨子"治术"层次的理论主要的目标在于应对西周"德—礼"架构的治理格局崩溃带来的政治、社会的混乱局面和重构的契机。其中"法"

---

〔49〕 孙诒让曰:"俞云此五当作四……以《考工记》校之,疑上文或当有'平以水'三字。"(孙诒让:《墨子闲诂》,中华书局 2001 年版,第 20 页。)

〔50〕 孙诒让:《墨子闲诂》,中华书局 2001 年版,第 20-21 页。

本身被“术”化，但并没有取得真正意义上的“法格”。

墨子这种将政治社会中的权力运行和社会治理规范化的思路，是战国法学发展的第一个阶段的典型代表，也随着墨学在战国的兴盛而获得了广泛影响力。不过首先把“法”当作人域治理之重器来加以探讨的《墨子》只在法术论层面上进行了讨论，这受制于《墨子》对玄理、义理问题的简单化理解。

以帛书《黄帝四经》提出“道生法”的命题为代表，战国“法学”的发展进入第二个阶段，即“道法”阶段。它基于两个思想前提：一是老子开启的“道”论为战国中期道家、黄老家进一步阐发，“道”作为世界的本体、本原、本根已经被广为认同。二是“法”作为规范化社会治理的基本方式和“治器”获得认同，这与前述墨子及其后学的推广关系甚密。法学第二阶段将“法”作为“道”的衍生品，从理论上解决了“法”的正当性问题。白奚指出，“道生法”确立了黄老之学的基本思路。这一命题首次将道与法统一了起来，明确地揭示了道与法的基本关系——法是由道派生的，是道这一宇宙间的根本法则在社会领域的落实和体现。从“道生法”这一命题出发，《黄帝四经》推衍出它的所有政治主张，此后的黄老后学无不循着这一路数论证他们的主张。[51]

不过由“道”而“法”的命题过于玄理化，很难直接落实到现实层面。特别是在战国中后期，无论是面对开始集权化和专制化的君权还是日益膨胀的私权政治、治权政治，迫切需要一套能够通过权力制衡和去“私”化的理论方案。此一时期，战国法学进入了以“公法”说为典型代表的第三阶段，我们也可以将之视为“道法”理论下落的阶段。这个阶段有三个基础：一是前述集权、私权、治权

〔51〕 白奚：《稷下学研究——中国古代的思想自由与百家争鸣》，生活·读书·新知三联书店1998年版，第120页。

化的政治环境带来的危机，导致思想界普遍意识到必须限制君权（政权）与官吏权力（治权）。持“公法”说的论家大多采取以法规制君臣权力的同时以君权制衡治权的方案。无论是《管子》、《韩非子》还是《吕氏春秋》俱是如此，只是表达的技巧和显隐程度有差罢了。二是以《黄帝四经》为代表的“道法”理论广受认同，甚至被视为常识。例如《管子·心术上》有“事督乎法，法出乎权，权出乎道”的说法，陈鼓应认为是《黄帝四经》“道生法”的申释。[52]《管子·法法》篇则说“宪律制度必法道……明王在上，道法行于国”，已经用到了“道法”一词。《荀子·致士》“无道法则人不至”，“君子也者，道法之总要也”，也使用到了“道法”这个合成词，另外，《鹖冠子·兵政》云“贤生圣，圣生道，道生法”。三是“公”的义理化。其实“法”之“公”义在《黄帝四经》中已有论说，即《经法·君正》之“法度者，正之至也。而以法度治者，不可乱也。而生法度者，不可乱也。精公无私而赏罚信，所以治也”。[53] 只是它指行法过程的“公”，而不论及“法”本身应是“公”。到了战国后期，随着“公”这个与社会政治更加切近的概念本身的义理化，以及私权问题更加尖锐地凸显，思想家们不约而同地选择了将“公”直接化约于“法”。从内在的思路上说，便是以本身“至公”的一套秩序来规制各种形式的私权，使“法”在内容上和运行上均是“公”的呈现，以期“惟圣人究道之情，唯道之法，公政以明”。（《鹖冠子·环流》）

更深层次的变化是过去“天命—君—臣—民”的政治结构在理论上被转化为“道（理）—法—君—臣—民”结构。这样一来，政权本身以及行使权力的正当性的直接来源都是“法”，而不像以往的天命先降授到君，再由君授命给臣。相反，无论是君的政权还是臣

---

〔52〕 陈鼓应注译：《黄帝四经今注今译》，商务印书馆 2007 年版，第 3 页。
〔53〕 陈鼓应注译：《黄帝四经今注今译》，商务印书馆 2007 年版，第 71 页。

的治权,都依托且受制于本身为“公”的“法”。用这种方式来对抗君主集权专制和治权化、私权化的倾向,是战国后期很大一批思想家的共同选择。像以《管子》为代表的黄老学,以《尹文子》为代表的名法家,以《韩非子》为代表的法家,再加上博采众家之长的《吕氏春秋》都表达出这种主张。这可以说是战国时代围绕“法”展开的学理思考向下落实“道法”理论达到的顶峰状态,同时也是终极形态。这种理论尽管在理路上通达,但事实上却无力抗衡君权本身的私权化。他们创设出“道(理)—法—君—臣—民”结构的初衷之一是仅对集权与私权。用君权来制衡、打压臣下的私权行之有效,但当君主将集权私权化,将天下视为一己私利之时,能够对之加以约束的力量甚为微弱。尽管学者们将对君权的制约由渺远的“天”“帝”化作了切实的“法”,却仍旧不足以避免君主集权专制式的秦帝国最终建立。

另外不得不提及,迨至战国中后期,“法学”已成倾盈天下之势,而其学理的主导者由最初的墨家转入黄老、名、法等家之手。反观儒家,由于特殊的立场、师传以及对有周一代文化传统所持有的天然的亲缘关系,他们错过了对法学兴起的参与,同时也错失了战国中后期政治理论研讨的话语权。逮至法学壮大为弥漫于天下的主流学术思潮,并成为给治道、治术讨论提供基础概念的话语平台之时,儒家已处于两难境地。以标榜“克己复礼成仁”立说的孔门子弟后学们,始终力图在周人正统话语内部做文章。他们对家法、师法的遵从使其不屑于参与到“法学”最初的萌生与兴起时的理论建构过程中。因此,到了战国中后期,业已蔚然成风且占据话语主导地位的“法学”,无论道法学、法术论和律令学中的哪个层次,基础性的理论构建均与儒家之学无甚关联。被卷入法学思潮的儒家,不得不直面“法学”诸理论对其原有立场造成的挑战与冲击，并拿出应对的方案。其中表现出两种“参与”[54]模式，即积极参与与消极参与。像《荀子》《大戴礼记·盛德》等所表现出的就是一种积极参与的状态；而像《孟子》中的大部分内容则呈现消极参与的姿态。两种“参与”的共同之处在于以孔子的基本立场为指针参与到“法学”的讨论中。就其表现来看，可概括为以“礼”统御“法”。在这个意义上展开的“礼”，被塑造成为“法”之正当性的标准，同时也成为高于“法”的道德原则的体现。如此一来，一方面，孔子的“礼”质论被充分展开，并被具体化；另一方面，礼突破了原有的狭隘的仪礼范畴，而获得了与法几乎相同的广度，即成为弥纶世间一切的规范的总名。此外，还须注意到儒家应对“法学”的另一种模式——抗衡，它是指儒家基于自己的立场来尝试建构一套足以与“法学”分庭抗礼的治术之学。出现此种动向也可以看作此前儒家对“法学”主动参与的一次阶段性超越。“抗衡”模式，简单地说是儒生尝试基于自家立场和话语，重新打造一个与“法”具有相似规模的、完整的治术的学理、制度体系，其中最典型的例子就是《周官》(《周礼》)。[55] 郝铁川说道：《周礼》之所以具有重视制度建设和操作实施的特点，是因为它吸取了法家“课群臣之能”“循名而责实”的治官之术，从而比《论语》《孟子》等更具有可行性。[56]

关于儒家与“法学”的关系，笔者将在之后的第十一章中专门

---

〔54〕 所谓的“参与”模式，即试图带着儒家的立场和理念参与到“法学”话语之中。

〔55〕 《周官》始出于西汉景、武之际，荀悦《汉纪》云：“刘歆奏请《周官》六篇，列之于经，为《周礼》。”可知该书在西汉以前当名曰《周官》。对《周礼》成书年代，学界历来大有争议。关于其成书周公、西周、春秋、战国、周秦之际和刘歆作伪六说。近人结合出土文献、器物做的整合式研究使研究界倾向于认为其书作于战国，但大量保留有西周以降的思想观念和内容。对相关研究的综述与反思，参见彭林：《〈周礼〉主体思想与成书年代研究》，中国社会科学出版社 1991 年版，第 4-19 页。

〔56〕 郝铁川：《经国治民之典——〈周礼〉与中国文化》，河南大学出版社 1995 年版，第 4 页。

谈到,这里仅略及梗概。

(三)“法学”兴衰探因

综合以上诸节所论,我们可以将战国的“法学”概括为一类以“法”为中心话语构建起来的治道与治术层次的理论体系。从整体上看可厘分出“道法论”“法术论”和“律令学”三个层次。而三层的重心都在于人域之“法”(或曰人域制度)的建构和运行。

在此还有必要对战国“法学”所包含的“人”与“政治”两属性所呈现的特殊状态做一分析,以此明晰其与真理之学和天人之术等学术的差异。

作为人道之相的“法”与作为天地万物之道的表征的阴阳、四时、五行、八方等非常不同。因为天道、地道等,只需要通过观察、反思即可认知并作出归纳。因此它可以作为一类知识加以累积。而人道则不仅需要认识,还需要“制定”,包括两条路径:一是横向的,通过认识天地万物之道以类比出人道;二是纵向的,通过认识先代圣王之法获得对人道的认识。不过仅借此二者并不足以直接获得亘古不变的人域之法。人域之法出现的根源在于“人”的特殊性。战国时代对人性的讨论逐渐深化,所论中心无不在于解释人之所以为人的,是因为其有别于天地万物的特殊属性。用今天的话说,便是人的主观能动性的问题。正是这个属性使人既会背道而行,亦能通过主动地反思与努力求得“合道”。

政治和政治权力便是人的特性所致。最初的政治化,在中国人看来乃是一种通过人的努力实现与天地万物秩序和合的尝试。中国早期政治权力和政治实体的形成,从根本上说是基于对秩序的追求。而这种秩序乃是能够借由人的主观建构,实现人类整体与道体和合的基础。相对于天地万物而言,人域的政治社会是独特的,不“自然”的。这些基于人,特别是圣王对世界的理解建构出来的人域规范、准则,统统属于战国学者眼中的“法”。

结合上述诸段讨论和前文对战国“法学”的源流、面貌的认识,接下来可尝试解说为什么在战国时代“法”作为一门学问陡然兴起。置于战国的社会政治环境与世风、学风中审视,笔者窃以为需要考虑如下若干原因:

其一,东周时代“礼崩乐坏”,周人所苦心经营的治道、治术传统至春秋晚期以降业已形同虚设。处于正统意识形态地位的“德—礼”体系崩溃,为原本处于边缘地位的思想学术兴起提供了缺口。处于技术人话语中心的“法”就是在这样的背景下逐步成长为治术之学的中心话语。并且,“法”在战国学术的论域中被当作“道”与“物”(天、地、人、万物)的联结来看待。也就是说,法是道对物存在、运行流转方式的规定,或曰是在物的存在流转方式中体现出的道。“道法学”讨论的中心是人域之法与“道”及其现象表征,如天道、地道等的关系,它为“法学”提供了合理性依据。“道—法”的思想体系,足以为填补“德—礼”体系崩溃留下的缺口提供理论支持。

其二,孔、老真理之学的兴起虽带来了对政权、治权正当性的反思,但这种思考并未能够迅速提供一套完整的,可以落实的政治理论。相反地,战国时代的学术,绝大部分是治术之学。从层次上说,它低于孔子、老子开出的真理之学,同时,真理之“道”被当作治术之学的前提和基础加以接受。这就意味着此时“道”,即真理本身的论题被认为无须再行讨论,转而关注对此“道”的认识、实践,也就是“术”的问题。再经由以黄老学为代表的道法学建构,作为治术之学的“法学”成功完成了“道法”理论的建构,并打上了源自真理的名号。有了这个基础,思想界更加专注于治术理论的完善。到了战国晚期,治术理论俨然有了相当缜密的体系。

其三,战国时代的社会呈现私权政治与治权政治勃兴的政治态势。在这个天子虚设的时代,政权、道统亦随之沦丧,各个政权的中心要务在于通过治权觊觎实现霸道。而实际掌握治权的官吏们则无不以之为满足私权、私欲的工具,整个社会由此呈现整体性的"私化"风气。〔57〕

其四,之所以当时的学者们不约而同地选择以"法"为中心来建构治术之学的理论体系,与当时治权、私权政治对治权理论的需求不无关系,毕竟在宗周"德—礼"体系崩溃之后产生了理论上的真空地带。这时的治权掌握者急需能够实现有效治理的治术,而作为技术规范的"法"恰好能够提供可行的方案。特别是在商鞅变法获得成功之后,"法术论"技术上的有效性获得了实证,更是加强了"法学"发展的势头。

反观"法学"的衰落,直接导源于秦朝覆灭,可以说也是汉人反思秦过的连带牺牲品。秦国是战国晚期落实"法学"理论最典型的代表,以"法学"为立国、治国理论基础,成为强秦所以得天下的保障之一。也正是因为秦对法治的极端推崇,致使战国的"法家"随着秦的灭亡一并被视为了暴政的元凶而受到西汉初年积极反思秦过的知识分子们的排斥。受此影响,"法学"也成为一个负面的称谓而被尘封起来。不过"法家"在表面上的消失并不意味着战国法学的终结。汉初政治所奉行的黄老之学虽讳言"法学"之名,究其实质仍不外是战国以"法"为中心的治术之学的延续。但在落实的过程中,较之秦政表现得更加温和与节制。换句话说,汉初以"法学"为中心的治术之学,依旧是政权运行和实现治理的保障。〔58〕

---

〔57〕 通过《韩非子》中无计其数的描述,我们可以对之有十分直观的了解。

〔58〕 仅通过三个典型事例便可说明:一是张家山汉简律文与睡虎地秦律的对应性,印证了传世文献中汉代律法乃是秦律的承袭和拓展;二是汉初黄老之学受到推崇的史传记载与马王堆帛书《黄帝四经》的出土,说明西汉前期"道法学"依旧大行其道;三是汉武帝前期《淮南子》一书的出现,其内容呈现出对战国子学的延续与融会。

真正导致“法学”消弭的,乃是新的治道与治术理论建立,标志即汉武帝以后儒家学说的正统化和意识形态化。这可关联前述战国儒家对“法学”的“参与”和“抗衡”两种模式来理解。董仲舒的治术层面的理论实际上大量吸纳了战国“法学”的成果,[59]只不过化之为“儒术”之名。甚至有的学者认为,作为其思想核心的“三纲学说”不出自儒家,而是出自术家思想。[60] 董仲舒对治术之学的态度,暗合了韩非以术成道的思路。[61] 董仲舒以后的正统化的儒家学理,实则是以“抗衡”模式成就了对“法学”的融并,通过“以道统术”[62]和“以术成道”[63]思路开出的新儒学为汉政权所接纳和推广,先秦“法学”不复具备独立存在的空间和必要性。而董仲舒开出的整合了道、术二端,具有空前包容力的新儒学,恰是先秦“法学”的归宿。

不过,“法学”消弭并非因汉武帝的政策颁行而一蹴而就。它经历了一个长期的过程,或至东汉以后方告完成。至此,“法学”代表、参与主流话语的历程业已终结。它的一部分理论和知识并入了儒学的理论之中,而另一部分有关具体法律事务处理技术的内容则分化为“律学”。

---

〔59〕 如战国的黄老学在《春秋繁露》中多有印证,参见李定生:《董仲舒与黄老之学——儒学之创新》,载《复旦学报(社会科学版)》1995 年第 1 期。

〔60〕 孙景坛:《董仲舒非儒家论》,载《江海学刊》1995 年第 4 期。

〔61〕 这个话题非常复杂,不太适合在此处展开,笔者将另外撰文论述。

〔62〕 “以道统术”之“道”,即董仲舒所开之“新道统”。董仲舒之于中国思想史和文化史最大的功绩,莫过于将真理之学融会于意识形态,开出了“新道统”。而随着儒学的复兴,知识分子亦开始认识到,士大夫的最终使命非在于通过治术来参与政治权力,而在于通过对真理之学的追求来充任权力合法性的监督者。

〔63〕 “以术成道”之“道”,乃是汉儒所彪炳之“新王道”。“术”,即其所袭自先秦“法学”的治理之术。

第二章　什么是“法家”

一、尚“法”而无“法家”的战国晚期思想界

在中国思想文化的历史上，长久以来存在一个有名无实的“先秦法家”，着实是极为特异的现象。特别是近代以来，伴随西方文化的强势进入，传统文化、学术和价值体系出现了崩颓与自救并存的局面。其间对先秦法家研究的升温和“新法家”的应运而生，既反映出当时国人“不假西学而自足”[1]的尝试，亦有为革故鼎新而寻求理论支撑之意。[2]也恰是因为被视为先秦法家代表人物的管仲、李悝、商鞅、慎到、申不害、吴起、韩非等，均不乏理论施行于政治实践而获至成功（尤其是功利性的富国强兵）的经验，因此同

---

〔1〕 吴之英：《法家善复古说》，载《蜀学报》1898年第9期。

〔2〕 如在《中国法理学发达史论》（1904年）中，梁启超把法家的法治主张称为“法治主义”，他说，“法治主义者，应于时势之需要，而与旧主义宣战者也”。[梁启超：《中国法理学发达史论》，载《饮冰室合集》（第1册），中华书局1989年版。]

样求富求强的近代学者们对之青睐有加。然而胡适在1919年2月出版的《中国哲学史大纲》中,似乎很不合时宜地提出了"古代本没有什么'法家'"的观点。〔3〕此说所受的关注和认同之少,与其书在当时引起的非同一般的热烈反响恰好形成了强烈反差。尽管随着战国黄老学研究的日益深入,大多数学者已经认识到尚法是战国中后期普遍存在于知识界的思潮,而非严格意义上的学派之见,但迄今为止仍然鲜有学者认同并无学派意义上的"法家"。〔4〕可以说,胡适之论道明了先秦子学之实,只可惜尚未论及"法家"之名长久存在的缘由。

基于先秦文献可知,战国有"管商之法""申商刑名"等说,然而实无可谓一学派的"法家"。并且战国晚期,除了坚守师法、家法的醇儒和宗派明晰的墨者,再无严格意义上的学派可言。〔5〕东周时代实际存在的学术团体大体可分为四种类型,即以儒家、墨家为代表的经教师承式,〔6〕以道家为代表的自觉归宗式,〔7〕以《管子》作

---

〔3〕 胡适:《中国哲学史大纲(外一种)》,河北教育出版社2001年版,第266页。

〔4〕 其实学术界对胡适此说的不认同,并非基于他对事实判断本身有误,而更多的是"不情愿"去认同。这种情况与汉代以后"法家"之说出现大有异曲同工之妙。

〔5〕 近现代法学界、史学界、哲学界对先秦法家之所以为一学派的认定标准并不一致,但绝大多数都认为坚守"按法而治"是"法家"的基本立场。除此之外,还有诸如强调君主集权、严格限制私权、严刑峻法、法后王等。再者,如果仅仅是从目录学角度来审视,无论是刘向、刘歆的六略、九流之分,还是四库的经史子集之别,可以说都无可无不可。这只关涉图书分类的合理性和检索的便捷程度。在此一层上,讨论如何认定先秦"法家"的存否及范围,于法律史和思想史而言均无太大意义。

〔6〕 战国的儒、墨两家在具体形态上也存在较大差异。儒家看重师承与家法,墨家则看重团体与组织,类似于汉末天师道、五斗米道的自治型教团模式。

〔7〕 司马迁"归本于黄老"一语,很能概括这个类型的特质。典型者如《文子》与《老子》的关系,庄子后学与庄周的关系。尽管他们之间没有严格的师承传授,但存在明确的后人对前者的主动认同与归宗意识。

者群为代表的官方组织式,[8]加之以方技、术士为代表的边缘秘传式。[9] 这些团体存在某些共性,例如,其一,具有名义上的宗师,如儒家的孔子、墨家的墨翟、道家的老子等。其二,具有团体的自我认同和向心力。其三,具有较为明确立场的自我划界(或曰"判教")意识。儒、墨之所以被韩非称为"世之显学"(《韩非子·显学》),一方面由于其学理受认同程度高,另一方面也和他们具有强烈的团体化、学派化自觉有关。所以相比较于其他各自为战的思想家,儒、墨之学就格外的"显"于世。而今人所说的先秦"法家",几乎不具备上述三方面的任何一者,也难以契合三种类型的学术团体中的任何一种。当下多以"学派"为单元讨论战国诸子思想,遇到的掣肘越来越多,甚至成为子学研究的阻碍。如果基于现有的文本来考察,常被归入法家的思想家们著作中反映的知识背景如下:

《商君书》:儒、法、墨、术[10]

《韩非子》:儒、法、道(黄老)、名、术

《慎子》:法、道(黄老)、名、术

《申子》:法、道(黄老)、名、术

《吴子》:法、道(黄老)、术

《管子》:道、法、名、术、阴阳

---

〔8〕《管子》作者群与通常说的稷下学者群体不可等量齐观。《管子》一书的编集,具有强烈的目的性,贯注了齐国官方的意旨,而作者们在撰述时对此是有所认同的。而稷下学宫中云集的士人多达"数百千人"(《史记·田敬仲完世家》),多数只能算是"过客",他们或受稷下学风习染,但于齐官学并无认同,也谈不上撰述《管子》一书。

〔9〕例如,来历、渊源、流传俱不明晰的阴阳、五行、堪舆、巫卜等家。

〔10〕"术"在战国中后期确实被看作一类特殊的知识。例如,李斯曾两向秦二世进言"修申韩之明术"与"明申韩之术"(《史记·李斯列传》)。

而据文本所见,那些一般不被看作法家人物的思想家,也有着类似的知识背景:

《荀子》:儒、法、名、道(黄老?)

《文子》:道(黄老)、名、法

《鹖冠子》:道、法、儒、名、术

另外,像大小戴《礼记》中的一些篇章,尤其是《大戴礼记·盛德》篇具有相当浓厚的尚法倾向。

按照之前对诸家知识背景的总结,几乎所有这些被当作法家特质的项目,都可见诸其他学派。由此产生了长期困扰学界的问题:“法家”群体的内涵和边界究竟如何确定?像《管子》《邓析子》《尹文子》《慎子》等作品究竟属于法家,还是应归入同样“难以把捉”的黄老家,始终存在广泛争论。例如,蒙文通曾质疑《韩非子》中《扬权》《主道》与韩非重法尚术的“法家”思想不契。[11] 可以说,到了战国中后期,子学各家都在尝试融会多种知识传统。因此后世研究者会产生一种难以归类的困惑,是故出现了“杂家”之名。事实上到了战国中后期,几乎所有思想家的学说中都或多或少地存在司马谈所说的“法家”知识,并认同了按法而治的主张。甚至可以认为“六家”中的阴阳、儒(礼)、墨、法、名、道(黄老)俱是“公器”[12] 而已,各人择其善者而用之。

再者,先秦文献中虽有“法家”一词,但含义与后世用以指称学

---

[11] 参见蒙文通:《法家流变考》,载蒙文通:《古学甄微》,巴蜀书社 1987 年版。

[12] “公器”一语,原出《庄子·天运》“名,公器也,不可多取。仁义,先王之蘧庐也,而不可以久处,觏而多责”。后世有“官爵者,天下之公器”(《旧唐书·张九龄传》);司马光言“法者天下之公器”[《资治通鉴》汉文帝十年(公元前 170 年)],黄节云“学术者天下之公器”(《李氏焚书跋》),并为此思路的延续。

派的法家泾渭分明。[13] 当时围绕作为治术的"法"形成了一系列的共识,可概括为:(1)社会变革需有变法与之匹配;(2)按法而治乃政治、社会有序的必要(而非充分)条件;(3)法须合道;(4)法由君出;(5)君、臣、民都须守法;(6)法当秉"公"义。无论是学脉混杂的《管子》,还是归属不明的慎到、申不害,抑或儒家后学的荀况,以及被誉为法家的韩非,在讨论政治社会治理时无不认可并表达了上述六点。

此处直言先秦"法家"学派事实上并不存在,或许会引起法学和思想史学界大为不满。人们会说,汉人司马谈、班固以来,"法家"为诸子学派之一便已言之凿凿,何得妄非之?几乎所有现代论著都以太史公"六家"之分作为"法家"具名之始,实则不确。[14] 考诸战国子学分析诸论,可知司马谈此说并非首创,而在其所推崇的黄老道德之学中颇有渊源。与之最为"神似"者莫过于《尹文子·大道上》之:

> 大道无形,称器有名。名也者,正形者也。形正由名,则名不可差。故仲尼云"必也正名乎!名不正,则言不顺"也。大道不称,众有必名。生于不称,则群形自得

[13] 区永圻指出:"'法家'一词,最早见《孟子·告子下》:'入则无法家拂士,出则无敌国外患者,国恒亡。'此处的'法家'指执法的大臣,与后世所称法家无必然联系。《管子·山至数》也曾言及'法家',但在那里,'法'是指'轻重之法'即理财之术,'法家'是指'轻重家'即理财专家,与后世所称法家更风马牛不相及。"(区永圻:《战国秦汉法家诸问题研究》,华中师范大学2008年博士学位论文,第9页。)上引《孟子》"无法家拂士"一语被歧解为法家称谓之始的情况最多。区永圻的予以否定,以及认为先秦无"法家"之名的判断是正确的,但他的诠释有误。其中的"法"当与《论语·子罕》"法语之言,能无从乎"同义,意思是好的、正确的、珍贵的。战国时《管子·七臣七主》的"法臣",帛书《黄帝四经》的"法君""法臣"之"法"都是这种用法。参见李平:《法义新论》,载《现代法学》2013年第2期。

[14] 下节将辨明司马谈"六家"之分非为辨章学派,而是意在类分其所认为治天下不可或缺的六类治术。

其方圆。名生于方圆，则众名得其所称也。大道治者，则名、法、儒、墨自废。以名、法、儒、墨治者，则不得离道。老子曰：“道者万物之奥，善人之宝，不善人之所宝。”是道治者，谓之善人；借名、法、儒、墨者，谓之不善人。善人之与不善人，名分日离，不待审察而得也。道不足以治则用法，法不足以治则用术，术不足以治则用权，权不足以治则用势。势用则反权，权用则反术，术用则反法，法用则反道，道用则无为而自治。故穷则徼终，徼终则反始。始终相袭，无穷极也。〔15〕

由此可知，战国时已有将“法”与儒、墨、名视为可得并称的流派之举。不过文中所列四派与今人所言学派迥然有别。文首直言“大道无形，称器有名”，此后所论俱属于大道流形之“器”，且因重心在“治”，名、法、儒、墨之分，均可谓是“治术”之别，而运用治术时调用的具体治器，即法、术、权、势四者。引文中作者认为名、法、儒、墨四家无不是在以法、术、权、势谋求“治”世，其旨归为一，即“反（返）道”，差异则在治器的整合运用方法有别。要注意，此中的名、法、儒、墨四分仅限于治器和治术层面，至于道论（类似于今之形而上学）、德论（近于人性论、伦理学等）、工夫论、历史观云云则不囿于此。这段表述与战国晚期子学表现出的大势与特质可相印证，特别是泛化的黄老、法学/法治、刑名等思潮，已经不再为某一

〔15〕 王启湘：《尹文子校诠》，载《周秦名家三子校诠》，古籍出版社 1957 年版。《尹文子》一书今仅存两篇和若干佚文，其内容一度被疑为伪书而不受经史学者关注。近年来多有为之“翻案”的呼声，论证亦颇精审，大抵可确定其为与战国齐人尹文有关的作品。参见胡家聪：《〈尹文子〉与稷下黄老学派——兼论〈尹文子〉并非伪书》，载《文史哲》1984 年第 2 期；知水：《〈尹文子〉新征》，载《辽宁师范大学学报（社会科学版）》1990 年第 6 期。

学派或群体所特有。这与当时游学之风大盛不无关系。[16]

与上论相应,战国思想界各执一说以图自证者不乏其人,故有《庄子·天下》篇所言“道术将为天下裂”的局面。对此,《庄子》之外复有《荀子》《韩非子》等大加批判。由此可知战国的卓识之士对此状况并不认同,且多有反思,故有之后转而力图融会和合的动向,最典型者莫过于《吕氏春秋》。到了战国晚期学者们普遍意识到,偏执治术之一隅不足以证道求治,故有韩非整合儒、道、名、法、权谋等术而开立新说,后世谓之集大成。换言之,至少到了战国末期,知识人业已大体明确诸治术的功能、效果和短长,理论建构的重心业已从争论优劣转向寻求整合方案。西汉早期的贾谊、陆贾等,乃至被誉为子学时代终结的《淮南子》,实际上都在继续着这种整合的尝试。并且战国后期几乎所有的主流思想家[17]都认可了无论何种立场、何种知识整合和理论建构方式,都须以和合于大道为终极目标。

人们所熟知的战国时代三篇具有学术综述意味的文章——《荀子·非十二子》、《韩非子·显学》和《庄子·天下》,给出了与《尹文子·大道上》不同的分类。无论哪一种,都没有严格意义上的学派分判的意味。例如《荀子·非十二子》涉及六类十二人:它嚣、魏牟,陈仲、史鳅,墨翟、宋钘,慎到、田骈,惠施、邓析,子思、孟轲。其中墨翟、宋钘和子思、孟轲与惠施、邓析合于后世墨、儒、名之派。荀子之所以有此分,源于“假今之世,饰邪说,文奸言,以枭乱天下,矞宇嵬琐,使天下混然不知是非治乱之所在者,有人矣”。[18] 蒙文通注意到,“孟子正值商鞅佐秦、法家之术已盛于世

[16] 参见赵玉宝、吕宏諙:《春秋战国法家游学的区域流向考察》,载《辽宁师范大学学报(社会科学版)》2015年第3期。

[17] 这不应包括那些纯以智识和技法谋求私利的“小人儒”们。

[18] 王先谦:《荀子集解》,中华书局1988年版,第89-91页。

之时，乃孟子徒明辟杨、墨而不及法家者”，不过他解释作“殆以杨、墨之言早已盈天下，而法家于是时徒见之行事，未有著书，故孟子亦直从行事辟之而已”，[19]似未得其要。

由此可知，常被冠名为“道法家”的黄老家和法家一样，在战国时代都没有形成严格意义上的学派，而仅仅是思潮。并且，因循天道（黄老）和按法而治（法家）在战国晚期几乎成为所有思想者的共识。法治为治理所必需，“凡乱者，刑名不当也”（《吕氏春秋·正名》），全不足以成为“学派”的判别式。

二、太史公的“法家”理想型

对于法家在汉代的境遇，当代学术界有一类共识性的看法：“从汉代起大约二千年的时间里，由于同秦帝国暴政的密切联系，法家一直为主流社会所鄙夷，俨然是邪恶的代名词，所以少有人问津。”[20]人们大多认为西汉初年反思秦过时，知识分子将法家视为秦苛政和败亡的原因。[21] 这是由来已久的误解，[22]成因还有待研究。[23]

---

[19] 蒙文通：《法家流变考》，载蒙文通：《古学甄微》，巴蜀书社 1987 年版。

[20] 申波：《法家研究的革命诉求——以 1890 年代至 1970 年代为例》，载《现代哲学》2008 年第 4 期。

[21] 例如徐复观指出“西汉像样点的儒生，无不反秦反法”。[徐复观：《两汉思想史》（第 2 卷），华东师范大学出版社 2001 年版，第 62 页。]林聪舜更是直言“西汉前期的思想家几乎把法家与秦的暴政视为一体加以批判”。（林聪舜：《西汉前期思想与法家的关系》，大安出版社 1991 年版，第 226 页。）

[22] 关于这种看法如何得以形成，并在知识界占据主导，非常值得仔细讨论。

[23] 举例而言，徐卫民引述陆贾在《新语》“事逾烦而天下逾乱，法逾滋而奸逾炽，兵马益设而敌人逾多，秦非不欲为治，然失之者乃举措暴众而用刑太亟故也”。据之得出结论：“把秦的速亡归咎于法家的思想是汉代思想家的发明和创造。直接建立在秦亡基础上的汉政权急于寻找秦速亡的原因。”（徐卫民：《法家思想与秦王朝灭亡关系新论》，载《西北大学学报（哲学社会科学版）》2005 年第 4 期。）这显然是难以周延的推论。类似的情况非常多见，在此不一一具引。

事实上，汉代思想界和官方文诰在反思秦过的过程中，极少将秦亡归咎于“法家”，甚至连“法家”这个称谓都绝少提及。汉初各家将秦亡的原因归总为苛政、暴虐、不讲恩德和贪残等，要者有二：一则针对秦的政制与政治，特别是“繁刑严诛，吏治刻深，赏罚不当，赋敛无度”（《史记·秦始皇本纪》）；二则针对若干政治家、思想家的主张。如董仲舒在其《贤良对策一》中就将“申商之法”和“韩非之说”作为秦朝暴政的渊源。但即便申、商、韩常被放在一起批判，也并没有将之归为“一家之说”或法家学派的意思。虽说申、韩之学屡屡成为抨击对象，特别是卫绾上疏之后，[24]但目的更多是反对纵横之术，而非尚法之学。且在独尊儒术之后，所谓的“儒术”业已将战国子学的王霸、法治等治术融会其中了，[25]且当时思想界对“按法而治”并无非议。屈永华曾提出“法家治国方略导致秦朝速亡的通说存在诸多疑问”，可惜未引起学界足够的重视。[26]

秦亡以后，思想界仍旧延续着战国晚期的风格。一方面，被称为“黄老道家”的思潮占据了主导地位，尤其是早年积累的对一般知识界乃至普通民众的普遍影响力，致使其思维方式和基础观念很自然地与官方政治思路和治理策略联系在一起。另一方面，具有特定立场和师承关系的思想家，特别是儒生，始终致力于在坚守自家基本立场的前提下融会各种知识传统和治术方案，以此来为即将或已然到来的“新天下”提供理论支撑。这个路数在战国晚期

---

〔24〕 但是“自曹参荐盖公言黄老，而贾谊、朝错明申韩”（《汉书·司马迁传》），可见申、韩之学在汉初并不衰颓。因此方有丞相卫绾奏：“所举贤良，或治申、商、韩非、苏秦、张仪之言，乱国政，请皆罢。”（《汉书·武帝纪》）

〔25〕 参见申波：《论董仲舒对儒学的法家化改造》，载《西南民族大学学报（人文社科版）》2008 年第 11 期。战国子学对陆贾、贾谊、董仲舒等儒生的影响，参见杨颉慧：《西汉前期黄老学说下的法律思想与法治实践研究》，郑州大学 2007 年博士学位论文。

〔26〕 屈永华：《法家治国方略与秦朝速亡关系的再考察》，载《法学研究》2007 年第 5 期。

的《鹖冠子》、《荀子》、《韩非子》、《吕氏春秋》、大小戴《礼记》的一些篇章，以及被归为“杂家”的作品中已大量出现。其在西汉初年曹参、陆贾、贾谊、晁错乃至淮南王刘安编纂的《淮南鸿烈》以及董仲舒等人的思想中，表现得同样明显。也恰是因为这种治术知识大融会，使今人每每惑于这些思想家和著作的学派归属问题。〔27〕

司马迁《太史公自序》中对“六家”的评述，同样也延续了上述进路。《论六家要旨》云：

> 《易大传》曰：“天下一致而百虑，同归而殊途。”夫阴阳、儒、墨、名、法、道德，此务为治者也，直所从言之异路，有省不省耳……法家不别亲疏，不殊贵贱，壹断于法，则亲亲尊尊之恩绝矣，可以行一时之计，而不可长用也，故曰“严而少恩”。若尊主卑臣，明分职不得相逾越，虽百家不能改也。

太史公这段表述对后世所产生的影响难以尽表，近代以来学术界对之虽臧否不一，但大凡将之视为“法家”学派得名之始。典型者如梁启超所言：“（司马）谈所分六家，虽不敢谓为绝对的正当，然以此檃栝先秦思想界之流别，大概可以包摄，而各家相互间之界

---

〔27〕 像儒生贾谊和晁错，就有不少人目之为法家。如梁启超言，“法家起战国中叶，逮其末叶而大成。以道家之人生观为后盾，而参用儒墨两家正名核实之旨，成为一种有系统的政治学说，秦人用之以成统一之业。汉承秦规，得有四百年秩序的发展。盖汉代政治家萧何曹参，政论家贾谊晁错等，皆用其道以规画天下”。（梁启超：《先秦政治思想史》，东方出版社 1996 年版，第 189 页。）陈丽桂《汉代法家思想》文中遍举了“陆贾、贾谊、晁错、刘安、董仲舒、桑弘羊、崔实”（载《国学学刊》2016 年第 2 期）。参见刘德岑：《贾谊为法家说》，载《庠声》1933 年第 23 期；龚留柱：《论晁错及汉初“新法家”》，载《中国史研究》2016 年第 1 期。

域,亦颇分明……分类之精,以此为最。"[28]而其中"严而少恩"等评定,在后世亦被当作先秦法家的最主要特质之一。

然而《史记》中一个显见与之悖反的现象却没有获得足够关注:列传部分对战国诸子的排布,与《论六家要旨》中六家之分毫不相契。[29] 若"六家"之分确是对战国诸子的学派分判,那么为何"列传"不遵此类分?像后世被追认为法家的吴起与孙子同传、慎到与孟荀同传、韩非与老子同传,全不见现代人那种归拢学派的意识。由此可推知,太史公的六家之分显然非是意在还原战国子学面貌,更非为便于说解而为之。

因此须得重新认识司马谈何以为此六家之分?又为何要分?最常见的说法莫过于以之为辨章学术的"诸子学案"。[30] 但此论亦未得其要。张伯晋另辟蹊径地指出:"司马谈将诸子划分六家,并非将六家视为学术流派,而是将六家作为不同政见的政治派别。"并认为"刘歆《七略》对诸子划分,亦持此种观点,以政论的区别来划分诸子"。[31] 此论略胜前说,然亦不够准确。

司马谈尚去战国不远,身为史官,又笃信黄老,这三个背景意味着他对战国整个思想、学术大势了然于心,且对战国以来黄老学的道法论、法术论的内涵颇有洞见。是故他绝无可能如后世般臆造出一个本不存在的"法家"学派,当然也不会纠结于慎子、申子、韩非归于黄老抑或法家。尤其是在《论六家要旨》中业已谈道:

> 道家使人精神专一,动合无形,澹足万物,其为术也,

---

〔28〕 梁启超:《论中国学术思想变迁之大势》,上海古籍出版社2001年版,第16页。

〔29〕 司马谈"六家"之分,并未贯彻到列传对战国诸子的分类叙述中。例如将管子与晏婴并述,老子、韩非同传,而孟子、荀卿传中有稷下慎到、淳于髡、环渊、接舆、驺奭等。

〔30〕 参见阎崇东:《史记史学研究》,华文出版社2005年版,第336页。

〔31〕 张伯晋:《法家学派的渊源与属性考论》,载《法制与社会发展》2010年第1期。

因阴阳之大顺，采儒墨之善，撮名法之要，与时迁徙，应物变化，立俗施事，无所不宜，指约而易操，事少而功多。

这段描述恰好概括出了战国晚期黄老家汇聚众家所长的面貌，当然也可从另一角度理解为黄老思潮业已渗透到了子学各家的思想之中。且据前段所引文可知，司马谈所论的六家，只及于“务为治”之术的层次。如说阴阳，讲的是“四时、八位、十二度、二十四节各有教令”，不外历法技术。[32] 谈儒家时侧重“列君臣父子之礼，序夫妇长幼之别”，即宗亲伦理、礼制与礼治。而真正为孔子以后的大儒所重，亦可说是儒家根基的道德本体之“仁”却被省略了。说墨家时取其“彊本节用”，弃其“尊卑无别”，却对墨者最重之“尚同”“天志”避而不谈。所以太史公论六家并不是本于类似于现在习用的学派观念对先秦子学作归类，而是在为治术分类。[33] 也正是因此，与荀、韩、庄三家具有强烈感情色彩的“讥评”不同，太史公的六家之分实是在强调：欲图天下至治而同归，六家所侧重的六个方面缺一不可。故论阴阳时说“弗顺则无以为天下纲纪”，儒者“百家弗能易”，墨者“百长弗能废也”，法家“百家弗能改也”，名家“不可不察”，道家更为其所本，推崇自必不说。据此可推知，司马谈此段叙述意在彰明臻于天下之治的六个方面。这个思路显然已经超越了门派、家法、学派的狭隘立场，显示出统诸家之所长，为新天下言设计治术方案的气度，与《韩非子》《吕氏春秋》的格局和思

---

〔32〕 现在诸多楚简、秦简、汉简中的日书，便可印证阴阳术之不可或缺。并且司马氏出自颛顼，自“绝地天通”至羲和“敬授民时”一直到谈、迁父子，天官知识始终为史官所掌握。可以说这是司马谈的本家知识，就像儒术礼乐之于孔子。

〔33〕 吉德尔·史密斯（Kidder Smith）的看法更加激进，他认为“六家要旨”除了为当时的政治治理提供治术大类外，更是司马谈理想中至道之境所必需的几大类知识和技术。参见 Kidder Smith, Sima Tan and the Invention of Daoism, “Legalism”, “et cetera”, *The Journal of Asian Studies*, Vol. 62, No. 1 (Feb., 2003), p. 129-131。

路一脉相承。如上节所述,大体上到了战国晚期,思想家均有整合各种理论资源以证成己的倾向,可概括为“以众术成一道”。这里除显见于字面的诸“术”外,更要注意到六分的目的在于成“道”。其之所以厘分、梳理、整肃诸术,归根到底是为了“以术证道”。基于同样的理由,太史公将那些仅仅以术谋私而不顾及大道,不以天下合道为己任的纵横家,以及与治术、治道无关的农家、医家等归为方技,而不入其前述六家之列。[34]

即便如此,《史记》中的“法家”这个表述本身似乎又很难说毫无分别派系之意,当然此中不乏今人成见,这需要细加分析。言“×家”者,除《史记·太史公自序》中法家、名家、道家外,又有“太后好黄老之言,而魏其、武安、赵绾、王臧等务隆推儒术,贬道家言”(《史记·魏其武安侯列传》);“御史大夫张叔者,名欧,安丘侯说之庶子也。孝文时以治刑名言事太子。然欧虽治刑名家,其人长者”(《史记·万石张叔列传》)。更多见的情况是将“刑名”连言,如“御史大夫晁错明于世务刑名”(《史记·礼书》);“晁错者,颍川人也。学申商刑名于轵张恢先所,与雒阳宋孟及刘礼同师”(《史记·袁盎晁错列传》)。“申子之学本于黄老而主刑名”;“韩非者,韩之诸公子也。喜刑名法术之学,而其归本于黄老”(《老子韩非列传》);“孝文帝本好刑名之言”(《史记·儒林列传》)。其中的申子(不害)、韩非、晁错,后人都属之为法家人物,所谓“刑名”之学则兼六家之法、名而有之。由此可知,六家中之“法家”之所指并不足以对应、涵盖刑名家,也不足以与近人眼中的法家等量齐观。且相比较而言,说“刑名家”更能具有概括性,然而在《太史公自序》中太史公

---

〔34〕 张大可在讨论《史记》立“列传”标准时说“司马迁反对末世‘争利’,表彰‘绝利’”,可相印证。参见张大可、赵群生等:《史记文献与编纂学研究》,华文出版社2005年版,第358页。

却将之一分为二,亦可证明之前对六家说意在分别治术而非归纳学派的推论。

综上可见,司马谈分别六类治术,类言其短长,并以兼收并蓄而求达治道的做法,其实亦是战国以后儒生之所欲为。从战国晚期的荀况和大小戴《礼记》的作者们,到汉初的贾谊、陆贾,再到汉文帝以后受《尚书》学于伏胜的晁错和公羊学传人董仲舒,无不为之。再者,当时的知识界之所以不遗余力地进行理论整合,提出新的理论构架,背后自有争夺话语权的用意。战国末年吕不韦组织门客编纂《吕氏春秋》,特别是整饬出“十二纪”的架构,[35]可视为通过整合知识求致话语权的典型例证。尽管吕不韦本人出身、身份、地位均特异于一般知识人,但书中大谈道、公等理念,明显有通过合诸术以证道的理论抗衡已然成型的君主集权式私天下的意味。淮南王刘安向汉武帝进献《淮南鸿烈》,几乎复刻了吕不韦和《吕氏春秋》的故事。而两人均罹受大刑的终局命运,尽管个中曲折,以及官方给出的缘由各有不同,但对“知识—话语权”的企图,无疑是被君主加以谋反之名的主要原因之一。并无权柄或者原本游离于权力核心圈之外的一般知识人在做着类似的尝试,司马谈是一例,董仲舒也是一例。

三、《七略》中的“法家”

首节阐明了战国并无严格意义上的“法家”学派,然而崇尚以法为治却实实在在地成长为当时知识界和政权所共同认可的主流

---

〔35〕“十二纪”体系的特殊意义,参见徐复观:《两汉思想史》(第2卷),华东师范大学出版社2001年版,第11-13页。

治术。其理论创建遍见于《荀子》、《韩非子》、《管子》、《尹文子》、《鹖冠子》、大小戴《礼记》以及《吕氏春秋》等战国后期作品中，而制度建构则行之于秦、齐、赵、魏、韩、楚等国。说先秦有一个与儒家、墨家相似的法家学派，实乃后人对太史公“六家”说的曲解。如杨颉慧所言，“以贾谊、陆贾、董仲舒为代表的汉初儒者广泛吸收诸子之学，创建了一个有别于先秦儒学的汉代新儒学体系”。“他们借鉴了黄老学派的哲学概念和论证方式，用道家的‘道’、‘德’、‘无为’论证礼义教化的价值，为儒家的礼义教化主张找到了哲学依据。其中董仲舒对黄老学的吸收、改造最为成功，他把黄老学派的阴阳刑德说改造成了德主刑辅论，对后世产生了重大影响。”〔36〕迨至西汉中期以后的政治社会和观念中确实存在一类掌握理官知识与技法的尚法之人的“法家”，不过文献中表现出的情况是，尽管有司马谈，刘向、刘歆父子和班固论及，但事实上东汉中期以前，人们很少使用“法家”一词。也可以说，汉人眼中的先秦“法家”是由刘歆《七略》以其当时的观念为背景界定的，也是为东汉时人认同的一个回溯性概念。东汉人回溯而塑造出来的先秦“法家”学派，也就是章太炎归纳的“著书定律”的法家并不实存于战国，而且在汉代事实上也不曾存在。诚如龚留柱所说，“汉代以后，完整学派意义上的法家可以从古代政治生活中销声匿迹”。〔37〕或者也可以反过来推论，正是由于在西汉时出现了一批思想、行事上有共性后来被归为“法家”的人物，故才有了刘向、刘歆父子在《七略》中的归纳。其文见于《汉书·艺文志》：

---

〔36〕 杨颉慧：《西汉前期黄老学说下的法律思想与法治实践研究》，郑州大学 2007 年博士学位论文，第 1 页。

〔37〕 龚留柱：《论晁错及汉初“新法家”》，载《中国史研究》2016 年第 1 期。

李子三十二篇、商君二十九篇、申子六篇、处子九篇、慎子四十二篇、韩子五十五篇、游棣子一篇、晁错三十一篇、燕十事十篇、法家言二篇。右法十家二百一十七篇。

法家者流盖出于理官。信赏必罚，以辅礼制。《易》曰：“先王以明罚饬法”，此其所长也。及刻者为之，则无教化，去仁爱，专任刑法而欲以致治，至于残害至亲，伤恩薄厚。

……

诸子十家，其可观者九家而已。皆起于王道既微，诸侯力政，时君世主，好恶殊方，是以九家之术蜂出并作，各引一端，崇其所善，以此驰说，取合诸侯。其言虽殊，辟犹水火，相灭亦相生也。仁之与义，敬之与和，相反而皆相成也。《易》曰：“天下同归而殊途，一致而百虑。”今异家者各推所长，穷知究虑，以明其指，虽有蔽短，合其要归，亦《六经》之支与流裔。使其人遭明王圣主，得其所折中，皆股肱之材已。仲尼有言：“礼失而求诸野。”方今去圣久远，道术缺废，无所更索，彼九家者，不犹愈于野乎？若能修六艺之术。而观此九家之言，舍短取长，则可以通万方之略矣。〔38〕

---

〔38〕《汉纪·前汉孝成皇帝纪》引述略有不同，文曰：“昔周之末孔子既殁，后世诸子各著篇章，欲崇广道艺，成一家之说。旨趣不同，故分为九家：有儒家、道家、阴阳家、法家、名家、墨家、纵横家、杂家、农家。儒家者流盖出于司徒之官，明教化者也；道家者流盖出于史官，明成败兴废然后知秉要持权，故尚无为也；阴阳家者流盖出于羲和之官，敬顺昊天以授民时者也；法家者流盖出理官也；名家者流盖出于理官，名位不同，礼亦异数，故正名也；墨家者流盖出于清庙之官，茅屋采椽是以尚俭，宗祀严父是以右鬼神，养三老五更是以兼爱，选士大射是以尚贤，顺四时五行是以非命，以孝示天下是以尚同；纵横家者流盖出行人之官，遭变用权，受命而不受辞；杂家者流盖出于议官；农家者流盖出于农稷之官。各引一端，高尚其事。其言虽殊，譬犹水火相灭亦相生也。舍所短，取所长，足以通万方之略矣。又有小说家者流，盖出于街谈巷议所造。及赋诵、兵书、术数、方伎皆典籍苑囿有采于异同者也。刘向卒，上复使向子歆继卒父业，而歆遂撰群书而奏《七略》。”

《艺文志》录自刘歆《七略》,《叙传》云:“刘向司籍,九流以别。”所反映者当是西汉末年到新莽时的儒生们,特别是刘向、刘歆父子对战国子学的认识。比较《汉书·艺文志》与司马谈的《论六家要旨》可见,二者无论撰述目的、类分标准和依据均不相同。班固直言:

> 至成帝时,以书颇散亡,使谒者陈农求遗书于天下。诏光禄大夫刘向校经传诸子诗赋,步兵校尉任宏校兵书,太史令尹咸校数术,侍医李柱国校方技。每一书已,向辄条其篇目,撮其指意,录而奏之。会向卒,哀帝复使向子侍中奉车都尉歆卒父业。歆于是总群书而奏其《七略》,故有《辑略》,有《六艺略》,有《诸子略》,有《诗赋略》,有《兵书略》,有《术数略》,有《方技略》。今删其要,以备篇辑。(《汉书·艺文志》)

“子略”分别为儒、道、阴阳、法、名、墨、纵横、杂、农、小说十家。与太史公的阴阳、儒、墨、名、法、道德具有理想化色彩的六类治世之术不同,刘歆九流是对整个知识(甚至包括知识人)体系作出的分类。分类的对象既然是知识本身,那么说“法家者流,盖出于理官”便理所当然。刘向、刘歆、班固眼中的“法家”,事实上就是理官类知识的掌握者。与之相应的表述还见于:

> 今叔孙通所撰礼仪与律令同录臧于理官法家,又复不传,汉典寝而不著,民臣莫有言者。又通没之后,河间献王采礼乐古事,稍稍增辑至五百余篇。今学者不能昭见,但推士礼以及天子说义,又颇谬异。故君臣长幼交接

之道寖以不章。(《汉书·礼乐志》)

此文中理官、法家连言,所指相同,或即“持书侍御史”。[39]

按照前引《汉志》的归纳,被归为“法家”者有两大特质:一是掌握“理官”系的知识和职分,用现在的术语说属于执法、司法之类,思想主张和行事特征在于“信赏必罚”。二是“以辅礼制”,且文中对法家必要性和“刻者为之”所引发的弊端的剖析,全然一幅儒家论调。此处可以析出两层意思:一是辅成以儒家理论为主导的天下治理格局;二是不再涉及立法领域。按照这个新标准,先秦的商、申、慎、韩等家,无论其人、其书都不合辙。而汉时“晁错三十一篇”虽亡佚,其事则见诸史传,与刘向、刘歆的归纳甚相吻合。所以虽言诸子十家皆渊源于先秦,但对法家内涵、功能的把握已不复先秦之旧貌,而换成了汉时新颜。用萧公权的话说,这时的“法家”包含了重刑派、拥专制派、任法派和图富强派四类人。[40]

刘歆七略、九流的分类,以及其对诸子学“××之流”的表述之所以出现,至少应考虑四层因素:一是早期几种既有的类分和综述模式;二是当时思想界的共识性观念;三是“儒家”模式的“理想型”化,对“法家”的认定,同样也受上列三方面的影响;四是西汉中期以后儒生和法吏被塑造成了立场对立的两大政治派别。[41] 而酝酿形成这种对立的时代可能更早,如司马迁“循吏”“酷吏”的两分便已有此意。这一层对于两汉之际“法家”观念的成型尤为重要,

---

〔39〕 参见杨鸿烈:《中国法律发达史》,中国政法大学出版社 2009 年版,第 68 页。

〔40〕 参见萧公权:《中国政治思想史》,商务印书馆 2011 年版,第 282-293 页。

〔41〕 之所以说这种局面乃是有意而为之,因为参照本章第二部分可知,战国晚期以至秦汉之际的儒生,尽管对申商之法、韩非之学颇有微词和讥评,但对按法而治非但没有排斥,反而多所认同并主动融会贯注于儒学理论体系之中。而在西汉前中期的官僚士大夫中,纯粹的儒家和纯粹的文法吏都不存在,晁错就是一个典型的例子。参见龚留柱:《论晁错及汉初“新法家”》,载《中国史研究》2016 年第 1 期。

需详论之如下。

总体来说，西汉末开始出现“法家”之称，并且重塑出一个先秦的学派，除表层的治术、知识、思想观念分类的目的外，更大程度上是意识形态和话语权之争的一种外化表征。刘向、刘歆父子撰写《七略》时，无论是思想界还是政治社会，都已较司马谈、司马迁父子时有了显著变化。最为后世所重者莫过于儒学官方化、意识形态化和削藩以后中央集权、君主专制趋于稳固。至少在一般人的观念中，标榜崇儒的专制家天下本身及在现实中所呈现的政治格局和治理状态，已经获得了承认。

儒学“官学化”肇端于“田蚡为丞相，绌黄老刑名百家之言，延文学儒者数百人”。（《史记·儒林列传》）此议为汉武帝采纳之后，儒学开始了强势崛起，直至成长为政权独尊的官学。绝大多数学者将转折点定在董仲舒“天人三策”和汉武帝“罢黜百家，独尊儒术”两个标志性事件之上。由此背景可推知，《七略》式“法家”被归纳出来并得到认同，背后有两组冲突助推：一则王权与儒生的冲突；二则儒家内部俗儒与醇儒的冲突。汉宣帝公然宣称：“汉家自有制度，本以霸王道杂之。奈何纯任德教，用周政乎！”（《汉书·宣帝纪》）这句话明确表达了王权与儒生之间的冲突。尽管自汉武帝开始已将儒学标榜为官学，但这并不意味着统治者自愿、自觉地对孔子之学唯命是从。独尊儒术的象征意义以及由此而达到的反对以往黄老式的“知识—权力”形态、[42]重建王朝正当性基础的效果才是西汉帝王真正的用意。除具有超强理想主义倾向的王莽外，两汉时代并无一位君主真正按照儒生的方案展开政治社会治理。他们当然也不会真心待孔子及其后学为“素王”。而无论孔子、董

---

〔42〕 以《吕氏春秋》《淮南子》为代表。

仲舒还是其后的儒生，却又无不以真理的掌握者自居。两者之间的冲突绝无消弭的可能。

从表面来看，由于儒学的官方化地位，在绝大部分士大夫的知识背景中，经学知识和儒家思维方式都占了很大比重，完全不具备儒家色彩的知识人已经非常少见了。不过在儒学普及化的情景下，一部分以成就孔子“素王”大义为己任的醇儒与仅以经学为知识，甚或是谋生之术的俗儒之间开始出现分判。儒家内部俗儒与醇儒的冲突，更直接地说，这是信奉道德理想主义之王道的醇儒与讲求事功、治理效率与私权之霸术的统治者、治理者之间的斗争。西汉之初，处于弱势的儒生与王权和治权之间已有矛盾，但由于力量不对等而未曾凸显。二者矛盾激化实际上是在汉武帝“独尊儒术”之后。而上述这一对矛盾，又恰好因为儒学与王权在表面上的和合而被遮蔽起来。

由此，一部分强调事功、统治策略与治理效率的俗儒逐渐异化，被置于儒生的对立面上。昭、宣以后官方似乎在不断地强化二者两相对抗且又能适时达成妥协的戏剧化斗争。最典型的例证莫过于汉昭帝时的盐铁会议。〔43〕这种似乎有意营造出来的两大集团对立、争斗又共存的局面，后果之一是掌握文法狱讼知识的官吏、士人们开始被判分为一个群体，同时也产生了群体的自我认同意识。汉哀帝时薛况使杨明杀伤申咸一案引发的御史中丞（儒）与廷尉（法）之争，再一次将儒、法的对抗和争斗戏剧式地呈现

〔43〕　如果按照司马谈“六家”之论，治理知识和技术，以及掌握之的群体，远不止儒生与法吏两者，那么为什么到了后来会出现如此简单化且有戏剧化的两相对立呢？这个问题还有待进一步研究。

出来。[44] 上述种种，都可见诸班固所著的《汉书》，可见他对这些状况了然于心。

今人对盐铁会议性质的理解，大多以为是大将军霍光组织的儒家与以桑弘羊为代表的法家之间关于治道与治术的争论。这显然是受了汉代以后"法家"观念的影响。实际的情况却当如王利器所言，无论是所谓的贤良文学还是桑弘羊等，都具有相当的儒学背景。况且汉昭帝时子学时代的法术论已经为儒家理论所吸纳，所以当时这场争论更准确地说应看作儒家内部的现实主义与理想主义之争。[45] 另外，参与论争的双方言论中呈现的知识背景并不囿于某一流派；相反地，"称引广博，兼取杂说"。[46] 这也印证了当时实态与后世形成的儒法相争的印象并不一致。问题是，为何后世会将这场论战简单化地判定为儒法之争呢？是谁在促成这种完全不合实情的看法？

这里需要特别注意，争斗的双方大而言之俱可谓儒家，而将两者异化为泾渭分明的两派，最主要的原因并非双方果真如此"相反"，而是统治者的一种策略。

另一场发生在汉哀帝时的廷争与盐铁会议大有异曲同工之妙，见诸《汉书·薛宣传》：

---

〔44〕 详见《汉书·薛宣传》。由于原文篇幅较长，在此不复征引。主要内容是御史中丞等代表当时儒生，要求据《春秋》之义，原心定罪而从重定罪；廷尉等代表文法传统，主张严格按律定罪。两方僵持不下，"上(哀帝)以问公卿议臣。丞相孔光、大司空师丹以中丞议是，自将军以下至博士、议郎皆是廷尉。况竟减罪一等，徙敦煌。宣坐免为庶人，归故郡，卒于家"。(《汉书·薛宣传》)

〔45〕 参见王利器：《桑弘羊与〈盐铁论〉》，载《西北大学学报(哲学社会科学版)》1982年第1期。

〔46〕 王利器：《盐铁论校注》，中华书局1992年版，第306页。两方论争中称引著述的情况，参见王永：《盐铁论研究》，西北师范大学2008年博士学位论文，第59页。

哀帝初即位，博士申咸给事中，亦东海人也，毁宣不供养行丧服，薄于骨肉，前以不忠孝免，不宜复列封侯在朝省。宣子况为右曹侍郎，数闻其语，赇客杨明，欲令创咸面目，使不居位。会司隶缺，况恐咸为之，遂令明遮斫咸宫门外，断鼻唇，身八创。事下有司，御史中丞众等奏："况朝臣，父故宰相，再封列侯，不相敕丞化，而骨肉相疑，疑咸受修言以谤毁宣。咸所言皆宣行迹，众人所共见，公家所宜闻。况知咸给事中，恐为司隶举奏宣，而公令明等迫切宫阙，要遮创戮近臣于大道人众中，欲以隔塞聪明，杜绝论议之端。桀黠无所畏忌，万众讙哗，流闻四方，不与凡民忿怒争斗者同。臣闻敬近臣，为近主也。礼，下公门，式路马，君畜产且犹敬之。《春秋》之义，意恶功遂，不免于诛，上浸之源不可长也，况首为恶，明手伤，功意俱恶，皆大不敬。明当以重论，及况皆弃市。"廷尉直以为："律曰：'斗以刃伤人，完为城旦，其贼加罪一等，与谋者同罪。'诏书无以诋欺成罪。传曰：'遇人不以义而见疻者，与痏人之罪钧，恶不直也。'咸厚善修，而数称宣恶，流闻不谊，不可谓直。况以故伤咸，计谋已定，后闻置司隶，因前谋而趣明，非以恐咸为司隶故造谋也。本争私变，虽于掖门外伤咸道中，与凡民争斗无异。杀人者死，伤人者刑，古今之通道，三代所不易也。孔子曰：'必也正名。'名不正，则至于刑罚不中；刑罚不中，而民无所错手足。今以况为首恶，明手伤为大不敬，公私无差。《春秋》之义，原心定罪。原况以父见谤发忿怒，无它大恶。加诋欺，辑小过成大辟，陷死刑，违明诏，恐非法意，不可施行。圣王不以怒增刑。明当以贼伤人不直，况与谋者皆爵减完为城旦。"上以问公卿议臣。丞相孔光、大司空师丹以中丞议是,自将军以下至博士、议郎皆是廷尉。况竟减罪一等,徙敦煌。宣坐免为庶人,归故郡,卒于家。

初看起来,这似乎是经、律之间的冲突,或者也有人以之为儒、法矛盾。但事实上这种被刻意雕琢出来的冲突,在战国晚期的儒家理论中已经得到了有效解决,更遑论董仲舒及其后的汉代儒学。问题在于,为什么在统治者业已宣布定儒家为官方意识形态和政治理论的背景下,仍然要保持,甚至彰显制度化的政治实践与儒家经义之间的不恰?

很明显,这种分裂对抗正好可以彰显只有君王始终作为论争的决定者,唯有他有权选择如何整合双方的意见。如此一来,他就不仅是政治王,同时也兼具了"素王",或曰真理掌管者的身份。而从前的韩非、吕不韦、司马谈、刘安乃至董仲舒,无不希望成为理论、价值甚至真理体系的唯一提供者。尤其是董仲舒在晚年"引经决狱"之举,看似已近"素王"之境。如果按照这个理路演进下去,一家独大的儒生很有可能事实上成长为掌握话语权,足以与政治王分庭抗礼,甚至挟天道以令天子的素王。政治权力掌握者有意识地分化知识人,并造就儒门内部的分裂、对峙,最典型的两个举措为:一是收束"儒"的范围,将之仅与礼乐、人伦相等同;二是前文说到的,树立起一个新的派别形成与儒生分庭抗礼之势。这个群体曾被冠以文吏、法吏甚至酷吏等名号,后来比附于先秦而被通识接受为"法家"。

再结合《史记》《汉书》中的循吏、酷吏之别,汉代政治文化中刻意将这个群体两分看来颇为普遍。王充将二者别名为"文吏"与"儒生",并称:

> 称良吏曰忠,忠之所以为效,非簿书也。夫事可学而知,礼可习而善,忠节公行不可立也。文吏、儒生皆有所志,然而儒生务忠良,文吏趋理事。苟有忠良之业,疏拙于事,无损于高。论者以儒生不晓簿书,置之于下第。法令比例,吏断决也。文吏治事,必问法家。县官事务,莫大法令。必以吏职程高,是则法令之家宜最为上。或曰:“固然,法令,汉家之经,吏议决焉。事定于法,诚为明矣。”曰:夫《五经》亦汉家之所立,儒生善政,大义皆出其中。董仲舒表《春秋》之义,稽合于律,无乖异者。然则《春秋》,汉之经,孔子制作,垂遗于汉。论者徒尊法家,不高《春秋》,是暗蔽也。《春秋》、《五经》义相关穿,既是《春秋》,不大《五经》,是不通也。《五经》以道为务,事不如道,道行事立,无道不成。然则儒生所学者,道也;文吏所学者,事也。假使材同,当以道学。如比于文吏,洗泥者以水,燔腥生者用火。水火,道也,用之者,事也,事末于道。儒生治本,文吏理末,道本与事末比,定尊卑之高下,可得程矣。(《论衡·程材》)

此中透露出两点信息:其一,政权掌握者不愿意把意识形态和话语权合盘交给儒家;其二,从知识人群体中被单列出来的“儒生”大凡不具备执政与治理的知识和能力。

四、“法家”的定型

刘向、刘歆、班固等重新界定“法家”后,这个称谓直到东汉末至三国以后才流行起来。典型者,如前引王充《论衡·程才》中文吏、儒生之对,法家与春秋/五经之对。其中“治事”为务的文吏主要的知识依托就是法令。杨震之孙杨赐之《传》云:

数日出为廷尉,(杨)赐自以代非法家,言曰:“三后成功,惟殷于民,皋陶不与焉,盖吝之也。”遂固辞,以特进就第。(《后汉书·杨震传》)

汉灵帝想任命杨赐为廷尉,而杨赐自己认为“代非法家”为之推辞。按杨赐家学《尚书》,其所言“法家”,自当是指与儒学(经学)不同的另一套知识和学问。以儒家自居的杨赐,对“法家”内涵的理解和态度,都合于《论衡》所记。类似的情况还有张酺,家传《尚书》,又师事桓荣,“为人质直,守经义”。后逢汉章帝拟命之为东郡太守,张酺立刻上书推辞,以为自己“以经术给事左右,少不更职,不晓文法”。可见在当时知识人观念中,“法家”是通晓律令、文法,能为断狱、理讼之业的专门性人才。

身值汉末魏初的刘邵(168/172—240/249 年)有关于“法家”的两段论说,可称上承太史公、向、歆、班固之说,而为后世标明“法家”之所指:

盖人流之业十有二焉,有清节家,有法家,(刘昺注:立宪垂制)有术家,有国体,有器能,有臧否,有伎俩,有智意,有文章,有儒学,有口辨,有雄杰……建法立制,强国富人,是谓法家,管仲、商鞅是也……法家之流不能创思远图(刘昺注:法制于近,思不及远),而能受一官之任,错意施巧(刘昺注:务在功成故巧意生)是谓伎俩。张敞、赵

广汉是也……法家之材,司寇之任也。(刘昺注:掌以刑法禁制奸暴)(《人物志·流业》)[47]

法家之业本于制度,待乎成功而效,其道前苦而后治,严而为众,故其未达也为众人之所忌,已试也为上下之所惮。其功足以立法成治,其弊也为群枉之所雠。其为业也有敝而不常用,故功大而不终。(《人物志·利害》)[48]

刘邵眼中的“法家”属“人流之业”十二类之一,所指既包括特定人群,亦限定了特定知识、技能以及在政治社会中的定位、功能和缺陷。所谓特定知识和技能,乃“建法立制”“司寇之任”,关乎立法建制和司法。此类人当“受一官之任”,为司寇之事,且被界定为“伎俩”之属。其功能莫过于“立法成治”,以期“前苦而后治,严而为众”,“成功而效”。他们固有的弊端则包括“不能创思远图”,即刘昺注所言“法制于近,思不及远”,以及“未达也为众人之所忌”和易“为群枉之所雠”。章太炎在《检论》中曾作过“著书定律为法家,听事任职为法吏”[49]的分判,得到很多人的认同,但参比刘邵所言实为不确。其所谓“著书定律”者和“听事任职”者在当时都被看作法家。

正是基于此等法家固有积弊,刘邵最后的评论是“其为业也有敝而不常用,故功大而不终”。其中隐含的意思莫过于:日常可用之为“司寇”之属以任职事,至于存亡系于一旦时可依之救世,然而

[47] (三国·魏)刘邵撰,(元)刘昺注:《人物志》(卷上),载《四部丛刊》初编子部影印上海涵芬楼藏明刊本。

[48] (三国·魏)刘邵撰,(元)刘昺注:《人物志》(卷中),载《四部丛刊》初编子部影印上海涵芬楼藏明刊本。

[49] 章太炎:《章氏丛书》,浙江图书馆,民国六年(1917年)刊刻。

风险极大。

刘劭的界定具有极强的代表性,之后知识人对“法家”的界定大多不出其所论。其例见诸范晔(398—445 年)《后汉书》中数次给人冠以“法家”之名的记载。如他评论郭躬时说:

郭躬起自佐史小大之狱必察焉。原其平刑审断庶于勿喜者乎若乃推己以议物舍状以贪情。法家之能庆延于世盖由此也。(《后汉书·郭躬传》)

又:

(汉安帝)永宁元年(120 年),征拜廷尉。(张)晧虽非法家,而留心刑断,数与尚书辩正疑狱,多以详当见从。(《后汉书·张王种陈列传》)

两段引文中“法家”的内涵,都不出前引刘邵之说。

同时,在东汉末三国初这个时间节点上,有三个变化当与“法家”概念流行有关:

其一,东汉对“法家”作如此界定,应与其“四科取士”不无关系。应劭《汉官仪》载:

世祖诏:“方今选举,贤佞朱紫错用。丞相故事,四科取士。一曰德行高妙,志节清白;二曰学通行修,经中博士;三曰明达法令,足以决疑,能案章覆问,文中御史;四曰刚毅多略,遭事不惑,明足以决,才任三辅令,皆有孝悌廉公之行。自今以后,审四科辟召,及刺史、二千石察茂才尤异孝廉之吏,务尽实核,选择英俊、贤行、廉洁、平端于县邑,务授试以职。有非其人,临计过署,不便习官事,书疏不端正,不如诏书,有司奏罪名,并正举者。”[50]

“明达法令”一科的制度化,一来认可了文法律令知识传统的地位和独立性;二来使研习、从业者代有其人。汉明帝本人对“明达法理”者的奖掖,以及自此而后律令学大兴,更使明达法令科的学人有了“上升”的通途。

其二,“刑名”用于指称特定知识门类和人群减少与“法家”用例增多在时间上大体相近。这种转变很可能和当时律制中创设“刑名”目有关。例如据《晋书·刑法志》记载,“刑名”到了曹魏《新律》时被用作汇集的罪例名目冠于律首。[51] 又如“明法掾张裴又注律表上之其要曰:律始于刑名者,所以定罪制也……刑名所以经略罪法之轻重,正加减之等差,明发众篇之多,义补其章条之不足,较举上下纲领”。(《晋书·刑法志》)

其三,学术界普遍注意到东汉后期兴起了一股“重法”思潮,及其与当时政治、社会、经济等方面的广泛危机之间的关联。[52] 特别是东汉中后期,涌现出一批崇刑名法术之学的士大夫,如“王符、崔寔、仲长统等人无一例外地都强调刑法在治理国家中的重要性,这有别于东汉以经术为治的传统主张”。[53]

概言之,汉代以后被冠以“法家”之名者,大抵有如下特质:首

---

〔50〕(南朝·宋)范晔:《后汉书·百官志一》注,中华书局 2001 年版,第 3559 页。

〔51〕参见杨鸿烈:《中国法律发达史》,中国政法大学出版社 2009 年版,第 128-130 页。

〔52〕大致情况可参见赵海青:《东汉后期重法思想探析》,山东师范大学 2012 年硕士学位论文,第 6-16 页。

〔53〕徐芬:《法家取向如何进入汉末士人视野——以崔寔为个案》,载《晋阳学刊》2008 年第 1 期。

先，掌握法律知识与断狱理讼技术；其次，多曾担任法律类职官。与太史公“六家”说中“法家”差异最甚者，莫过于此时人们观念中的法家，仅侧重知识、思维方式和行事原则的“殊途”，而不以“同归”，即对“道”的追求为念。因此，班固在评论“法家者流”时会有“及刻者为之，则无教化，去仁爱，专任刑法而欲以致治，至于残害至亲，伤恩薄厚”之语。

释道安《二教论》曰：“法家者流，盖出于理官，信赏必罚，以辅礼制，《易》曰：先王以明罚敕法，此其所长也。”（《广弘明集》八）这个看法融会了《七略》之说。“信赏必罚”，知其所指大体为司法者群体。而言“以辅礼制”，说明对法家的定位类似于前引王充之见。《南齐书·高逸列传》中载史臣曰：“俟甘石法家之教出自刑理，禁奸止邪，明用赏罚”，与道安之说相合。再看沈约（441—513）《授蔡法度廷尉制》云：

> 门下：民命所悬，系乎三尺；止杀除残，实由乎此。是以皋陶作士，五刑惟明；于张莅官，世无冤狱。且汉代律书，出乎小杜。吴雄以三世法家，继为理职；郭恭以律学通明，仍业司士。爰及晋氏，此风未泯叔则元凯，并各名家。自兹厥后，斯尚渐薄。迄至于今，损弃顿尽。衣冠士子，耻复用心。州郡奸吏，恣其取舍，舞文弄法，非止一涂。朕膺天受命，为兆民主，每一念此，忘寝与食。尚书删定左曹郎中蔡法度，少好律书，明晓法令，世之所废，笃志不怠。至于章句舂滞，名程乖碍，莫不斟酌厥里，允得其门。方欲寄以国刑，开示后学，文才取士，岂有定方？自世道浇流，浮伪云起，量计多少，辩校锥刀。若遵往从旧，守而勿失，岂所以轨仪上世，垂风于后。宜加褒擢，弗

系常阶。可守廷尉卿,主者施行。(《文苑英华》三百九十七)

按其文,“吴雄以三世法家,继为理职;郭恭以律学通明,仍业司士”,可知时人观念中律学授受与法家密不可分。不过律学传统自杜元凯(预)以后颇为式微,一度“衣冠士子,耻复用心”,且几位“世之所废”。

沈约此文表明了当时观念中法家的三大要素:一是明晓法令,这自然与律学授受有关。二是能按法而断。请注意,这与先秦时强调按法而治有了显著差异,范围已经从一切政治权力运行收束到了以法断案上。三是充任诸如廷尉等“理职”。这个意义上的法家,与先秦时强调按法而治的管、商、申、韩已判然有别了。

迨至《隋书·经籍志》以经史子集分四卷,子部分儒、道、法、名、墨、纵横、杂、小说、兵、天文、历数、五行、医方。且云:

> 法者,人君所以禁淫慝,齐不轨,而辅于治者也。《易》著“先生明罚饬法”,《书》美“明于五刑,以弼五教”。《周官》,司寇“掌建国之三典,以佐王刑邦国,诘四方”;司刑“以五刑之法,丽万民之罪”是也。刻者为之,则杜哀矜,绝仁爱,欲以威劫为化,残忍为治,乃至伤恩害亲。(《隋书·经籍三》)

其所谓法家即指掌握法律知识者。《旧唐书·经籍上》直言“法家,以纪刑法典制”,如此一来,法家就可与“纪循名责实”的名家判然两分了。这种分判模式显然已殊异于先秦子学实态,然而囿于传统,曾被公认为先秦法家的管、商、韩、慎等家著作,又不得

不著录于法家目下,故有了如下非常含混的记载:

> 《管子》十八卷,管夷吾撰;《商子》五卷,商鞅撰;《慎子》十卷,慎到撰;滕辅注《申子》三卷,申不害撰;《韩子》二十卷,韩非撰;晁氏《新书》三卷,晁错撰;崔氏《政论》五卷,崔寔撰;刘氏《法言》十卷,刘邵撰;刘氏《正论》五卷,刘廙撰;阮子《正论》五卷,阮武撰;桓氏《代要论》十卷,桓范撰;陈子《要言》十四卷,陈融撰;《治道集》十卷,李文博撰;《春秋决狱》十卷,董仲舒撰;《五经析疑》三十卷,邯郸绰撰。右法家十五部,凡一百五十八卷。(《旧唐书·经籍下》)

从中可见,除先秦著作之外,自晁氏《新书》以下,俱以其内容侧重法令、制度、司法审判作为依据加以著录。尤其是董仲舒《春秋决狱》见于其间,更可知分类已不以判分"学派"为意旨。

宋代曾巩曾赞人"其材虽不大施而所治常出人上。为司法论决重轻能尽法意,繇是明习律令,世以法家自名者有弗及也"。[54]此中以明习律令、司法论决轻重能尽法意作为"法家"本事,代表了宋代知识人对法家的一般性看法。

除此之外,如"法家流少恩而深刻"[55]、"法家断罪举重"[56]、

[54] (北宋)曾巩:《南丰先生元丰类稿》,四部丛刊初编集部影印乌程蒋氏密韵楼藏元刊本。

[55] (北宋)王禹偁:《用刑论》,载《小畜集》卷十五,常熟瞿氏铁琴铜剑楼藏宋刊配吕无党钞本。

[56] (北宋)欧阳修:《欧阳文忠公文集》,四部丛刊初编集部影印上海涵芬楼藏元刊本。

“尔景俊于今法家为通才，而无少恩之蔽”[57]、“然当是时，法家者流皆是西北强毅之士，坚执成法，或至少恩”[58]、“法家者流，或用刑定罪，安忍深刻”[59]等表述，可见当时一般观念中“法家”即与“少恩”相联。是故在时人眼中，只有那些律学出身，严格且不近人情地按法行事的人，方可被归入法家。这两个条件缺一不可。

再有，这种法家界定背后深藏着另一观念，即严格而不逊他情的做法对于政治社会整体而言必需，但还远远不够，只能成其一端而已。如欧阳修《崇文总目叙释》“法家者流，以法绳天下，使一本于其术。商君、申、韩之徒，乃推而大之、挟其说以干世主，收取功名。至其尊君抑臣，辨职分，辅礼制于王治，不为无益。然或狃细苛持刻深，不可不察者也”。[60]

同时出身的知识背景，成为判定一人是否法家者流的基本依据。如楼钥《跋东坡行香子词》云：“太守刘士彦，法家者流，山东木强人也。闻之亟谒东坡。”[61]另外，陆游《删定官供职谢启》中的说法值得注意：

拔茅以征，冒处清流之末；及瓜而往，曾无累月之淹。恩重如山，感深至骨。伏以刑措不用，邈矣成康之隆。法家者流，肆于秦汉之际。以吏为师而先王之泽熄，以律为

---

〔57〕（南宋）陈傅良：《李知已陈影印俊并除大理寺丞（十月八日）》，四部丛刊刘氏嘉业堂藏明弘治乙丑刊本。

〔58〕（南宋）楼钥：《论明政刑》，载《攻媿集》卷二十，四部丛刊初编集部影印上海涵芬楼藏武英殿聚珍本。

〔59〕（北宋）洪适：《洪蔵大理司直制》，载《盘洲文集》卷二十三，四部丛刊初编集部影印上海涵芬楼藏宋刊本。

〔60〕（北宋）欧阳修：《论大理寺断冤狱不当札子》，载《欧阳文忠公文集》，四部丛刊初编集部影印上海涵芬楼藏元刊本。

〔61〕（南宋）楼钥：《论明政刑》，载《攻媿集》卷七十三，四部丛刊初编集部影印上海涵芬楼藏武英殿聚珍本。

书而圣人之道微。是以鄙夫深文而不知还,儒者高谈而靡适用。惟我国家之制,克合古今之宜。置局总以弼臣拔材而列之官属必有远关盛衰之法以授有司。故非深達体要之人不预此选,岂容懵甚亦在数中。兹盖伏遇某官,学极诚明,才全经纬,道枢善应万变,不外于吾心,仁风远翔,庶物悉陶于和气,矜怜坠绪拾遗,材致兹流落之余,被此生成之赐,某敢不讨寻废忘,激励懦庸。念彼三尺法安出哉?必通于古谊,否则一岳吏所决耳,尚奚取于诸生?冀收毫发之劳,庶逃俯仰之媿。[62]

这时的"法家"又有了一个明确的对立面,称作"士人",例见刘克庄《庄同孙大理丞》:

李寺长属不剸取法家,必参用士人。仁哉我祖宗之心也。尔恬静之操,温醇之文,顷尝献言有益治道,颂臺列属,澹然自守,擢丞廷尉,其选益高,曰钦恤,曰审克云者,皆汝所素讲,否则一狱吏所决耳岂以烦儒臣哉往究乃心嗣有明陟可。[63]

五、小结

中国思想史上,出现了若干次"法家"思想热潮。并且,当下的

〔62〕(南宋)陆游:《渭南文集》卷七,四部丛刊初编集影印江南图书馆藏明华氏活字本。

〔63〕(南宋)刘克庄:《后村先生大全集》卷六十一,四部丛刊初编集部影印上海涵芬楼藏赐砚堂钞本。

知识界正置身于新一波的法家复兴大潮之中，和早先历史上若干次对法家的讨论和复兴类似，这仍旧是一次应时局之需而起，且颇具功利意味的思潮。并且与以往相同，人们同样以先秦法家为基石，且大多数讨论并不意在辨章学术，而是取其应于时势者而用之。故此，今人眼中之“法家”概念的内涵，既不同于太史公，亦有别于刘向、刘歆父子及刘邵等人。

而在中国传统的思想文化资源中，“法家”之存在较之其他学派、思潮又极其特别。但凡论及法家，莫不自春秋、战国开始追述，以当时的法家学派为其缘起。事实上，先秦既无法家学派之名，更无其实。或者说，后世学者所论的先秦法家，俱是按“需”而“想象”出来的概念。这种想象自汉代以降不绝于世，且在不同的时期，由于所需有别，想象中的法家的内涵、主旨以及对之的评价亦有差异，人们谈论先秦“法家”者多数情况下并不在意是否果有此学派。真实的原因在于，自汉代以来的中国政治、法律文化，始终需要这么一个称作“法家”的符号和标志。

通过之前的论述可知，尽管“法家”的内涵、边界随着不同时代的需求与好尚不断变化，但其中亦有恒常不变者：一是其学理内涵众说不一，但按法而治总为核心；二是所包含的人物多变，而商君、韩非贯注始终。

清末以降“法家”有三次大兴，包括清末民初以章太炎、刘师培、梁启超为代表的理论讨论，20 世纪 70 年代与“批林批孔”相伴生的“法家路线”运动和 21 世纪初以来围绕“依法治国”大势而兴的所谓“法家第三期”。〔64〕

〔64〕 关于清末民初和当代新法家思潮的概况，参见喻中：《法家三期论》，载《法学评论》2016 年第 3 期。有关“文化大革命”时期“法家路线”运动的情况，参见 Merle Goldman, China’s Anti - Confucian Campaign, 1973 - 74, *The China Quarterly*, No. 63 (Sep., 1975), p. 435-462。

当代人对法家的一般认定方式，可以参照黄仁宇《中国大历史》中的表述："他们的法治观念不为传统习惯、古代特权、流行的道德观念、家人亲疏，或甚至恻隐之心所左右。法律代表君主的意志，必为成文法，必须详尽而无疑义地写出，而且不折不扣、不分畛域的强制实施。"〔65〕而其演化历程，常被表述为"法家学派发轫于李悝，盛于商鞅，集大成于韩非，至李斯盛极而衰，西汉前期则余波尚存"。〔66〕且多将其理论归纳为："一是进化的历史观，主张'变法'。二是'好利恶害'的人性论，引申出治理方法上的弃教化用赏罚。其主论有三：一是以法治国，君立法，臣执法，民服法，尚法不尚贤。二是农战立国，富国强兵，以实力征服天下。三是君主本位，尊君抑臣，中央集权。不管因应形势需要表现得或'残暴'或'温和'，但其'急功近利'的价值观或本质特征是不会改变的。"〔67〕

由上述这些特定背景和动机所孕育出的"法家"观念和概念，显然早已超脱于史实之外，而成为"需求"的产物。〔68〕

---

〔65〕 黄仁宇：《中国大历史》，台北，联经出版事业公司 1993 年版，第 40 页。

〔66〕 龚留柱：《论晁错及汉初"新法家"》，载《中国史研究》2016 年第 1 期。

〔67〕 龚留柱：《论晁错及汉初"新法家"》，载《中国史研究》2016 年第 1 期。

〔68〕 关于近代学者对"法家"的误读和"再造"情况，参见李平：《"法家"新识：道法、儒法与王法》，九州出版社 2017 年版。

第三章　法律起源：技术文明与阴本返道

自混沌为盘古所裂，气分清浊，化成天地，具形以为万物。不知历经几百亿年，始有人类发蒙。初民不识道为何物，但知有神。时人观念中，世界即神界，万有俱是神的显化，且为神所掌控、决定。今人常名之曰“泛自然神”，似是而非。此时的神无形而显形，不知所在而无所不在。日月星辰、山川河岳、草木虫鱼，并及人之身体、生命，无不为神所化生，因神而具形且由神主其流形生灭。是可知自然与人的存在非神之体，而其所以为在，方可谓之神。

自此而后，又不知历世几何，人因种族、地域、言语之别而渐积为不同氏族、部族，文明传统由此殊途。文明带以西诸传统，[1]大凡由泛自然神演

---

[1] 亚欧大陆诸古文明，大致可因阿尔泰—天山山脉分为东西两段。

化为人格神。古希腊之乌兰诺斯（Uranus）、古埃及的阿蒙（Amon）、苏美尔人的安努（Anu）均为其孑遗。[2]

反观文明带以东，中华大地从未真正进入人格神时代。民间传说中的仅存的创世神盘古，学者颇疑为印度“原人”普鲁沙（Purusa）神话东来而为汉代以后民众采信。

是时民人不识“道”为何物，亦无欲问道、求道、知道，但知人之生老病死、饱暖饥寒全赖神所决定，是故获知神意且顺承谨守之以行事最为紧要。由此便引出了中国文化中极为重要的第一立场——“阴本”。“阴本”的最直接表现即因循、顺守自然神之所命以行事。当然，人们首先意识到此立场的外在表现，并以之为常态。渐次由表现而反思其中义理，如意识到“阴本”之神养育万物而推出阴德主生；借由因循顺守与人欲躁动之违而特重自律等。这些并为后起。

孔子云：“四时行焉，百物生焉。天何言哉？”（《论语·阳货》）自然神既无形象，又无言语，以自然之物的形态示人，那么人如何得以知悉“神意”？包括上古中国在内，几乎所有古文明中都异常活跃的“巫觋”文化便是由此而生。说得更直白些，人类需要一些特殊媒介来洞悉神意。诸如占验、祭祀、出神等方法，以及过程中的仪节、诗、歌、舞之类，并是这类媒介的表征。以往如宗教人类学等研究惯将注意力集中于上述诸表征，以之为早期人类通神的关键，而忽略了其中更为关键的要素——人。此处不妨思考两个问题：其一，为何初民群落中的“巫觋”身份，连同所掌握的技法总以血脉相承，专属于特定血亲家族？其二，同为“人”，何故有人可得通神，而绝大部分人则否？

---

〔2〕 人格神的极致样态，可参照赫西俄德《神谱》以知其概貌。

由第二问可知，得以掌握通神技法而为巫觋者必为特殊之人。此特殊性即感神能力。今人为近代以后“科学”世界观所掣肘，但见不得以经验而实证者便目之为虚妄，凡有科学不能解释者俱归为迷信。无须深究便可明了，如此理解世界前提乃是人无所不能，无所不知；是故人所创生的科学思维方式和世界解释模式也应无所不能且绝对正确。因此出离于其所能解释者并当是假。其中包含的人类（特别是西方 18 世纪以来）自大、狂妄与无知，近至无以复加的程度。与此相反，在上古时人观念中，一则“神”之临在与主宰实乃再真实不过的状态；二则绝无当下人格平等意义上的你我他相同之“人”的概念。力能与智谋为标志的“英雄”并没有在上古中国成为主流，人神沟通的中介乃是一群特殊的知识掌握者，他们中最出众的几位，后世追忆为“三皇”。

一、三皇时代

除去来历和归属俱不明确的创世者盘古，中华文明最早的阶段应算是三皇时代。近代以来，“三皇”的“真实性”饱受讲求“科学”与“实证”的古史辨学派质疑，曾几何时一度被目之为虚妄、伪造。近年来随着对过分疑古学风的反思与批判，为古史传说“平反”的声音越发响亮。然而看似更为理性的研究实则与近代以来史观和方法并没有根本区别，其所差者，更多是由于越来越多的考古遗存和出土文献直接反驳了疑古者们的结论。就本质而论，二者所仰仗的其实都是实证和经验，只不过人们更加小心谨慎地使用着所谓的“多重证据法”，惮于轻易作出判断。今天的学者们更愿意按照考古人类学的分期方法来判分上古文明的不同阶段，而像三皇、五帝、三王这类传统说法大抵只被当作辅证材料之一。另一类研究基于现代神话学的思路来解读大部分有关三皇的传说，尽管其间不乏灼见，但思考的中心已经从何以真实转向了何以虚妄。一旦我们放弃了对这类实证式研究背后的实在论、实证主义和理性、科学等立场方法的执着，便马上会意识到被人们用于判定真伪的那些科学方法、科学标准，不外是尚未经历长时段的时间检验与洗礼的一时之论。相比较而言，为人们坚守了数千年之久的三皇、五帝等说，非但不妄，内理上更有其真实性和价值值得重视。

传统文献中常见的“三皇”说，多用来指称中华古文明的第一阶段。不过虽说其中传说人物和事迹渊源古老，但“三皇”这个说法直到汉代才见诸文字，且各家的认识差异很大。[3]《白虎通·德论》的说法比较常见：

> 三皇者，何谓也？谓伏羲、神农、燧人也。或曰伏羲、神农、祝融也。《礼》曰：“伏羲、神农、祝融，三皇也。”谓之伏羲者何。古之时未有三纲、六纪，民人但知其母，不知其父，能覆前而不能覆后，卧之詓詓，起之吁吁，饥即求食，饱即弃余，茹毛饮血而衣皮苇。于是伏羲仰观象于天，俯察法于地，因夫妇正五行，始定人道，画八卦以治下。治下伏而化之，故谓之伏羲也。谓之神农何？古之人民，皆食禽兽肉，至于神农，人民众多，禽兽不足。于是神农因天之时，分地之利，制耒耜，教民农作。神而化之，使民宜之，故谓之神农也。谓之燧人何？钻木燧取火，教

〔3〕 各家异说参见许顺湛：《五帝时代研究》，中州古籍出版社 2005 年版，第 5–6 页。

民熟食,养人利性,避臭去毒,谓之燧人也。谓之祝融何?祝者,属也;融者,续也。言能属续三皇之道而行之,故谓祝融也。

文中说到了“民人但知其母,不知其父”,是故现代学者们多将之归于母系氏族社会阶段,其实并不十分准确。从年代上说,三皇时代与现代考古人类学所标示的新石器时代中后期相当。如果仅仅考虑器物与物质生产、生活,当时的文明尚处于相当“原始”的状态,大体上以磨制石器、陶器、半坑和茅草建筑以及中小型聚落遗存为代表。生产方式则多处于由采集、渔猎和农耕并存的状态。〔4〕《韩非子·五蠹》篇里讲到的“上古之世,人民少而禽兽众,人民不胜禽兽虫蛇”,“民食果蓏蚌蛤”等,大体上反映这个时代的物质生活风貌。因为有了越来越多出土遗存的实证,人们对三皇时代器物文明状况的认识可说是越发了然。然而与此同时却附带了一种存在极大误区的认识,将器物文明与制度文明、思想文化之间设置为正比关系。按此,“原始”的判断也从器物方面拓展到了制度与思想方面。今人常常会用“萌芽”“蒙昧”等语词来描述那时的观念水平,并且,似乎那时的人类全然没有后世所谓理性思维和分析能力,更遑论义理建构和制度创设。如此这般的预设,严重阻碍甚至误导了人们对当时思想与制度文明的认识。上古时人与当下最大的差异在于,他们对世界的基本理解及其背后所凭借的知识背景不同。当然,这并不一定就意味着“落后”与“先进”之别。这是我们理解上古思想观念的前提,而制度文明大体上可以看作

〔4〕 关于新石器时代中期考古遗存的概况,可参见张江凯、魏峻:《新石器时代考古》,文物出版社 2004 年版;张之恒:《中国新石器时代考古》,南京大学出版社 2004 年版。新石器时代遗址分布的大致情况,可以参见张之恒:《中国新石器时代遗址的分布规律》,载《四川文物》2007 年第 1 期。

思想文化的外化表征。

总体来说，三皇时代的文化风貌可概括为技术主导、有治无政和万邦分立。[5] 当时中华大地上遍布着林林总总的族群、部落，表现为“八方万邦”分立，且各自以为治的状态，故可总称为“有治无政”。此所谓“治”即社会治理。人类自洪荒以后渐次演化出文明，但有群居和群体组织之时便已有了治理。也就是说，自从人之为人开始，人类的群体化和治理就始终存在。其所历时代之久远，或如杨朱所言“伏羲已来三十余万岁”（《列子·杨朱》），亦不为过。在此期间内，各个社群“自治”共存，诸族群在规模上有差异，但并无事实或名义上的“天下共主”。这印证了“昔者容成氏、大庭氏、伯皇氏、中央氏、栗陆氏、骊畜氏、轩辕氏、赫胥氏、尊卢氏、祝融氏、伏牺氏、神农氏，当是时也，民结绳而用之，甘其食，美其服，乐其俗，安其居，邻国相望，鸡狗之音相闻，民至老死，而不相往来”。（《庄子·胠箧》）[6]

“三皇”们无疑是这些族群的首领，但究竟是怎样的“首领”，今日已经无法确知。只能推断三皇若作为个体的人，他们的社会角色肯定不是后世文献中所描写的帝王的状态。文化人类学和社会学对此提出了众多的理论模型，很多研究者倾向于认同韦伯提出的“卡理斯玛支配”和“卡理斯玛共同体”的类型。[7] 但此论根本

---

[5] 这有些类似于老子说的“小国寡民。使有什伯之器而不用；使民重死而不远徙；虽有舟舆，无所乘之；虽有甲兵，无所陈之。使人复结绳而用之。至治之极。甘美食，美其服，安其居，乐其俗，邻国相望，鸡犬之声相闻，民至老死不相往来”。（《老子》第八十章）

[6] 竹简本《容成氏》开篇也谈道“……[尊]卢氏、赫胥氏、乔结氏、仓颉氏、轩辕氏、神农氏、椲（祝）丨（融？）氏、墉遅氏”等，也是战国时代对上古有治无政局面的记忆。参见单育辰：《上博二〈容成氏〉新编联及释文》，载复旦大学出土文献与古文字研究中心网，http://www.gwz.fudan.edu.cn/srcshow.asp?src_id=438，2008/5/21。

[7] 参见[德]马克斯·韦伯：《支配的类型》，康乐译，载《韦伯作品集Ⅱ》，广西师范大学出版社2004年版。

不能用于解释中国文化。严文明以临潼姜寨遗址（地望与史传中神农氏所在基本吻合）为典型诠释神农时代的基本社会形态更具合理性，其文曰："从每个聚落发现的生产工具和动植物遗存的多样化来看，各种生产和经济活动都是在聚落内部或以聚落为单位来进行的。所以一个聚落的居民便是一个相对独立的和相当封闭的集体。他们的经济是一种自给自足的自然经济；他们的社会虽不是完全封闭的，但同其他村社的交往还是极少的……所以内部的团结和相互保卫的意识甚强，反映在聚落的规划上就往往采取凝聚式和内向式格局，并且对防卫设施特别关心。"〔8〕由此可见，后世所谓作为"天子"的三皇在当时的条件下的存在可能性很小。"诸侯相侵伐，暴虐百姓，而神农氏弗能征"（《史记·五帝本纪》）可与此互证。聚落内部的凝聚力和向心力已在逐步形成，但具体运作方式则不得而知。

观念层面，时人自认为居于诸神之间。这些神可以界定为"原始自然神"。说得直白些，这是万物有灵的时代。世间万有俱有神性，是故人无时无刻不在与神的交通、互动中生存、生活。这些神并没有被人格化，也没有人的形象。在此环境下，人之存在于世界的基本原则有二：其一，人是宇宙秩序的参与者，而非世界的中心。人的参与具有"主动"色彩，也就是"阳"的原则，这一点与其他存在者对世界秩序的参与方式存在质的不同。其二，作为参与者，人需要通过"主动"获知神意来明确自己与外部世界交往的方式，如此方可不扰乱原本和谐的宇宙秩序。因此，顺守神意成为基本的行为准则，这可谓是"阴"的原则。阴、阳两种向度的世界参与方式，恰好合于世界开辟以来自有的"两仪"属性。试看《淮南子·精神》

〔8〕 严文明：《史前考古论集》，科学出版社1998年版，第52页。

篇中的形象化描述：

> 古未有天地之时，惟像无形，窈窈冥冥，芒芠漠闵，澒濛鸿洞，莫知其门。有二神混生，经天营地，孔乎莫知其所终极，滔乎莫知其所止息，于是乃别为阴阳，离为八极，刚柔相成，万物乃形，烦气为虫，精气为人。

阴阳"混生"世界，此二者贯注于万有，是为古人对世界创生(生成与构成)、运化的基本理解。相比较而言，此时"阴"的原则更具有决定意义，对人的"阳动"形成了统摄。而时人为何要秉持"阴"的原则，以因循、顺守神意的方式参与世界呢？其中显然包含有趋利避害的考量。至少绝大多数人并没有人与世界同根、同源、同归的自觉，他们所以如此，更多的是为了在不遭致神的惩罚，甚至获得神的庇护的情况下更好地生存。这种带有明显功利色彩的思维方式，其实就是今天人们常说的理性。由此可知，理性思维自始与"阴本"立场联结在一起，并且这种联结将贯穿自上古至三代(夏、商、周)，成为中华文明早期演化史上的一大特色。

由于三皇时代历时绵长，中华大地上的先民们在其中经历了由"自然神主宰"向"人神交争"阶段的过渡。人类各个文明自史前时代以来的演化大体上都经历了这两个阶段。当然只有部分的文明传统实现了由"人神交争"向此后的第三个阶段，即"人的时代"的跨越。[9] 此处先简要地谈谈前两个阶段基本状态，至于二者之间过渡的方式，在接下来的叙述中还会有详细展开。

所谓"神的阶段"，是神主宰、决定、控制一切的时代。在此时

---

〔9〕 完整地经历了三个阶段演化者，代表性者莫过于中华文明、古希腊—罗马文明、古希伯来文明和古印度文明等。

期，人必须完全因循神意行事，不可也不会有丝毫僭越。不过在不同文明传统中，神的形态不一而足，最多见的是原始自然神和人格神两类，并且二者往往交织存在。不过大抵在人类文明带的西段，像古希腊、罗马、希伯来文化中人格神更为强势；而文明带东段雅利安人入主前的古印度和中国则更以自然神为重。其中倒也不乏人格化的情况，但人化趋势也随之而来，之前提到的盘古、普鲁沙（原人）便是代表。这个阶段中人类文明的很多面相都已不复可知。可以说，今人对其时器物文明的了解要远远多过制度文明和思想文化。原因其实很容易理解：既然人完全扮演着从动式参与者的角色，他们无须有意识地创化与建构，没有人为世界之“灵秀”的自觉，也就不会将具有“人化”痕迹的文化资源刻意加以珍视和保留。不过，没有文献资料流传并不意味着当时人们不思考、不作为，只是我们只能通过极少数混杂在后来神话传说和考古遗存中的若干知识片段来加以推断。

“人神交争”的阶段，一方面，神的主宰性依旧强势；另一方面，人已经逐步开始形成了对人之为人，人之为万物灵秀的特殊性的自觉。由此展现出了两种非常典型的现象：一是对人参与世界的特殊性和必要性加以强调。例如，将人的形象赋予神（或曰神的人格化）和神迹人属人化（如半人半神式英雄的出现）。二是人神之间出现对抗关系。无论古希腊的神话，还是中国上古的传说，其实都是后世对人神交争阶段的追忆。三皇时代恰处于这个人神交争阶段，不过具有显著的东方文化特质。其中的绝大多数传说都未曾表现出人与神的直接冲突，而重在凸显人的特殊性，人对世界秩序的主动参与等方面。正是由于自觉和主体意识崭露头角，人已经不再满足于完全依从于神。自我成就和自我满足的需求已经萌生，并逐渐成为人思考、行为的主要目的。要注意，这时的“自我”

乃是群自我，而非个体性的自我。因此存留在神话传说中的那些“人”（或英雄）们，所指称的其实都是某个族群。

具体到上古中国，尽管上文一直在说“三皇”代表上古的一个文化阶段，但古人对之的记忆并非历史性的，而几乎全部凝聚到了一系列传说人物的身上，其中最著名者包括女娲、共工、燧人、祝融、神农、有巢氏等。[10] 较之异域文化中的神话和英雄传说，他们具有很浓烈的东方文化特质。其一，他们所指的是“人”而非“神”，[11]这使之与古希腊的宙斯、阿波罗，古罗马的朱庇特、维纳斯等人格神有质的差别。其二，他们之所以被崇奉、纪念，原因在于其所掌握的技术，而非力能或权谋（理智、理性）。而这种对“技术”的掌握，以及“技术”本身，对今人理解“有治无政”时代的治权形成及治理运作方式非常关键，故有必要详加解说。

二、“三皇”们的传说

女娲可称得上三皇时代传说人物中最古老的一位。在今天她已俨然被看作中华民族的“祖母”。相传她具有人首蛇身，这个形象至少在西汉就已如是了（见图 3-1）。至于为什么有这般的形象，又为什么会和伏羲有如此密切的关系大可暂且不论。

这里我们要关注的重点是女娲的事迹，也就是她之所以被后世所铭记的那些创制和壮举。其中抟土造人这一项许是女娲传说

〔10〕 大家很容易注意到，所列的系列里缺少了两个时代相近的人物，一个是盘古，另一个是伏羲。盘古的事迹，属于创世神话，详情见前文。而关于伏羲，笔者将在下章中专门讨论。

〔11〕 笔者认为这一组名号对应的是“人”，当然并不是说他们就确定地对应某个确实存在的历史人物。他们更类似于一种象征符号，或者是某个部族、某些群体的事迹的缩影。

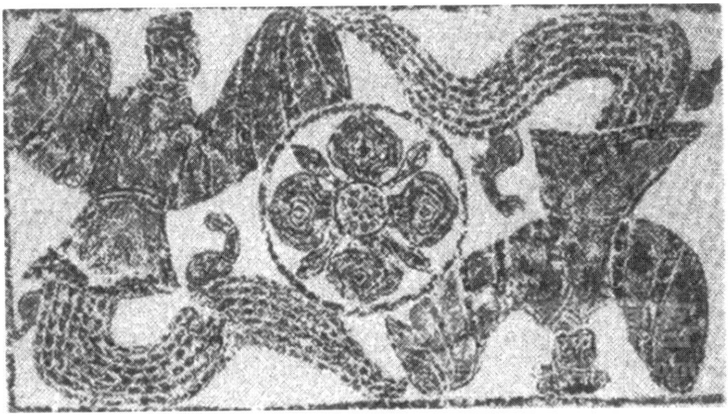

图 3-1　汉代伏羲女娲砖画像

时代最古的标志,因为这看起来与人类的缘起直接相关。人类学、神话学和比较宗教学等的研究已经表明,在各个族属的不同文化传统中,往往都有类似的母神形象存在。同样的情况也出现在新石器文化早期的考古遗存中。这是先民对于自己从何处来的追问所获得的解答。[12] 差异在于,女娲在中国文化中并非人格神,而更类似于"祖神",即人类的先祖,质言之也可说是人而非神。东汉的应劭记录了最典型的故事化表述:

> 俗说天地开辟,未有人民。女娲抟黄土作人,剧务,力不暇供,乃引绳絙泥中,举以为人。故富贵者,黄上土人也;贫贱且贫贱凡庸者,引絙人也。(《太平御览》卷七八引《风俗通》)

---

〔12〕 在此笔者用的是"解答",而非"理解"。因为在一个由神所支配的时代,人还没有资格去理解。所有的疑惑都需要问神,所有的解答也都来自神,转而成为之后一代又一代人的"记忆"。

这段记载告诉我们不少信息：其一，女娲善于用土；其二，人出自土，这是天人同质观念的一种形象化表达；其三，文中提到“黄土”，从地缘上看，女娲造人的地点，也就是这个传说产生的地点，应是在中原或西北。

由于有“生人”的功绩，是故女娲被后人视为媒神，有所谓“以其载媒，是以后世有国，是祀为皋禖之神”（《路史·后纪二》）；“女娲祷祠神，祈而为女媒，因置昏姻”（《路史·后纪二》罗苹注引《风俗通》）。对她的崇奉与祷拜遍布中华大地。[13]

而抟土造人的故事暗示着女娲与大地、土地之间的某种关联，在《抱朴子·释滞》篇中说到“女娲地出”表达得更为直接。这种“人—地”之间的联结非只属于女娲一人，它在先秦时代反复出现，并构成阴本传统的主要特质之一。

女娲的第二个事迹更加具有传奇色彩，后来被称作“炼石补天”。战国时的记录是这样的：

> 天地亦物也。物有不足，故昔者女娲氏炼五色石以补其阙；断鳌之足以立四极。其后共工氏与颛顼争为帝，怒而触不周之山，折天柱，绝地维；故天倾西北，日月星辰就焉；地不满东南，故百川水潦归焉。（《列子·汤问》）

其中的信息含量也不小：其一，女娲之所以补天，是因为“物”先天不足。《淮南子·冥览训》说得更直接：“往古之时，四极废，九州裂；天不兼覆，地不周载。”这里隐含着一个非常重要的观念，即世界的有序与完善，必须有人的参与和作为。这是古人对“人—

---

〔13〕 关于女娲之为媒神传说，可参见闻一多《高唐神女传说之分析》（《神话与诗》）中的考释。

物”关系的前提性理解。或者可以表述为,人与万物“互助”以成就世界的完善。其二,女娲通过“炼五色石”来补天,用现在的话说就是冶金技术。在此意义上,“炼石”与“抟土”性质相同,均可视为“属地”。到了后来有“归美山,山石红丹,赫若彩绘;峨峨秀上,切霄邻景,名曰女娲石”〔14〕的说法,把有矿石属性的丹砂冠名作“女娲石”,恰好印证了前面说到的女娲与“地”之间的密切关联。其三,后来补天的成果被任性的共工毁于一旦,方才造成了日后中国西高东低的地势。到了后世,传说渐变成了由于共工折断天柱方才致使女娲补天。〔15〕

三皇时代另一个著名人物是燧人,据称他发明了生火,最著名的说法莫过于“燧人钻木而造火”。〔16〕《韩非子·五蠹》记载说,“有圣人作,钻燧取火,以化腥臊,而民说之,使王天下,号之曰燧人氏”。到了后来,故事的叙述有了变化,如说“燧人上观星辰,下察五木,以为火也”〔17〕;“燧人夏取枣杏之火”;〔18〕等等。还有一种传说,认为燧人用一种“燧木”来“造火社”〔19〕。像《拾遗记》记作“燧明国有大树名燧,屈盘万顷。后有圣人,游至其国,有鸟啄树,粲然火出,圣人感焉,因用小枝钻火,号燧人氏”。“燧木”与燧人很像“女娲石”和女娲的关系。可以说,他基于熟通木性而得生火之

---

〔14〕（晋）邓德明:《南康记》,《太平御览》卷五二引。

〔15〕细节可以参见（唐）司马贞:《补史记三皇本纪》。

〔16〕《太平御览》卷八六引《博物志》。

〔17〕《太平御览》卷八六引《尸子》。

〔18〕《艺文类聚》卷八七引《九州论》。

〔19〕《白氏六帖事类集》卷三。

法。[20] 使用火对先民的意义，不仅仅在于“未有火化，腥臊多，害肠胃”（《古史考》）。确实，“燧人始钻木取火，炮生为熟，令人无腹疾”，[21]这种生理层面的帮助可以让人少受生食致病的困扰，但更深远的意义在于人可借此告别茹毛饮血的兽性，渐入人文之境，这才是人“有异于禽兽”[22]的关键。[23]

关于神农的传说非常多，后来的炎帝就是神农氏部族的传人，固有“炎帝神农氏”之称。神农最为世人所熟知的功绩有两项：一是发明（或重大改进）了农耕技术。最经典的记载来自《周易·系辞下》：“包牺氏没，神农氏作，斫木为耜，揉木为耒，耒耨之利，以教天下，盖取诸《益》。”二是尝百草以“和药济人”（《世本·作篇》）。《淮南子·修务训》云：“神农尝百草之滋味，一日而遇七十毒。”晋代干宝《搜神记》卷一说，“神农以赭鞭鞭百草，尽知其平毒寒温之性，臭味所主，以播百谷”。更晚一些的《广博物志》说，“神农始究息脉，辩药性，制针灸，作巫方”。[24] 据此，神农是现代中医中药当之无愧的师祖。上面两类事迹的共性可归纳为，神农对植物的属性有特别的了解和把握，因此可以因之而作出为人所用的改造。

---

〔20〕 20世纪30年代北京周口店山顶洞人遗址的发现，证明至少在距今3万余年以前，中华大地上的居民就已经掌握了钻木取火的技术。由此也可反证三皇时代所历时代之久远。到了秦安大地湾一期，“房址内未发现灶坑，但在F371和F372穴壁上都有红烧土痕迹，当为生火所致”。（甘肃省文物考古研究所编著：《秦安大地湾：新石器时代遗址发掘报告》，文物出版社2006年版，第21页。）

〔21〕《太平御览》卷七八引《礼含文嘉》。

〔22〕《太平御览》卷七八引《礼含文嘉》。

〔23〕 另有一个来自南方文化系统的传说人物祝融也与用火有关。《山海经·海外南经》中说：“南方祝融，兽身人面，乘两龙。”似乎他是在颛顼时代以后方始进入中原文化系统的南方部族首领，不过渊源应该要早得多。郭璞注直云“火神也”。《吕氏春秋·审分览·勿躬》载：“祝融，神名。帝喾时的火官，后尊为火神，命为祝融。”汉人高诱注道，“祝融，颛顼氏后，老童之子，吴回也，为高辛氏火正，死为火官之神”。先秦以来的文献记录对作为火神的祝融记载极少，且和燧人并没有直接关联。可以推断他和燧人分别在南北方“发明”了用火的技术。

〔24〕《广博物志》卷二二引《物原》。

三皇时代的著名人物还有战国时已经颇有名气的有巢氏，他最大的功绩在于改变了远古时代“穴处”的状态而让人“巢处”，也就是用木料盖房子。[25] 如《庄子·盗跖》云：“且吾闻之，古者禽兽多而人少，于是民皆巢居以避之。昼拾橡栗，暮栖木上，故命之曰有巢氏之民。”《韩非子·五蠹》载：“上古之世，人民少而禽兽众，人民不胜禽兽虫蛇。有圣人作，构木为巢以避群害，而民悦之，使王天下，号曰有巢氏。”据之，先民之所以建筑房屋目的之一在于“避害”，具有很明显的“理性—功利”思维的色彩。

上文只说到关于这些上古人物传说的一部分，也可以说是他们最为后世所铭记的那一部分。从中很容易提炼出一大共性——所有这些事迹都关乎人和自然界打交道的方法。像女娲的抟土和炼石与土地有关，燧人与木、火有关，祝融则熟通火性，神农的尝百草和农耕都和植物有关。从这个意义上说，他们是早期社会中一群特殊的，掌握了特定技术并且熟通物性的人物。

至此，我们引出了与理解上古传说时代相关的最重要概念——技术。

三、技术文明

上节说到了三皇时代中为后世所熟知的著名人物们，他们之所以久负盛名和那些不朽的业绩关系密切。而这些业绩的共性在于都关乎发明或掌握某项特定的“技术”，以此改变了人类的生存方式和人与外在自然界互动的方式。所谓“技术”，简言之可谓是

〔25〕 参见《太平御览》卷七八引《项峻始学篇》。

人与外在世界打交道的能力和方法，包括利用、改造甚至是毁坏和重建等。按照常见的理解，拥有技术足以给三皇们带来如此巨大的声望和影响力，原因在于它们为人在艰险的自然环境中寻求生存与发展提供了空前重大的助益。进一步说，人类能够通过掌握特定的技术来改造自然，创造有利于人的生存环境，甚至可以期许征服自然。这类理解非常契合当下舶自西方文化传统的人类中心主义的思维习惯，但却和三皇时人的观念相去甚远。

之前已经谈到，三皇时代后期的中华文明处于由自然神主宰向人神交争过渡的阶段。也就是说，在其中绝大多数时段里人都处于神的主导之下。并且，这时的神不是后来为人们所熟悉的义理神、人格神，而是泛自然神。所以在当时的观念世界中，世界上的万事万物，乃至于人本身都处于神的掌控之中。世界上没有纯粹的“物”，大到天、地、山、川，小至一草一木都是神性的凝聚和神明的表现。于是人的一切作为都意味着在和神明打交道。在人完全从属于神，完全服从神的支配的时代，跟神打交道绝不可任意为之，否则便会构成对神的冒犯和亵渎。同时，人无论如何都达不到庄子梦寐以求的“无所待”的逍遥状态，不能自足使人不得不依赖外界实现自我维系和种族的赓续。因此，与自然界发生关系，甚至寻求改变是必需的。问题在于，怎样才能既改变外界以摄取人之所需，又不冒犯神明？置于神的时代这个背景中来审视，只有一种可能的答案，即他们所使用的技术本身从神那里得来。举个例子，有传说云“时有丹雀衔九穗禾，其坠地者，帝乃拾之，以植于田，食者老而不死”。〔26〕 按这个说法，神农发明的耕稼技术得自于具有神性的“丹雀”（传说中的朱雀）掉落的同样具有神性的“九穗禾”。燧

〔26〕（东晋）王嘉：《拾遗记》卷一。

人的故事也不例外,他之所以发明用火技术,“感”于鸟喙燧木。[27]

一个更晚一些的故事可以很形象地说明技术与神之间的关系:传说中,禹的父亲鲧曾经在尧的授意下前去治水。不过,他在历时九年的治水过程中采用了一种非常的举措,史籍中称为“窃帝之息壤”(《山海经·海内经》),也就是盗用神的一种会自我滋长的土壤,企图用它来阻挡和湮灭洪水。众所周知,鲧治水没能奏效,最主要的原因就在于他使用息壤没有获得神的许可,尽管息壤本身源于神,甚至鲧也由此招致了杀生之祸。

鲧的故事清楚地告诉我们,时人所使用的技术,包括其知识内涵和使用方法,一则源于神;二则对之的使用须有神的认可。支撑技术的知识本身就是神性的东西,所以技术也是神性的。[28]

既然技术源于神且有神性,那么很明显,它们绝非一般人所能企及。能够获得、掌握甚至使用技术的,必得是一些特殊的人。他们的特殊性在于具有“通神”的能力。为什么有的人可以通神呢?各个文化传统提供了不一而足的解释,最常见的说法是“英雄”们的先天神性。例如,希腊神话中著名的普罗米修斯就是神的儿子,所以他才能够从宙斯那里盗来火种裨益人类。有的人受到了神启,就好像诺亚接受耶和华的启示去建造方舟。中国早期的传说人物如何获得技术,并没有太直接的记录。从零星的记载可以窥见,他们自有独到的办法来获取这些知识,大致可以归纳为:神授、试中并被许可、托请、偶遇和窃取。

所谓“神授”,就是神明将某种知识直接降授给特定的个人或家族。例如,清代马骕编的《绎史》卷四引《周书》说:“神农之时,

---

〔27〕 参见《太平御览》卷七八引《王子年拾遗记》。

〔28〕 技术具有神性并非中国文化的独特现象。根据考古学和人类学的研究,世界各文化传统的早期文明中,都存在类似的现象。因此,技术神圣化是处于神的时代的人类文化的共性。

天雨粟。神农遂耕而种之,作陶冶斧斤,为耒耜锄耨,以垦草莽。然后五谷兴助,百果藏实。”晋人王嘉在《拾遗记》卷一中记载了“炎帝时,有丹雀衔九穗禾,其坠地者,帝及拾之,以植于囚,食者老而不死”。通过《周书》之文,可知神农之所以能够发明农耕技术,靠的是“天雨粟”,而“天”在当时的观念中就是诸自然神之一。试中并被许可,典型的例子就是神农尝百草。“托请”意思是为了获得某种技术知识,但是自己没有资格与神交通,不过可以通过自己的祖先神做到这一点。请大家注意,这里出现了祖神。祖神(族长)与自然神(技术贵族)之间的消长、交争将会是后世长久存在的一组冲突。“窃取”这种情况最典型的例子出现在前述对鲧(大禹的父亲)治水的追忆中。这种违背神意获取的技法是不合法的,势必会造成两种结果:一是技术本身势必无效,鲧治水不成功就可以说明问题;二是窃取者受罚乃至罹难。除被殛死的鲧外,类似者还有古希腊神话中的悲剧人物普罗米修斯的命运。他是因为违反宙斯的意志,窃取神界的火种带到人间,因此遭受惩罚而被锁在高加索山的悬崖上,宙斯还派了鹰每天啄食他的肝脏。这说明人类早期对于技术的理解在很大程度上有相似性。“偶遇”是一个很特殊的情况,后世道教的不少典籍中说到某某人偶然遇到神明,或者偶然发现记载长生方、成仙术的圣典的故事。[29]

还有,较晚的文献中有两个间接的证据可以表明,获得技术更多地依赖神启或神授。一是河图洛书的传说。《易·系辞上》有“河出图,洛出书,圣人则之”之说。相传,大禹时,洛阳西洛宁县洛河中浮出神龟,背驮“洛书”,献给大禹。大禹依此治水成功,遂划

[29] 大家如果有兴趣,可以看一看元代道士赵道一编纂的《历世真仙体道通鉴》这本书。这是有史以来对道教人物事迹收罗最全面的作品。考虑到道教中不少的技术和技术思维都有古老的渊源,故此在这里把偶遇也作为办法之一罗列出来,是否妥当,还有待日后考证。

天下为九州,又依此定九章大法,保留在《尚书》的《洪范》篇中。这说明禹治理水土的技术源于神授。二是后来遵循古老隐修传统的道教,他们的长生、成仙秘籍,也就是一些特殊的修炼技术通常都来自神授,最著名者莫过于东晋以后形成的《真诰》,它的内容完全来自南岳夫人魏华存等神仙的降授。[30]

四、技术贵族

统观上述"三皇"诸氏之所以兴于当世且为后代广为称颂,要在掌握有特定的,能够改造自然界,且可为人所用的"技术"。三皇传说中,隐含了两个有关"技术"的前提性观念:其一,人与外部世界本身是同质的,人仅是世界整体的参与者之一,而非须借由对抗以维生;其二,技术本身具有神圣性。按前文所述,时人刚刚从神明的主宰中走出来,正处于神人共处、交争的阶段。在观念中,自然本身就是神的征显,并受神所掌控,此时人处理和自然的关系,特别是改造自然界,同时也意味着与神灵打交道。在一个普遍对神保有敬畏感、依从感的时代,直接与神发生冲突对抗是不能容忍的,必将受到惩罚。因此,改造自然界,乃至于改善人的身体的技术都必须来自神方才具有正当性。而持有、使用这些技术亦须按照神的意旨或按其许可的方式行事。

也就是说,人所掌握的一切技术本身都具有神性,支撑技术的一切知识,均源自神授或神启,而非是人凭借一己的主观之力的发明创造。掌握这些神圣技术知识的人,在人群中无疑具有特殊性。

---

〔30〕 关于《真诰》,可以参考[日]吉川忠夫、麦谷邦夫编:《真诰校注》,朱越利译,中国社会科学出版社 2007 年版。

这意味着一种特殊的禀赋，即能够与神相交通；〔31〕从另一个视角来看，这些技术知识的掌握者是神与人的沟通的中介。

明确了"技术"的含义之后我们会发现，这些神性的技术知识对人类而言不仅仅是有用，能够改善生活环境这么简单了。以往大家习惯了按照西方近代以来受进化论主导的思维方式来认识人与自然的关系，把它看作人征服自然，改善人类生存环境的过程。通过前面的论述可以看出，这种看法并不适合用于理解上古中国的思想文化。

传说中某类技术知识的掌握者大都表现出两大特质：一是为"王"或某个级别的首领，总之社会地位很高。二是这种崇高的社会地位和身份可以长期世袭。像常被视为"三皇"之一的农耕、医药技术的掌握者神农，身份和地位不是及身而止，更有"神农十七世有天下"之说（一说七十世）。〔32〕《帝王世纪》则说"神农氏在位百二十年，凡八世：帝承、帝临、帝明、帝直、帝来、帝哀、帝榆罔"。《史记·五帝本纪》在说黄帝早年背景的时候说"神农氏世衰"，而且人们通常认为后来被黄帝取代的炎帝就是神农氏的最后一代领袖。还有一个典型的例子是水利技术知识的掌握者"共工"。《史记·律书》有"颛顼有共工之陈，以平水害"的记载。传说中他和神农争过一次帝位，又和颛顼争过一次帝位，到了尧舜时，又作为朝中权臣出现在《尚书·尧典》的记载中。这几处的共工不可能是同一个人，而应该看作同一家族或部族的首领。

〔31〕 当代的神话学、人类学和历史学特别关注早期文化和土著文化中巫师、祭司等在群体中的特殊性。其实，他们所掌握的巫术之类只是早期诸技术中的一种，且在大多数情况下，它与其他技术密切相关。只是由于后世政治文化出现以后在意识形态方面作出的改造，使通神技法以"巫"的名义被人为地排斥到了主流文化之外。对此，下文还将进一步论述。

〔32〕《太平御览》卷七十八《皇王部》引《尸子》。

神农和共工的例子表明，掌握技术知识，在上古社会中也就意味着掌握了权力。这个权力，是一种对世界的控制权的延伸，也可以说是特定的人对神的权力的分享。它的逻辑很简单：人通过掌握技术知识分享神权，技术知识来自神授，神对世界有绝对控制权。当它针对人类社会运作时就表现为“治权”。

技术本身来自神授、神启，反过来又强化了技术掌握者们具有通神能力的印象。这个情况使他们被神性所笼罩，成为各个部族中间极为特殊的成员。再加上技术往往是各个部族得以存续的关键，这些技术的掌握者们便顺理成章地占据了部族的显赫地位，普遍产生了“贵族化”的倾向。因此我们可以把这些贵族化了的技术掌握者们称为“技术贵族”。[33] 地位和身份的贵族化带来的后果之一是使技术贵族成为治权的掌握者。像神农，又名曰“神农氏”，“氏”代表了一个部族。很明显，神农由于他的特殊地位成为一个部族的首领，甚至是这个部族的象征。有巢氏、燧人氏这些名号，反映出上述情况在上古中华大地上的普遍性。前文已经说到，三皇时代的中国呈现“有治无政”和“万邦分治”的状态，大小不一且为数众多的部族的常态是分隔和自治，有些类似于老子说的“小国寡民，使有什伯之器而不用；使民重死而不远徙；虽有舟舆，无所乘之；虽有甲兵，无所陈之。使人复结绳而用之。至治之极。甘美食，美其服，安其居，乐其俗，邻国相望，鸡犬之声相闻，民至老死不相往来”。（《老子》第八十章）晋代张华《博物志·杂说上》中记载了“昔有巢氏有臣而贵，任之专国主断，已而夺之。臣怒而生变，有巢以亡”。这是技术贵族把持治权的写照，也是这类权力常见的归

〔33〕 这种情况，在其他文化传统的早期也普遍存在。最常见的是巫师、祭祀这类掌握人神沟通的专门性技术的人，往往在其部族中享有崇高的地位。例如，古希腊神庙中的祭司。更典型的情况出现在古印度，四大种姓之首的婆罗门便是祭司阶层。

宿。另一个著名的例子是神农氏的后人炎帝，司马迁在《史记·五帝本纪》中将之描述为“诸侯相侵伐，暴虐百姓，而神农氏弗能征”，“炎帝欲侵陵诸侯，诸侯咸归轩辕。”

技术贵族之所以能如此，从根本上说源自他们背后的神圣性支撑。这种人神联结的纽带便是技术。掌握了技术知识，标志着具备了人神交通的能力。由此，人神间的直接联系转变成了技术知识可以带来地位、声望和权力。为了保证自己作为贵族的特殊性，以及随之而获得的地位和权力持久存在且不至于旁落到他人之手，最有效的办法是把技术知识垄断起来，使之仅仅在非常小的圈子里流传。我们在史籍中看到的神农氏十七世，以及在女娲、颛顼、尧、舜的时代都出现了共工，其实就是技术知识垄断性、私人性流传的结果。出现这种现象的根源是人的私欲，由此推展出基于人的自我意识和自我成就的欲望。这很重要，首先，它是人类后世表现出来的，无处不在的私产、私利观念的基础。甚至可以认为，技术知识的私密化占有乃是私有制的原初形态。其次，它是人与寻求与神斗争，摆脱神对人的主宰的基础。只不过技术贵族们并没有采取激烈的抗争，而是以渐进而又隐秘的方式，逐渐将自己的欲望、需求、主张一点一点地掺杂到“神意”中去。具体的方式将会在后面讲到。

关于技术贵族还需要特别注意，他们在部族、群落中与基于自然的血亲关系而形成的族长之间的地位和权力之争。不过因为文献材料稀缺，这类冲突在三皇时代表现得并不十分明显，到了后来的五帝、三王时期方才达到了引人瞩目的程度。

五、从技术知识到技术规则

上节说到,源于神明的技术知识被技术贵族们垄断在小群体中间,但这并不意味着技术完全以秘不示人的方式存在。恰恰相反,技术被当作揽收权力的基础,有向大众展示其有效性,并藉此获得声望与认同的必要。当然技术贵族并不愿意把技术知识本身公之于众,而是通过一种特殊的方式对这些知识加以处理,一方面保证知识本身不至于因为公开而丧失原有的私密性,变得人尽可知;另一方面又能够最大限度地将它们运用于社会生活中,通过展现技术的效益、实效来强化技术知识与权力的关联。技术贵族们所采取的特殊方式可以归纳为:将技术知识规范化,以技术规范的形态对外发布,并使之成为族群成员的行为准则。这些技术规范就是最早的法律。

为了便于理解,可以通过一个例子来说明作为法律的技术规范:

山西襄汾陶寺古文化遗存中有观象台遗址。〔34〕观象台,顾名思义,是观测日月星辰变化的器具,功用在于获得关于天文、天象、时令等知识。这些知识很明显属于之前反复说到的技术知识,它们自古以来都由特殊的群体掌握。这个群体在稍晚一些的时代被赋予了“天官”之名,他们所掌握的知识被称为“天官学”。再到后来,掌握这门学问的人多是史官。就知识本身而言,它们和当代的

〔34〕 关于陶寺遗址,参见解希恭主编:《襄汾陶寺遗址研究》,科学出版社2007年版。陶寺文化遗址的年代约在公元前2600年至公元前2000年,涵盖了五帝时代晚期到夏代前期的时段。很多学者倾向于将之与传说中的尧的传说联系起来,甚至认为陶寺遗址就是“尧都”。

天文学有相似的内涵,但却有着不同的来源和目的。

当时天官们用观象台来获得关于天的知识。这些知识在被掌握后,便被技术贵族垄断起来,处于秘不示人的状态。进而,他们对之进行处理和加工,按现在的话语来说,这个过程可谓之"规范化"或者"规则化"。被规则化加工以后公布出来的就是"历法"。

今天也有历法,俗称日历。现在人们日常使用的是西方式的"公历",它告诉我们某一天属于哪年、哪月、哪日、星期几,仅此而已。不过古时候的历法比这要复杂得多。保留到现在的黄历便是传统历法形制的孑遗。

现在的黄历已经是"现代化"了之后的版本,不过在其中除了有西式日历中某年某月某日的信息外,还包含大量其他信息。最引人注目的是其中"宜"和"忌"的内容,意在告诉人们,在某个特定的日子应该做什么和不应该做什么。对于现代人而言,它对大家的生活充其量只有些参考价值,信则有不信则无。但在上古时代,情况却大相径庭。之前反复说到,在三皇时代人从属于神,而历法作为关于天的知识的规则化,它本身就由于这些知识的缘故而具有神性,当时人们没有任何理由不服从它们。恰恰相反,由于对神的依赖,人们会自觉地遵从历法形式。因此,最初以技术规则表现的法律,并不像后世那样须有来自国家的强制力作为保障,当时特殊的观念背景使神圣性足以成为法律(技术规则)有效运行的基础。

像历法这样的技术规则,在上古时代种类异常繁多,它们的知识基础不尽相同,所一致者在于都以规范化的形式规制人们的行为,甚至于观念。故此,我们把这些技术规则都看作最初的法律。

一旦技术知识经过"加工"成为法律,它们就不再是纯粹的知识,也不再仅和神有关。从功能上看,为人的观念、行为方式设置规则和定立标准成为重心。因此，作为法律的技术规则在演化过程中越来越多地呈现出社会化的色彩，表现之一是习俗化。西方人类学家经常讨论初民文化中的“禁忌”亦属于此类。

六、权力垄断、私有化与功利、理性萌芽

技术规则的知识源于神圣，是故按照常理来推断，技术贵族们充其量只应该是神人的中介，把从神那里得到的知识用规则化的方式转达给一般民众。然而，如前文所示，技术贵族自始就不愿把他们所获得的知识向大众和盘托出，而是毫不例外地选择把它们垄断起来，使之成为长久地掌管治权的筹码。正是基于这个考虑，才有了技术知识的规则化，也即将神性的技术知识“转述”为法律，为的是既能保证知识本身不被众人知晓，又可用这些知识来进行社会控制与治理，使其成为权力实现的途径。

这类垄断行为可谓最早的“私有化”。因为垄断出现的基础乃是对权力、声望等外在资源的欲求。为此，所有权归属方式具有了划分和明确的需要。在群自我的内部，分化出了更小的“私我”单元。尽管这些小单元尚未具体到个人身上，而私欲的对象也不指向具体的物质资源，但这并不妨碍其私产化的属性。

此外，产生法律的“规则化”本身属于“人为”而非“神命”，所以尽管知识的基础源于神，但经过了规则化之后无疑或多或少地融入了人的作为，打上了人的印记。有哪些知识被规则化，以什么样的方式被表述；又有哪些知识被隐匿起来当作“秘籍”，除技术贵族们外无人知晓。人们之所以心悦诚服地尊奉这些规则，源于他们对神的笃信和对技术有效性的需求。然而，当明知或隐隐地感

觉到这些技术规则里面夹杂了人为的成分时,为什么技术规则仍旧会被遵行?这由技术规则的另一特质——有效性——来保障。

技术的掌握者们追求有效性,追求功用,从思维方式上说具有明显的理性化、功利化色彩。最初的神圣启示随着代际间的传递变得越发邈远和淡薄,人们越来越依靠人(像祖辈、父辈、师傅)来获得技术。尽管技术知识来自神,但二者之间的直接关联已经在数代以后的技术贵族那里发生了显著变化。从最初的以人对神的依赖获致有效的技术知识,转变为将神视为技术知识及其衍生物(包括权力、资产、声望等)名义上的基础和正当性标准。类似这种情况可以描述为一次神的隐退历程。当神退居幕后,技术贵族们运用技术知识的标准也随之发生变化,致用(有用性)取代"感神"成为技术运用的第一原则。这个时候,具有强烈的趋利避害功用的理性思维方式自然会取代对神的虔敬和顺从成为思维方式主导。这种理性思维和功利至上的行为准则,将会在后世技术掌握者们那里始终存在并以不同的形态表现出来。

神的隐退和讲求功利引发了两大变化:其一,技术规则和技术贵族的地位,或被认同的直接基础,由原先的基于人对神的依赖、仰仗逐渐转变为通过技术本身的有效性来彰显其权威。其二,技术贵族们在订立规则的时候,需要且可以在有效性和私欲所需之间寻求平衡点。这就提供给人去思考、判断、操作的空间。巧妙地加以利用便能在保持技术有效性的同时做到私欲和私利最大化。而此私利表现为对治权的掌握,以及随之而派生出的地位、声望、财富等。新石器时代遗址中通过墓葬规格和随葬品丰俭中可以清晰地发现财富分配不均和阶层分化的情况,这也可以看作上述情况的真实写照。

可是人欲混入神意,带来的绝不仅是技术贵族们私利的膨胀,同时也给他们造成了前所未有的危机,因为此时神圣性已转而通过技术的有效性来彰显。人欲膨胀势必挤占神性知识的空间,换言之,技术规则越是人化,就越可以给它的订立者带来“实惠”,同时也越发损害了技术知识本身的有效性。若干次的技术失效会减损技术规则乃至于技术贵族们的神圣权威,甚至直接颠覆他们已有的地位和权力。这是第一重危机,也是直接且具有颠覆性的危机,它带来的影响更多地集中在某些技术贵族家族的命运上。

由人为化带来第二重危机是“自我”这种主体性自觉越发彰显,这一层影响则要深远得多。技术知识、财富、权力的私化源于私欲,旨在成就“私我”,也就是后来的“自我”。这造成自我与群我乃至于整个外部世界的割裂和对立。原初人与万物、人与宇宙之间同原、同质、同归的状态,自此受到了人的主体意识的挑战。小到人的族群内部的阶层分化和对抗性关系,大到族群间的冲突纷争,甚至人对整个外部世界及其背后的自然神主宰性的觊觎都因此种自觉而衍生出来。由此,人化制度,或者说制度文明开始复杂化,并且重心也从阐释神意转向了落实人欲并为之提供边界与保障。私欲对象的所有权分配和流转方式设定成为制度文明的核心要件,其中最主要的对象包括治权、物质财富。而器物文明和思想文化的重心也随之发生了转变。

从另一个角度来看,人的主体性自觉乃是整个世界得以呈现日益丰富的“文化”的根源。为了成就私欲,人类开始反神。强烈的自我意识导致了所谓的“人文觉醒”,最极致化的表现便是普罗塔哥拉“人是万物的尺度”这句名言。为此,人的主观能动性被唤醒,并越发成为文明的主导方向,以顺守、因循为基本方向的“阴本”文化逐渐让步于崇尚阳德、健动的“阳动”文化。

第四章　最早的立法者与阳德证道

伏羲虽位列传说中“三皇”系的诸圣王之列，[1]但他在其中表现得异常特殊，是为仅有的以文化和制度建构而位列其中者。[2] 其他诸如燧人氏、有巢氏、神农氏等则大凡以技术性革新为代表。伏羲虽说在传统的“三皇”诸圣王中显得格格不入又独树一帜，可同时在多种版本的“三皇”序列中他又经常位列其首。这些现象本身已经隐含着伏羲的特殊性，以及他对中国传统文化的重要性。对于法文明而言，伏羲可算得上中国最早的“立法者”，也就是基于人对世界的理解，而非以阐释神意为基础主动地对提供世界解释方案，并为人的观念、行为订立规则。从影响和意义上说，这个转变代表了上古时代“阳动”立

---

〔1〕 许顺湛详细统计了“参与”到三皇系统的诸人名，可参见许顺湛：《五帝时代研究》，中州古籍出版社 2005 年版，第 6 页。

〔2〕 关于古史传说中伏羲的事迹的整理，可以参见朱炳祥：《伏羲与中国文化》，湖北教育出版社 1997 年版。

场的首次建构性尝试，也奠定了后世法律文化、思想文化演化的主导进路之一。因此，我们有必要详细了解伏羲和他的制作。

一、伏羲说略

伏羲是古代传说中的上古圣王之一，但他的名号古无定书，大抵有伏羲、宓牺、庖牺、伏戏、包牺、包羲、伏牺、炮牺、虙戏、宓戏等。他究竟是人，是神，是图腾，还是上古某氏族之称，今人之见同样不一而足。很有可能伏羲确有其人（或者说相应的人物原型），但今天所见文献中的伏羲乃是上古某一时段以某一地域为中心的特定部族中文化巅峰的标志，同时也是这些文化要素整合、凝聚而来的符号。

战国时期有关伏羲的文字记录包括《楚辞·大招》《周易·系辞下》和长沙子弹库出土的帛书乙篇。另外参见引于《太平御览》《北堂书钞》等的《尸子》和传本《列子》《文子》，尽管有了一些出土文献的互证，但是具体篇章的写成年代不乏争议。[3] 也就是说，存世的最早文献记载都是战国时期的作品，传说的汇总、整合集中发生在汉、晋时代，此后传说业已基本成型。

从早期传说系统演化的情况看，战国到西汉初年时期呈现上古传说大量出现并相互碰撞、整合的状况。古史辨学派引领的近代研究者倾向于认为，当时存在晚出的神叠加在早期神话系统之上的情况，换言之，越是古老的传说出现得越晚。仅就现象来说，

〔3〕 在确定相关文献成书年代的同时也应该注意到，成书的年代与其所载内容的出现时代未必就有直接的对应关系，而仅能够将之视为该观念出现时代的下限。特别是在距离先秦时代较近的汉代，人们通过陆续获得的零碎先秦文献而对某些早期观念有所认识的情况是频频出现的。

这个结论不无道理,但并不一定意味着这些传说晚至战国中期以后方始出现。相反,它们有着非常古老的渊源,只是长期受到来自官方意识形态的压制而被边缘化了,不被收入官方文籍。由于战国中后期的特定社会文化背景,方才有机会或者是有必要融会到主流文化系统中去。这应该是今人对于战国时代起兴起的诸多新传说的认识前提。

在此前提下重新讨论伏羲的传说,应该注意到不同内容的传说很可能有着不同文化背景的渊源,经过后世的整合方才融会到单一的伏羲名号之下。同时,考虑伏羲的传说遍见于多个早期文化传统,可以推想他已经得到了中原、东夷和苗蛮三大文化传统的认同。[4] 例如,闻一多认为伏羲、女娲为合称的创世神话,与苗蛮文化有密切的渊源关系。[5] 近人徐旭生[6]、丁山[7]、冯天瑜[8]、宫哲兵[9]等人亦主此说。基于伏羲"风姓"和"太皞庖牺氏"[10]之称,他与东夷(或云东部集团)的关联毋庸置疑,且与"太皞"(太昊)的关系相当紧密。如《太平御览》卷七八引《遁甲开山图》云:"仇夷山,四绝孤立,太昊之治,伏羲生处。"从《周易·系辞下》罗列的包牺氏、神农氏、黄帝、尧、舜的序列可见,伏羲与中原或云西部集团的关联亦甚明显。在新石器时代后期的考古遗存中同样反映

〔4〕 也有少数学者认为伏羲乃虚构的人物。如林声认为伏羲之传说实际源于《庄子》,乃是庄子"借外论道"之假托,是寓言,并非传自古远的上古帝王。伏羲的传说既不是古代华夏祖所固有的,也不是自古苗蛮民族的遗裔传入的。参见林声:《伏羲考——兼论对古代传说时代的研究》,载《江苏社会科学》1994年第1期。

〔5〕 参见闻一多:《伏羲考》,载《闻一多全集》,湖北人民出版社1993年版。

〔6〕 参见徐旭生:《中国古史的传说时代》(增订本),文物出版社1985年版。

〔7〕 参见丁山:《中国古代宗教与神话考》,龙门联合书局1961年版,第463-465页。

〔8〕 参见冯天瑜:《上古神话纵横谈》,上海文艺出版社1983年版,第54-58页。

〔9〕 参见宫哲兵:《"伏羲作八卦"辨——论阴阳八卦源于苗蛮》,载《中南民族学院学报(社会科学版)》1987年第1期。

〔10〕 参见(唐)司马贞:《史记补三皇本纪》。

出，伏羲与西部、东部和南部文化三大传统均有关联。与西部的关系，《竹书纪年》和《帝王世纪》均记载伏羲生于成纪，此乃作为古羌族活动中心的今甘南天水一代。[11] 并且甘肃天水秦安大地湾遗存提供了坚实的证据。[12] 与东部文化的关联则见诸良渚文化遗存。[13] 与南部苗蛮文化关联的材料，闻一多前揭文中已有详尽枚举，不必赘述。问题在于，考古学上的证据并不支持中国文化和族群起源的“同源”说。那么，上述三大文化圈均以伏羲为其部族的早期神只有一种可能，即从某一文化中“吸纳”并经过改造与融合而形成后来的状况。那么，伏羲最早出现于哪一文化集团是需要首先考虑的问题。

秦安大地湾文化的发现让越来越多的学者意识到伏羲的事迹起于西北的说法似乎最为可靠，但是终究不能证实。这个问题无论怎样切入，用什么方法讨论，很可能终将会得出信者自信，疑者自疑的结论。其实，如果换一个角度理解，可以认为伏羲自其出现以来，影响力广布天下，他的事迹与理念能够为各个不同地域、不同文化传统的部族所接受。而这恰恰说明了予以伏羲这样一个三皇序列中的“异质”圣人特别关注的必要。理解这个问题，需要从传说中伏羲的事迹、功业入手。

---

〔11〕 参见朱炳祥：《伏羲与中国文化》，湖北教育出版社 1997 年版，第 52 页。

〔12〕 参见甘肃省文物考古研究所编著：《秦安大地湾：新石器时代遗址发掘报告》，文物出版社 2006 年版；李建成：《从大地湾遗址文物看伏羲对人类的贡献》，载《天水师范学院学报》2000 年第 4 期。

〔13〕 参见董楚平：《伏羲：良渚文化的祖宗神》，载《杭州师范学院学报》1999 年第 4 期。文中指出“余杭出土的良渚文化神像是良渚文化的祖宗神，也即上帝。他的形象是鸟的头，龙的身躯。这个形象与神话人物伏羲相符。传说伏羲生于太湖，其出生地点与良渚文化分布地域也相符。伏羲的名字，还有古越语的特点”。笔者认为，伏羲在良渚文化中反映出的鸟首龙身的形象，恰好反映了伏羲并非来自东部文化；相反，这种混合型的图腾的出现，体现出东部文化对伏羲这一外来图腾的接纳。只不过接纳的原因、方式与程度均有待研究。

二、创制与意义

伏羲的“业绩”大致包括创八卦，造书契，养牺牲，制婚嫁。我们先来看看古代文献的记录：

> 古者包牺氏之王天下也，仰则观象于天，俯则观法于地，观鸟兽之文，与地之宜。近取诸身，远取诸物。于是始作八卦，以通神明之德，以类万物之情。作结绳而为罔罟，以佃以渔，盖取诸《离》。（《周易·系辞下》）
>
> 制嫁娶之礼，取牺牲以充庖厨，故号庖牺氏，是为牺皇。后世音谬，故谓之伏牺，或谓之密牺。（一解云：宓，古伏字。后误以宓为密，故曰密牺。）（《帝王世纪》）
>
> 始画八卦，造书契，以代结绳之政，由是文籍生焉。（《尚书·书序》）

这些看似简单的记载，却包含了后世社会文化的主要面相，如术数、文书、祭祀和家庭制度。而有关伏羲传说的内容，较之其他诸早期人物最大的不同，在于他在文化上的创作。“五帝”以前的上古传说中，诸圣人的业绩均以技术创置为中心，上章提到的女娲、祝融、燧人氏、神农氏等无不如是。而伏羲在技术方面不突出，相反在文化上的功绩则异常显著。或许也正是因为他在文化上的业绩，方有王充“故夫宓牺之前，人民至质朴，卧者居居，坐者于于，群居聚处，知其母不识其父。至宓牺时，人民颇文，知欲诈愚，勇欲恐怯，强欲凌弱，众欲暴寡，故宓牺作八卦以治之”（《论衡·齐世篇》)的推论。

下面先略述除作八卦外三项事迹的性质和意义。

“取牺牲以充庖厨”(《帝王世纪》),用现代的术语来说,可称之为改革祭祀制度。在先秦文籍中被称为“庖犠氏”(或“炮犠氏”)即缘于此,司马贞《史记补三皇本纪》承《帝王世纪》云:“养牺牲以庖厨,故曰庖牺。”[14]可见他与庖厨之术有着非同一般的联系,很有可能他原本出身庖厨技术掌握者。然而伏羲所关注的庖厨有别于生民果腹的俗事,而与祭祀相关。当然,当时这类人除有宰杀烹饪的技术外,还由于他们的职业与祭祀和杀生相关联,故此其背后显然具有神圣性支撑。我们知道,祭祀对于上古时期的先民而言,意义不亚于生存,因为它关系到小到个人,大至整个族群的命运。也正是有了这种出身,方才使伏羲具备了参与,甚至改造与神圣性有关的诸传统的资质。伏羲在祭祀方面创制的具体内容已不得而知,从简单的记载中推测,或许与后来盛行的“血祭”仪式有关。总之,我们可以把这种创设看作他“立法”行为的一部分。

关于造书契的记载非常多样化,大体上分两种意见,一种认为是伏羲发明了文字;另一种则认为伏羲发明的是结绳记事。现在大可不必纠结哪一种看法更近史实,即便两种都不切实亦无甚关系,重要的是看到伏羲创造了一种新式的记录方式。或者可以换一种说法,伏羲首次尝试为记录方式立法。

《帝王世纪》载太昊庖羲氏“制嫁娶之礼”,《世本·作篇》云“伏羲制以俪皮嫁娶之礼”,[15]就是创立婚嫁仪制。司马贞云:“于

---

〔14〕 不过也有更为“玄理化”的解释,如晋代王嘉《拾遗记》卷一中说“庖者,包也,言包含万象。以牺牲登荐于百神,民服其圣,故曰庖牺,亦谓伏羲”。不过类似这样的解释,后人附会的成分很多。

〔15〕 茆泮林辑本。又,(唐)司马贞《补史记三皇本纪》中称其“始制嫁娶,以俪皮为礼”。《路史·后纪一》罗苹注引《古史考》云:“伏羲制嫁娶,以俪皮为礼。”

是始制嫁娶,以俪皮为礼。”(《补三皇本纪》)[16]晋人王嘉一语道出此举的意义:“始嫁娶以修人道。”(《拾遗记》)根据前面提到的考古人类学与历史文献的研究,伏羲当处于新石器时代中后期的仰韶文化。从绝对年代上说,大致在距今七八千年。过去人们通常将这个时期界定为母系氏族社会与父系氏族社会交替之际。这个“俪皮嫁娶之礼”的具体情况今人已无从考证,即便如此,可以想见大抵不出一种仪式性的规定,按现代法学当属于婚姻家庭领域。对于早期的社会结构而言,婚嫁制度化无疑是对社会形态的规定性建构,很有可能是人为地对社会的基本单元和它的组织形态进行了规范。[17] 无论是在成熟程度上还是复杂性上,它显然很难与西周中后期至于春秋的仪礼等量齐观,之所以被后人视为“礼”,想必是从性质、功能上认定的。创立婚嫁之制为何对后世有如此巨大的影响?最主要者在于奠定了中国社会的基本单元——家,这为后来整个中国传统社会所延续。家是基于男女婚姻关系构成并推衍的社会单位,在中国社会中,它具有特殊的意义。首先,它是一个具有弹性的单元,小至两口之家,大到百人甚至千人的大家族。其次,它使社会结构具有同质性。从家庭到家族、宗族、氏族、国家,可以遵循同一套伦理、价值和治理原则,因此才有后来“家国天下”并称的思路。最后,也是最值得关注的一点在于,它使中国文化自始就与伦理、道德结合在了一起。也正因如此,西方式的基于个人利益的权利、自由、契约等观念及其发展出来的政治形态在中国难获生长的土壤。对于中国古代的社会形态、文化及与之相伴随的观念而言,伏羲确立婚嫁制度具有奠定基本范式的意义。

---

〔16〕 类似的记载还有:“伏羲制以俪皮嫁娶之礼。”(《世本·作篇》)(茆泮林辑本)“伏羲制嫁娶,以俪皮为礼。”(《路史·后纪一》罗苹注引《古史考》)

〔17〕 从人类学的视角上看,以婚嫁为中心的家庭并非人类社会的原生状态。在母系社会时期,人们过着一种只知其母,不知其父的生活。

不过也有一种可能是，由于中国文化在后世的发展中选择了以“家—族—国—天下”为模式的结构，因而对于处于这一进路源头的伏羲加以特别推崇。而在当时很可能还有其他的尝试，但被后来的历史选择性地遗忘了。

三、作为法律的八卦体系

“八卦”是一套“法律”，这个论断似乎乍看起来离经叛道，不过早期汉代便有睿智之人论及于此：

> 语称上世之人，质朴易化；下世之人，文薄难治。故《易》曰：“上古之时，结绳以治，后世易之以书契。”先结绳，易化之故；后书契，难治之验也。故夫宓牺之前，人民至质朴，卧者居居，坐者于于，群居聚处，知其母不识其父。至宓牺时，人民颇文，知欲诈愚，勇欲恐怯，强欲凌弱，众欲暴寡，故宓牺作八卦以治之。（《论衡·齐世》）

为了深入理解“伏羲作八卦”的法律意义，首先要重新认识这一早期传说性记载的内涵，其次需对早期记载中诸“象”的归类重新认识。在《周易》的“十翼”中谈到伏羲作八卦的缘起有若干处，摘录如下：

> 1.《系辞下》：“古者包牺氏之王天下也，仰则观象于天，俯则观法于地，观鸟兽之文与地之宜，近取诸身，远取诸物，于是始作八卦，以通神明之德，以类万物之情。作

结绳而为罔罟,以佃以渔,盖取诸《离》。"[18]马王堆帛书本《系辞》:"古者戏是之王天下也,印则观马于天,府则观法于地,观鸟兽之文与地之义,近取诸身,远取者物,于是始作八卦,以达神明之德,以类万物之请。作结绳而为古,以田以渔,盖取者《罗》也。"[19]

2.《系辞上》:"是故《易》有太极,是生两仪,两仪生四象,四象生八卦,八卦定吉凶,吉凶生大业。是故法象莫大乎天地,变通莫大乎四时,县象着明莫大乎日月,崇高莫大乎富贵。备物致用,立成器以为天下利,莫大乎圣人。探赜索隐,钩深致远,以定天下之吉凶,成天下之亹亹者,莫大乎蓍龟。是故天生神物,圣人则之;天地变化,圣人效之;天垂象,见吉凶,圣人象之。河出图,洛出书,圣人则之。"

3.《系辞上》:"是故夫象,圣人有以见天下之赜,而拟诸其形容,象其物宜,是故谓之象。"

4.《说卦》:"昔者圣人[20]之作《易》也,幽赞于神明而生蓍,参天两地而倚数。[21] 观变于阴阳而立卦,发挥于刚柔而生爻,和顺于道德而理于义,穷理尽性以至于命。"

---

〔18〕 李学勤编:《十三经注疏(标点本)·周易正义》,北京大学出版社1999年版,第298页。

〔19〕 廖名春:《帛书〈系辞〉释文》,载《帛书〈周易〉论集》,上海古籍出版社2008年版。

〔20〕 郑玄注谓"昔者圣人谓伏牺文王也"。(王应麟辑:《周易郑康成注》,《文渊阁四库全书》本。)

〔21〕 郑注云:"天地之数备于十,乃三之以天,两之以地,而倚托大演之数五十也。必三之以天两之以地者,天三覆,地二载,必极于数庶得吉凶之审也。"(王应麟辑:《周易郑康成注》,载《文渊阁四库全书》本。)《要》三章"子曰幽赞而达乎数"。

上引诸条中,尽管只有第 1 条明言包牺氏,即伏羲,其余皆只云“圣人”,但内容均与“八卦”系统作成有关,从思想上的一致性来说当亦指向伏羲。[22]

谯周《古史考》云“庖牺氏作始有筮”。[23] 伏羲作八卦的传说,基于对早期用龟的考古遗存的检视,大致可以认为,乃是对原有的数占方法系统的重大改造。建立高度抽象化和概括化的“象”(“八卦”)的符号系统,以此形成了数、象的联系。同时,另一种发展趋势是通过观察灼烧甲骨所出现的兆象获得占卜结果,这在商代获得了极大发展。也就是说,伏羲的“八卦”系统和以殷商时代甲骨占卜为代表的两种占验方法,一方面,都与早期龟灵崇拜、对象的意义的认识与抽象有关;另一方面,二者的重大区别在于对待“数”的态度。“八卦”系统最终演化成为象数合流的《易》,而灼烧占卜则直接基于象作判断,放弃了对数的需求。

伏羲选择“蓍草”作为占的媒介,即《说卦》所谓“幽赞于神明而生蓍”,这有很重要的意义。根据《史记·龟策列传》“三王不同龟,四夷各异卜”[24] 和现代人类学的研究,可用于占验的工具其实非常之多,除人们熟知的牛羊肩胛骨、龟甲、蓍草外,尚有鸡蛋、牛肝、鸡骨、竹、贝等。[25] 而被用于作为占验工具之物,在其文化和观念系统内无疑具有相当的神圣性。也就是说,我们不能将伏羲选择蓍草作为神物这一行为作当然性的解释,而更应注意到其背后所蕴含的思想、文化传续与变革。由于材料阙如,在此仅推测“蓍”与“作结绳而为罔罟”的“结绳”之间存在某种关联,根据郑舫

---

〔22〕 先贤对此辩说已详,但近代以来由于缺乏所谓历史实证等问题,一直对之不置可否。

〔23〕 《天中记》卷四〇引。

〔24〕 司马迁:《史记》,中华书局 1959 年版。

〔25〕 参见刘玉健:《中国古代龟卜文化》,广西师范大学出版社 1992 年版,第 3 页。

《禹穴碑》“伏羲得神蓍而定皇策”[26]的说法，大抵蓍草本身也有某种神性禀赋。

关于伏羲作八卦，另一个重要特征在于抽象化符号系统。根据不断出现的考古学研究，八卦系统在早期是否有今天所看到的三爻的形象，[27]以及是否与乾、坎、艮、震、巽、离、坤、兑八个卦名相一致都值得怀疑。[28] 鉴于此，对伏羲作八卦的认识，既不能完全基于传世本中的八个卦画，也不能直接依据对卦名的考释。从整体上看，可以有两点认识：一是八卦对早期筮占文化在技法上进行了巨大的改造，最突出者是淡化了对龟灵的依赖和数、象的结合。这一改变形成了与甲骨占卜泾渭分明的两种发展方向。这两种不同的传统很可能成为东西部文化集团不同文化大传统之下的典型分野表征。[29] 二是八卦这个高度抽象化和简约化的符号系统，事实上提供了对于世界的一种新的认识方式和类观念。而这

---

[26] 《天中记》卷四○引。

[27] 关于爻象的问题，可参见张政烺：《殷虚甲骨文中所见的一种筮卦》，载宋镇豪、段志洪编：《甲骨文献集成》第17册，四川大学出版社2001年版；李学勤：《西周筮数陶罐的研究》，载宋镇豪、段志洪编：《甲骨文献集成》第17册，四川大学出版社2001年版；张亚初、刘雨：《从商周八卦数字符号谈筮法的几个问题》，载《考古》1981年第2期；等等。通过上述诸研究可知，至少在西周初年以前，现有的卦画形态尚未出现，而以数字卦形式为主流。

[28] 马王堆帛书本经传、王家台出土的秦简归藏和马国翰辑本《归藏》中，均出现了与传本《周易》不同的八经卦名称，其孰先孰后的问题，现在尚不好下定论。相关情况可参见廖名春：《帛书〈周易〉论集》，上海古籍出版社2008年版，第359-400页；王明钦：《王家台秦墓竹简概述》，载艾兰、邢文编：《新出简帛国际学术研讨会论文》，文物出版社2004年版；马国翰辑：《归藏》，载《玉函山房辑佚书》卷一，嫏嬛馆1883年版。

[29] 这里说到的“东西部文化集团”，大致可以看作上古史传说时代的炎黄集团和东夷集团。笔者的看法是这两大集团尽管存在广泛而频密的文化交互影响，但其异质性一直保留到了三代，从商周的文化差异即可见一斑。相关的研究，可参见傅斯年：《夷夏东西说》，载欧阳哲生编：《傅斯年全集》（第3卷），湖南教育出版社2003年版；丁山：《古代神话与民族》，商务印书馆2005年版；徐旭生：《中国古史的传说时代》，广西师范大学出版社2003年版；张光直：《古代中国考古学》，辽宁教育出版社2002年版；等等。需要指出，相关的研讨非常众多，尽管在细节上争论仍旧存在，但对中国早期文明中主要文化圈的认识，大致获得了统一。笔者在文中的说法，即建立在此类统一意见之上展开。

种类观念的具体表象很有可能部分保留在《系辞》上下篇和《说卦》第十一章之中。但是由于后人对原初的认识方式本身难以理解，因此对《说卦》中所述八卦指涉的诸象的理解及其分类本身均缺乏有效解释。

现代人们看到的八卦体系，是由乾、坎、艮、震、巽、离、坤、兑八个单卦构成的复杂体系。之所以复杂，在于整个体系乃由名称、符号、数列、方位、时序等相融会。

前面说到，八卦是一个复杂体系，原因之一在于尝试融会象、数两个原本独立的占验技术。伏羲的目的显然不在于技术革新，他所以为此，实际上是在通过技法的融会获得较之以往更大的神圣性，并以此为进一步创制奠定基础。尽管八卦体系建立在以往象占和数占的知识、技术基础之上，而且从某种程度上说，它也延续了占验技术的神圣性和有效性；不过更为关键的是，八卦体系本身是伏羲创制出来的，用于解释世界的体系，这一点从质上有别于以往依托于神授的早期占验技术。

尽管伏羲八卦的原貌今已不详，不过可以通过《说卦传》略知其要：

> 乾，健也。坤，顺也。震，动也。巽，入也。坎，陷也。离，丽也。艮，止也。兑，说也。
>
> 乾为马，坤为牛，震为龙，巽为鸡，坎为豕，离为雉，艮为狗，兑为羊。
>
> 乾为首，坤为腹，震为足，巽为股，坎为耳，离为目，艮为手，兑为口。
>
> 乾，天也，故称乎父。坤，地也，故称乎母。震一索而得男，故谓之长男。巽一索而得女，故谓之长女。坎再索

而得男,故谓之中男。离谓之中男。离再索而得女,故谓之中女。艮三索而得男,故谓之少男。兑三索而得女,故谓之少女。

乾为天,为圆,为君,为父,为玉,为金,为寒,为冰,为大赤,为良马,为老马,为瘠马,为驳马,为木果。

坤为地,为母,为布,为釜,为吝啬,为均,为子母牛,为大舆,为文,为众,为柄,其于地也为黑。

震为雷,为龙,为玄黄,为旉,为大途,为长子,为决躁,为苍筤竹,为萑苇。其于马也,为善鸣,为足,为作足,为的颡。其于稼也,为反生。其究为健,为蕃鲜。

巽为木,为风,为长女,为绳直,为工,为白,为长,为高,为进退,为不果,为臭。其于人也,为寡发,为广颡,为多白眼,为近利市三倍,其究为躁卦。

坎为水,为沟渎,为隐伏,为矫輮,为弓轮。其于人也,为加忧,为心病,为耳痛,为血卦,为赤。其于马也,为美脊,为亟心,为下首,为薄蹄,为曳。其于舆也,为多眚,为通,为月,为盗。其于木也,为坚多心。

离为火,为日,为电,为中女,为甲胄,为戈兵。其于人也,为大腹。为乾卦,为鳖,为蟹,为蠃,为蚌,为龟。其于木也,为科上槁。

艮为山,为径路,为小石,为门阙,为果蓏,为阍寺,为指,为狗,为鼠,为黔喙之属。其于木也,为坚多节。

兑为泽,为少女,为巫,为口舌,为毁折,为附决。其于地也,为刚卤。为妾,为羊。

关于诸章中象的结构,吴前衡曾列表如下(见表4-1)。

表 4-1 《说卦》卦、象对应关系

序列	八卦及象元素							
	乾	坤	震	巽	坎	离	艮	兑
自然对象	天	地	雷	风	水	火	山	泽
人体部位	首	腹	足	股	耳	目	手	口
家庭关系	父	母	长男	长女	中男	中女	少男	少女
物　产	马、金、玉	牛、众	龙、大途	鸡、木	豕、月、沟	雉、日、电	狗、径	羊、妾、巫
基本功能	健、刚	顺、藏	动、起	入、散	陷、润	丽、明	止	说
空间方位	西北	西南	正东	东南	正北	正南	东北	正西
时间季节	秋末冬初	夏末秋初	正春	春末夏初	正冬	正夏	冬末春初	正秋

注:吴前衡:《〈说卦〉的早期存在》,载《华中理工大学学报(社会科学版)》1997 年第 1 期。

根据表 4-1,可以看出《说卦》中的取象遵循了特定的类型化规则和顺序。恰如季蒙所言,《说卦》中的条理安排:由八卦的直接命义,到易卦观物的两取法(远取诸物,近取诸身),最后是八卦的方类规定,基本上由三个序列环节构成。[30]

乍看起来,八卦体系尽管可以包罗万象,但无论是表现形式还是所涉及的内容,均和现代法律差之甚远。而且它似乎仅仅触及观念层面,和现在通常认为法律是对行为的规制这个常识存在出入。对此,一则需要对八卦体系的功能再做解释;二则也需要对固有的法观念进行调整。

前文业已谈到,伏羲创制的八卦体系意在提供一套解释世界的模式。他企图将世界中的一切存在者安置到八卦所象征的八个大类中去。对于上古时代的观念世界而言,这带来了一种全新的类观念。

---

〔30〕 季蒙:《〈周易·说卦传〉中的类问题》,载《周易研究》2004 年第 3 期。

八卦体系尚“八”,本身就存在任意性。实际上各个古代传统文化中的人们对宇宙、世界等的基本分类方式存在诸多的形式,像印度吠陀和奥义书时代的“四大”(地、水、火、风)尚“四”,或“五大”(地、水、火、风、空)尚“五”;佛教中的“十方”尚“十”,古希腊元素论有四元素说,也以四为类。仅在中国古代就曾出现了“五行”尚五,“三才”尚三,“两仪”尚二等诸说。这些类不一而足,背后隐含着对世界的不同理解方式,各自有着不同的知识来源和观念基础。伏羲将“八”作为基本的类别数,当然可以认为有可能是基于早期卜筮技术的知识基础。后人也在不断地对其所以为此的原因加以体察,并提供合理化的解释,如《系辞下》中说“仰则观象于天,俯则观法于地,旁观鸟兽之文与地之宜,近取诸身,远取诸物,始画八卦,以通神明之德,以类万物之情”。然而并不能由此就认定将世界分作八类是当然的。我们必须认识到八卦分类的任意性,这个“任意”显然不是妄为,它的核心要义在于其中蕴含了伏羲基于他的主观能动性所作出的主动的选择。这就与早期技术贵族严格因循神意转述出技术规则的做法存在质的差别。尽管现在已经无从还原他当时选择八分而非五分、三分的真实动因和考量,但在其过程中必定存在以某种“意义”为标准的选择和分判。

根据上文引征的表格不难发现,至少对于现代人来说,每一卦中所包含的名物似乎显得杂乱无章,有些尚可理解,另一些则似乎全无道理。如乾类下的天、首、父、马、金、玉、健、刚、西北、秋末冬初,其中马、金、玉三物的安置就极难理解,特别是金、玉,在传统文化中往往都被视为阴物,为何被置于纯阳的乾之下?这正是因为分类来自人为地选择而非直接顺承神意,故此,必得通过人为的“解释”方能够使八卦体系获得正当性。当然解释的方式既可以附会神性,也可以纯粹建立在说理的基础上。

鉴于此可以明确,伏羲是在人为地“创制”八卦体系,也就是说,与之前技术贵族不同,这是在为理解世界“立法”。由此便不难理解《尸子》“伏羲始画八卦,别八节,而化天下”[31]说法中把“八卦”“八节”“化天下”联结起来的用意。

不过到目前为止依旧没有说明,为什么看似仅与占验有关的八卦可以算作一种全新的法律。这仍然要把目光转回“类”的问题。通过新的“类”分,伏羲不仅在提供新的认识方式和标准,更重要的是,他在尝试以全新的方法整饬存在者。不过,影响并不直接落实到个体的行为层面,而是要经过一个复杂的过程。这里不妨以乾、坤两卦为例来加以解释。

按《说卦》中的枚举,乾包含健、马、首、天、父,为天,为圆,为君,为父,为玉,为金,为寒,为冰,为大赤,为良马,为老马,为瘠马,为驳马,为木果。坤包含:顺、牛、腹、地、母,为布,为釜,为吝啬,为均,为子母牛,为大舆,为文,为众,为柄,其于地也为黑。从卦象上看,乾为纯阳,坤为纯阴,二者完全相反相对。这并不涉及任何价值评判,也没有包含任何位格关系,而仅仅是现象层面的描摹和归纳。但是,乾与君同类,成为极为重要的标志,使乾具备了凌驾于其他七卦之上的地位。[32]

再者,处于君位的乾包含的运动(行为)方式是健,状态为刚,这就为君王设定了行为的基本方向和模式,即以健动的状态,积极地通过主动的创制来参与世界。乾、君又与天同类,而与乾卦相对的坤与地同类,乾、坤之间的上下位关系便明确化了。

同时,父被置于与君同类,父在某种程度上具有了与君相类似

[31] 《北堂书钞》卷一五三引。

[32] 要注意,坤卦名下的诸象中没有臣、民之类,说明乾的君位不仅是对坤而言的,相反乃是相对于其他七卦的凌驾地位。

的地位，这个地位恰好对应坤卦下的母而言。由此，处于社会最基层位置的家庭被人为的政治化、等级化了。父具有类似君、天的地位，既凌驾于坤类的母之上，也成为整个家庭的统帅者。众所周知，新石器时代中后期，也就是三皇时代的家庭、家族尚多处于母系氏族时代，处于主导地位的本是女性家长和族长。八卦中给出的方案相对于其时代而言无疑是改革性，甚至颠覆性的。在新的关系模式下，父与母的行事方式也同时被规定下来，父应按照健动的方式行为，崇尚积极、刚健的作为；母则须按顺守的方式行为，以退让、柔顺为尚。

上述由乾、坤关系引出的天地关系结构，推展到人域世界，形成了君对人域世界的凌驾性，父对家的凌驾性，君、父健动和母顺守的行为方式等的规定性，它们首先作用的当然是人的观念。随着基本类观念的成型，对人们的自我定位、行为模式确立和人域世界具体法则的建构，势必会产生长期的影响。后来传统文化中讲求的君父观念、父系家庭和家族的主导地位以及女性在家庭乃至政治社会中的从属地位，都是八卦所确立的基本模式的延伸。

根据上面的论说不难看出，八卦体系基于新的类分，重新确立了存在者之于世界的定位，同时也通过相互位置关系的安排，为这些存在者的相互关系及其行为模式作出了界定。尽管发生作用的方式较之现代法律更为曲折，但这并不能掩盖八卦体系作为一种根本大法的性质。

根据现有材料推论，对于作为大法的八卦，我们大致可以归纳出以下三大特质：其一，八卦体系是一种以阳德为中心的立法。其中特别突出的是人为、健动两大属性。其二，八卦之法的目的在于向道还原。八卦体系是一个圆融的系统，其圆融本身意味着世界的一切存在者均同源于道体，并作为参与者以和合于道的方式存在。其三,作为法律的八卦体系,通过间接的方式规制、整肃人的观念和行为。

四、伏羲立法的影响

伏羲所创制的八卦体系虽具有法律属性,但在他的时代,囿于缺乏政治权力的依托,所以这种立法仅仅停留在草创的状态。尽管现在已经无从考究伏羲的种种创制在当时究竟发生了多大的影响,又产生了多大的实效,但我们知道,整个三皇时代占据主导地位的是各自以为治的技术贵族们,他们在治权运行的过程中,仰仗的是源于具有神圣性的技术规则。而他们所秉承的是与伏羲截然相反的阴本、因循、顺守的立场。从实力对比上看,伏羲是孤立的,故此,他标新立异式的文化创制和立法行为在当时的影响力想必非常有限。

不过,情况到了黄帝时代开始发生了戏剧性的反转。黄帝通过武力和建制的方式开创了政治性的“天下”,这也标志着中国进入了政治社会。黄帝看似荒诞的连年征战和晚年突然转向隐退及个体修仙,其实背后隐含的是与伏羲相同的立场:通过个人的主观努力和创造性对世界进行重整,并使之臻于合道。简言之,二人均崇尚阳德健动的世界参与方式。也可以认为,黄帝是重拾伏羲立法思路的第一人,自此以后的整个五帝时代,这个思路都在被贯穿。而立法的形式、内容也在被不断地丰富。通说中被列为五帝的黄帝、颛顼、帝喾、尧、舜,实际上也都可被看作对此立法传统作出突出贡献的关键人物。概言之,颛顼开意识形态立法的先河,帝喾首次将血亲伦理以宗法制的形式法律化,尧、舜首度开启了法律化的官僚制度,并将政权与治权融入同一官僚体系以便相互制衡。以上这些,将在下章阐明。

然而至禹继舜位,政治社会的风向为之一改。作为技术贵族孑遗的禹带来的是早期技术传统的“复辟”。这时他所掌握的已经不仅仅是治权,而是政权与治权合二为一的新式权力。禹带来的改变,包括私权化、治权化和集权化倾向。禹传位给启开启了“家天下”,是为政权私化的最典型表征。而《禹贡》是治权化和权力集中化的最好体现。伏羲所开启的道路至此中断了近千年,在夏商两代难觅踪迹。这将在第六章中详表。

再次拾起伏羲政治理念的是起自蕞尔小邦的周人。周人自始崇尚人的主观能动性。此点的征显比比皆是。他们推崇《周易》便是最典型,也是最为重要的例证。仅从《周易》一改殷商《归藏》首坤而以乾卦为首,就足以看出周人阳德、健动的基本立场。而他们每每提到诸如战战兢兢、如履薄冰等说法,同样体现出对人之能动性的重视。而《周易》与伏羲八卦在知识上的渊源关系使我们有理由推测,周人所采用的阳动立场和健动的行为方式与伏羲的创制之间很可能有某种承袭关系,而非仅仅是一种暗合。周人最大的创化则在于把阳动与“德”联系在一起并付诸政治实践。这使后世的中国法律文化始终呈现政治化、道德化相融合、相并行的状态。具体情况可参见第七章。

再之后,以秦朝为代表的技术贵族路线再次复辟,以及儒学意识形态化以后伏羲路径以“道统”的形式再次参与到政治和立法实践中,伏羲立法的立场、精神与基本内容一直以一种与技术化、治术化政治实践相竞合、相融会,同时又相抗衡的状态持续存在于传统中国的立法实践和法律文化之中。

另外还需说明,汉代以后经常见到的伏羲、女娲并称的记述,实际上表达了中国文化自源头处便已经有了两端的分化和并立，即以伏羲为代表的“阳动”的，人借由其能动性创造的秩序规则和以女娲为代表的以技术为核心的，具有强烈内向、垄断倾向的文化传统。就像人首蛇身的伏羲、女娲形象那样，两大传统呈现复杂的竞争和交融关系。而在战国以后的传说中，伏羲常被置于“三皇”之首，实际上与后世主流文化对阳动传统的认同，或曰“道统”的意识形态化有关。

第五章　政治立法与法律政治化

一、概说五帝时代

传统文史学家看来，出离三皇时代之后，中国一转而进入五帝时代。顾名思义，“五帝”意指五位上古帝王。最权威、同时影响力最大的序列莫过于《史记·五帝本纪》，按照司马迁的说法，五帝分别是黄帝、颛顼、帝喾、尧、舜。这个序列也见于《大戴礼记·五帝德》篇，可算作儒家化的五帝系统。同时也还有一些不同的说法，如把少昊、帝挚、禹等纳入序列当中。[1] 事实上，“五帝”之名以及序列本身，含有强烈的政治、文化立场，而非依古史中帝王的“重要性”为标准形成的追述。

现代古史研究者对五帝时期的绝对年代颇感兴趣，但不免众说纷纭。综合各家意见，五帝时代的起点大致被定在公元前 4000 年至前 2500

〔1〕 不同序列的具体情况，可参见许顺湛：《五帝时代研究》，中州古籍出版社 2005 年版，第 20 页。

年。下限即舜、禹之际，在公元前 22 世纪至前 21 世纪。20 世纪以后的考古学发现对人们认识五帝时代帮助甚大，如果把视野扩展到整个新石器时代晚期考古遗存，则相契者包括广义上的裴李岗文化、良渚文化、红山文化、仰韶文化、龙山文化、大汶口文化等。这里可以参照许顺湛的列表（见表 5-1）：

表 5-1　五帝时代与新石器时代文化宏观对应总表

<table>
<tr><th colspan="2">历史时代</th><th>新石器时代文化</th></tr>
<tr><td colspan="2">前五帝时代
下限：公元前
4420 年</td><td>裴李岗文化、仰韶早期文化（双庙沟、后岗早期、下王岗早期、半坡类型、北首岭下层）、大地湾一期（包括老官台、李家村）文化、西河文化、后李文化、北辛文化、白石文化、彭头山文化、皂市下层文化、城背溪文化、河姆渡文化、马家浜早期文化、万年仙人洞遗存、甑皮岩洞穴遗存、福建贝丘遗址、贵州飞虎山遗址、徐水南庄头遗存、磁山文化、查海文化、兴隆洼文化、赵宝沟文化、红山早期文化</td></tr>
<tr><td rowspan="2">五帝时代</td><td>黄帝时代
下限：公元前
2900 年</td><td>仰韶文化中晚期、庙底沟类型、洛阳王湾类型、后岗类型晚期、下王岗类型中期、秦王寨类型、大河村类型、史家类型、西王村类型、大汶口文化、大溪文化、红花套一期文化、薛家岗文化、山背文化、马家滨晚期文化、崧泽文化、良渚早期文化、台湾前陶新石器文化、师赵村文化遗址、石岭下文化遗址、马家窑类型文化、红山晚期文化</td></tr>
<tr><td>颛顼、帝喾
尧、舜时代
下限：公元
前 2100 年</td><td>中原龙山文化早、中、晚期：庙底沟二期、后岗二期、王油坊类型、郝家台类型（或煤山类型）、下山岗类型、王湾类型、三里桥类型、陶寺类型。陕西龙山文化（包括客省庄二期）、山东龙山文化、屈家岭文化、石家河文化、良渚中晚期文化、石峡文化、台湾圆山早期文化、云南菜园子遗址、贵州飞虎山遗址、成都平原古城址、广汉三星堆古蜀早期文化、昌都卡若文化、半山类型、马厂类型、双砣子下层文化</td></tr>
</table>

注：许顺湛：《五帝时代研究》，中州古籍出版社 2005 年版，第 223 页。

其中以二里头文化和陶寺文化的意义最为特出,[2]它们分别对应了史传中的夏都和尧都,使传说与考古遗存获得了“对接”。并且大部分考古发现的地望都可对应《史记》的记载,这样一是可见史迁所记不虚,二是也使人们明确了进一步寻绎五帝时代遗迹的方向。

司马迁在《史记》中略去三皇直接以《五帝本纪》开篇,其中大有深意。《太史公自序》中有“伏羲至纯厚,作易八卦”之言,且考诸汉初书文,时人对三皇时代女娲、神农、祝融、燧人等诸史迹多有了解,司马迁本人也不例外。为何弃之不论?果然像后世推断的,因为史料不可确信吗?我想原因并非如此。《史记》中这种取舍,背后深藏着司马迁本人对早期文化的特殊立场、态度的表达。这一点待整体性地展现了早期历史文化演化的面貌后再来解说。

有人说由“皇”而“帝”意味着堕落,另一些人更倾向于认为转变意味着社会文化风尚的变化。班固在《白虎通》中的表述很有代表性:

> 皇者何谓也?亦号也。皇,君也,美也,大也。天之总,美大称也,时质,故总之也。号之为皇者,煌煌人莫违也。烦一夫、扰一士以劳天下不为皇也,不扰匹夫匹妇故为皇。故黄金弃于山,珠玉捐于渊,岩居穴处,衣皮毛,饮泉液,吮露英,虚无寥廓,与天地通灵也。号言为帝者何?帝者,谛也,像可承也;王者,往也,天下所归往。(《白虎通》卷一《号》)

---

[2] 二里头文化的概况,参见中国社会科学院考古研究所:《偃师二里头 1959 年~1978 年考古发掘报告》,中国大百科全书出版社 1999 年版;杜金鹏编:《二里头遗址与二里头文化研究》,科学出版社 2006 年版;有关陶寺遗址,参见高天麟、张岱海:《山西襄汾县陶寺遗址发掘简报》,载《考古》1980 年第 1 期;解希恭:《襄汾陶寺遗址研究》,科学出版社 2007 年版。

文中提到的(三)皇、(五)帝、(三)王,代表了先人对上古政治社会、思想文化不同阶段的分判。三个阶段之间的每一次转化,都含有颠覆性、根本性的变化。

第四章已说到,三皇时代以技术主导、有治无政和万邦分立为特质。尽管在晚期出现了人主观能动的萌动,乃至于有了伏羲式的阳动、立法尝试,但毕竟没有完全落实,影响更多地停留在观念层面。整体社会的文化风尚仍旧以阴本、因循顺守为基本方向。而进入五帝时代,似乎这一切都发生了根本性的变化。最显著者在于,自黄帝以后中国摆脱之前有治无政和万邦分治的状态,通过人为的主动创建进入了政治社会时代。随之而来的,无疑是人参与世界的"阳动"化。也就是说,五帝遵循了伏羲所草创的世界参与方式,并将它落实为政治实体。与此同时,三皇时代阴本的立场逐渐被排斥,甚至被有意识地边缘化。自此以后,特别是阴本传统与阳动传统之间的斗争,演化为阴阳之争、天地之争、政道与技术之争、东西之争、祖神与自然神之争等贯穿整个五帝时代。

总体来说,五帝时代文化的总风貌可以概括为:阳动主导、政道初创、政治分立等。文明向与三皇时代相反的方向展开。而具体到法律文化方面,中国的法文明自此具有泛政治化的特质,这个特质将始终伴随传统中国的法文化。以政治权力主导的建制性立法,意识形态立法,法律伦理化、"文官"化官僚制和人域治理的技术化,成为此一时期法文化的标志。

二、炎帝时代:功利理性与国家

在三皇时代的诸"皇"中,神农借由农耕、医药这类与"木"(植物)相关的技术,牢牢占据一席之地。《帝王世纪》中记载:"炎帝神农氏长于姜水,始教天下耕种五谷而食之,以省煞生。尝味草木,宣药疗疾,救夭仕之命。百姓日用而不知。"〔3〕

根据前文论及的技术贵族名称与其部族相同的情况,神农氏就是神农的部族。后来习称的神农是这个部族至高地位、权柄的历代掌握者共用的名号。按照最常见的传说,这个部族发端于西部地区。如《帝王世纪》云"炎帝神农氏长于姜水",而"炎帝以姜水成"(《国语·晋语四》)的说法早在春秋时代便已经见诸文籍。早些年徐旭生先生曾做过实地调查:"现在宝鸡县城南门外就临着渭水,过渭水南一二里,在黄土原边上有一寸,叫作姜城堡。堡西有一小水,从秦岭中流出,叫作清江河。堡的东面约一里地的光景有一个很大的神农庙,庙前有一个泉,叫作九圣泉,俗传为神农皇帝洗三的地方。"〔4〕这可以作为神农氏地望的一个辅证。考古学、人类学和古史研究者经常提到的西部集团、炎黄集团等,中心大体上就在这个地区。

神农氏和炎帝这两个称号经常连贯在一起,如"炎帝神农氏,宋仲子曰:'炎帝即神农氏。炎帝身号,神农代号也'"。〔5〕宋仲子的说法把炎帝和神农的关系讲得非常清楚,神农是世代相传的称谓,故曰"代号";炎帝乃是最后一代继承人,特指一个人物,故此是"身号"。可最后一代继承人已经被冠上了前所未有的头衔——帝,显然意味着他与之前的诸"皇"有重大的差异。这需要结合当时的"国际"局势来理解。《五帝本纪》中记载曰:

---

〔3〕《太平御览》卷七二一引。
〔4〕徐旭生:《中国古史的传说时代》,广西师范大学出版社2003年版,第47页。
〔5〕《世本·帝系篇》(张澍稡辑本)。

> 轩辕之时，神农氏世衰。诸侯相侵伐，暴虐百姓，而神农氏弗能征。于是轩辕乃习用干戈，以征不享，诸侯咸来宾从。而蚩尤最为暴，莫能伐。炎帝欲侵陵诸侯，诸侯咸归轩辕。

按照司马迁的说法，至晚到黄帝成年时，神农氏（炎帝）已经衰落了。这个衰落怎么理解呢？站在黄帝的立场来看是因为当时各个部族（诸侯）之间多有战争发生，但是神农氏不能“征”。可见三皇时代万邦分治的局面，到了神农氏晚期已经演化成相互侵略征伐的无序乱象。考古学和人类学提供了一种由氏族小族群到氏族部落，再到胞族、酋邦等形态的更大规模群落，最后演进到城邦、城市或国家的线性进化论式解释方案。这与中国上古社会演化虽不尽合，但确有相似之处。三皇时代由最初的万邦到末期时几大文化圈共生和之间的大规模冲突，恰好印证了上述推论。[6] 然而这类理论阐明现象的同时，却把演化的结果转到过于西方中心主义的方向。事实上，正是在极致纷乱的神农氏末期，中国的政治社会历程由于黄帝的出现而走上了与三皇时代，乃至于世界上存续过的其他古文明大为不同的独特路径。

还是回过头来看炎帝时的乱象。乱由争而起，所争者不外乎土地、人民、财富、资源等，而争的主导者必定不出那些在三皇时代世代掌握治权的技术贵族。很明显，这种争本身乃是固着于技术贵族及其权柄中的“私”所致。各部族为了最大限度地满足私欲和私利而将外部世界一体视为可物化的资源，并以各种方法，甚至战

---

〔6〕 三皇时代以来逐渐形成了三大文化传统并存、共生和互动的格局。考古学上提供的材料证据可参见张光直：《古代中国考古学》，辽宁教育出版社 2002 年版，第 233-308 页。

争来谋求摄取和占有资源。迨至炎帝时,已经形成了几大部族基本均势的对峙共存状况。此情此景下,讲本图利的技术贵族开始转变策略,转而寻求较之关乎生死存亡于一役代价、风险更小的相处方式。“于是轩辕乃习用干戈,以征不享,诸侯咸来宾从”讲的就是西部神农氏部族扩张期的状况。“而蚩尤最为暴,莫能伐”说的是西部集团与东夷集团对峙期的状态。此时与神农部族实力上并驾齐驱者莫过于蚩尤部族,通常人们把这一支概称作东夷、九黎、少皞氏等,考古遗存中的红山文化可以与其对应。〔7〕从史记的记述来看,黄帝和炎帝属于同一部族,看起来最初黄帝作为炎帝属下的一支,采取了与炎帝不同的处事态度,崇尚对其他部族进行武力征服。反过来说,炎帝似乎不崇尚武功。那么在对峙时期,炎帝采取了怎样的方略呢?当诸强对峙而立,诉诸武力很可能导致两败俱伤时,还有什么方法能够善保自身的同时又各得其利?人类历史上一次次的类似情形告诉我们,人在那时会更倾向于选择契约式的解决方式。人所具有的“理性”为这种选择提供支撑。前面已经说到,技术贵族恰是一批善用理性以求功利的治权掌握者。可以想见,到了三皇时代末期,这类基于功利理性的治理思路已经萌生并得到了一定程度的认同。

神农氏的末代继承人被首次称作“帝”,表明了新的社会格局已经出现。汉代纬书《春秋元命苞》中收录了这样一种说法:“少典妃安登游于华阳,有神农首感之与常羊,生神农。人面龙颜,好耕,是谓神农,始为天子。”〔8〕“好耕”是他作为特定技术贵族的立身之本。同书中还提到“神农生三辰而能言,五日能行,七朝而齿具,三

〔7〕关于蚩尤的具体情况,将会在下文黄帝与蚩尤的战争中详细交代。

〔8〕(清)马国翰:《玉函山房辑佚书》辑本。

岁而知稼穑般戏之事”。[9]

唐人司马贞在《补三皇本纪》中写道：

> 斲木为耜，揉木为耒，耒耨之用，以教万人。始教耕。故号神农氏。于是作蜡祭，以赭鞭鞭草木。始尝百草，始有医药。又作五弦之瑟。教人日中为市，交易而退，各得其所。

这段记载也谈到神农一族的农耕和医药技术，同时还提到了“为市”，也就是设置市场。这个说法很值得注意。在早期规模较小的部族内部纵然有分工，但不足以产生对专设市场的需求。将产品商品化并专门用于交易，势必意味着部族规模的扩大和部族间交往的常态化。同时，市场行为最讲理性、功利和契约，因此可以说，由此表现出的观念演化与之前谈到的部族间权力之争的动向相契合。

有了上面这些铺垫可以推知，三皇末期的中国已经形成了由技术贵族领导的几个大部族并驾齐驱、对峙共存的格局。其中以炎帝所处的西部集团和蚩尤引领的东部集团势力最盛。更进一步推论，当时已经出现为了维系各部族之间相对稳定状态而订立的“契约”，炎帝很可能就是这种契约式的部族盟约的倡导者和引领者。此外，炎帝之所以能成为领袖，自然也与西部集团本身实力强盛有关。后世有“蚩尤者，炎帝之后”[10]，“蚩尤造兵，炎帝臣也”[11]之类的传说，反映了当时蚩尤业已认同、归属了炎帝。相对

---

〔9〕（清）马国翰：《玉函山房辑佚书》辑本《春秋元命苞》。

〔10〕《黄氏逸书考》辑《遁甲开山图》。

〔11〕《类说》卷二十三引《博物志·佚文》。

于之前三皇之世万邦各自以为治的常态来说,这种具有类似于当下所谓“国际”性质的局面可谓推陈出新。炎帝之所以被称为“帝”,甚至被追忆为“天子”,或即因为他乃是这一新格局的引领者。

如果按照这个路径顺利地演化下去,很可能会出现一种基于政治理性的稳定态国际格局,类似于春秋五霸时的状态,也与现代以主权国家为单元的国际格局非常相似。然而这种趋势由于黄帝突然发难戛然而止,从此,社会格局由“国家—国际”一转而为“中国—四夷—天下”。随之,基于理性和功利的思路为理想主义式的阳德证道所颠覆。

三、黄帝和他的战争:从阪泉到涿鹿

《史记·五帝本纪》以神农氏治理的衰败作为五帝时代的序幕。不过神农衰,黄帝代兴之事,绝非简单的领导权更迭,而是对之前社会模式的根本性变革。之所以把黄帝当作“帝”的时代的开启者,正是这种剧变的历史记忆的凝结。

黄帝之所为对于中国文化,特别是政治和法律文化极其重要。例如,现在经常说到的“天下”就和黄帝有关。传统中国完全没有现代意义上的“国家”概念,人们只讲家、国、天下。那时的人始终认为自己置身于天下政治、天下社会。和现代的国家概念相比,作为政治体的“天下”显得非常不同。现代国家必须具有的基本要素包括人口、主权、领土(所以它得有明确的边界),以及具备有效控制能力的政府,早先还强调民族等。但是“天下”并不太看重这些,它只讲究明确地建立起单一的中心点,即天下之“中”,中心周边的便是“中国”。这个中心点很特殊,它不是简单的武力中心或者经济中心,而是一种复合式的中心,最重要的是作为文化、道德的制高点。以此原点向外延伸,道德、文化的感召力能够扩及哪里,哪里就属于天下的范围。天下只有化内、化外之别,而无彼此悬隔、对立的边界。所以天下是一个开放的体系,最终目的是要把整个世界都融入其中。换句话说,足以化成世界、化育万物,天下才算完满。〔12〕

黄帝是“天下”政体的开创者,也正是自他开创以后,中国方始进入政治社会。而之前三皇时代的社会处于“有治无政”的状态。此时的治是基于万邦分治的格局下的自治。当时有很多的小部族,他们自己治理自己,互相之间也会有联系,甚至也有战争,但是并没有人有特别明确的意识提出要把所有人整合在一种整体性的秩序中。黄帝草创天下之后,曾经万邦分治和各自以为治的局面都被颠覆了,接下来中国政治社会的演化大体上沿着黄帝开辟的模式展开。

虽说黄帝对中国文化的影响之巨,能出其右者可谓几希。他的事迹、功业所受的关注、研究也达到了令人叹为观止的程度。然而迄今为止,仍有不少问题令人颇为困扰,始终没有得到很好的解释。其中最紧要者包括:其一,黄帝为什么要在中华大地上发动亘古未有的全面战争,以至于“迁徙往来无常处,以师兵为营卫”(《史记·五帝本纪》)?其二,黄帝为什么在晚年突然罔顾天下,转而隐退去铸鼎修仙?其三,后世祖述或讬名的黄帝思想,至少涵盖现今所谓政治哲学(如帛书《黄帝四经》)、军事(如《黄帝阴符经》)、宗教(主要是道教)、医学(如《黄帝内经》)等方面。这些学问为什么

---

〔12〕 这里介绍的仍只是“天下”概念内涵的一部分,更详细的论说请参见本书第十三章。

都要有意识地和黄帝“攀关系”？其实，对上列三个问题中的每一个，前贤都已给出诸多解说，其中也不乏言之成理者。然而这些看似合理的说法，却很难观照到所有问题。也就是说，至今缺乏对上述三个问题总体性、同时有普遍意义的说服力的解释。故此，有理由认为时至今日盛行主流理解都尚且没有触及黄帝作为的深层动因。也正因为如此，史传中的黄帝形象每每让人觉得唐突和不可理喻。所以本章要提出一个新的思路来为上面的三个问题，乃至为黄帝的事迹、影响提供整体性的解说。

黄帝成长于五帝时代的最后时代，属于神农部族的成员。司马迁之所以以神农氏的治理作为序幕，是因为神农衰，黄帝代兴之事件非简单的一次继承权变更，实乃对之前社会模式的根本性变革。“神农以前，为而不有，功而不居，故无得而称焉。”〔13〕而黄帝则反其道而行之。“黄帝修德治兵，顺天行罚，诸侯百姓咸所欣戴。遂应土德之运而有天下。”〔14〕以此言作为黄帝主要业绩的总结毫不为过，其说已经暗示了这个转变所具有的时代意义。下面先来了解黄帝的事迹。《史记·五帝本纪》开篇记曰：

> 黄帝者，少典之子，姓公孙，名曰轩辕。生而神灵，弱而能言，幼而徇齐，长而敦敏，成而聪明。轩辕之时，神农氏世衰。诸侯相侵伐，暴虐百姓，而神农氏弗能征。于是轩辕乃习用干戈，以征不享，诸侯咸来宾从。而蚩尤最为暴，莫能伐。炎帝欲侵陵诸侯，诸侯咸归轩辕。轩辕乃修德振兵，治五气，蓺五种，抚万民，度四方，教熊罴貔貅貙虎，以与炎帝战于阪泉之野。三战，然后得其志。蚩尤作

〔13〕《册府元龟·帝王部·创业》。
〔14〕《册府元龟·帝王部·创业》。

> 乱，不用帝命。于是黄帝乃征师诸侯，与蚩尤战于涿鹿之野，遂禽杀蚩尤。而诸侯咸尊轩辕为天子，代神农氏，是为黄帝。天下有不顺者，黄帝从而征之，平者去之，披山通道，未尝宁居。东至于海，登丸山，及岱宗。西至于空桐，登鸡头。南至于江，登熊、湘。北逐荤粥，合符釜山，而邑于涿鹿之阿。迁徙往来无常处，以师兵为营卫。官名皆以云命，为云师。置左右大监，监于万国。万国和，而鬼神山川封禅与为多焉。获宝鼎，迎日推筴。举风后、力牧、常先、大鸿以治民。顺天地之纪，幽明之占，死生之说，存亡之难。时播百谷草木，淳化鸟兽虫蛾，旁罗日月星辰水波土石金玉，劳勤心力耳目，节用水火材物。[15]

司马迁把《五帝本纪》作为《史记》全书之首其实很有讲究。整个三皇时代在书中全然不见踪影，他给出的说辞是由于历时久远，材料不可信，于是只好不取，权且从五帝的时代开始写起。可是换个角度来看，五帝时代距离司马迁所处的西汉前中期同样不可谓不久远，他却写得惟妙惟肖，这说明缺少文献材料只是一个冠冕堂皇的借口。后来唐代有个叫司马贞的人比较好事，补了一篇《补史记三皇本纪》，显然是没有领会司马迁的真实用意。司马迁之所以不写《三皇本纪》，与前文所说汉代儒生的做法背后的动机是一样的。作为古文经学家的司马迁，显然是在有意识地把与儒家阳动立场相反的阴本传统的源头截断，从第一个真正通过自己的践行

〔15〕［日］泷川资言：《史记会注考证》，上海古籍出版社 2015 年版，第 77-87 页。另可参见"（黄帝）姬姓，少典之子。少典取有蟜氏，名附宝，感大电绕枢，孕而是五月，以戊己日生黄帝于天水。弱而能言，河目龙颜，修髯花瘤，身逾九尺。代炎帝氏，在位百年，年百十七，以八月既望甲戌日崩都涿鹿，葬桥山，传十世，二千五百二十岁"。（梁玉绳：《汉书人表考》一）

去作为天下，以阳动的方式来实现社会秩序重整的创始者开始写起，所以才有了以黄帝为其政治史开端的安排。

首先当对黄帝背景作一交代。《史记》中只说黄帝是“少典之子，姓公孙，名曰轩辕”。诸家对此歧异颇多，考之以司马贞《索隐》之解较近实。其文曰：

> 少典者，诸侯国号，非人名也。又案：《国语》云“少典娶有蟜氏女，生黄帝、炎帝”。然则炎帝亦少典之子。炎黄二帝虽则相承，如帝王代纪中间凡隔八帝，五百余年。若以少典是其父名，岂黄帝经五百余年而始代炎帝后为天子乎？何其年之长也！又案：秦《本纪》云“颛顼氏之裔孙曰女修，吞鸟之卵而生大业，大业娶少典氏而生柏翳”。明少典是国号，非人名也。黄帝即少典氏后代之子孙，贾逵亦谓然，故《左传》“高阳氏有才子八人”，亦谓其后代子孙而称为子是也。[16]

少典既是族名，则按其中引《国语》文，炎帝与黄帝当处同一部族。[17] 黄帝、炎帝同居于神农氏衰世，“衰”的表现即“诸侯相侵伐，暴虐百姓，而神农氏弗能征”。这个时局一方面印证了前文三皇时代有治无政、万邦分治局面的概括；另一方面也反映出三皇时代为“私”的治权经历长期演化，发展至极端而引起的乱象。正是

---

〔16〕［日］泷川资言：《史记会注考证》，上海古籍出版社 2015 年版，第 78 页。

〔17〕《帝王世纪》曰：“黄帝有熊氏，少典之子，姬姓也。母曰附宝，其先即炎帝。”［皇甫谧：《帝王世纪》（新世纪万有文库本），辽宁教育出版社 1997 年版，第 4 页。］《大戴礼·五帝德》载：“黄帝，少典之子也，曰轩辕。”（王聘珍：《大戴礼记解诂》，中华书局 1983 年版，第 117 页。）均可备一参证。并可参见徐旭生：《中国古史的传说时代》，广西师范大学出版社 2003 年版，第 259–271 页。徐氏对此问题考证颇精，前文已有说明。

由于私权和私欲的扩张,方才出现了全面性的“相侵伐”和“暴虐”。

三皇末期神农氏部族(也包括其他各个部族)出现了很特殊的动向:开始四处征伐,或者说当时的社会开始出现了普遍化的战乱,即“诸侯相侵伐,暴虐百姓”。虽然战乱无处不在,却没有人去终止这种局面,也没有人有能力为之。相侵伐的目的很明确,都是为了抢夺资源。万邦分治的状态下,各个自治的小部族之间产生接触以后,势必会产生争夺资源的情况。尤其是这些部族的领导者都是具有极强“私性”的技术贵族,他们占有、行使治权本身就以“私”作起点。到了三皇末期各个治权开始掠夺、占有财富,和技术本身神性折损有直接关系。之前谈到技术贵族为了垄断神性知识而使用技术规则,其中不可避免地掺入“人化”的印记。这会使技术损失神性,同时也势必会降低技术本身的有效性。当折损累积到一定量级,技术贵族已经不能“当然”具有神圣性了,治权的正当性危机随之凸显。于是治权掌握者需要转而寻求通过占有其他资源,如武力、财富、仪式等来彰显其权威。私有化的对象也随之会由知识拓展到其他领域,实现的途径之一正是兼并和掠夺式的战争。同为技术贵族之一的神农氏显然也没有意愿去解决天下纷争的问题,而只在乎自己部族的得失。黄帝就成长在这样的特殊背景下。有一则传说,说黄帝在大概只有十几岁的时候,曾经亲眼见到了炎帝,但是他当即觉得炎帝其人很是不行。这个传说究竟是真是假已经无从知晓,但是有此传说本身就表明黄帝早已对时局以及炎帝等人的作为大为不满,这与他后来一反三皇传统的做派一以贯之。

黄帝对这一局面的应对措施是武力征服。《史记》对于他的事迹的记载分为两大阶段,以“诸侯咸尊轩辕为天子,代神农氏,是为黄帝”为界限。此句之前可作为黄帝创业阶段,而之后则为守成阶段。创业阶段分有三个步骤：

其一，“轩辕乃习用干戈，以征不享，诸侯咸来宾从。而蚩尤最为暴，莫能伐。”此平小乱而立威也。

其二，“炎帝欲侵陵诸侯，诸侯咸归轩辕。轩辕乃修德振兵，治五气，蓺五种，抚万民，度四方，教熊罴貔貅貙虎，以与炎帝战于阪泉之野。三战，然后得其志。”〔18〕炎帝的举动与黄帝所行性质实属相同，或但以成王败寇论，或因黄帝第一阶段平小乱而立威的过程起了铺垫作用，故“诸侯咸来宾从”。需要注意的是，此战只言“教熊罴貔貅貙虎”，与蚩尤一战则言“征师诸侯”。故与炎帝三战，黄帝并没有得到“咸来宾从”的诸侯的帮助，或者说，黄帝是时没有指使诸侯作战的权力，其原因在于炎黄之战是一族内的两个亚族之间的战斗，且此二亚族的实力对其他“诸侯”而言是凌驾性的，一方战胜就意味着建立起了单一凌驾性权力〔19〕核心。可以说，与炎帝之战的结果是黄帝获得了华夏集团的凌驾性权力。〔20〕

我们应如何看待炎黄之争？与之前以技术垄断为凭占据至高社会地位的神农氏相比，黄帝显然是在反传统。他没有选择新的、更具神圣性的技术为依仗，而是通过直接地暴力斗争实现对炎帝的反动。这种做法背后的观念基础与伏羲所开创的阳动路径恰好遥相呼应。所谓的阳动，即以人之主观能动为基础，对世界进行理

---

〔18〕 当时黄帝尚只是炎帝集团内部一个小部族的领导人，但是他纠集了一众人去挑战炎帝。战争打得极其惨烈，贾谊在《新书·益壤》描述说“黄帝者，炎帝之兄也，炎帝无道，黄帝伐之涿鹿之野，血流漂杵，诛炎帝而兼其地，天下乃治”。还见于《庄子·盗跖》“战涿鹿之野，流血百里”。

〔19〕 之所以使用“凌驾性”，只是为了描述权力的形态；没有用“统治性”是为了防止不必要的误解。因为“统治”的内涵层次太多，分疏困难。

〔20〕 田兆元从氏族与两合婚制关系的嬗变角度解释了炎黄之间的这次战争。拙见以为，此论对史实的解释甚是，但以之作为战争和政治衍生的主线则未免失之牵强。其说见田兆元：《神话与中国社会》，上海人民出版社 1998 年版，第 107-110 页。

解、反思和重构。伏羲所创建的以八卦为代表的世界理解、类分和整饬方式无疑是阳动的典型表征。黄帝则采取了以军事斗争为手段的权力争夺和秩序颠覆、重构,同样是阳动的征显。自与炎帝争夺西部集团的领导权开始,黄帝就选择不再因循守旧。他反对早期技术传统,纯以人的能动为基础和手段改造人类社会。

众所周知,政治体是以群居为生存方式的人类演进到一定时代方才兴起的社会组织模式,与之伴生的是权力、社会分化、武装斗争、制度文明等。这些显然都与自发秩序相背离,基于人的性情、理智、觉悟而来。表面上它似乎呈现不安和躁动,然而通过更深层的考察不难发现,它的存在植根于人之所以为人的特殊禀赋和属性。人拥有特异于世界其他一切存在者的特质,即在于具有反思能力和主观能动性。他们可以通过理性智慧和觉悟去认识和把握自身和外界,并且基于自己的认识对其进行整合、改造。也正是这种特殊禀赋使人自觉于使命,有意识地寻求"证道"并充当促成世界和合于大道的引领者。黄帝很明显是在以他的作为践行上述的自觉和使命。至于为何如此,后文还会析说。

其三,"蚩尤作乱,不用帝命。于是黄帝乃征师诸侯,与蚩尤战于涿鹿之野,遂禽杀蚩尤。"根据徐旭生的考证,蚩尤当属东夷集团的首领,与黄帝所处的华夏集团并立。[21] 黄帝在征服炎帝之后确立的是对华夏集团的凌驾性权力,但权威在与其并立的东夷集团并未获得认可,无论是事实层面还是心理层面。最初"而蚩尤最为暴,莫能伐",黄帝对其的征伐借助了诸侯的协助方能取胜,即"于是黄帝乃征师诸侯,与蚩尤战于涿鹿之野,遂禽杀蚩尤"。对蚩尤的胜利使黄帝建立起对诸侯的凌驾性权力,司马迁称其为天子,然

---

〔21〕 参见徐旭生:《中国古史的传说时代》,广西师范大学出版社 2003 年版,第二章"我国古代部族三集团考"。

此“天子”与秦汉大一统格局下的天子截然不同。

黄帝战胜蚩尤的过程和结果，对整个早期文明史而言都可谓意义非凡。对此，应首先从蚩尤其人说起。史传记载的蚩尤事迹，最为特出者莫过于他与兵刑的关系。《尚书·吕刑》说他“制以刑，唯作五虐之刑曰法。杀戮无辜。缘始淫为劓、刵、椓、黥，越兹丽刑，并制罔差有辞”。近代以来法律史学者经常说古代五刑的起源和蚩尤有关系，最主要的依据就在于此。“五虐之刑”和金属、刀兵密不可分，是使用金属利器切割、钻凿人身体的惩罚性举措。是可以见蚩尤是善用“金”（金属）者。战国时代的《管子·地数》篇又记载道：

> 葛卢之山发而出水，金从之。蚩尤受而制之，以为剑、铠、矛、戟，是岁相兼者诸侯九。雍狐之山发而出水，金从之。蚩尤受而制之，以为雍狐之戟、芮戈，是岁相兼者诸侯十二。故天下之君顿戟一怒，伏尸满野。此见戈之本也。

这段话说到蚩尤从山、水中获得“金”，用来作成兵器，并且通过使用这些金属兵器而得以兼并诸侯。相关的记载还有很多。像《尸子》云“造冶者，蚩尤也”。〔22〕《吕氏春秋·荡兵》解释说：“人曰‘蚩尤作兵’。蚩尤非作兵也，利其械矣。未有蚩尤之时，民固剥林木以战矣。”所以到了后来就有“蚩尤以金作兵器”（《世本·作篇》）和“蚩尤作五兵：戈、矛、戟、酋矛、夷矛”〔23〕的明确说法。用现代的观念来看，大概可说蚩尤掌握了从矿石的采集到冶炼，再到金

〔22〕《太平御览》卷八三三引《尸子》。
〔23〕《路史·后纪四》罗苹注引《世本》。

属铸造的一系列技术。可见蚩尤属于非常典型的技术贵族，所掌握的核心技术就是用“金”之术。按照之前的论断，技术贵族可以凭借他们所垄断的技术获得权力，前引《地数》篇说他“是岁相兼者诸侯十二”便是写照。《龙鱼河图》说“有蚩尤兄弟八十一人”，[24]《述异记》卷上说“有蚩尤兄弟七十二人”印证了诸如“蚩尤”其实只是当时那个技术贵族群体所化约的符号，而《龙鱼河图》说他们“铜头铁额，食铁石，制五兵之气，变化云雾”，[25]恰是由蚩尤尚“金”转化而来的印象。

黄帝对蚩尤作战，既没有毕其功于一役，也没有实力上的绝对优势。相传“黄帝攻蚩尤，三年城不下”。[26] 黄帝最终得以取胜，传说是由于黄帝得到了神的眷顾且觅得了神术。前引《玄女兵法》记载说黄帝在久攻不下之时“募求术士，乃得伍胥”。伍胥的“术”很奇特：

> 伍胥曰：“此城中之将，为人必白色、商音，帝始攻时，得无以秋之东方行乎？今黄帝为人苍色、角音，此雄军也。以战为之。”黄帝曰：“善！为之若何？”伍胥曰：“臣请攻蚩尤，三日城必下。”黄帝大喜。其中黄直曰：“帝积三年攻蚩尤而城不下，今子欲以三日下之，何以为明？”伍胥曰：“不如臣言，请以军法论。”黄帝曰：“子欲以何时？”“臣请朱雀之日日正中时，立赤色征音绛衣之军于南方，以辅角军；臣请以青龙之日平旦时，立青色角音青衣之军于东方，以辅羽军；臣请以玄武之日人定时，立黑色羽音

〔24〕《太平御览》卷七十九引《龙鱼河图》。
〔25〕《汉学堂丛书》辑本。
〔26〕《太平御览》卷三二八引《玄女兵法》。

黑衣之将于北方，以辅商军；臣请以白虎之日日入时，立白色商音白衣之将于西方，以辅宫军。四将以立，臣请为帝以黄龙之日日中，建黄旗于中央，以制四方。”五军已具，四面攻蚩尤，三日其城果下，黄帝即封胥世世不绝。[27]

概括说来用到了一套方位、时令、色、声相结合的技术。后来“禹问于风后曰：‘吾闻黄帝有负胜之图，六甲阴阳之道’”，[28]说的大概就是这种技术。后世并传黄帝与音律之间甚有渊源，如“蚩尤氏帅魑魅以与黄帝战于涿鹿，帝命吹角作龙吟以御之”（《通典·乐典》）；又有《龙鱼河图》记载道：

万民欲令黄帝行天子事，黄帝仁义，不能禁止。蚩尤遂不敌，乃仰天而叹。天遣玄女下授黄帝兵信神符，制伏蚩尤，以制八方。[29]

得到了“天”的帮助，看来是黄帝取胜的关键。而晋人王嘉《拾遗记》说：

昔黄帝除蚩尤及四方群凶，并诸妖魅，填川满谷，积血成渊，聚骨如岳。数年中，血凝如石，骨白如灰，膏流成泉。

---

〔27〕《太平御览》卷三二八引《玄女兵法》。
〔28〕《太平御览》卷八二引《黄帝玄女兵法》。
〔29〕《太平御览》卷七九引《龙鱼河图》。

镇压“妖魅”，其实是压制属“地”传统的另一种表达，正好和《龙鱼河图》中尚“天”的表述形成了对照。可以说，黄帝与蚩尤之争，代表古史传说时代“天”“地”两大传统之争。另外，《管子·五行》篇所载：

昔者黄帝得蚩尤而明于天道，得大常而察于地利，得奢龙而辩于东方，得祝融而辩于南方，得大封而辩于西方，得后土而辩于北方。黄帝得六相而天地治，神明至。蚩尤明乎天道，故使为当时；大常察乎地利，故使为廪者；奢龙辩乎东方，故使为土师；祝融辩乎南方，故使为司徒；大封辩于西方，故使为司马；后土辩乎北方，故使为李。是故春者土师也，夏者司徒也，秋者司马也，冬者李也。

这些记载隐含了两个很重要的信息：其一，黄帝原本“无术”，也没有神圣性依托，所以不得取胜。其二，黄帝后来所觅得的术，多与“天”有关，这恰与蚩尤尚“金”的属地性质形成对照。

黄帝前半生的功业大抵如此。比较史文对神农氏与黄帝事迹着墨之差，不难发现其中的剧变。现归纳如下：

其一，黄帝的征服行为，使中国进入了政治时代。征伐造就了权力中心和权威地位，[30]形成了地处中原的炎黄集团与地处东部的东夷集团的政治联盟。与之相对的神农氏时代，史籍中仅仅谈及民生方面的问题。无论是作为个人还是氏族群落，神农氏的功绩在于引起农业及与之相关的生活方式的进步，而并无政治意义上的成就。早期记载中凡谈及神农之治必与“无为”联系在一起原

〔30〕 说是“事实上的权力中心和权威地位”，因为黄帝的行为，以武功为主，并没有引起价值、观念上的太大变化，换句话说，事实尚没有引起相应的心理认同。

因便在于此。后世将神农作为政治意义上的“天子”加以追述，却实在找不到与之相应的政治性功绩，故权以“无为”名之。或可理解为，神农的“无为”，非“无不为”也，乃无可为而已。所谓的“神农氏衰”，其实是政治性的冲动正在酝酿的表现。黄帝以武力造就了统摄“万国”的权威，而这种权威又促成了上、下的地位之差。从此，社会中有了政治意义上的上位者和下位者，有了一套差等的秩序模式。

其二，以生存地域为边界的社会被以权力（武力）所达范围为边界的社会取代。如前所述，黄帝之前的社会尚未进入以权力（武力）为纽结的形态，族内、族际的斗争显然早已存在，但这种斗争以生存资源或宗教为动因。社会乃是氏族（国）的总和而已，并没有清晰的边界可言，氏族的范围则指其生存的区域而已，相互之间的割裂和独立是其主要倾向。[31] 纵分华夏、东夷、南蛮等不同的文化集团，也未尝不是以生存的样态言之。认为此时期尚未进入政治社会，原因就在于缺乏统摄性。这种统摄性恰恰由黄帝的所为创立。战争不应再被看作仅仅为了生存，而是为了统御。《史记》记载，黄帝的战争是为了平乱，然而由何理由可被认为是“平乱”而不是“作乱”呢？无论是平还是作，最终的结果是造就新型的秩序，按地域分布的氏族（国）的聚合由于征服，被以武力为先导的权力链条联系在一起了。至此，权力的边界逐渐成为社会的边界。而在这个边界内，不再是简单的聚合关系。即便此时还达不到体系化的结构，至少可以说社会的中心（共主）出现了，即权力中心，不过此时还是建立在单纯武力基础上，并不丰满。

尽管成功地创生了以武力为基础的权力政治雏形，但社会剧

[31] 参见严文明《中国新石器时代聚落形态的考察》一文中有关新石器时代后期的论述。（载严文明：《史前考古学论集》，科学出版社 1998 年版，第 52-53 页。）

变本身带来的问题，黄帝却已无力加以解决，从以下一段材料可窥见一斑：

> 蚩尤没后，天下复扰乱不宁，黄帝遂画蚩尤形象以威天下，天下咸谓蚩尤不死，八方万邦皆谓殄伏。[32]

黄帝既以武力取得凌驾性权力，何故赖“画蚩尤形象”方“天下殄伏”？此中蕴含黄帝所为的缺憾。马上得天下焉能马上守天下，乃是亘古不变的道理，或许让人们获得此经验的第一人就是黄帝了。前文已论，黄帝创造了一个以权力（其核心内涵是武力）范围为边界的政治性的“天下”，这必然意味着冲破存在已久的社会格局和观念体系。造就出凌驾性的权力中心后，如何获得认同，如何为之创设正当性依据，以及如何在原有的“我族”与“他族”的观念上复设以“天下”作为群自我观念的边界都成了亟待解决的问题。由上述引文可推知：（1）黄帝的征伐没有让天下人心服，战乱随时可能再起。（2）蚩尤所在的东夷集团已具有宗教性的慑服力。（3）黄帝的凌驾性权力还未得到事实上尤其是心理层面的认同。万邦殄伏是蚩尤的认同感由现实层面过渡到宗教层面造成的。

后人为黄帝提供了一套解决方案：

> 《管子》曰：“黄帝得蚩尤而明乎天道，得太常而察乎地利，得苍龙而辨乎东方，得祝融而辨乎南方，得大封而辨乎西方，得后土而辨乎北方，黄帝得六相天下治。”（《太平御览·卷十九·皇王部四》）

---

〔32〕《太平御览·卷十九·皇王部四》引《河图挺佐辅》文。

这个思路大抵是受《尧典》的启发而来，但确实言中了两个基本问题：其一，凭借武力创业的黄帝，无法独治他所造就的天下，对被征服的氏族、部落集团的融合乃是必需的。也只有如此才可能获得认同。其二，黄帝的治理需要考虑两件事情，一是天人关系的处理，二是四域的治理，可以将前者理解为纵向关系，后者为横向关系。

但黄帝终其一生也未能找到解决这些问题的对策，只得把这些工作留给了他的后人去完成，晚年径往崆峒山铸鼎，或许更是为他的困惑寻求解脱。

后世对蚩尤所以败，或者说黄帝杀伐蚩尤正当性的追述，有一种看似非常儒家化的说法，见诸《大戴礼记·用兵》：

> 公曰："蚩尤作兵与？"子曰："否！蚩尤庶人之贪者也，及利无义，不顾厥亲，以丧厥身。蚩尤惛欲而无厌者也，何器之能作？蜂虿挟螫而生见害而校以卫厥身者也。人生有喜怒，故兵之作，与民皆生，圣人利用而弭之乱，人与之丧厥身。"

引文中说蚩尤"贪""惛欲而无厌"，以及之前引述的《五帝本纪》中说他"暴"，都属于后世经常见到的对"败者寇"的污名化描述，想来在黄帝、蚩尤时代尚没有如此道德化的评价机制。不过特别强调蚩尤的贪欲之盛，却也并非空穴来风。在讨论三皇时代技术贵族的特质的时候，曾反复提到他们基于私欲而推展的私有化和私权化。蚩尤恰是技术贵族时代终结之际的代表人物，在他所属的时代，私欲和私权的膨胀已经及至无以复加的程度，引起了天下交兵以自牟利的乱象。蚩尤只是这个时代技术贵族和他们的部族动用私权寻求最大可能满足私欲的代表者而已。乱象本身以及其背后的动因——成“私”——一方面标志着技术贵族所主导的万邦各自以为治的模式存在发展上的“瓶颈”。但是,这种类似于霍布斯在《利维坦》中所构想出来的人与人为了自我存续而相互为敌的状态,并没有最终自为地转化为基于理性的契约式社会。出来一扫乱象的黄帝用到的乃是“以暴制暴”的方式。并且黄帝发动旷日持久的战争,背后的基础并非理性,而是与技术贵族以理性为主导的思维方式恰好相反的理想主义。看似莫名而起,又有些不计成本与后果的持续战争,并没有以掠夺、占有为目的,直接成果是一个更接近于名义上象征性的“天下”。然而,正是这样一场看似缺乏理智的颠覆式创建,使整个中国文化的发展方向为之逆转。从渊源上说,伏羲的阳动式,通过人为建构实现人对世界参与的理念获得了实践,而三皇时代技术贵族以阴本为基点的自我实现式进路至此戛然而止。

至此可以回答,为什么黄帝要花如此大的精力,用上大半辈子去开辟非常不稳定的政治体呢?从结果来看,他似乎并不关心对地方部族的实际控制,更非醉心于通过战争撷取资源和财富,而仅仅是要建构一种新的“秩序”。要理解这个问题,必须联系之前讲到的伏羲。伏羲尝试用自己的智慧去解释世界,提供了人基于主观能动性去人为地解释世界的理论框架,最直接的表现就是八卦。不过伏羲仅仅提供了一种解释方案,只能算是思想观念层面的首次尝试,彰明了人可以不依赖神,而是主动解释、参与世界。但是这些理念和想法在当时很可能并没有广泛地落实。到了黄帝这里,他和伏羲一样都认为,人可以依赖自己的能力去“建构”出新的秩序,整合世界,而不因循以往的传统、习惯或者神意去生活。所以伏羲和黄帝的出发点都是“阳动”,都反对顺守神意的“阴本”文化。三皇之末作为技术贵族的炎帝正是阴本的代表。也正是因此,炎帝和黄帝表面上看都“侵陵”了诸侯,但是性质截然不同。炎帝的战争无非就是为了抢夺资源,满足私欲。而黄帝的战争不是为了抢东西,也不占领土地,他要的是人们服从并整合到他所期许的秩序中。在这个意义上,黄帝征战可以算是基于理想主义的行为,因为他不计代价,不计成本,也不要利益,只为了实现一种追求。可黄帝的政治框架没有搭建完备,用纯粹武力的方式显然不能解决问题,相反直接造成了征服以后的乱象。长期的战争过程中始终在各处不断地出现反叛,因为时人没有理由去臣服一个不在自己眼前的武力威胁,同时对黄帝与传统完全相反的“理想”既不了解,也不认同。

四、铸鼎、修仙:黄帝之困与求“道”殊途

黄帝晚年到崆峒山跟从广成子修道的故事流传非常广泛。虽说传世文献中这类传说自战国时代才开始大量出现,不过有理由相信它们有相当古老的渊源。〔33〕 黄帝为什么断然抛下历尽艰辛开创的天下政权,转而选择了隐遁式的修道生活?对后人而言,如此巨大的转折无疑带来了无穷的困惑,也留下了无限的诠释空间。如果联系上节,可以开出一个不同于以往的理解。

之前说到,黄帝之所以要一反三皇时代,特别是炎帝所秉持的阴本、理性、功利性的治理思路,不惜以全面战争的形式谋求建立

〔33〕 自古史辨学派兴起以来,很多学者贯于用实证、科学等标准作为衡量古代史传产生时代和真实与否的标准。实则这是一种受制于西方理性主义、实证主义和现实主义思潮的狭隘的理解方式。对此,在这篇文章中笔者无意多谈。只需强调,对思想文化的考察与反思,绝对不能简单地以文献的成书年代作为判定标准。

“天下”,有强烈的理想主义驱使,此即是将人类社会人为地整合、重构,以谋求实现人与世界整体性“合道”的理想。它肇始于三皇晚期的特立独行者——伏羲。黄帝看似无厘头、不理性的种种作为,背后都反映对此理想的追求。用后来的话说,他对“道”有坚持不懈的主动求索,尽管当时人们并没有将其抽象地名为“道”。故可将黄帝前半生的作为概括为开创了“政道”,即以“政”求“道”的模式。黄帝为之采取了很多措施,最主要的是战争,另外也包括上节谈及的一系列建制、立法行为。然而《五帝本纪》中“天下有不顺者,黄帝从而征之,平者去之,披山通道,未尝宁居”一句已经透露出,黄帝的征伐行为未能一蹴而就,更有可能因为“平者去之”这种不在被征服地常驻的状态,使被征服者有翻覆立场的可能,也就意味着征服不得不反复为之。同时也表明,黄帝所创建的天下政权,并没有真正地“服”天下万邦。因为“天下”本身面临着前所未有的“正当性”问题,而这在黄帝那里始终没有得到彻底解决。

对黄帝来说,为什么统于“天下”这种如此理想化的求“道”方式会遭致持续不断巨大的反对?为什么“天下”的正当性本身成为最亟须解决又如此难以解决的问题。这大概是黄帝最大的困惑,也导致他在暮年对何以求“道”,所求之“道”为何这两个问题进行反思,甚至自我怀疑。于是有了看似与之前纯粹政治与武功大相径庭的求道与修仙行为。

关于黄帝学道,《庄子·在宥》记其缘起,《史记·封禅书》录其终了。

黄帝立为天子十九年,令行天下,闻广成子在于空同之上,故往见之,曰:“我闻吾子达于至道,敢问至道之精。吾欲取天地之精,以佐五谷,以养民人。吾又欲官阴阳以遂群生,为之奈何?”广成子曰:“而所欲问者,物之质也;而所欲官者,物之残也。自而治天下,云气不待族而雨,草木不待黄而落,日月之光益以荒矣,而佞人之心翦翦者,又奚足以语至道!”黄帝退,捐天下,筑特室,席白茅,闲居三月,复往邀之。广成子南首而卧,黄帝顺下风膝行而进,再拜稽首而问曰:“闻吾子达于至道,敢问:治身奈何而可以长久?”广成子蹶然而起,曰:“善哉问乎!来,吾语女至道:至道之精,窈窈冥冥;至道之极,昏昏默默。无视无听,抱神以静,形将自正。必静必清,无劳女形,无摇女精,乃可以长生。目无所见,耳无所闻,心无所知,女神将守形,形乃长生。慎女内,闭女外,多知为败。我为女遂于大明之上矣,至彼至阳之原也;为女入于窈冥之门矣,至彼至阴之原也。天地有官,阴阳有藏。慎守女身,物将自壮。我守其一以处其和。故我修身千二百岁矣,吾形未常衰。”黄帝再拜稽首曰:“广成子之谓天矣!”广成子曰:“来!余语女:彼其物无穷,而人皆以为有终;彼其物无测,而人皆以为有极。得吾道者,上为皇而下为王;失吾道者,上见光而下为土。今夫百昌皆生于土而反于土。故余将去女,入无穷之门,以游无极之野。吾与日月参光,吾与天地为常。当我缗乎,远我昏乎!人其尽死,而我独存乎!”(《庄子·在宥》)

就通常意义而论,修仙存在两种动机:一是长生,二是求道。两者在后世的隐修者那里尽管表现出相似的技术风格和生活做派,但始终存在不相融洽之处;甚至在它们都被吸纳成为道教技术之后仍然保持着质的差异,分别指向长生与成仙,即永存与超越两种不同的终极追求。[34] 黄帝的动机和目的只在于求道，是故最终的结局是“飞升”而非“长生久视”。也正因为如此，需要把他的修道行为和秦始皇、汉武帝为了一己的长生而求方术丹药的行为从性质上区分开来。

《史记·封禅书》引申公之语云：

> 黄帝且战且学仙。患百姓非其道者，乃断斩非鬼神者。百余岁然后得与神通。黄帝郊雍上帝，宿三月。鬼臾区号大鸿，死葬雍，故鸿冢是也。其后黄帝接万灵明廷。明廷者，甘泉也。所谓寒门者，谷口也。黄帝采首山铜，铸鼎于荆山下。鼎既成，有龙垂胡须下迎黄帝。黄帝上骑，群臣后宫从上者七十余人，龙乃上去。余小臣不得上，乃悉持龙须，龙须拔，堕，堕黄帝之弓。百姓仰望黄帝既上天，乃抱其弓与胡须号，故后世因名其处曰鼎湖，其弓曰乌号。

前文反复谈到，黄帝之所以“打天下”是由于他试图寻求一种基于人的主动作为的，对人类社会的整体性的整合。这种借由政治性呈现出来的整合的最终目标，同时也是黄帝如此作为的真正目的，在于以此来实现人类全体的整体性的合道。然而事实证明，武力征服远不足以促成人们对其政权的认同，更遑论实现共同的对道的追求。于是基于武力征服的政治性“天下”不被认同的窘境，也是在向黄帝宣示基于武力求道之途并不可行。恰是在此背景下，黄帝开始转向了个体性修道。

当代对于黄帝晚年的这种转向有两种解读：一是将其看作抛

[34] 关于这个话题，可以参见笔者在《宫观之外的长生与成仙：晚唐五代道教修道变迁研究》（中央编译出版社 2014 年版）中的讨论。

弃了原有的政治性整合和整体性返道的求道方式。从此黄帝选择了个人性的隐修并获得了成功。二是把这种转向视为黄帝为补救前者之失而做的努力。二者究竟孰是孰非需要结合有关黄帝修道的两个片段来认识。

首先看“得鼎”“铸鼎”的隐喻。黄帝与鼎的故事，史传中有两个版本，一是说黄帝“得鼎”。《史记·封禅书》齐人公孙卿札书有云：“黄帝得宝鼎宛朐，问于鬼臾区，鬼臾区对曰：黄帝得宝鼎神策，是岁己酉朔旦冬至，得天之纪，终而复始。于是黄帝迎日推策，后率二十岁，复朔旦冬至，凡二十推，三百八十年，黄帝仙登于天。”二是说黄帝“铸鼎”，如《论衡·道虚》篇记“黄帝采首山铜，铸鼎于荆山下”。《帝王世纪》所录略同。

鼎在中国古代政治社会中具有非同寻常的象征意义自不待言，如曰：

> 神鼎者，质文精也。知吉凶存亡，能轻能重，能息能行，不灼而沸，不汲自盈，中生无味。昔黄帝作鼎，象太一。禹治水，收天下美铜，以为九鼎，象九州。王者兴则出，衰则去。
>
> 宝鼎，金铜之精，知吉凶存亡，不□自沸，不炊自熟，不汲自满，不举自藏，不迁自行。（《孙氏瑞应图》）[35]

《左传》宣公二年记载楚王入周问鼎之事时，王孙满的对答中说道“昔夏之方有德也，远方图物，贡金九牧，铸鼎象物，百物而为之备，使民知神、奸”，获得宝鼎往往意味着获得政治正当性，同时

---

〔35〕（清）马国翰：《玉函山房辑佚书》辑本。

也意味着把握了神圣性。因此,无论是后来的周武王迁鼎,还是楚王问鼎都有深深的政治象征意义。

具体到黄帝,要把“铸鼎”作为一个过程来看,究其要义,一在“鼎”,二在“铸”。鼎的意义上文已表述,下面主要讨论“铸”的意义。前文业已说到,在上古中国技术掌握在特定群体,亦即技术贵族手中。黄帝非其中的一员,而他通过武力创建的“天下”恰是一种凌驾于这些技术贵族之上的政治权力。黄帝主政期间天下呈现出的不稳定性,与这个新创生的政治体缺乏“技术”那般自始具备的神圣性有很大关系。此时的天子既不掌握任何技术知识,也不直接掌控社会治理,而仅仅通过武力征服来维系其政权,这显然不足以获致稳定。在黄帝征伐的过程中,已经注意到由于缺乏技术带来的缺乏神圣性和正当性的问题。《五帝本纪》中的“迎日推筴”,《龙鱼河图》“画蚩尤形像以威天下”,都是在尝试寻求解决方案,只不过并没有形成有效的制度性建构。铸鼎的行为可以看作黄帝对于这种正当性的制度性缺失造成的不稳定局面的一种反思的结果。因为铸造本身同样属于技术性知识,掌握铸造,特别是铸鼎同时也就意味着打破了技术贵族对神圣性的垄断性把持。再考虑到鼎所具有的特定象征功能,可以认为铸鼎的技术所蕴含的神性对一般技术而言具有优势地位。

另外有一类与铸鼎相关的传说。《异闻集》引:

> 侯生常云:“昔者吾闻黄帝铸十五镜。其第一横径一尺五寸,法满月之数也。以其相差,各校一寸。此第八镜也。”虽岁祀攸远,图书寂寞,而高人所述,不可诬矣。[36]

---

[36] 《太平广记》卷二三〇“王度”条引。

又有传说云："（黄）帝既与西王母会于王屋，乃铸大镜十二面，随月用之。"[37]铸鼎与铸镜，同属于和"金"有关的技术。同时二者在功能上也有相似性，都和神圣有关。

不过政治正当性、政局稳定对黄帝而言俱非目的，而仅是达致人类共同的整体性向道还原的手段。以此为前提来理解紧接着黄帝铸鼎的另一个传说，即成仙，会有一些新的认识。关于黄帝升仙的细节，见于《帝王世纪》："采首山之铜，铸鼎于荆山之上。鼎既成，有龙垂胡髯下迎黄帝。黄帝上骑，群臣后宫从上七十余人。龙乃上天，余小臣不得上，乃悉持龙髯。扳堕黄帝之弓。百姓仰望。帝既上天，抱其弓与龙髯而号，故后代因名其处曰鼎湖，其弓曰乌号。"[38]为什么黄帝的升仙会有这样一种与后世"一人得道鸡犬升天"全然相反的样态？

这个故事中包含一个非常深刻的隐喻，即个体与整体在求道、得道方式上的紧张关系。黄帝通过个体的修行获得证道，并由此获得了"升天"，可以说是黄帝一直以来所追求的向道而动的最终实现。但是这种实现却与他最初力图通过建构政治性天下以实现人类整体性合道的意旨背道而驰。从前一则引文可以看出，成仙者除他本人还有"群臣后宫从上七十余人"，除此之外更无旁人。也就是说，黄帝没有在早年的政治行为中实现整体性合道；同样也没有在晚年的个人性修道中实现。这里暗示了个体化的修道只能支持特殊者，而非人类整体的得道。二者之间所呈现的是一种微妙的紧张关系，且自黄帝开始一直贯穿了整个中国传统历史文化。像后世的内圣与外王、出仕与隐遁、普度与个体解脱等都是其表现。

---

〔37〕《绎史》卷五引《黄帝内传》。

〔38〕《意林》卷四引《汲冢书》云："黄帝仙去"；张华：《博物志》亦曰："黄帝仙去，其臣左彻者削木为黄帝像，帅诸侯奉之。"

五、关于黄帝之学

通过前文的论述，可以明确黄帝生平两个主要阶段，表现出的两种不同求道进路：一是力图通过政治性的“天下”的建构来实现对人类的整合，由此来寻求一种人类整体性的向道还原；二是个体性的隐修，即基于个人的类似于出世的修行来获取自我成就和证道。尽管从方式和结果上来说，二者呈现差异性和紧张关系。然而两者目的指向均在于求道和得道，就这一点而论，两种实无二致。由此可以看到黄帝生平所呈现的两种截然不同的状态背后所蕴含的统一性。

以此为基础，可以更好地理解后世何以有如此众多品类的学说都会托名，或者祖述黄帝。据《汉书·艺文志》著录，“道家者流”收录《黄帝四经》四篇、《黄帝铭》六篇、《黄帝君臣》十篇、《杂黄帝》五十八篇，“阴阳家”收录《黄帝泰素》二十篇，“小说家”收录《黄帝说》四十篇，“兵家”收录《黄帝》十六篇、图三卷。“天文家”收录《黄帝杂子气》三十三篇，“历谱家”收录《黄帝五家历》三十三卷，“五行家”收录《黄帝阴阳》二十五卷、《黄帝诸子论阴阳》二十五卷，“杂占家”收录《黄帝长柳占梦》十一卷，“经方家”收录《黄帝内经》十八卷、《神农黄帝食禁》七卷，“房中家”收录《黄帝三王养阳方》二十卷，“神仙家”收录《黄帝杂子步引》十二卷、《黄帝岐伯按摩》十卷、《黄帝杂子芝菌》十八卷、《黄帝杂子十九家方》二十一卷。这些著作，除《黄帝内经》《黄帝四经》尚存外，其余皆已散佚。后人认为这些作品大抵是战国诸子托名黄帝而作，这个论断从文献学的角度看无可指摘。问题在于，为何时人创作这些著述非得要托名附会于黄帝，而非其他传说人物？一种现实性的解释是受到战国齐王为称帝而祖述黄帝，并立稷下学宫以为之张本的影响。[39] 然而这类说法远不能解释所有现象。

像黄老学、《黄帝内经》以及《阴符经》这类著作，如果从渊源上说无疑要早于稷下学宫的时代。这些思想之所以得以且主动选择托名黄帝，与黄帝的事迹及其求道宏旨密切相关。这些论说与黄帝的事迹一样，也可判分出两种不同的路径。如帛书《黄帝四经》《阴符经》等，俱是通过政治性整合寻求返道的代表，而《黄帝内经》之类则侧重于个体内修的方式。

综上所论，对于黄帝的再认识，简言之即在于明了黄帝看似纷杂的事迹背后的统一的宏旨，也就是他对求“道”，即向世界本体、本根还原的追求。

六、颛顼与意识形态立法

技术贵族遇到的第一次严重挑战出现在五帝时代初期，由黄帝肇始，至颛顼完结。黄帝早年处于三皇时代的末期。此时技术贵族私权的膨胀已经造成了相互倾轧，并对民生产生侵扰。黄帝可谓因时而动，采取了一种近乎以恶制恶的方式，通过武力征服开创了中国史上第一个政权，亦即后世所谓的“天下”。中国由此而步入政治社会。原有的地方自治和技术贵族所掌握的治权在这场旷日持久的全面战争中被反复冲击，无法保有原来的模式。然而单纯的武力征服并不足以建构新的秩序，它只能破旧而无法立新。

〔39〕 参见白奚：《稷下学研究——中国古代的思想自由与百家争鸣》，生活·读书·新知三联书店 1998 年版。

政权正当性建构逮至黄帝的孙子颛顼在位时方始解决。他同时也是中国历史上政治性立法的第一人，此前并无真正意义上的“立法”，而只存在对神法的表述和阐释。

颛顼的出身，《史记・五帝本纪》曰：“帝颛顼高阳者，黄帝之孙而昌意之子也。”[40]《帝王世纪》曰：“帝颛顼高阳氏，黄帝之孙，昌意之子，姬姓也。母曰景仆，蜀山氏女，为昌意正妃，谓之女枢，金天氏之末女。”[41]《大戴礼记》曰：“颛顼，黄帝之孙，昌意之子也，曰高阳”（《五帝德》），[42]“黄帝产昌意，昌意产高阳，是为帝颛顼”（《帝系》）。[43] 三处记载大抵相同，即颛顼为高阳氏，乃黄帝之孙，昌意之子。另有一说：“流沙之东，黑水之西，有朝云之国、司彘之国。黄帝妻雷祖，生昌意。昌意降处若水，生韩流。韩流擢首、谨耳、人面、豕喙、麟身、渠股、豚止，取淖子曰阿女，生帝颛顼。”（《山海经・海内经》）[44]据此，即便不能肯定其就是黄帝的孙子，至少可以认为他具有黄帝世系的血统。但“东海之外大壑，少昊之国。少昊孺帝颛顼于此，弃其琴瑟。有甘山者，甘水出焉，生甘渊”。（《山海经・大荒东经卷十四》）[45]似乎表明，颛顼幼时被置于少昊处抚养。少昊属东夷集团，与蚩尤同属一族，“轩辕战涿鹿，杀两皞、蚩尤而为帝”（《盐铁论・结和》）[46]可为一证。颛顼之母“蜀山氏女”乃“金天氏之末女”，史载少昊即以金天为氏，《帝王世纪》曰“……故称少昊号金天氏，在位百年而崩”。（《太平御览・卷七十九・皇王部四》）。由此可知，颛顼之母为少昊氏之女。东夷集

---

〔40〕［日］泷川资言：《史记会注考证》，第 91 页。
〔41〕（西晋）皇甫谧：《帝王世纪》（新世纪万有文库本），第 8 页。
〔42〕（清）王聘珍：《大戴礼记解诂》，第 120 页。
〔43〕（清）王聘珍：《大戴礼记解诂》，第 126 页。
〔44〕袁珂：《山海经校注》，巴蜀书社 1993 年版，第 503 页。
〔45〕袁珂：《山海经校注》，巴蜀书社 1993 年版，第 309 页。
〔46〕（西汉）桓宽：《盐铁论》，《诸子集成》（第 8 册），第 46 页。

团在涿鹿之战后为黄帝所征服,颛顼为何会被置于少昊之地抚养已无法考证,但在被征服区的成长经历势必使其获得不同于华夏集团的感触,并且这给他日后称帝带来了麻烦。"昔者共工与颛顼争为帝,怒而触不周之山。"(《淮南子·天文训》)[47]便是写照。

颛顼何以继黄帝之位而为帝史籍并无明示,当时或许也还未产生明确的继承制度,没有当然的承继者。不过参比后期和其他早期文化可推知,嗣位者至少要具备三个素质:高贵的血统、出众的治理能力、强大的武力和威信。血统方面,颛顼可谓根红苗正。治理能力不好加以量化衡定,但《帝王世纪》中称"颛顼生十年而佐少昊,十二年而冠,二十而登帝位",[48]说的正是这个问题。但对二十岁的颛顼而言,治理能力方面绝不会是导致他嗣位的关键原因。那么就必须考虑武力的因素。前文已经述及,黄帝开启政治天下的"钥匙"是武力,并始终依靠武备维系着他的基业。然而颛顼似乎并不以军事见长,[49]后人追述的战事只有两次,即"昔者共工与颛顼争为帝,怒而触不周之山"。(《淮南子·天文训》)和即位后"平九黎之乱"。[50]

颛顼和共工的战争反映出技术贵族在当时的状态:一是受到政权的压制;二是他们在地方仍旧具有强大的实力;三是技术贵族有"争帝"之心,说明黄帝开创的"天下"政权在当时并不稳固。而

---

〔47〕(东汉)高诱:《淮南子注》,《诸子集成》(第7册),第35页。

〔48〕(西晋)皇甫谧:《帝王世纪》(新世纪万有文库本),第8-9页。

〔49〕至少与黄帝相比,颛顼不复过分倚重武力者战争。

〔50〕这两次战役,现在所能读到的只是颛顼获胜而已,至于如何获胜,凭借了什么力量等却无从考论了。但从颛顼母亲的血统以及他幼年的经历看来,借助了少昊氏的武备似乎可备一说。若确实如此,则其称帝的问题就迎刃而解了。前文已述,黄帝与蚩尤一战,可以说是动用了整个华夏集团的军力方能取胜,也正是战胜了东夷集团才终能称帝。由此可见东夷集团的武力之强大,以及在文化集团、部落中的声威之高。以这样的背景,对抗共工便不成问题。

像共工这样将“天下”视为可侵夺、占有之对象的心态，可以算得上是技术贵族一以贯之的私欲、私权、功利主导思路的继续。到了后来，势力空前壮大的禹果然就用了同样的思路化“天下”为一家之私了。[51]

颛顼上台后，实施了两项很特别的举措：一项叫作“绝地天通”，另一项是造了龙图腾。“绝地天通”很难理解，最古老的记载保留在西周穆王时期成书的《尚书·吕刑》篇中，文曰：

上帝监民，罔有馨香德，刑发闻惟腥。皇帝哀矜庶戮之不辜，报虐以威，遏绝苗民，无世在下。乃命重、黎，绝地天通，罔有降格。群后之逮在下，明明棐常，鳏寡无盖。

文中尽管没有直接提到颛顼，但根据其他文献互证可知确是颛顼所为。可是到了春秋时代，就连不少饱学之士都已经不知所以了。像楚昭王就曾怀疑颛顼怎么能够把天地之间的交通隔断？难道在颛顼之前的人可以上天吗？如果不能上天，他又如何能去绝通呢？当时的问答是这样的：

昭王问于观射父，曰：“《周书》所谓重、黎寔使天地不通者，何也若无然，民将能登天乎？”

对曰：“非此之谓也。古者民神不杂。民之精爽不携贰者，而又能齐肃衷正，其智能上下比义，其圣能光远宣朗，其明能光照之，其聪能月彻之，如是则明神降之，在男曰觋，在女曰巫。是使制神之处位次主，而为之牲器时

---

〔51〕 这个话题在第六章中还会继续展开。

服，而后使先圣之后之有光烈，而能知山川之号、高祖之主、宗庙之事、昭穆之世、齐敬之勤、礼节之宜、威仪之则、容貌之崇、忠信之质、禋洁之服，而敬恭明神者，以为之祝。使名姓之后，能知四时之生、牺牲之物、玉帛之类、采服之仪、彝器之量、次主之度、屏摄之位、坛场之所、上下之神、氏姓之出，而心率旧典者为之宗。于是乎有天地神民类物之官，是谓五官，各司其序，不相乱也。民是以能有忠信，神是以能有明德，民神异业，敬而不渎，故神降之嘉生，民以物享，祸灾不至，求用不匮。及少皞之衰也，九黎乱德，民神杂糅，不可方物。夫人作享，家为巫史，无有要质。民匮于祀，而不知其福。烝享无度，民神同位。民渎齐盟，无有严威。神狎民则，不蠲其为。嘉生不降，无物以享。祸灾荐臻，莫尽其气。颛顼受之，乃命南正重司天以属神，命火正黎司地以属民，使复旧常，无相侵渎，是谓绝地天通。其后，三苗复九黎之德，尧复育重、黎之后，不忘旧者，使复典之。以至于夏、商，故重、黎氏世叙天地，而别其分主者也。其在周，程伯休父其后也，当宣王时，失其官守，而为司马氏。宠神其祖，以取威于民，曰：'重寔上天，黎寔下地。'遭世之乱，而莫之能御也。不然，夫天地成而不变，何比之有？”（《国语·楚语下》）

观射父对答中涉及的内容很多，概括起来，大意是说在颛顼“绝地天通”之前，天下处于一种“家为巫史”的状态。这种局面原本是只在东夷才有，因为东夷本就巫术特别发达。后来由于西部集团和东部集团经过长年混战，双方文化也开始交融。黄帝从东夷汲取不少先进的文化带到西部，所以“家为巫史”的现象也开始散播,导致了各个地方都呈现这样的局面。“家为巫史”意味着家家户户都可以通神,而黄帝没能控制住天下的主要原因之一正是他本人缺乏通神的技术知识,政权也受困于此。或者说天子和政权都不具有凌驾性的神性。待到他从蚩尤那里学了天道,建立了一些制度,尝试去巩固天下的时候,似乎情况有所改观。但是随之而来的东夷文化扩散又造成家家户户都可通神,每个人都能去参度神意,如此一来局面变得不可收拾。没有垄断神意作前提,天子通神与否不具有特殊意义和功能。在这种状态下任何人遇事皆可直接去问神,意味着任何人以此为据做任何事情当然都是对的,因为他们都可以宣称自己遵从了神的旨意。政权的权威性、正当性和控制力无疑会遭受非常严重的挑战。政权的任何作为都会变得缺乏说服力和约束力,毕竟所有人都能直接通天去获得神的具有绝对性的终极指令。这是颛顼“绝地天通”的大背景,也是政权亟待改变的状况。

“绝地天通”和两个人事任命有关:一个叫作重,另一个叫作黎。颛顼让重专门管天,或者说专门掌握和天有关的知识;黎负责管地,其中也包含人世的知识和事务。这样一来人为地造成了天地两分。在更早的三皇时代,所有掌握治权的技术贵族,包括女娲、共工、神农、燧人等都是属地的。这些属地的知识及其掌握者具有神性,地上的一切存在物也全有神性。那个时代原本无所谓天地之别,神遍在于世界的各个角落。可是到了颛顼掌权之后用政治权力甚至以武力为基础作出了严格的判分,强行地将天地分开。所有属地的知识、技术和存在者,包括人在内都被限定为“世俗”领域,本身不通神,也不可径自寻求通神。只有属天的知识才具有神性且可通神。这完全是人为造成的天地两分,但它并不意味着天地之间不需要沟通了,人们行为处事时仍然需要神圣性支撑。此时只能求助于一个人——颛顼,只有他才有资格和能力把天与地(或者说圣与俗)双方联系起来。除了颛顼和由他授权的重家族,任何其他人都不再具有这类能力。而日常属地的世俗事务都由黎和他的下属负责管理。事情合于神意与否,只有颛顼能够提供答案。如此一来颛顼就成为当时社会中唯一的“大巫”,也就是唯一可以通天、通神的人。这场变革的影响极其巨大且深远,后文中还会反复谈到。

能够把如此空前的变革落实下来,说明颛顼的政治能力非凡。毕竟改变人的思想观念比单纯的制度变革艰难得多,特别是在“家为巫史”已经成为常态的社会中。至于他如何推行,细节已不可知,除了政治能力,应该还和他少年、青年时代“于宇少昊”[52],也就是在东夷的经历有关。东夷自古便以巫术极其发达著称,颛顼在东夷生活,很容易接触并学习到巫术知识与技艺。他只有在巫蛊技术方面达到相当高的水平,才能控制住重和黎这两个本就是当时最高层次巫师的重臣。自此以后,所有私人性的通神行为全部不合法,没人能以自己的行为,或者自己的知识基础本有神圣性为由获得行事的正当性。如此一来,政权就为一切行为提供正当、神圣与否唯一的判断标准。此间受影响,或者说被削弱最甚的自然是技术知识掌握者。至此,天下政权完成了它的第一次意识形态的建构。从此以后,政权也就是天下之“中”,除了单纯的武力,还多附着了一层内涵——至高无上的神圣性。只有政权才掌握与神沟通、解释神意的能力,这无疑使其占据了世界上神圣性的制高点。这是颛顼作出的巨大改变,以此制度性地解决了始终困扰黄帝的“认同”(或曰“心服”)问题。

---

〔52〕 参见《逸周书·尝麦解》,按后人考释,“于宇”当作“宇于”。

颛顼的第二大创举是制造龙图腾。中国龙的形象中复合了很多动物的特质,其中比较有代表性的包括:蛇身,三皇时女娲就是蛇身,之后的伏羲也有蛇身。蛇始终是西部集团的主要图腾之一。东部集团的图腾大多是鸟,鸟图腾中出现最多的是鹰,而龙有鹰眼和鹰爪。它还包括了牛鼻、马嘴、麒麟角,或者有的人说是鹿角,还有乌龟或者鳖的腿。所以中国的龙是很复杂的拼合体。除图画、旗帜外,华表是龙的另一种典型载体,也是最具有政治意味的形态。

问题是为什么要拼一个这样的虚拟的龙出来?关键是要理解龙和华表的性质一样都是图腾。我们在其他的早期文化传统,尤其是像美洲、非洲原住民文化中经常可以看到各式各样的图腾。最重要的功能和意义在于彰显他们部族的神圣性和权威性。从这个意义上来说,中国的龙作为各个部族图腾的集合体,是图腾的图腾,虽是典型的人造之物,但具有最高的神性和神力,故会被敬畏和尊崇。这种形态的龙出现以后,中国文化中再没有类似于恐龙形象的龙。因为此后人们已经不认同那样的龙的形象了。改变文化观念由政权自上而下完成,这是颛顼以后中国政治文化的一大特色,也是中国文化泛政治性特质的体现之一。

上面谈到颛顼两项举措,一是“绝地天通”,二是创制龙图腾。这两者有共同的性质,它们都是为意识形态进行的立法。通过这两项具有象征意义的举措,颛顼为政治权力建立了除武力外的新基础,或者说是把神圣性叠加到了原本只有单一武力质素的“天下之中”去。如此一来,困扰黄帝半生的天下政权正当性问题和认同问题得到了解决。不过这只是作用之一,此外还有其他作用同样也值得重视。

这需要再回到“绝地天通”。“绝地天通”意味着一般人不能通

“天”了。上古时期“天”是泛指自然神意义上的天,它和地上的山川河岳、草木生灵等存在一样都是神的显化,也可以说天本身就是神。但如前文所述,三皇时代传说中的技术贵族,事迹都只和“地”有关,没有任何技术知识附着于天或来自天。反观其他文化传统,几乎所有早期的神话故事都一定和天神有关。之所以会如此,其实并不是上古中国没有关于天的神话和传说,而是这些内容被有意识地清理掉了。这种具有明确政治目的的文化清理便肇端于颛顼。为了独掌神性和神圣解释权,成就对天命和属天知识的垄断,颛顼有意识地删除了所有他不认可的神话和传说。这个举措对后世影响极其巨大,同时也开创了一种意识形态建构的模式。此后周公、孔子,还有汉武帝的罢黜百家独尊儒术,甚至包括清人的文字狱等,其实都是颛顼式的文化清理和意识形态立法模式的继续。

“绝地天通”的另外一个影响是原始自然神意义上的“天”消失了。但是在当时几乎所有人的观念中,都认为天是在人类之上的神性的超越性存在。颛顼当然不能直接弃之不用而另起炉灶,反倒仍然要借天说话。这种做法一直往后传,像后来在朝代更迭革命的时候也说天命。颛顼做的改变是把原来自然神意义上的天转化成经由他描述、界定出来的天。这个天和后世祭天当中的天一样,成了意义象征和义理符号,原来自然神意义上的天已经被压制得没有太多存在空间了。颛顼以后所有关于天的知识都经由政治权力筛选,或者重新做过解释,与之前自然神意义上的天形成了泾渭分明的界限。

下面再看颛顼的第三项创制。汉代的《淮南子·齐俗训》记载:“帝颛顼之法,妇人不辟男子于路者,拂之于四达之衢。”[53]意

---

[53] 当然这是汉人的追忆式表述,不过内容不可轻易否定,因为从其他的记录来看,《淮南子》所搜罗的有关上古时期的传说和史征不少都言之有据。

思是说颛顼有一项法律,规定如果女人在路上不主动给男人让路,就要把她置于四通八达的大路口示众,作为羞辱性的惩罚。我们现在能知道的颛顼的具体立法措施极少,这甚至可以算得上是唯一一条了。它的内容现在看起来有些荒诞,不过所蕴含的信息却很重要,其中明显体现出,颛顼依托政治权力为基础,设定了一个基本的社会分层原则,简单地说是男人对女人而言处于凌驾性的地位。这样的位置关系之前在论伏羲的时候也曾谈到,它和乾、坤两卦的设置相照应。可以认为伏羲在八卦中设定的观念模式到颛顼时已经以立法的方式落实了。

颛顼这项立法意味着所有人中的一半去统治另一半。因为女人作为一半,她完全服从于男人的统治。这使颛顼所主宰的政治权力只需要去统治占总人数一半的男人,而让男人去统治女人,这是降低政治成本的好方法。政治权力原来是凌驾性地,甚至有些近乎“悬空”地叠加在当时各个部族的治权之上。这种黄帝建构的政、治两分的格局在颛顼时开始发生了改变。政权开始通过立法将影响渗透到社会最底层,包括直接针对作为社会基本构成单元的家庭进行立法。如此一来,家庭关系如何成立、怎样合法地存续都要由最高的政治权力决定。前文已述,中国传统文化有泛政治化特质,这种倾向从颛顼时起已经有了明确的制度化、法律化表现。《淮南子·齐俗训》篇中引述这项立法,表明汉代知识人已明确地意识到它关乎社会秩序格局的型构。

下面来总结一下颛顼的事迹。之前谈到的第一个方面是意识形态。“绝地天通”和龙图腾本质都是在意识形态上做文章。为什么要在意识形态上做文章呢?因为黄帝的作为存在短板,他只以力能、武力让人屈服,始终没有办法使人心服,无法让人们真正认同他所建立起来的政权。如此混乱的局面到了颛顼的时候被通过意识形态立法的方式解决了，这是他的第一大功绩。第二个功绩是他对东夷的处置。颛顼把东夷中像重这样的顶尖的技术贵族，也包括他们的制度文化融会到政权中，使其成为统治者的一部分。政权展示出的包容性使原先东西方的界限开始慢慢地被淡化。第三个功绩是家庭关系法律化，或者说使政治权力渗透进家庭。对于男人和女人关系的立法只是象征，标志着所有社会关系，包括婚姻关系、家庭关系全部都应属于政治权力控制的范围，成为具有政治性的社会关系。从此以后，纯粹的“私人”在社会生活中失去了存在的可能。

黄帝开创的政治体经由颛顼一系列的制度创建，慢慢开始稳定下来。人们在这样的制度环境和文化下会逐渐对“天下之中”，即政权形成认同感，其中一方面是认为大家都属于同一天下内，另一方面是认可天子和政权存在的正当性。不过在制度创建的过程中，颛顼只注重利用属天的知识，加上用东夷文化的一套巫术技法来建构新的意识形态，也只用政治权力自顶层直接往下渗透和控制。这种模式有很大的隐忧，一旦天子或政治权力的核心集团被摧毁了，那么整个天下也势必随之倾覆。说得直白些，颠覆一个王朝最简单明快且有效的方法是把天子除掉，这种做法在帝制中国的历史上屡见不鲜，与颛顼所开设的政治格局不无关系。

七、帝喾与宗法

再看颛顼之后五帝时代的第三位天子，名叫帝喾。他可算得上是五帝系列中最没有名气的一位，不像黄帝家喻户晓，颛顼也有很多人知道，因为他有“绝地天通”的创举。五帝时代末期的尧和舜知道的人就更多了,这源于他们有禅让的事迹,加上还有孔子和之后儒家“言必称尧舜”的大力宣扬。相形之下帝喾的名气要小得多。

其实帝喾在上古时代非常有名,只是到了后来他的作为被人们日用而不知,所以显得不特别,于是大家慢慢不再把他当作谈资。《史记》评论说:“喾者,考也,成也。言其考明法度,醇美喾然若酒之芬香也。”大意是帝喾的喾即是“考”,考是成的意思。显然帝喾也是在立法建制上有功绩的天子,所以才会有这样的名号。关于“喾”的另一种解释要从“夋”字说起。夋的字义原是走路走得很慢的样子,它在甲骨文中写作“”。后来被王国维释读出来了,而且考定这就是商代人对帝喾的称呼。而在战国时成书的《山海经》里有帝俊,“俊”是“夋”一形之转,讲的都是同一个人。所以在文献中帝喾大概有三个名号:帝喾、帝夋和帝俊。下面来看他的出身和特质。

> 帝颛顼高阳者,黄帝之孙而昌意之子也。静渊以有谋,疏通而知事;养材以任地,载时以象天,依鬼神以制义,治气以教化,絜诚以祭祀。北至于幽陵,南至于交阯,西至于流沙,东至于蟠木。动静之物,大小之神,日月所照,莫不砥属。
>
> ……
>
> 帝喾高辛者,黄帝之曾孙也。高辛父曰蟜极,蟜极父曰玄嚣,玄嚣父曰黄帝。自玄嚣与蟜极皆不得在位,至高辛即帝位。高辛于颛顼为族子。高辛生而神灵,自言其名。普施利物,不于其身。聪以知远,明以察微。顺天之义,知民之急。仁而威,惠而信,修身而天下服。取地之

财而节用之，抚教万民而利诲之，历日月而迎送之，明鬼神而敬事之。其色郁郁，其德嶷嶷。其动也时，其服也士。帝喾溉执中而遍天下，日月所照，风雨所至，莫不从服。

上面引的两段话都出自《史记·五帝本纪》，前一段说颛顼，后一段描述的是帝喾。司马迁在谈颛顼的时候说他“静渊以有谋”，意思是颛顼有城府，有谋略；然后说“依鬼神以制义”，这一层之前讲颛顼意识形态立法时明确了，显然是说他用巫术在通神问题上做了大文章。再来看对帝喾的记载。“普施利物，不于其身”，好似常言说的专门利人，毫不利己；接着说“仁而威，惠而信，修身而天下服”，这样的形象明显和颛顼有很大差别。颛顼是个很精明强干而且善于权谋手段的人；而帝喾则俨然一副尊长者的形象，既乐善好施，又能身体力行道德教化。通常传说里的人物大多很神秘，颇有玄怪色彩。像颛顼本人就是个大巫，能“绝地天通”；黄帝也是如此，他可以从九天玄女那里求来兵信神符去和蚩尤打仗。但是帝喾没有这些怪异的事迹，反而看起来好似儒家式的谦谦君子。这些和传说时代其他人物颇有反差的印象其实已经反映出了帝喾作为和影响的特质。关于这些稍后再解说，首先还是从他的出身说起。

根据司马迁的记载，帝喾是黄帝的曾孙，比颛顼小一辈，且和颛顼不是直系血亲。史籍中帝喾年少时代的记录几乎为零，关于他如何接续颛顼的位置成为天子也完全没有记载。更奇怪的是，作为五帝之一的帝喾，几乎没有什么著名事迹被记录下来。似乎他仅仅是守成而已，什么“大事”也没做。但是帝喾有一点非常突出：他的子嗣格外得多。

昔高阳氏有才子八人，苍舒、隤敳、梼寅、大临、龙降、庭坚、仲容、叔达，齐圣广渊，明允笃诚，天下之民谓之八恺。高辛氏有才子八人，伯奋、仲堪、叔献、季仲、伯虎、仲熊、叔豹、季狸，忠肃共懿，宣慈惠和，天下之民谓之八元。此十六族也，世济其美，不陨其名，以至于尧，尧不能举。舜臣尧，举八恺，使主后土，以揆百事，莫不时序，地平天成。举八元，使布五教于四方，父义、母慈、兄友、弟共、子孝，内平外成。（《史记·五帝本纪》）

上面这段话讲到了两组人，一组称八恺，另一组称八元。八恺是颛顼的八个儿子，八元是帝喾的八个儿子。注意两组人物之间的差异。帝喾的八个儿子后来在尧舜的时代还当官，负责教化，教化的内容是"父义、母慈、兄友、弟共、子孝"。这些被称为"五教"的内容和之前引用的对帝喾本人的描述相一致。再对比颛顼的八个儿子，从名字上就可以看出来，他们是一批奇怪的人，仍然在做颛顼所擅长的那些神性事务，和帝喾的后人泾渭分明。接下来再看帝喾还有多少后人。

帝俊生晏龙，晏龙是为琴瑟。帝俊有子八人，是始为歌舞。（《山海经·海内经》）

帝喾卜其四妃之子，皆有天下，上妃有邰氏之女，曰姜嫄，而生后稷，次妃有娀氏之女，曰简狄，而生契，次妃陈锋氏之女，曰庆都，生帝尧，下妃娵訾氏之女，曰常仪，生挚。（《世本·帝系》）

东南海之外，甘水之间，有羲和之国。有女子名曰羲和，方日浴于甘渊。羲和者，帝俊之妻，生十日。（《山海

经·大荒南经》)

羿有穷氏,未闻其姓,其先帝喾。以世掌射故,以是加赐以弓矢。(《帝王世纪》)

大荒之中,有山名曰合虚,日月所出。有中容之国。帝俊生中容,中容人食兽、木实,使四鸟豹、虎、熊、罴。(《山海经·大荒东经》)

有司幽之国。帝俊生晏龙,晏龙生司幽,司幽生思士,不妻;思女,不夫。食黍食兽,是使四鸟。(《山海经·大荒东经》)

有襄山,又有重阴之山。有人食兽,曰季釐。帝俊生季釐,故曰季釐之国。有缗渊;少昊生倍伐,倍伐降处缗渊。有水四方,名曰俊坛。(《山海经·大荒南经》)

有白民之国。帝俊生帝鸿,帝鸿生白民。白民销姓,黍食,使四鸟虎豹熊罴。(《山海经·大荒东经》)

有黑齿之国。帝俊生黑齿,姜姓,黍食,使四鸟。(《山海经·大荒东经》)

帝俊生三身,三身生义均。义均是始为巧倕,是始作下民百巧。(《山海经·海内经》)

上面这些全部是关于帝喾子嗣的记载,尤其是《山海经》中特别多。其中晏龙是与音乐有关的早期人物。还有很著名的姜嫄,她生了后稷,所以帝喾也算得上周人的始祖。有娀氏之女简狄据传生下了契,[54]契是商人的先公,但往上追溯,帝喾才是始祖。甲骨文里记录的祭祀对象“夋”,帝夋即是帝喾,说明商人自己确实认

---

〔54〕《诗经》中有“天命玄鸟,降而生商”的传说可为印证。

同帝喾是他们的先公。还有常仪(嫦娥)是他的妃子。他的妃子还有羲和,也就是颛顼时管天的重的后人。[55] 帝喾的直系后代还有尧,也还有传说中射九日的后羿。其他尚有很多,不再一一详说。

对此可以换一个角度来解释:不是帝喾生了这么多儿子,而是后来大家都追认他为祖先。传说中涉及的周人、商人,显然来自不同的文化分支。商人是典型的东夷之后,周人则是西部炎黄部族的苗裔。此外引文还谈到了其他众多部族,地望族属各不相同,却都自觉自愿地追认帝喾为他们的祖先。形成这种认同,就是帝喾的最大的功绩,因为他让所有的人处于同一的血统、血缘的认同感中。

这样的事迹用现在的话说,可谓把天下伦理化了。伦理化的方式是通过血亲和宗亲关系。血亲是自然意义上的血缘关系,像父母生下儿女后之间建立的自然性联系便是血亲关系。另外一层是宗亲关系,人们之所以要不断地去追溯自己的祖先,是因为祖先给人带来了身份上的铭牌式的意义,意味着一个人的来源,文化归属和自我认同感的基础。天下从原来黄帝的单一式武力征服,到颛顼强势地以意识形态立法矫正观念,政权始终都在寻求认同。之前大家互不相属,对天下没有共同的认同和归属感。待到帝喾以后终获宗族性、血亲性的自我认同,开始自觉地凝聚在一起。这期间的变化非常大,但究竟帝喾用了什么方式去完成了这个转变,现在已经不得而知了。

正是因为伦理化,人们对天下政权的认同有了新的、更加稳固的依托,所以帝喾会被追认为五帝之一。我们现在看到的五帝系

---

[55] 也有人认为羲和、嫦仪、嫦娥是一音之转。

统,黄帝、颛顼和帝喾代表天下开辟、建立和巩固的前半期,而之后的尧和舜则是末期,中间的部分通常被省略了。黄帝首开其门,经由颛顼修补,大体而言都是关于天的神性事务,完成了自上而下的控制。到了帝喾这里实现了整体性的自下而上的认同。这个局面的形成意味着天下政权有了武力、天命和伦理三重根基,普遍认同感已经建立起来。为什么至今国人都说自己是华夏文明,认同自己是炎黄子孙?这样一种具有血脉归属性质的认同感,若是追溯到源头就是从帝喾开始建立起来。

概括地说,黄帝破天荒第一次用武力凭空创造了一个政治实体。自此以后中华大地上才有了中国、天下,或曰华夏的格局,原本分而自治的人们名义上被聚拢在单一政治体中。黄帝之所以要这样做,不是为了谋私,不像后世家天下的集权、专制天子那般把天下当成私产。他有明确的实践冲动,这个冲动和伏羲相同,是要用人的能力,依靠人的主观能动性去整合人类,重塑社会,而不再依托于神。但他没有处理好征服和屈服之间的关系,导致武力征服创设的天下政权很松散且四处战乱,而黄帝自己则选择隐退修仙。接下来到颛顼为天子时,作为政体的天下方始获得安顿。颛顼工作的中心是为政权建构新的神圣性、正当性基础。他通过"绝地天通"和树立龙图腾等意识形态立法,使政权获得天下人的认同,通过改变价值标准和观念寻求新秩序的基础。这无疑得益于颛顼卓绝的个人能力和自上而下的控制力。天子之位再传到了帝喾,他通过建构伦理性的,具有血亲和宗亲色彩的社会关系,实现了自下而上的认同。这两项工作完成后,天下这个政治实体已经基本稳固,获得了长久稳定存在的基础。还要看到,帝喾的伦理性建构还处于比较原始的状态。不过即便这样,血亲认同感的影响力也能够随着政权一道向外"化成"天下,政权的权力中心也慢慢地成了复合的状态,它包含武力的因素,也包含文化上的质素,像意识形态的,宗教性的,同时它又成为宗亲关系谱系的制高点。由此,中国上古政治社会已然初具规模,也为后世发展奠定了基点并示明了方向。

第六章　家天下、中央集权与法治起源

禹的作为之于中国古代政治文明的意义、影响远不止于治水以救济民生,需要重新诠释。广为人知的鲧、禹治水,实为借治水之名以改变地方社会面貌和秩序结构。禹最终由此得以新立八州围绕冀州的九州格局,颠覆尧舜时十二州的天下风貌。并借助治水“疏导”出贯穿全国的水路运输网络,以此辅成中央掌控的全国性赋税(贡赋)机制,围绕税赋征收又衍生出吏制,并由此型构了最早的中央集权式天下政治和法治。至此五帝时代的政、治分离一转而为政治合一。这些创制大凡见诸《禹贡》,完全颠覆了五帝时代的政治模式,它的理念被冠以“王道”之名而保留在《洪范》篇中。禹之所以会有如此作为,与他技术人的出身密切相关,天下的私化、法治化、集权化都可从中找到端倪。

家喻户晓的禹，大抵被看作这般：

> 禹与益和后稷一起，召集百姓前来协助，他视察河道，并检讨鲧治水失败的原因。禹总结了其父亲治水失败的教训，改革治水方法以疏导河川治水为主导，用水利向低处流的自然趋势，疏通了九河。禹亲自率领老百姓风餐露宿，整天泡在泥水里疏通河道，把平地的积水导入江河，再引入海洋。禹坚韧不拔，勇于开拓的精神，经过了十三年治理，终于取得了成功，消除中原洪水泛滥的灾祸。大禹整治黄河水患有功，受舜禅让继帝位。夏禹王登天子之位，并以自己的封国夏为天下之号，宣告夏王朝正式建立。[1]

他兢兢业业、任劳任怨、历经艰险、跋山涉水，功被四海只为拯救苍生，德行功业之伟大无以复加。而略通古史者都知道，禹传天子之位给儿子启，将中国历史由禅让式的五帝时代一转而带入了长达四千余年的家天下，这在儒生们看来是可耻的堕落。《礼记·礼运》篇引述孔子的话说“今大道既隐”，虽未点名，但不啻为直接批评了禹。为什么会由“大道之行”“天下为公”的“大同”之世堕落至“天下为家”？最常见的解释大都归结为私欲使然。于是问题就来了：一个以三过家门而不入，全心为民治水且勤勉俭朴形象示人的禹，为何又是那个私欲膨胀，天下为家的始作俑者？判若两人是因为治水时的禹堕落成了传子不传贤的禹，还是其中更有曲折？

---

〔1〕 https://zh.wikipedia.org/wiki/%E7%A6%B9.

一、“大”洪水

要把上面的问题全都讲清楚，需从那场旷古未有的“大”洪水说起。笔者在“大”上打了引号，用意稍后自得分明。相传尧时便已洪水泛滥，到了“荡荡怀山襄陵，浩浩滔天”（《尚书·尧典》）的程度。不少饱学之士把它与古巴比伦、古希伯来以及印第安人、玛雅人和苗民等神话史诗中的大洪水记忆关联起来，[2]还结合了气象史知识，认为上古时代地球经历了一次温期，全球普遍温暖潮湿，降雨量暴增，冰川大面积消融，海平面上升等，引发了全球性大洪水。最近据说还发现了诺亚方舟的遗骸，[3]更让这类推测显得有理有据。

实际上古人对史前大洪水的记忆多由至少两次洪水复合而成。地球第四纪冰期自12,000年前开始消退，气候转暖致使冰河大量融化泛滥，海平面不断上升，吞没了原本裸露着的大陆架和陆桥，淹没了许多海岸和部分陆地。这或许构成了创世洪水记忆的“原型”。上古中国也曾受到这场具有毁灭性的全球大洪水影响，而且在文化记忆中留下了印记，如《淮南子·冥览训》中说到“望古之际，四极废，九州裂，天不兼覆，地不周载，火炎炎而不灭，水泱泱而不息”。但这和尧舜时的大水是两回事。之后地球多次经历由寒冷期向温暖期转变，其间应该都发生过规模不同的洪水。最近的一次是公元前24—前22世纪末北半球小冰期之后，由于气候回

---

〔2〕 参见《吉尔伽美什》《奇马尔波波卡绘图文字书》《波波尔一乌夫》《玛雅圣书》《圣经·旧约》等。

〔3〕 报道参见 http://tech.sina.com.cn/d/2010-04-28/18084123728.shtml。

暖而造成全球各地发生洪灾,《旧约》中诺亚方舟故事大约就在这个时期。[4] 夏朝建立大致已确定在公元前21世纪,[5]之前五帝时代末期的尧、舜、禹到夏启间隔三代,至多不过200年,时间上大体合辙。于是通常认为公元前22—前21世纪交替时全球气候普遍开始走出小冰期,温度上升加速了冰川的融化,北半球许多河流的中下游聚居区域发生洪灾,这些正好印证了大禹治水的传说。然而在此之前的公元前24—前22世纪,北半球正处于小冰期,似乎又可对应到舜派禹伐三苗时"夏有冰……五谷变化"(《墨子·非攻下》)[6]的异象。问题是禹征三苗发生在他治水八年之后,受禅为天子之前。那么先治水而后再经历冰期,与气象史界定出的先冰期之后发生洪水恰好相反。这其中的矛盾怎么解释呢?难道传说中的大禹治水发生在真正的大洪水到来之前的寒冷期?说得更直白一些:尧舜时代究竟有没有"滔天"洪水颇值得怀疑。

这时不妨重新审视与通识相反的另一类的说法,其中最极端者认为尧时水患原本算不得多大规模,也就是一条名为"共水"的河泛滥成灾,后来传着传着出了讹误,把"共"读成了音近的"洪",[7]于是先民就误将共水之灾与更早的史前大洪水记忆合并在了一起。这样一来似乎把长久以来的常识颠覆了,着实有些让

---

〔4〕 参见[德]沃尔夫刚·贝林格:《气候的文明史:从冰川时代到全球变暖》,史军译,社会科学文献出版社2012年版,第35-69页;[瑞士]许靖华:《气候创造历史》,甘锡安译,生活·读书·新知三联书店2014年版,第11-32页。

〔5〕 参见夏商周断代工程专家组编著:《夏商周断代工程1996—2000年阶段成果报告:简本》,世界图书出版公司北京公司2000年版,第74-82页。

〔6〕 参见《墨子·非攻下》:"昔者三苗大乱,天命殛之,日妖宵出,雨血三朝。龙生于庙,犬哭于市,夏有冰,地坼及泉,五谷变化,民乃大振,高阳乃命玄宫,禹亲把天之瑞令以征有苗,四电诱祇。有神人面鸟身,若瑾以待,镱矢有苗之祥,苗师大乱,后乃遂几。"

〔7〕 参见徐旭生:《中国古史的传说时代》,中华书局1985年版。

人难以接受。毕竟先秦书中多次提到了这场大水,[8]若是仅仅尧都附近一条共水河怎至于有如此大的影响呢?于是这类解释也当存疑。然而近年来被认定为尧都的陶寺遗址中丝毫没有见到大洪水的遗迹,[9]又不免让人怀疑"滔天"的真实性。

综合上述种种,我们只可知道自尧做天子时便"自认为"经历着洪水,且被说得很严重,但是水究竟大到什么程度,波及范围有多广,造成了怎样的实际影响却已无从考详。或者如果真的仅仅是小小的洪水之灾,那么究竟是尧在故意夸大其词,还是有谁刻意让尧觉得这是一场滔天大水?

二、鲧

尧最先让四岳推荐治水者,四岳非常一致地荐举了禹的父亲鲧。这个有崇部落的首领祖传治水的技艺,却因为傲慢轻侮、恃才放旷,人缘不是太好。《尚书》中尧说他性格顽劣凶狠,不易约束且危害同族。[10] 后来《左传》也描述为"不可教训,不知话言,告之则顽,舍之则嚣,傲很明德,以乱天常"。总之鲧这些"人品"问题成为了尧拒绝四岳提议的口实。不过由于四岳一再坚持,尧最终不得已做出了任命。此事的结局尽人皆知了,鲧在外治水历时九年而

---

[8] 例如,《山海经·海内经》:"洪水滔天,鲧窃息壤以湮洪水";《孟子·滕文公》:"当尧之时,天下犹未平。洪水横流,泛滥于天下;水逆行,泛滥于中国";《楚辞·天问》:"洪泉极深,何以填之?地方九则,何以坟之";等等。

[9] 参见中国社会科学院考古研究所、山西省临汾市文物局编著:《襄汾陶寺——1978—1985年考古发掘报告》,文物出版社2015年版。

[10] 据《史记·夏本纪·索隐》引《连山易》:"鲧封于崇",《国语·周语》称鲧为"崇伯鲧"。

未能成功。[11]

鲧治水之所以未能奏效，一般都认为关键在于他使用了错误的治理方法——填（堙）土。这恰好和他的儿子禹用疏导的方式治水大获成功形成了鲜明对比。随之还引申出来不少推断，诸如鲧选错技术方案、违背自然规律等。类似这些理解不可说全无道理，但太过"现代"而远离了原有的思想文化环境。与上古观念世界相契的解释来自《山海经·海内经》："鲧窃帝之息壤以堙洪水，不待帝命，帝令祝融杀于羽郊。"意思是说鲧没有获得"帝"（自然神）的许可，把原本为帝所有的一种能够自我生长（或曰膨胀）的"息壤"偷窃出来用于治水，所以非但没有获得成功，反而因此受到诛杀丢了性命。乍看起来，这个"不经"之说充满怪力乱神意味，但实际上更加契合上古思想文化和观念世界。我们不妨先把其中隐含的信息诸个剥离出来分别解析：一是鲧可以直接到"帝"，也就是最高自然神那里去偷东西，[12]足以见得他具有通神的本领，本就不是个凡人。后来墨子把他说成神的儿子，[13]这么看也不无道理。还有不少传说认为待到他死以后，居然化作一种名曰"黄羆"的神兽，同样也印证了鲧本有神性。[14] 二是治水失败的原因不在于用错了技术，而是由于鲧使用的堙土之术来源不正且渎神，造成技术缺乏

〔11〕 据《尚书·尧典》：帝曰："咨！四岳，汤汤洪水方割，荡荡怀山襄陵，浩浩滔天。下民其咨，有能俾乂？"佥曰："於！鲧哉。"帝曰："吁！咈哉，方命圮族。"岳曰："异哉！试可乃已。"帝曰："往，钦哉！"九载，绩用弗成。

〔12〕 用"帝"来指称最高神大概到了商代以后方才出现。《山海经》晚至战国中后期才在世间流传，无论它的内容如何古旧，但表述方面肯定作出了适合于当时人理解的改动。至于禹的时候这个"帝"应该称作什么，对本书所关切的问题而言并不重要，因此不去讨论。只要把握中国上古时的神以无人格的泛自然神形态示人就足够了。

〔13〕 "昔者伯鲧，帝之元子。"（《墨子·尚贤中》）

〔14〕 《国语·晋语八》："昔者鲧违帝命，殛之于羽山，化为黄能以入于羽渊。"《左传》昭公七年亦云："昔尧殛鲧于羽山，其神化为黄能以入于羽渊。"也有如《山海经·海内经》记曰"鲧死，三岁不腐，剖之以吴刀，化为黄龙"。《神异经》则认为他变成了梼杌。

神的授命而不可能获得有效性。这个说法不免会让今人难以理解,所以要稍加解释。

前文中已经反复说到,上古时的中国人自认为处于万物有灵的世界中,对他们而言,一切自然之物和现象,乃至人的身体、生命都是神的显化且由神所主宰。人要和世界打交道,想要对环境作出改变,无不是在和神打交道。好比说伐木,切不可理解为今天看来的砍一棵树而已,而是在和树神打交道。如果没有经过树神允许就行砍伐之事,那么这个行为便属于渎神,伐木者自当受到神的惩罚。所以和自然打交道的一切行为,包括农牧、渔猎、开山、生火、造房子等,都要必须得到神许可,并遵循神所授权的方式进行。这些方式就是技术知识,它们来自神,当然也具有神性。既然如此,技术知识显然也非一般人可得觊觎,必是如鲧那般和神具有某种沟通能力的特殊之人方可知悉。

由此可知,鲧有近于神的血统,所以他可以通神,可以掌握神性的技术知识。是故纵使他恃才放旷,骄纵跋扈,仍旧因为有"才"(技术知识)而为四岳推举去治水。可是由于他以渎神方式窃取神的息壤,终致使治水无成乃至殒命。

问题在于,鲧不可能对上述后果全无所知,那么他为什么还要冒着大不韪去神那里偷息壤?这需要结合鲧治水的情况来理解。不过鲧究竟怎么治的水,九年内做了哪些事情,现在已经难知其详。诸如《尚书》等官方记载往往语焉不详,仅可知他用到了堙土之法。战国以后诸子不经意间谈到看似与治水无关的"夏鲧作城"(《吕氏春秋·君守》),甚至认为他是筑造城郭的鼻祖,[15]却可称

〔15〕《吕氏春秋·君守》云:"奚仲作车,仓颉作书,后稷作稼,皋陶作刑,昆吾作陶,夏鲧作城,此六人者,所作当矣。"另《吴越春秋》载:"鲧筑城以卫君,造郭以守民,此城郭之始也。"《淮南子·原道训》更是给出鲧作城池的高度:"昔夏鲧作三仞之城。"

得上是一语道破了天机：息壤、堙土分明就是筑城的缩影。[16] 鲧借着治水的名义到了地方大兴土木，看似为阻挡洪水而堆土为坝，实则是在兴工破土营造城郭。这样一来，鲧对尧有所欺瞒，阳奉阴违也已经昭然若揭了。

鲧为什么要汲汲于营造城郭呢？待后面谈到禹治水的时候自会明了，这里暂且不说，先转去看另一异象：鲧在外九年治水没有成功，按照道理来说，如果真有滔天洪水且致民不聊生，那么理应再派人去治理。但尧并没有这么做，反而是径直把治水之事放下了，一门心思去选择执政者。[17] 这个怪异的情况之所以出现，有两个推论或可为之解：要么尧由于有了新的政治任务，无心去关注大水、民生之类。如果是这样，那么如此罔顾民生的天子居然被孔子奉为圣王之极，显然于理不通。要么如我之前说到的情况，多年之后尧终于确证了洪水远没有被渲染的那般程度，更明白了鲧以治水为名阴行营造之事。于是他终结了这场可能导致不可意料的后果的治水闹剧。

不过随着阴谋败露和天子不再支持，鲧的政治生命随之终结了。有一则记载说尧处死了鲧，当然也有如前面引文中说的"帝"派祝融把他杀了。但更多人倾向于相信《尚书》的说法，鲧直到舜被遴选出来，通过三年试用期进而开始主政以后方被"殛死"，被归于舜"流四凶"这场政治大清洗的环节之一。其间在尧主政时握有大权而至不可一世，甚至把持朝纲并不听调度的共工、欢兜、鲧、三苗都流放至极边地区，至死不得回还。[18]

至此，鲧和尧舜分持两相对立的政治立场，且明争暗斗的情况

---

〔16〕"堙土"的意象是填土，"息壤"的意象是土壤在增益，两者恰好可以互相印证。

〔17〕事见《尚书·尧典》和《史记·五帝本纪》。

〔18〕《尚书·舜典》载"流共工于幽州，放欢兜于崇山，窜三苗于三危，殛鲧于羽山，四罪而天下咸服"。

已被推上了台面。

三、禹初为官

鲧被殛死之后,舜找到了他的儿子禹来担任司空之职,并且还让他子承父业去“平水土”〔19〕。舜既致其父身死异乡,为何还会重用罪人之子?用今人的话说,天涯何处无芳草,何必非禹不可?

这还要从禹的特殊身世说起。相传鲧被流放死后,三年尸身不腐,人用吴刀剖开其腹而禹从中出。〔20〕是可知禹和他的父亲一样生而有神性,而且他几乎完整地继承了鲧的“内质”,当然也包括与水土有关的技术知识和神性。

上古时代所有技术知识都被垄断起来,只流传于极小的范围(如家族)之内。鲧禹家族代相保有治水技术乃是当时的常态。因为技术知识与神性、地位、身份甚至权力联系在一起,垄断起来势必能将私利最大化。可以说,“私”性主导为所有技术知识掌握者,乃至一切技术文明所共有。最先被私有化的无疑就是知识,尔后渐次推展到权力、身份、财物等。而成就私欲和实现自我之私最大化也主导着技术知识掌握者的行为。神农氏十七世〔21〕以及在女

---

〔19〕 舜曰:“咨,四岳!有能奋庸熙帝之载,使宅百揆亮采,惠畴?”佥曰:“伯禹作司空。”帝曰:“俞,咨!禹,汝平水土,惟时懋哉!”禹拜稽首,让于稷、契暨皋陶。帝曰:“俞,汝往哉!”(《尚书·舜典》)

〔20〕 《归藏·启筮》载:“鲧殛死,三岁不腐,副之以吴刀,是用出禹。”

〔21〕 神农的事迹,散见于《淮南子·主术训》《修务训》《白虎通·五行》《春秋元命苞》《世本·作篇》《帝王世纪》《搜神记》《述异记》《拾遗记》等书中。《太平御览·卷七十八·皇王部》引《尸子》“神农十七世有天下”,《帝王世纪》说:“神农氏在位百二十年,凡八世:帝承、帝临、帝明、帝直、帝来、帝哀、帝榆罔。”《史记·五帝本纪》在说黄帝早年背景的时候说“神农氏世衰”,而且现在不少研究都认为后来被黄帝取代的炎帝,就是神农氏的最后一代王。

娲、颛顼、尧、舜的时代都出现了“共工”。可见神农、共工等绝非仅指一人，而是在一个固定的家族内长期传续的名号。这其实就是技术知识垄断性、私人性流传的表征和后果。[22]

尧时王廷有共工和鲧两人（两大家族）垄断水土方面的技术知识。相较于曾经和颛顼争过地位的共工家族，鲧、禹显然“内敛”得多，尽管仍旧不失于傲慢、专横。还原到舜的处境中去理解，尽管共工和鲧两大家族的“首恶”已被惩处，但治水土的技术仍旧为这两家所把持。而治水土又是政治社会治理中不可或缺之务，于是两害相权取其轻，舜选择了相对而言“低调”一些的禹作司空。

《尚书·舜典》记载这次任命的笔法颇为玄妙。[23] 舜在尧崩后正式即天子位，完成登基仪式之后便开始任命一系列官吏。他首先向四岳询问谁能够助成天子之业，董理百官职事，其实和尧当年挑选舜做执政者性质相同。而曾经罔顾尧的顾虑强势推荐鲧去治水的四岳，此时看似答非所问地共推“伯禹作司空”。这足以把四岳与鲧禹家族同声相应，同气相求的关系表现得淋漓尽致。[24] 有了四岳支持，禹得以在舜的王廷立足，并且一举成为了众官长之首。放眼之后整个传统中国政治史，由掌管匠作营造的司空做中

---

〔22〕 中国上古的技术知识、技术人，需要作不同于现代观念的特殊理解，详细论说笔者曾在其他一些地方展开，参见李平：《作为中央集权化立法的〈禹贡〉——一次法哲学式的解读》，载《厦门大学法律评论》2017 年第 1 期；李平：《中华法系中的道统与术统代兴》，载《中国法治文化》2016 年第 2 期；李平：《论墨子与先秦“法”学兴起》，载《法制与社会发展》2014 年第 2 期。

〔23〕 《尚书·舜典》原文作：舜曰：“咨，四岳！有能奋庸熙帝之载，使宅百揆亮采，惠畴？”佥曰：“伯禹作司空。”帝曰：“俞，咨！禹，汝平水土，惟时懋哉！”禹拜稽首，让于稷、契暨皋陶。帝曰：“俞，汝往哉！”

〔24〕 四岳和鲧禹家族为什么会有如此默契，“决定性”因素尚难确知。不过，同为西部集团成员，地方贵族、技术知识掌握者等背景想必起到了很大作用。舜在此后，特别是禹治水还朝后疏远了四岳，甚至有可能直接剥夺了他们的权柄。所以《皋陶谟》《益稷》等文献，甚至是禹、启为天子之后，王廷已经不复有四岳的身影。

央官僚领袖无论放在哪个时期都不免显得极不寻常。[25]

舜在委任时只说到让禹去“平水土”，却没有像尧那样专门强调“汤汤洪水方割，荡荡怀山襄陵，浩浩滔天”（《尚书·尧典》）。是否可以理解为舜有意识地回避治水问题？

另外，禹为什么心甘情愿地侍奉舜这个杀父仇人？仅仅是因为认识到鲧有罪，所以“禹不敢怨，而反事之”（《吕氏春秋·行论》）；还是他以德报怨；抑或像勾践在吴那般忍辱负重而别有所图？特别是他长期保持着勤勉、节俭，[26]更示人以自律的形象，而这却与《尚书》中治水成功之后那个居功自傲，目无帝舜的形象正相悖反。前后如此大的反差其实已经表明了禹初为官时是在隐忍以图勃发。

四、治水

有了鲧阳为治水而阴修城郭在先，禹究竟是不是真去治水了似乎也变得颇为可疑。这时我们还是需要回到那个老问题：究竟曾经有没有过大洪水？

前面说到，尧意识到鲧之所为大有猫腻而终止了所谓的“治水”，一直到几十年后舜任命禹为司空，方才旧事重提。迨至传说中九年治水结束之后的一次王廷对话中，我们才得以从禹口中获知梗概。他对帝舜和皋陶自陈说：洪水滔天，环山没陵，下民困苦。我不得已而舟行、陆行、泥行、山行，到山岭勘立界牌。伯益随同前

[25] 而之所以让人觉得反常，源于人们已经对西周以后文官化且压制技术知识的官僚体系习以为常。

[26] 《说苑》记载禹“卑小宫室，损薄饮食，土阶三等，衣裳细布”。

往,为民提供肉食。我开决九条大河使之通达四海,深挖沟渠小河使之汇流于大川。后稷随后教民播种而艰苦耕作,终得有粮食。通过迁徙使民安居于有资源处。于是民众都能够吃上粮食,地方万邦随之大治。[27]

此后禹还说到自己不顾儿子启初生便外出大为兴土功,致方圆五千里内形成了五服等制格局。内建十二州,外通四海,在地方建立五"长"为官,使各司其职。最后只剩下苗民顽劣拒绝改造,留待帝舜来决断。[28]

上面撰述的禹自述中谈到了很多内容,其中有真也有假,有如实汇报更有夸大其词,是述职更是自夸。因为他言说的对象乃是与自己貌合神离的杀父仇人帝舜,以及那个被他视为对手乃至心腹大患的皋陶。[29] 让我们先把这些内容清理一番。

根据禹自己所说,洪水泛滥、黎民饥馑、不得安居和资源匮乏四大背景共同构成了治水的必要性。这些情况从来不曾出自帝舜之口,我们有理由推断是禹在试图把它们灌输给舜,以此来营造大水不得不"大"治的紧迫性。

有了这些铺垫,且随着被任命为司空后禹获得了"平水土"之权。于是他与时任农政官后稷的弃,以及掌管山林渔猎的虞官伯益结成同盟,打着治水的名号一道离开都城,开启了一场旷古未有的改造。

---

〔27〕《尚书·益稷》载禹曰:"洪水滔天,浩浩怀山襄陵,下民昏垫。予乘四载,随山刊木,暨益奏庶鲜食。予决九川,距四海,浚畎浍距川;暨稷播,奏庶艰食鲜食。懋迁有无,化居。烝民乃粒,万邦作乂。"

〔28〕《尚书·益稷》载禹曰:"予创若时,娶于涂山,辛壬癸甲。启呱呱而泣,予弗子,惟荒度土功。弼成五服,至于五千。州十有二师,外薄四海,咸建五长,各迪有功,苗顽弗即工,帝其念哉!"

〔29〕禹和皋陶、皋陶和舜之间的复杂关系,参见《尚书·皋陶谟》《大禹谟》《益稷》三篇。

他们从王城出发,行进路线大致循着向东,向西南,向西北,最后转向东回到王城。足迹几乎遍布了整个中国大地。[30] 行进过程中,禹首先组织人马布下土方,到山上树立界石牌,为高山大川奠立基址。这些就是著名的《禹贡》开篇所说“禹敷土,随山刊木,奠高山大川”。[31] 《禹贡》由于没有了舜和皋陶“在场”造成的限制,所以把一切表达得格外分明。俗见都以为禹反对他父亲鲧堙土治水之法而以开掘疏导为务,与《禹贡》中首先说“敷土”岂不存在冲突?

事实上布土方(敷土)有两层真实用意:一层是未曾来水先叠坝,另一层禹也是在接着完成他父亲的堙土造城。[32] 与此同时还在高山崇岭上刊立新界牌。连在一起看,三个举措与其说是治水,倒不如看作在为行将到来的大洪水做好准备。接着,他还详尽调查了途经各地的风土人情、土质地貌和物产情况。这些看似与治水毫无直接关系的行为却进行得异常细致周到,也这不免让人对禹的真实动机产生怀疑。而在向舜自显其能时,禹又对这些足以让人心生疑虑的作为只字不提,更显出他有意隐瞒真实用心,意图明修栈道,暗度陈仓。

做完了上述准备工作之后,禹方开始真正意义的治水工程,也就是最为后人所熟知的疏导工作。然而禹对舜说开凿和疏浚的总方针为“决九川,距四海,浚畎浍距川”(《尚书·益稷》),也就是之前说的开决九条大河使之通达四海,深挖沟渠小河使之汇流于大川。但事实的情况却并非如此。后世学者根据《禹贡》复原了总括之为

〔30〕 如果要严格地说,应当至少除去东三省和东南、西南沿海地区,海南和台湾等岛屿以及极边地区。

〔31〕 西周时的《燹公盨》铭云“天令禹尃(敷)土,隓(随)山濬(浚)川,乃𠂹(差)象(地)埶(设)征”(李学勤:《论燹公盨及其重要意義》,载《中国历史文物》2002 年第 6 期)这两句恰好和《禹贡》的记载相印证。

〔32〕 《诗经·长发》:“洪水茫茫,禹敷下土方。”

“导山导水”的一系列作为。根据这些研究人们发现，禹确实在大力疏导，甚至开辟、创造新的水道，但并不以引水入海为旨归，相反却是有意识地造就条条水路通冀州式的河流网络（见图6-1）。

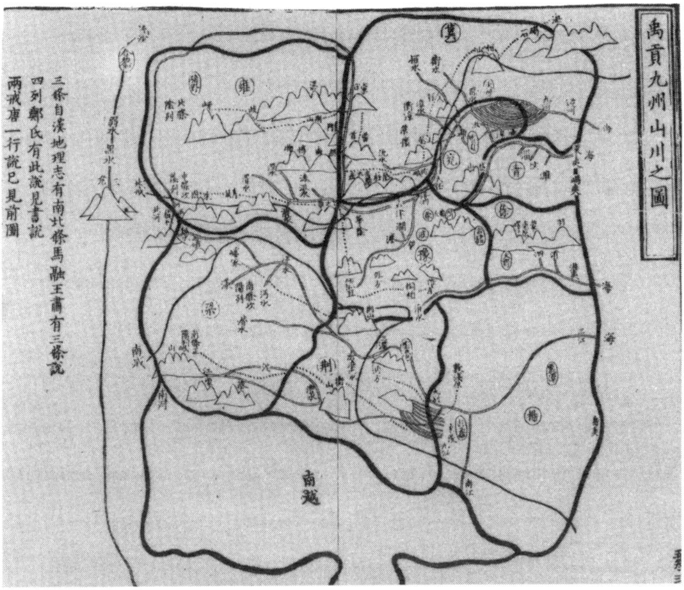

图6-1　禹贡九州山川

为什么要花费如此巨大心血去建立一套水道网络呢？《禹贡》题名已经明示了禹的真实用意，即贡赋。众所周知，古代重物运输以水路为主，把河道人为地连成网络，意在方便将地方缴纳的实物型贡赋运送到王都。

说到这里，再回头来审视导山导水之前的几大举措，旋即会有恍然大悟之感。禹筑城，叠坝，于高处重新勘界和调查风物，都是他依托水路重新“设计”天下的前期准备。当这些工作完成后，他便可以“放水”了。

相传山西河津市禹门口的黄河豁口形河道就是禹治水时所

为。[33]我们只需对比图6-1中黄河河道与禹门口以下河道便可想见,若此处确为禹所凿开,则此时下游将面临何等水患。其惨烈程度或不亚于1938年花园口决堤。[34] 结合种种记载,这或许才是禹治水的实态。[35] 且正是由于类似的开掘由禹主导且受控于他,于是可以解释为何他似乎可预见水患将至而做好了前述各项准备工作。

而且水路和贡赋远非禹的终极目的,也不是成就那个终极目的的唯一手段。随着凿开禹门口式"治水",如同下山猛虎般的大水势必淹没下游的土地甚至丘陵,也会冲毁原住民的家园。这时原有的一切地方聚落,连同已有的疆界都随之不复存在。幸存者不得不涌向不曾罹受水患的高地。这时,禹事先刊立的界牌提供指引,让那些高筑城墙水坝的新城成为流离者的落脚点。如此一来,原有的地方秩序、组织方式被打破,人被迫以禹所希望的方式重新集结。随之没落的当然还有曾经的地方治权、贵族乃至他们所信赖仰仗的地方神。

后来道教中有"禹步",相传禹治水积劳成疾,身病偏枯,行走

---

〔33〕 或可对应《禹贡》中"导河积石,至于龙门"。《水经注》载:"龙门为禹所凿,广八十步,岩际镌迹尚存。"

〔34〕 1938年5月19日,侵华日军攻陷徐州,并沿陇海线西犯,郑州危急,武汉震动。6月9日,为阻止日军西进,蒋介石政府采取"以水代兵"的办法,下令扒开位于中国河南省郑州市区北郊17公里处的黄河南岸的渡口——花园口,造成人为的黄河决堤改道,形成大片的黄泛区,间接导致惨绝人寰的1942河南大饥荒。参见日本防卫厅防卫研究所战史室:《中国事变陆军作战史》(第2卷第1分册),中华书局1979年版,第110-111页;渠长根:《1938年花园口事件研究综述》,载《许昌学院学报》2003年第3期。

〔35〕 根据地质学研究,黄河在公元前2050±150年有过一次大变道,由东流(山东入海)转为北流(河北、天津入海)。参见http://news.sina.com.cn/o/2016-08-06/doc-ifxuszpp2994666.shtml,http://news.xinhuanet.com/mrdx/2016-08/12/c_135588695.htm。

艰难而有此行状。后世巫师、道士效之以为巫术之法。[36]

为什么后世巫师要去效法，甚至尊崇禹治水时的“病态”步伐？其实积劳成疾而病态、跛腿等只是俗众之见。联系鲧禹家族本身的神性和前述禹治水时对地方原有山川神的态度，方能理解像“禹步”这般怪异的行止本就是巫术行为：一是由于运用技术知识来平水土本就具有且仰仗于神，许是有鉴于鲧之渎神，禹格外着意尊神；二是意在通过此举来彰显自身神性并压制地方诸神。也就是说重建地方人神秩序乃禹治水的第二层用意。

另外，通过《禹贡》可知，禹所有这些举措乃自王都所在的冀州开始，有条不紊地逐州进行。请注意，在他实际操作过程中，天下被分作了九州，而非如对舜所陈的内建十二州。若是查阅《尚书》中《尧典》《舜典》可知尧舜时天下原本分为十二州。但禹借着在外治水，利用所谓导山导水重新把天下划成了九州，并且还刻意对舜隐瞒此事，说明绝非由于外力方不得已而为之，实乃有意为此。

五、天下

至此我们可以尝试重建大禹在外八年期间的真正作为了。据上文所述，禹凭借司空“平水土”的职权，借助治水之名实施一众与治水无甚关系，甚至背道而驰的举措。迨至大功告成之时，他业已

〔36〕《尸子·君治》：“禹于是疏河决江，十年未阚其家，手不爪，胫不毛，生偏枯之疾，步不相过，人曰禹步。”杨雄《法言·重黎》“巫步多禹”晋李轨注云：“（禹）治水土，涉山川，病足，故行跛也……而俗巫多效禹步。”葛洪《抱朴子·登涉》：“禹步法：正立，右足在前，左足在后，次复前右足，以左足从右足併，是一步也。次复前右足，次前左足，以右足从左足併，是二步也。次复前右足，以左足从右足併，是三步也。如此禹步之道毕矣。”《北史·艺术传上》：“及至汾河，遇水暴长，桥坏，船渡艰难。是人乃临水禹步，以一符投水中，流便绝。”

变天下十二州为九州;破坏原有地方社群组织和信仰系统;勘立新界标,重建新城;普查地方地理物产;围绕冀州形成全国性水陆交通网和贡赋体系。所有这些归总到一起,足以彰显出禹的真实用心——建构与尧舜,乃至之前三皇、五帝时代判然有别的全新天下格局。或者说,新的"天下"格局和"天下"本身才是禹的追求。

那禹为什么要改弦更张且又勠力同心、亲力亲为,大费周章地去尝试建构新天下?又为什么要把天下改易成这般状态?与尧舜天下相比,这究竟是怎样的天下?如果用最简单的话来概括,禹想要打造一个集权化的家天下。税制、法治、吏治三者成为维系其有效运作的关键。

禹之前五帝时代的天下,基本格局为政、治两分。自黄帝草创,历经颛顼绝地天通式神权垄断和意识形态立法,帝喾初步宗法化,殆及尧舜之时,天子已成为天下之空间、武力、天(神)命、宗法乃至文化制高点的象征,但其权柄却始终不及治权。于是尧时日常职事只在颁定历法以"敬授民时",以此彰显其垄断性掌控天命和属天的知识;另外就只剩下处理像四岳、共工、鲧、驩兜之类治权掌握者的关系。甚至通常情况下还会遴选出一个执政者来主持日常政务。负责具体社会治理的四岳这些"大臣"是技术知识掌握者,同时也是地方势力在中央王廷的代表。从尧在任命鲧问题上采取的退让、妥协姿态可见得,治权掌握者有足够的能力与天子抗衡,并且不甚服从约束。由于没有治权,不参与社会治理,是故天子之于天下名义上为"共主",实则处于近乎失控的状态。所谓中央政权更多的是一种象征,意味着存在一种整合式天下;事实上政权本身并没有真正掌控天下。地方以相对独立状态自我治理和维系,中央则依托于天子本人所属的邦国维持日常运作,同时或许能够得到地方的少量"朝贡"。整个体制大致与西周分封制成型之后的天下格局相仿。缺少强大的财力、人力使中央政权无力供养大规模的官吏体系和常备军队,这一点与缺乏对地方控制力恰好形成了“恶性循环”。所以到了尧时天子的处境已经相当窘迫,甚至到了经常被来自地方的技术、治权掌握者“逼宫”的境地。尽管他的继任者舜运用铁腕政策清理一度位高权重但不安分的“四凶”,意在取得杀一儆百之效;并且尝试通过重建中央官僚体制来强化政权控制力。但是这些举措并不能从根本上解决天子孱弱的痼疾,或者改制举措未能切中要害。所以舜继位前期一度强势的政权并没有持久性,甚至是在新官上任三把火后旋即重陷入困顿。

出身技术传统且长期掌握治权、参与实际社会治理的禹,当然会以全然不同于尧舜的立场审视以往政权所存在的问题。部分由于他的差异化视角,也部分源于他个人的智能,禹将所有积弊的症结归总到政权对天下的控制方式上。为此,加强中央控制力和削弱地方势力必须双管齐下。通过建立赋税系统,中央政权可以长期稳定地获得大量财富,使之具备了供养大规模官僚系统和常备军的能力。这无疑有赖于导水型构的全国性水陆交通网。而贡赋制能够有效运转,必须依靠直接对中央政权负责,且能直接下落到基层的征收体系。也就是说,禹需要一大批直接受控于他,能够执行税赋征收之职又不至于因为握有实权而不受约束、中饱私囊或者像以往的治权掌握者那样骄纵跋扈。寄希望于如此大量的职官自觉地安分守己并不现实,于是禹为之创制了类似于后世吏治和法治的制度性治理方式。吏治的精要在于权重位低,而法治的核心则在于事无巨细严格作出法律化、标准化规定而按法而治。按法而治必以规范化制度和权力运行为基础。而规范化、标准化的思路,正与技术传统的惯常思维方式相一致。这并不难理解。现代的技术从业者,诸如木匠、裁缝、建筑师、程序员等,他们从事本职工作无疑需要一系列技术规范和标准化工具为依托。所以禹倾向于选择这种治理方式明显渊源有自,和他的出身与思维习惯非常契合。后世推崇法治的墨子在这方面和禹并无二致。

强化中央集权若是仅在中央层面进行,舜的困境将不可避免。地方势力原本掌管治权,想要从他们手中夺走权力,仅寄希望于增设官职来分权明显不足。禹很可能意识到舜改制中的问题,转而采取了更加彻底的方案:借助大洪水来破坏原有的地方社群、聚落和权力格局,并侵夺地方神。这样一来,便釜底抽薪式地摧毁了朝中"贵族"在地方的根基。于是,想要维系权柄,只有服从禹命并寄希望于来自政权的任命。

当然,禹如此大费周章地变革和重建秩序,对旧贵族不遗余力地予以打击,势必为自己招来"众怒",失去"人心"。[37] 禹对此极为在意,且又颇感无奈。为了"脱困",他不得不选择和与舜同心同德且又以善得人心著称的皋陶形成相互妥协式的同盟,方才使危机得以缓解。而五帝政道统绪也因为禹夏政权不得不容纳皋陶而得以不绝如缕。

基于中央和地方双重建构,禹得以成功地构筑起全新的天下:借助洪水,他草创出全新的天下格局,将其分作九州以区别尧舜时的十二州,形成八州拱卫冀州之势。通过建新城、淹故地迫使人民迁徙并按照他的设计重新聚合。由此摧垮了旧技术贵族的地方势力和地方神依托。通过导山导水,建成遍及全国的水路交通网络,以此助成中央政权推行全国化贡赋制度,并且在实行过程中通过吏治、法治、税制形成集权化、规范化的权力运行机制。"天子"由

---

〔37〕 注意这里说的是"人心"而非"民心"。春秋以前的话语环境中"人"通常仅用于指称贵族,而不及庶民,更遑论庶民以下的奴婢、皂隶等。

此可以摆脱五帝时代政、治二分之困而成为专制者。尽管此时他尚不是天子。但是把天下治权尽收入手中之后,舜除了把天下禅位他外已别无选择了。

当然,以上所有创制的前提是禹意图成为天子,并把政权化为技术知识那般足以垄断于家族内部的私产。

六、王道

禹意识到,欲把天下政权成就整合人类而使其和合于道的公器一转而为一家一姓之私产;或曰把曾经那个通过选贤与能方式为炎黄部族所共有的天下政权一转而变成私产,让他的子子孙孙专有,还有另一层工作需要进行。所有种种和五帝时代大相径庭的创制,无论实际运作中如何行之有效,终究还要以获得天下认同为基础。为此,禹还需要一个强大到让人无以反驳的“说法”来宣示万民,也好让之后的儿孙洞悉并遵从他的宏愿。

偶然也好,神定也罢,洛水中一只背壳上有神奇图样的老龟出现在禹的面前,仿佛一举为禹解决了所有这些顾虑。

龟背上的就是“洛书”。[38] 禹继承了父亲鲧充满神性的血统,自然能够洞悉这常人看来不知所云的图样,并且把它们一一用凡人可以理解的话语转述出来。于是人们才能明白,原来这些奇怪的点点线线,乃是神授予禹和他家族的一部大法,内容则关乎政

〔38〕《论衡·正说》篇云:“禹之时,得《洛书》,书从洛水中出,《洪范》九章是也。故伏义以卦治天下,禹案《洪范》以治洪水。”马融《尚书大传注》曰:“初禹治水,得神龟负文于洛,于以尽得天人阴阳之用。”《三国志·魏志》辛毗等奏曰:“至于河洛之书,著于《洪范》,则殷周效而用之矣。”(皮锡瑞:《今文尚书考证》卷十一,中华书局2009年版,第243页。)

权、治理的所有至要方面。执此在手,可表明执掌政权获得神命;且微此不足以治天下。

禹就像以往对待技术知识一样,让他得为天子的子孙秘传洛书的内容。于是天下遍知禹启因有洛书而有天下,却始终不识其内涵。历经夏商两代,直到武王克殷以后,才从殷商遗老箕子口中获知其详。而周人的史官把箕子口述的内容原封不动地记录下来,保留在《尚书》中,是故此后但凡识字者均可一览无余,这便是大名鼎鼎的《洪范》。而所谓"洪范"两字,意思就是"大法"。箕子声称夏商两代所以能有天下、治天下之根本在于《洪范》中的九类大法"九畴",断非虚言。《孔传》誉其为"天地之大法"。[39] 朱熹也称:"今人只管要说治道,这是治道最紧切处……天下之事,其大者大概备于此矣。"[40]

真正在图案式"洛书"中读出五行、五事、八政、五纪、皇极、三德、稽疑、庶征、五福、六极这"九畴"内容者,也就是把图像与特定义涵关联起来的其实只有禹一人。作为神意唯一的解释者,可以想见禹会在其中充分表达自己的诉求。这与三皇时代技术出身的治权掌握者们将神性技术知识"法律化"为技术规则,并在其中掺杂私义的做法并无二致。然而箕子对周武王的陈说也就无法再现禹之《洪范》的原貌,[41] 但至少我们可以从其中一些部分中窥知其要。[42] 篇幅所限,这里只谈其中最能直接彰显禹之王道的九畴、皇极和五行三方面。

---

〔39〕 (唐)孔颖达:《尚书正义》,黄怀信整理,上海古籍出版社 2007 年版,第 446 页。

〔40〕 (宋)黎靖德编:《朱子语类》,王星贤点校,中华书局 1986 年版,第 2041 页。

〔41〕 有多重原因造成了这种局面,其中至少包括了历时弥久、多次授受带来的讹变;商人为了适应自己政权需要而有意识作出的改变;箕子为了保持对周人的"理论优势"而在陈说中有所保留。

〔42〕 这里笔者无意全面且详尽地申说《洪范》全篇的微言与大义。只把足以彰明禹之"王道"的九畴、皇极、五行几个话题挑出来略加解说。

直接表明《洪范》为禹之意识形态立法者莫过于“九畴”。禹将有天下、治天下之要略归总为九类，与他将天下划分为九州，以及传说中铸造九鼎明显基于一以贯之的理念。并且他还不是简单地尚“九”，而是推崇“八——一”格局，类似于八州拱卫冀州的九州模式。

“八——一”模式中居于“一”，即中心者无疑是九畴之枢要，《洪范》名为“皇极”。汉代以后儒家经生训读为“大中”，[43]虽于义可通却未得其要旨。结合禹创制的本意，无疑像清儒那般释为“王法”或“王道”更为妥帖。[44] 禹之王道一言以蔽之无非是“遵王”。箕子已经把这层意思说得极为明白了：

> 无偏无陂，遵王之义；无有作好，遵王之道；无有作恶，遵王之路。无偏无党，王道荡荡；无党无偏，王道平平；无反无侧，王道正直。

要言之，这段话的意思是说一切言说、行止乃至观念中的是非和价值标准都要不偏不倚地正好合于“王道”。而之所以能如此要无时无刻不以“遵王”为第一要务。不少学者注意到这段话中最早出现了“王道”一词，虽说我们从“皇极”畴中尚无法确知它的具体内涵，不过如此强势地主张遵王，确实绝少见诸前代。

---

〔43〕 如《尔雅·释话》：“洪，大也”，“范，法也”。《孔传》说：“洪，大，范，法，谓天地之大法。”“所以恢弘至道，示人主以规范也。”朱熹说，《洪范》“是治道最紧切处”。“天之下事，其大者大概备于此矣。”（《朱子全书》卷三十四《尚书·洪范》）历代关于《洪范》注疏与解读，参见张兵：《〈洪范〉阐释研究》，山东大学2005年博士学位论文。

〔44〕 清代以后，将“皇”释为“王”的意见呈现主流化的趋势。刘起釪指出“皇”字原作“王”，见汉代今文。“皇”字为汉人据当时“皇”已训君并高于王的用法所改。刘节不知今文原字，致提出误说。刘起釪：《〈洪范〉成书时代考》，载刘起舒：《尚书研究要论》，齐鲁书社2007年版。

但是“皇极”并没有解释集权正当性的问题，或问曰：人们凭什么要对天子唯命是从？其实另外的八畴都提供了解释，而其中最具说服力（神性）者莫过于第一畴——“五行”。

把《洪范》“五行”理解为构成世界的五种基本元素，是以今度古，以西释中的诸谬说中最极致的体现，[45]也让禹之良苦用心顷刻间化为泡影。先秦文化中至少出现过三类“五行”说，除洪范五行外，还有战国很流行的相生相克式五行和儒家五行。前者为“金木水火土”，和洪范五行颇为近似；后者则为“仁义礼智信（或作‘圣’）”。大家从不怀疑儒家五行的内涵有强烈的意识形态特质，但却忽视了为何他们要把这些内容打并在一切而总称为“五行”。也可说人们没有理解儒家五行和洪范五行之间的内在关联和同质性，而每每纠缠于形似的洪范五行与生克五行。

与战国生克五行“金木水火土”的表达相异，洪范五行“一曰水，二曰火，三曰木，四曰金，五曰土”（《洪范》）。为什么以“水”为首？类似的问题还有，为什么禹的治天下大法会得自“洛水”？如果联系鲧禹家族所掌握的技术知识，也就是禹的立身之本来理解，这些问题，也包括“洪范五行”的性质便可迎刃而解了。

五行中谈到的水火木金土五个概念，质言之乃上古技术传统的标志，具有类似于图腾的意义。王夫之说“遂皇不钻木则火不炎上，后稷不播种则土不稼穑”，[46]切中了问题的要害。火是燧人氏的象征，女娲氏以土、金著称，神农氏与木、土有关，有巢氏与木为象征，共工氏则系诸水、土。这些部族和鲧、禹家族一样，同属于早期技术传统。早在五帝时代之前，他们曾经是中华大地上治权的

---

〔45〕 如任继愈以此五行为“五种最基本的物质是构成世界不可缺少的元素”。任继愈主编：《中国哲学史》（第1册），人民出版社1979年版，第21页。

〔46〕 （明）王夫之：《尚书引义》，载王夫之：《船山全书》（第2册），岳麓书社1996年版。

掌握者,以万邦分立且各自以为治的状态构成了传说中的“三皇时代”。这里仍要回到前文反复谈到的前提:在当时的观念中并没有客观对象化的自然物,恰恰相反,所有的自然之物都是自然神的显化,或者是自然神本身。因此,处置像水火木金土之类的自然之物的技术本身即为神圣。相应地,掌握者这些技术的个人或部族也随之具有了神性。神性给这些部族带来了声望、地位、财富甚至权力(治权)。这种技术知识和权力、地位之间的天然关联,意味着垄断知识即可长久地掌握权力。事实上,常被列于三皇序列的诸氏都不约而同地遵循了这一模式,直到五帝时代方才被打破。终结五帝政道,取尧舜而代之的禹启,正是技术贵族出身。禹是所有技术贵族中首次掌管政权者,而在他们的早期思想、制度文化资源中,从未有过政道的积淀,也不为“政”于天下。通过《禹贡》可知,禹尝试开创一种全然不同于五帝政、治两分的天下治理模式,造就政治合一的政治形态。恰是因为所有这些都是亘古未有的“发明”,因此制度之外和权力运行机制之外,禹启还需解决另一个问题,即专制的、集权的家天下何以合法?如何让人认同并心悦诚服?“五行”最重要的功能便是解决这个政权合法性的问题。

是故《洪范》五行以“水”为首便理所当然。鲧、禹家族为尧、舜朝司空,其家族垄断有关水的知识与治水技术可想而知。把水置于五行之首,禹无疑使其家族俨然位列技术传统之首。于是乎,五行又可理解为火、木、金、土围绕水而展开的“四——一”模式。[47]

五行为九畴之首,水又为五行之首,充分体现了禹为其政权合法性提供意识形态支撑的目的。其中不仅谈到了五行的概念,还

〔47〕 蔡沈解释这个顺序的时候说“水火木金土者,五行之生序也”,“五行先后,亦以微著为次”。参见(宋)蔡沈注:《书经集传》(影印本),上海古籍出版社 1987 年版,第 75 页。

提供了一个系列式模型如下：

水—润下—咸

火—炎上—苦

木—曲直—酸

金—从革—辛

土—稼穑—甘

很多注疏家都注意到，若以后人常用的类观念来审视，这个模型内在的分类标准并不统一。[48] 如果厘分得更细致一些，润下、炎上可以说是水、火的“自然之常性”，曲直、从革虽可视为木、金之属性，然而已经附着了人为的痕迹。而稼穑更是土对人而言的功用。这种不洽有两种可能：一是后人用以解释此段所基础的类观念与原作者不同；二是禹有意识地通过这种差别表达某种深意，或者这两种可能性兼而有之。

五行通过五性与五味的关联方式，《白虎通·五行》篇解释为：

> 水味所以咸何？是其性也。所以北方咸者，万物咸与，所以坚之也，犹五味得咸乃坚也。木味所以酸何？东方，万物之生也，酸者以达生也，犹五味得酸乃达也。火味所以苦何？南方主长养，苦者所以长养也，犹五味须苦可以养也。金味所以辛何？西方煞伤成物，辛所以煞伤之也，犹五味得辛乃委煞也。土味所以甘何？中央者，中

---

[48] 如说到“‘润下’、‘炎上’、‘曲直’、‘从革’，即是水火木金体有本性。其稼穑以人事为名，非是土之本性，生物是土之本性，其稼穑非土本性也”。(唐)孔颖达：《尚书正义》卷十一，上海古籍出版社 2005 年版，第 453 页。

和也，故甘，犹五味以甘为主也。

通过五味，外在的五行就与人联系在一起了。而将神与人、外部世界与人作整体化的理解，并为其提供有效的勾连机制，乃是《洪范》“九畴”的重要特质。

总体来说，《洪范》全篇，总结起来无非是在解决三大问题：其一，天子专制集权的成立和行使；其二，治理；其三，整饬人神关系。而归根结底，所有这些内容都在围绕天子权力成就展开。也可以说，《洪范》乃是君主得以保有和施用专制集权控制天下的一部“秘笈”。而禹之“王道”是为天子专制型中央集权的“治道”。

七、影响

从禹的事迹和思想中，我们寻绎到家（私）天下、中央集权、法治、吏治、贡赋制（税制）以及刑书制度的起源，也首次看到了技术人首次掌握政权和政、治合一的天下，以及最早的“王道”思想。孔子说“禹，吾无间然矣。菲饮食而致孝乎鬼神，恶衣服而致美乎黻冕，卑宫室而尽力乎沟洫。禹，吾无间然矣”。（《论语·泰伯》）对他勉力为治、主敬鬼神、勤俭自律颇为赞赏，但始终未曾冠名之为圣、为贤。与之相应，战国时人何以认为由（五）帝而（三）王乃德衰之征，现已了然。褒扬其精进而贬斥其为私，以孔子、儒家为代表。这是子学时代以后对禹两类评价之一。另外极尽称颂、效法之能事，最典型者莫过于墨子和秦始皇。墨子之所以推崇“法仪”之治，和他与禹同为技术人出身正相契合。而匡饬六国，厉行中央专制集权、法治、吏治的秦始皇于其刻石中对禹念念不忘，更源自道、术与家世三层原因。

由此可见,禹之于中国政治、法律乃至思想文化的影响甚为深广,甚至直接为之后四千余年的天下型制(一统、王道)、政治格局(家天下、中央集权)和治理模式(法治、吏治、律制)提供了蓝本。这些前无古人的创举,反映出其人智能何其出众卓绝。也正是有如此卓著的心智,方能助他完成由一罪人之子而为天下共主的蜕变。非此,他早年在与同样智识过人的舜"斗智斗勇"中或许早已重蹈鲧的覆辙了。

然而,禹将所有的心力智慧以异乎寻常的勤勉和自律状态付诸践行,最终的目的仅仅指向了化天下为私产,纵有"王道"之论,却终难免与大道失之弥远。是故虽开父死子继之先,成就家天下之实,然而有夏一代自启即位,便始终不离抢夺天下之乱。伯益、武观、后羿、寒浞出身有别、贵贱不等,而为"享有"天下而前赴后继,实乃禹开私天下之大弊。

要者,倾尽智、力为公者,虽智又不足而力所不能,虽非大圣,亦不啻为贤者。而若禹这般有圣哲之智而自顾谋私者,恶名亦足以冠绝古今。

第七章　革命与文王之法

一、周人的“翦商”之路

政治意义上的“天下”开创者是黄帝，当时的政体乃是以炎黄部族凌驾于其他若干部族的凌驾性结构，整个五帝时期天下的主宰权掌控在炎黄部族之手，“共主”的令牌也在族内赓续，尧舜禹时的“禅让”便是其写照。

炎黄天下的崩溃源于禹将天子之位传予其子启，这一违背禅让祖制的传子不传贤之举开启了“家天下”的局面。无论后世追述如何美化启的品德与政治能力，将最高权力的传递由一族之内收束到一家之内，过去一族凌驾的结构随之转化为一家凌驾于天下万千家族，这个转变无疑都是“私”意所致。

家天下自始就不稳固，禹生前指定的接班人伯益就曾对启发难。《墨子·尚贤》曰：“禹举益于阴方之中，授之政，九州岛成。”《史记·夏本纪》载禹“举益,任之政”。据《竹书纪年》,禹死后由禹之子启继位,而益因与启发生争执,帝启六年,被启杀死。这是黄帝之后首次直接针对“天子”之位的政治斗争。进而又有“太康失国”,政权为羿所夺。[1] 经由“少康中兴”后,有夏政权才渐趋稳固。从另一个角度看,自家天下之始,天下共主之位即成为可争夺的了。

夏朝的天子仍属炎黄部族一系,取而代之的商人则属于东方民族,很可能是古老的东夷族少昊、蚩尤的苗裔,这在考古学遗存上业已获得有力的支撑。商汤通过武力颠覆夏朝,一则外族争夺天下首次获取成功,二则自黄帝之后政治权力中心首次为炎黄以外的部族掌握。在灭夏之后,商人努力树立新政权意识形态和文化上的正统地位,仅从甲骨文中记载的商人宗教行为便可窥知其“尚鬼”的思想文化风貌,正是商王“掌管”神性的表现。同时,商人不断尝试在地缘上趋近“天下之中”,通过屡次迁都不断地将政治中心由东向西迁移,最终至殷(今河南安阳附近)。甲骨文中可见商人已有与四方对应的“中商”观念,也就是说商人将自己的政治中心与天下之“中”合一了。

由于共主地位,商人获得了册命方伯和调集诸方资源的巨大能力。正因如此,天子和政权成为天下共同觊觎之物。甲骨文中便反映出商代战争不断,共主之位时常受到挑战与威胁。商代晚期最主要的威胁来自西部的戎和东部的夷。面对东西两面同时作乱,商人最终选择了首先平复东夷之乱,同时将稳定西部的工作交由周人来代为处理。这一战略决策使商人国力空虚,周人得以乘虚而入,最终取而代之。不过这仅仅是殷商覆灭的原因之一。

在略说了形势之后,下面再来谈谈文王为什么要翦商。首先

---

〔1〕 此事在先秦广为流传,参见《史记·夏本纪》《索隐》《正义》《竹书纪年》《离骚》等。

要说明，发迹自西土的周部族一直以“正统”的炎黄苗裔自居。周代文献中存在大量周人自我追溯的记载，例如，《诗经·绵》云“绵绵瓜瓞。民之初生，自土沮漆”。[2] 只是由于周人在崛起时期，各方面实力较之殷商差异巨大，而商族业已占据天下之中近四百年，并且掌握了文化、宗教上的强势话语权，因此克殷以前周人身份上的优越感并未得到充分表达。

周人对天下的觊觎并非始自文王。《诗经·鲁颂·閟宫》云：“后稷之孙，实维大王，居岐之阳，实始翦商。”可见自诩后稷苗裔的周人对商人的天下，早自太王（古公亶父）时代业已有了觊觎之心。古公亶父是周诸先王中极具政治能力的一位，《史记·周本纪》描述道：“古公亶父复修后稷、公刘之业，积德行义，国人皆戴之。”公亶父在经历了与西戎的反复交争之后，最终选择了由豳迁都至岐，也就是“周原”。此处正是周人之后发起翦商的大本营。公亶父临终将王位传予少子季历，《周本纪》载“古公卒，季历立，是为公季。公季修古公遗道，笃于行义，诸侯顺之”。可知季历延续了太王政治的规模和方略，特别是“德政”。经历了两代人苦心经营，远在西北边陲的“小邦周”此时已在诸侯林立的商人天下中立足稳固并拥有了一定的声望。《史记·龟策列传》：“（文丁）杀周太子历，囚文

---

[2] 郑玄《笺》云：“喻后稷乃帝喾之胄，封于邰。其后公刘失职，迁于豳，居沮、漆之地，历世亦绵绵然。至大王而德益盛，得其民心而生王业，故本周之兴，自于沮、漆也。”还有如《尚书·康诰》记周公曰“惟乃丕显考文王，克明德慎罚；不敢侮鳏寡，庸庸，祗祗，威威，显民，用肇造我区夏，越我一、二邦以修我西土。惟时怙冒，闻于上帝，帝休，天乃大命文王。殪戎殷，诞受厥命越厥邦民”。《君奭》篇亦载周公之语“惟文王尚克修和我有夏”。《国语·周语》祭公谋父谏周穆王时也谈道：“昔我先王世后稷，以服事虞、夏。及夏之衰也，弃稷不务，我先王不窋用失其官，而自窜于戎、狄之间，不敢怠业，时序其德，纂修其绪，修其训典，朝夕恪勤，守以敦笃，奉以忠信，奕世载德，不忝前人。”按《史记·五帝本纪》所述，帝喾高阳乃黄帝的重孙。

王昌。"[3]根据《竹书纪年》，文丁在位十三年期间，周侯季历伐戎有功引起太丁（文丁）忌惮，先嘉其功而杀之。[4] 可知到了商末的文丁时代，周人的实力已不可小觑，并引起了商王廷的警惕，季历之死或是商王杀鸡儆猴之举。

季历之子文王姬昌就是在这样的环境下即位。与他的父、祖一样，时为西伯的姬昌通过推行"德政"，进一步稳固属内政治并扩大其在诸侯间的影响力。《周本纪》说他"遵后稷、公刘之业，则古公、公季之法，笃仁，敬老，慈少。礼下贤者，日中不暇食以待士，士以此多归之。"文王即位后，商周关系变得更加复杂。总的来说，文王一直以商之"方伯"身份处理与商王廷和其他诸侯国的关系。[5] 史传商纣王曾接受崇伯虎的意见，囚禁文王于羑里。[6] 正是在被囚禁期间有了著名的演《周易》之举，对此后周人政治的影响非常巨大。[7] 后经过姜太公等的周璇获得开释。在返回宗周不久，又经历了一段时间的韬光养晦，再之后有了"文王受命"事件，成为周人正式打起旗号挑战殷商政权的标志和正当性基础。

二、文王演《易》与革命之法

《周易》是商周革命之际周人的意识形态立法，亦可认为是"文

---

[3] 《索隐》云："按'杀周太子历'，文在'囚文王昌'之上，则近是季历。季历史不被纣诛，则其言近妄，无容周更别有太子名历也。"

[4] 《晋书·束皙传》引古本《竹书纪年》云："文丁杀季历。"《吕氏春秋·首时》云："王季历困而死，文王苦之。"

[5] 过去对文王是否已经称王的问题多有争论，现在据周原甲骨的"[illegible]（典）[illegible]周方白（伯）"（周原甲骨 H11:82）可知，称"方伯"的可能性更大。

[6] 一作"牖里"，在今河南省安阳市汤阴县北 4.5 公里的羑里城遗址。羑水经城北东流。

[7] 下文对此还将专论。

王之法”最主要的内容,此书一出,一改阴本而尚阳德,以此奠定此后数千年政治、法律文化阳德证道的基本立场。对于整个传统法文化的意义之巨不待敷陈。然而它的具体内涵却因近于巫卜神道而常为法律家所忽视。

文王在被困于羑里的七年间,以演《周易》为中心,对上及天人之际,下至周人的内政外交策略和翦商的战略进行了深刻的反思。对周人以及对后世的中国思想文化而言,这是一个极其重要的转折点。当然,这一系列反思直接源自文王所面对的迫在眉睫的危机与困境:

首先,周人虽经过太王以来三代人励精图治,成长为国力、声望日渐增长的重要方国,然而相较于强大的殷商仍属“蕞迩小邦”。季历时,也包括文王在位前期周人扩张的战略业已引起了商王廷警惕。为了能够缓解与商的直接矛盾,进一步积蓄力量,势必要对之前过于激进的政策进行改变。其次,周人较之殷商政权既没有绝对实力,亦不占据天下之“中”,如何获得以武力谋夺天下的正当性是当务之急。微此不足以争取中立者,以及殷商故旧们的认同和支持。最后,周族在物质、精神等诸方面的文化水平远不及殷商,如何在文化上迅速确立优势地位,使周人既能够避免商政之弊,亦可吸纳殷商的文化成就,是更为意义深远的问题。

文王在这七年间最重要的创制,是确立了立足阳动,假托“阴本”文化之“顺守”的方式以实现“健动”之“阳德”的方针。这个选择意义重大,往小说它成就了周人由“蕞尔小邦”完成“翦商”直至平天下的伟业;往大说其大致奠定了此后近三千年中国思想与文化的主基调。虽说很可能文王本人对于其对后世的深远影响也始料不及,且若非经由周公、孔子以及战国直至宋明儒家的不断发明亦难以光大。但仅就奠定基调,特别是使之成为政权意识形态领域的“正统”,文王确有不世之功。

在此有必要对“立足阳动,假托‘阴本’文化之‘顺守’的方式以实现‘健动’之‘阳德’的方针”这句话进行些许解释。中国早期的文化传统具有强烈的自然本根属性。说得直白一些就是“天人合一”,是对世界进行整体性、内部化把握的倾向。人的作为需要顺守自然法则。人之外的世界由诸自然神掌控,故人要想有所作为必须因循自然法则,顺守神意。这就是“阴本”。

阴阳观念的产生至今仍是未解之谜,或与人们对日照的向背理解有关,故有山南水北为阳之说,但都限于猜测。至少在伏羲创生八卦之时业已存在,它是乾坤、坎离、艮震、巽兑两两相对的卦象结构成型的基础。不过结合“宇宙论”和“生成论”的范畴,早期对于世界生成的理解均以“阴”为本。无论是神话中关于女性始祖的记载,还是对于生育万物的“地”的认识,俱被看作“阴”德的表征。也就是说,早期思想文化环境中“阴德”乃是“生德”,而“阳”则主导生成之后的运行,特别是其中的变化、异化和特化。这类原初的理解方式源自先人对世界的体认以及其智慧的累积,尽管质朴,却暗合了今日生物学对生命起源的论证。生物学的研究表明,生命世界的原初状态只有雌性。她们足以通过细胞分裂的方式提供生命的孕育和生成的一切所需。但是这种简单的“复制”的生命形态无法应对环境变化和其他生命形式的挑战。因此才出现了雄性,在阴本的生成环境中加入了阳动的力量,进而表现出复杂化、异化和竞争化。正是因为有了阳动力量,生命的世界才出现了多种多样的姿态,个体存在者也可以表现出超乎群体一般性的“个性”。到了这个阶段,生命的存续开始以类似于达尔文“进化论”所描述的状态展现出来。

由此可见,早期传统中“阴本”为基础的对世界的理解方式,恰是直接还原世界本体的理路。以此为据制定的人域的行事准则，亦表现为以“因循”和“顺守”为基本原则。而对于阳动的存在，多目之为扰乱、造作的力量。

殷人崇尚阴本的证据之一是他们的筮书《归藏》。《礼记》载孔子语曰：“我欲观殷道，得《坤乾》焉。”因为《归藏》首卦为“坤”，次卦为“乾”，故亦称之为《坤乾》。而“归藏”的词义亦与以“坤”为中心的阴本思想有关。与殷人《归藏》形成强烈反差的便是《周易》。毋庸置疑，《周易》是文王阳动主张的最明确体现。

至此，还有必要对文王与《周易》的关系作简要的讨论。关于《周易》的产生年代和文王与之的关系，多有史传记载，时代最早者约在春秋中后期；后来经由孔子推崇，战国儒家已广为传布；[8]至汉代经学昌明，更演绎出多种论断。尽管传说不一且难以考详，但不能否认它们提供的信息具有相当的真实性。殷末周初的周人统治集团领袖们产生了十分强烈的忧患意识，这就是《周易·系辞下》所说的：“《易》之兴也，其于中古乎？作《易》者，其有忧患乎？”文中“中古”是针对春秋战国而言，实际上指的就是殷末周初。《周易》的卦爻辞作成时代在殷末周初，正好与周文王时代相当。[9]不过文王究竟做了多少工作仍旧多有争论，涉及卦序、重卦、卦辞、爻辞等方面。关于重卦的问题，饶宗颐论证了“筮法商人所固有，

---

〔8〕 如《左传》昭公二年文曰：“二年春，晋侯使韩宣子来聘，且告为政而来见，礼也。观书于大史氏，见易象与《鲁春秋》，曰：‘周礼尽在鲁矣。吾乃今知周公之德，与周之所以王也。’”春秋战国之际的《周易·系辞下》引孔子言：“《易》之兴也，其于中古乎？作《易》者，其有忧患乎？”又，“《易》之兴也，其当殷之末世，周之盛德邪？当文王与纣之事邪？是故其辞危”。马王堆帛书《要》篇云：“文王作，讳而辟咎，然后《易》始兴也”；帛书《易之义》亦曰“《易》之用也，段（殷）之无道，周之盛德也”；帛书《缪和》并言“文王（拘）于条（羑）里”事。《史记·周本纪》云“西伯盖即位五十年。其囚羑里，盖益《易》之八卦为六十四卦”。又《太史公自序》云“昔西伯拘羑里，演《周易》”。

〔9〕 王晖：《殷末周初以史为鉴意识与思想维新运动》，载《史学史研究》2008年第2期。

《世本》'巫咸作筮'之说并非无稽","重卦非始于文王,殷时六十四卦卦名已经存在"。[10] 邢文进一步论证了宋人李过关于《周易》"不特卦名用商,辞亦用商"之说。[11] 所以文王演《周易》,最有可能是在卦序上做了文章。

由此可知:其一,《周易》产生于殷周之际应无疑问。通过反复讨论《周易》卦爻辞的内容,先贤业已从史学层面论证了此说的合理性。其二,《周易》卦爻辞成于周人之手亦没有问题。至于是否确为文王本人亲手撰写,还是他的智囊们集体创作,无须严格推求。对《周易》卦爻辞的性质,一种思路是将之作为古史"记事"的实录。重要的是,《周易》借由文王公诸于世,成为一种政治象征。[12]

不难推想,文王在羑里长达七年之久,面临的是长期脱离周人政务,且前途极其不明朗的局面;同时这也为文王提供了相对独立的反思空间。[13] 从获释之后的诸多举措,特别是对商廷的策略转变、宣称"受命"及之后的一系列举动,可以看出文王实际上利用在羑里的时间对周人谋图天下的政策、方针进行了重大调整,而这些新举措乃是保证周人得以翦商平天下的保障。除了内政、外交和军事方面的策略外,周人"革命"的神圣性、正当性在此时也受到了文王关注,包括内在与外在两方面:

---

〔10〕 饶宗颐:《殷代易卦及有关占卜诸问题》,载中华书局编辑部编:《文史》(第20辑),中华书局1983年版。

〔11〕 参见邢文:《秦简〈归藏〉与〈周易〉用商》,载《文物》2000年第2期。

〔12〕 对于后世的研习者而言,"文王"本身也是一个具有象征意义的符号,代表的是殷周之际周人的思想、智慧和政治主张。

〔13〕 帛书《缪和》和《史记》中均言文王演《周易》的时间点在他被囚羑里期间,这一背景很值得深思。文王被囚羑里实乃先周翦商历程中非常重要的转折点。记录文王言行事迹与思想最详细的《逸周书》中,凡直接载录时间的篇章无不在文王自羑里获释之后。将此与在羑里演《易》的传说勾连,二者之间想必有联系。文王被囚直接原因是崇伯虎的建议,深层原因是周人之前奉行的内政外交的强势政策及其势力的扩张引起了商纣王的忌惮。从商王能够轻易囚禁文王,也可见当时殷周势力对比商人尚有绝对优势。

第一,在内外交困的环境下,文王需要找到一个具有神圣性的寄托,让自己,也让周人坚信始自太王的“翦商”战略是合乎天意且必将成功的。诚然,文王确为一代圣王,具有超凡的智慧与领导能力,但他亦不会超脱于当时的文化、思想环境。对天帝、诸神祇和祖灵的信奉、崇拜当是文王时期社会观念中的常识。面对被普遍接受的“上帝—商先王先公—商王”这一牢固的神意传递观念,文王很难以一己之力将之颠覆,只能谋求新的技法直接与天帝沟通。

凭借先王先公与上帝之间的特殊关系,商王自然获得帝命的眷顾。这为殷商政权带来了天然的神圣性基础。作为最能洞悉世界的至上神——上帝——意旨的人,商王所统治的政权所具有的正当性便不容置疑,甚至可以共享上帝的名号,以“下帝”之名成为人间的最高统治者。可以想见,以商王及其亲族为中心的商廷统治者们奉行顺守的处世哲学。他们要做的,原则上是顺承帝命、祖命和王命这些神圣的意旨,并且通过大量的祭祀供奉以图取悦神祇,以保障持续获得神的佑护。

文王要实现太王翦商的宏愿,消解商王与上帝之间这种关系结构势在必行。对于周人以及当时以殷商文化为主导的社会观念而言,商人所信奉、体行的文化既是“正统”,也被认为当然地为最高天神,也就是上帝所允许并加佑护。身处“天邑商”的殷商子民只需要因循保守其已有的“帝命”,即可安享天下之“中”。故在他们的文化中处处表达出因循、顺守神意的气象,《归藏》就是其中一例。鉴于此,文王要做的是建立一套新的思路,既能包容已有的阴本文化传统,又彰显出阳动的合理性以打破此因循。考虑文王及周人所处的地位,以“蕞尔小邦”之众直接颠覆“天邑商”所推崇的意识形态、文化传统乃至其对外宣称的政权正当性和神圣性,显然是不现实的。文王采取的策略概言之有二:一是以彼之道还制彼身,二是借他山之石以攻玉。文王对《周易》的创制很明显地体现出上述两种方略。

第二,文王力图实现“天下归心”以拓展周人的政治向心力,需要向周人以外部族乃至殷商旧族宣示其“革命”的正当性和神圣性。要达至此目的,最有效的方式是通过对原有的、广为接受的文化传统进行重新阐释,使周人的革命能够获得传统的支持。演《周易》,最终成为实现上述两个目的的方法之一。

所以文王演《易》最直接的目的是利用已有的具有神圣性和“通天”能力的知识,重建树立周人翦商得天下及建立新的意识形态的工作,与即事即验的占筮并无直接关联。换言之,文王作《周易》并不是想创造或改编出一套较以往更为有效的占筮方法,而是意在借用以往占筮方法背后的具有神圣性的观念基础。

《易》是基于筮占和八卦系统的作品。八卦有非常古老的渊源,相传创始于伏羲,通过人为地以简单符号对整个世界进行类分,提供了一种全新的世界观。其中包含有两个向度的特性:一是将世界万物看作联系的、同质的整体;二是对复杂的现象作简单化的理解,并通过一组自洽的类化概念(符号)体系加以解释。

《周易》之于殷《易》(《归藏》)的创造性改变,首先体现在对《乾》《坤》二卦的序与辞的调整上。殷《易》曰《归藏》,其起始二卦是《坤》《乾》,因此亦以《坤乾》名之。[14] 而《周易》则将之变为首《乾》而后《坤》。在占筮的传统中,《乾》之卦与阳、天、健、动等义相联,而《坤》则与阴、地、柔、顺相连。

《归藏》以坤为首,淳于俊曰:“《归藏》者,万物莫不归藏于中

---

〔14〕《礼记·礼运》:孔子曰:“吾欲观殷道,是故之宋而不足征也,吾得《坤乾》焉。”郑注云:“殷阴阳之书,存者有《归藏》。”

也。”刘敞曰:“坤者,万物所归,商以坤为首。”黄裳曰:微显者,易之知也。故商曰《归藏》,《归藏》者,以其藏诸用而言之也。[15] 王家台简本《归藏》之《坤》卦名曰“[illegible]”,隶定作“寡”,[16]画作“䷁”,传世本作“[illegible]”。卦辞曰:“寡曰不仁。昔者夏后启是以登天,啻弗良而投之渊。寅[17]共工以(对[18])□江□▨。”从文面上看,卦辞可理解为:勿为不仁,过去夏启以不仁之行登天,上帝将之投入深渊,代之以共工。《乾》卦名曰“天目”或“天”,画作“䷀”,卦辞曰:天目朝=,不利为草木,赞=偁下□▨(181)[19]。卦辞据文面可理解为:天监昭昭在上。干主立冬(《易纬·通卦验》),故曰“不利为草木”。赞赞偁下,当读作“攒攒偁下”,意思是草木黄落,纷扬而下,攒聚敛藏。[20] 马王堆帛书本“坤”作“川”,“乾”作“键”。

《坤》卦之德主顺守,《乾》卦之德主健动,后世注家悉无异议。《归藏》首《坤》,即反映出其整个占筮体系及背后的文化、思想基础均以顺承天帝之命为最高原则。殷人每事求卜筮,说明时人尚依赖天帝的意旨,此外也反映出在当时观念中,上帝与其他神祇一方面对于一切与人相关涉的世界和事件具有最终的决定能力,另一方面神对人的影响方式具有不可知性和偶然性,依据人的理智无从掌握其“规律”,因此才需要每事求问。人的智慧的努力方向非

---

〔15〕 引自(清)马国翰辑:《玉函山房辑佚书》卷一《归藏》,琅嬛馆 1884 年版。

〔16〕 蔡运章认为此处的“寡”不应看作卦名,其说有理。见蔡运章:《秦简〈寡〉、〈天〉、〈卷〉诸卦解诂——兼论〈归藏易〉的若干问题》,载《中原文物》2005 年第 1 期。或许应按照马王堆帛书本写作“巛(川)”,训为“顺”。

〔17〕 连劭名云:坤为水,故曰寅。参见连劭名:《江陵王家台秦简〈归藏〉筮书考》,载《中国哲学史》2001 年第 3 期。

〔18〕 连劭名释文作“对”,王明钦本作“以”。

〔19〕 释文据王明钦:《王家台秦墓竹简概述》,载艾兰、邢文编:《新出简帛研究》,文物出版社 2004 年版。

〔20〕 朱兴国:《王家台秦墓竹简〈归藏〉全解》,载 https://wenku.baidu.com/view/fe76fecde309581b6bd97f19227916888486b908.html。

在探寻世界运行的内在规律(日后说的“道”),而在致力于将与神沟通的技术性知识不断精确化。这同时也说明当时的上帝、天神、地祇等众神,甚至商人的先王先公化身的祖灵均具有人格性,甚至是个性。此时的众神接近于自然神与人格神的混合体,他们有意志、有位格,也保留有基本的自然属性。

根据已知的材料,商人有关人神交流的智慧努力的最高成果是龟卜,这种高贵的技术掌握在极少数人的手中,具有最高的准确性。相较而言,使用《周易》《归藏》的占筮则处于更低地位。这一点在《尚书·洪范》《春秋左传》等早期文献中已有明证。如果置于长时段中考察,殷人这种借由特定技法揣测神意的做法,以及为此穷尽智慧的努力,和他们围绕事神为中心展开的政治体制最终都被完全颠覆了。到了战国时代,占、卜技术联通行事的巫卜人员被推挤到了社会边缘;智慧所追寻的最终目的转向了对终极真理问题(“道”)直接或间接的阐释与落实;一切的人域制度、文化的终极判断标准均须与“道”合一,建构的社会理论也无不在于探寻通向“道”的“法”。而此“道”较之殷人之上帝的最大区别在于不具备神格特征,既无意志,亦无不可知性,对人世的影响有规律可循。是如余敦康所论:“殷周之际宗教思想的变革使中国文化的发展产生了一次重大的转折。这种转折一方面表现在它对以往的巫术文化作了一次系统的总结,并且熔炼成为一种以天人关系为核心的整体之学,另一方面表现在它以曲折的形式反映了许多前所未有的理性的内容,为后来的人文文化的发展开辟了一条通路,提供了必要的前提。”〔21〕上述的剧变显非一蹴而就,端倪可追溯到殷周之际周人对思想文化的改造,而文王则是典型代表。只不过文王非

---

〔21〕 余敦康:《从〈易经〉到〈易传〉》,载余敦康:《中国哲学论集》,辽宁大学出版社1998年版。

是为了探究世界的真理而进行思考，其目的始终在于兴周和翦商。而创制《周易》也始终与意识形态和神圣性这两个政治需求有关。

《周易》中强调阳动，即认可人通过主观的努力能够获得对世界根本规律的认知，并且能够通过以积极的姿态体行这种规律，获得神的青睐，并改变甚至掌握自己的命运。其中存在两个前提：一是世界的最高真理并不由"上帝"掌握，上帝与人一样都是最高真理的遵循者。而这个最高真理就是后来被"强名之"的"道"。二是存在界的一切，包括人、神、自然等，均同质且遵循同一的根本法则存在、演化。任何具有偶然性、不可知性的情况均可以通过反思世界的联系机制最终获得认识和解决。

如果单独审视《周易》的卦爻辞，几乎看不到对"道"的表达。然而从其所依赖的整体观之可见其端倪。《周易》的基础有二，一是数占，二是卦象。数占是获得确定结果的方法，而卦象则提供对确定结果的解释。《周易》的卦象是六十四卦系统。这个系统是足以自足完满的体系，因此《系辞上》说"《易》与天地准，故能弥纶天地之道"。通过对世界的二分（阴阳）、三分（三才）、八分（八卦）以至于六十四分（卦数）、三百八十四分（爻数），系统地将世界万物愈加细致地进行分类处理，是卦爻体系展开的思路。这些"分"既是对世界以某些特定的标准进行分类并解释的体系，同时也是对世界之中的万事万物进行体系化"安顿"的方法。《易》既然"弥纶天地"，则天地之间的一切均可以在《易》的体系中找到自身的定位。也恰是由于这种定位能够被清晰地认识，所以具有了明了其进一步的变化的可能。江山先生曾指出："《周易》乃猜测哲学时代，中国之法象意识（效法自然或自然神论）的集大成作品；同时亦是解释哲学开端时代，中国之义理神论的开山作品。其话语缔造和概念生发有开源既定的意义及权威。"[22]这个理解极为深刻,指明了《周易》的体系所蕴含的有别于殷商以猜测帝命神旨为中心的世界解释体系。而从另一个层面上说,二分之前,即后世所谓的"太极"的状态,乃整个世界共同的本根。由此共同本根生发出来的世界,无论表现得如何复杂,根本上却都同原、同质、同归。

《周易》的系统强调"变"与"时",整个自洽且自足圆融的体系又为"变"的方式、方向提供解释。而人要把握乃至利用这些"变",就要知悉事物的运行之于整个体系的位置。其中卦序无疑最能够彰显对立和变革。其中典型者,除了最为基础的《乾》《坤》外,还有如《泰》与《否》、《剥》与《复》、《坎》与《离》、《损》与《益》以及在后文中将要讨论到的《革》与《鼎》等。由此可见,《周易》对变革予以了格外充分的关注,这一特质显然与殷周之际周人所面临的局势、使命有关。

举例而言,《周易》最直接地体现出对"革命"观念的理解是对《革》《鼎》二卦的安置和阐释。两卦在今本《周易》中分列第49位和第50位。《序卦》解释道:"革物者莫若鼎,故受之以《鼎》",其意即今所谓"革故鼎新"。[23]《革》卦下离上兑,《象》曰"泽中有火"。卦辞作"巳日乃孚,元亨,利贞,悔亡"。江山先生释曰:"元亨利贞,本为卜筮之语,虽可引申,然此处似无必要。悔亡,即亡悔。考之再三,此一段话,并非概念的定义语,倒更像一历史事件的描述。大意说,某一天,祭祀天完毕,从上天获得了信心,大吉大利。

---

〔22〕 江山:《革命析说》,载《政法论坛》2005年第5期。

〔23〕 不过按照帛书《易》的卦序,二卦分别位于第47位与第56位。从卦象上看,《革》的下离上兑与《鼎》的下巽上离形成覆卦的关系。按孔颖达云:"今验六十四卦,二二相耦,非覆即变。覆者,表里视之,遂成两卦,《屯》《蒙》《需》《讼》《师》《比》之类是也。变者,反复唯成一卦,则变以对之,《乾》《坤》《坎》《离》《大过》《颐》《中孚》《小过》之类是也。且圣人本定先后,若元用孔子《序卦》之意,则不应非覆即变,然则康伯所云'因卦之次,讬象以明义',盖不虚矣。"[(唐)孔颖达:《周易正义》卷一〇《序卦》。]

以此去做事，无悔。”〔24〕此论与朱子之论相合：

> 革，变革也。兑泽在上，离火在下，火然则水干，水决则火灭。中、少二女，合为一卦，而少上中下，志不相得，故其卦为革也。变革之初，人未之信，故必巳日而后信。又以其内有文明之德，而外有和说之气，故其占为有所更革，皆大亨而得其正。所革皆当，而所革之悔亡也。一有不正，则所革不信、不通，而反省悔矣。〔25〕

因此，《革》卦的卦辞分明是在说如何为一场空前的变革做好准备。《彖》曰：“巳日乃孚，革而信之。文明以说，大亨以正，革而当，其悔乃亡。天地革而四时成，汤武革命顺乎天而应乎人。革之时大矣哉！”据此，儒家将“革”义联系到自然界的“天地革而四时成”和人世间的“汤武革命”。〔26〕也许这就是文王做出改动的原因，即寻找了一个具有与“勒”相似含义，且又能够引申出变革、革除之义的“革”作为卦名，以彰显革命的义理。

紧接着《革》卦的是《鼎》卦。《鼎》的卦辞很简单，作“元吉，亨”，从文面上看即大吉，亨通之义。仅基于此看不出什么有效信息，需要结合相关的内容。《彖》传说“鼎，象也”，意思是要结合“象”来理解此卦的大义。《彖》《象》均通过上下卦的关系的象征，即“以木巽火”“木上有火”作为阐释的基础。而《彖》传的解释，还

---

〔24〕 江山：《革命析说》，载《政法论坛》2005年第4期。

〔25〕 （南宋）朱熹：《周易本义·经二》，中国书店1987年版。

〔26〕 而就“革”原初的含义，许慎以为“革，兽皮，治去其毛”（《说文解字》）是有问题的，杨树达考“革”为鸟翅膀，引申有兽去毛之义，又引申有改革之义，较未允当。马王堆帛书《易》中“革”写作“勒”，考虑到帛书《易》与《归藏》之间可能存在的联系，很有可能“勒”即是“革”卦在早期的卦名。“勒”具有皮革之义，却无“变革”的引申含义。参见杨树达：《积微居小学述林·释革》卷二。

结合了作为礼器的“鼎”的本义,从“圣人亨以享上帝,而大亨以养圣贤”这个角度进行了发挥。

辑本《归藏》此卦名也为“鼎”,王家台秦简《归藏》亦有是卦,名曰“鼒”,辞曰“鼒曰:昔者宋君卜封□而支占巫苍=占之曰:吉。鼒之芒(佗)= 鼒=之钦(萃)= ,初有吝,后果述”。[27] 据《尔雅·释器》“圜掩上谓之鼒”和《说文解字》“鼎之圜掩上者”,可知鼒即上端收敛而口小的鼎,与鼎是同类的器物。卦辞记录的是“宋君”一次占筮的实例,大意为:以前宋君卜问“封□”而枚占于巫苍,巫苍占的结果是吉,鼒既美且纯,初有不利,最终却能得善终。这个“吉”的总说以及“初有吝,后果述”的详说,如果结合爻辞理解更加便利。连劭名根据《周易·鼎》卦的爻辞指出:卦初二三四爻皆不利……然则物极必反,之后卦运逆转,故曰“初有吝,后果述”。“述”,读为“遂”。[28] 所以秦简《归藏》中对此卦的理解,与《周易》卦辞所表达的意思基本上一致。

作为周人的领袖,文王无疑面临一场即将到来的旷世变革,而这次很可能要通过大规模战争来完成,且又将颠覆几百年来政治、宗教、文化“正统”的大变革,当然需要充分的,能够借由“天命”和“真理”演绎出的“理由”来服己服人。《周易》在文化传统中的特殊地位,使它能够提供这样一个建构“革命”正当性的平台。而对之加以改造以适应周人的“使命”的需要反映在方方面面。强调“对立”“变革”“冲突”在神圣的知识、文化体系中的价值,恰是在为日后的“革命”张本。

---

〔27〕 依据连劭名的解释,“芒”读作“佗”,释为“美”;“钦”读作“萃”,释为“纯”。参见连劭名:《江陵王家台〈归藏〉筮书考》,载《中国哲学史》2001 年第 3 期。

〔28〕 参见连劭名:《江陵王家台秦简〈归藏〉筮书考》,载《中国哲学史》2001 年第 3 期。

三、文王之法

传世典籍中记载文王事迹最多的是《逸周书》。〔29〕书中有三分之一多的篇目专门记录文王在克殷之前的言行。〔30〕纵然不能把它们看作实录,至少也可以认为其言之有据,语出有本。而在这些篇章中,"德"无疑是最重要的话题。

政治思想中的"民本"与"德政"是周人早期思想的重要特色。殷商及之前的政治乃是一种以宗教神圣性为基础的统治,历代商王均以"帝"(或曰"上帝")的代理人的身份居于"天下"之"中"以统治人世。19世纪末以来陆续出土的几十万片甲骨卜辞中充满了商王对各种问题的占问,包括祭祀、征伐、天气、灾害、疾病等,可以说涉及商王生活、行事的方方面面。其中有两个现象很有必要重视:其一,人神之间的互动,人始终被动接收,甚至扮演揣测神意的角色。而神意一方面对人世具有决定性,另一方面又伴随强烈的不确定因素。人为了获取神意,同时也出于更好地控制人世的目的,衍生出一套复杂的巫卜技术体系。其二,商末代诸王如帝乙、

〔29〕 这部书的性质众说纷纭,或以为是孔子编《书》之余,或以为是齐国保留的西周文献,也有说是战国时候的作品。由于它没有被认定为"经"而一直不受重视。直到最近的"清华简"出现了与之可以对应的篇章,学界才逐渐认识到它的史料价值之高。尽管如此,人们至今没有把它当作"经"来琢磨和玩味,对其中的种种问题也还发掘得很有限。

〔30〕 对文王的思想、事迹,今天流传于世的《今文尚书》二十八篇中几乎没有直接记载。《周书》诸篇对文王思想的追述大多出自周公旦。长期以来,大家都用《今文尚书》较之孔子选编的百篇《尚书》缺损大半来解释这个现象,但除此之外别无隐情吗?恐怕并非如此。在《论语》中记载孔子关于文王的论说仅一处,即《子罕》篇:"子畏于匡,曰:'文王既没,文不在兹乎。天之将丧斯文也,后死者不得与于斯文也;天之未丧斯文也,匡人其如予何!'"如果加上《礼记》《大戴礼记》中的孔子言论记录,他对文王的直接评价也不多见,且远没有对周公的评价高,这是一件很蹊跷的事。

帝辛已经为人间王冠以“帝”的称号,而此原本专属于最高天神。为示区别,帝被称为“上帝”。此一变化背后隐含了至少两种动因:一是王权与巫卜职业者的权力斗争;二是人与神之间的权力交争。商王已经不甘于“帝”于此世界的独尊,而通过区分上帝与人间的帝宣示人王对人间事物的掌控能力。很明显,人的独立意志及其对于自己在宇宙体系中的定位,较之早期已发生了显著的变化。商末帝辛面对祖伊的“天弃我,不有康食”的劝诫时反问“我生不有命在天”,〔31〕可见当时在纣王的眼里,上帝并无能力改变授命于商王的事实,商人当然地拥有“天命”以统治人间。

至于这种观念的变化何时及因何开始现在还无从确知。不过可以肯定,在殷周之际这是一种涌动的新思潮,用徐复观的话可谓之“人文精神的跃动”。〔32〕但殷商一代不及呈现此一新文化格局即覆灭亡。周人无疑是上述人文精神最典型的代表者,也是最大的受益者。

历代对周文王事迹的纪念、称颂无不涉及“德政”。早在周初,即有周公追忆“惟乃丕显考文王,克明德慎罚”,〔33〕“考朕昭子刑,乃单文祖德”,〔34〕“在昔上帝割申劝宁王之德”〔35〕等说法。《诗经·周颂·维天之命》亦云“於乎不显,文王之德之纯”。出土铜器铭文中,西周早期的《天亡簋》〔36〕铭曰:“衣祀于王不(丕)显考文王,事

〔31〕 事见《尚书·西伯戡黎》。

〔32〕 参见徐复观:《中国人性论史·先秦篇》,上海三联书店2001年版。

〔33〕 《尚书·康诰》。

〔34〕 《尚书·召诰》。

〔35〕 《尚书·君奭》。

〔36〕 又名大丰簋、朕簋,西周早期青铜器。出土于关中,现藏于中国历史博物馆。铭文释文见中国社会科学院考古研究所编:《殷周金文集成释文》(第3卷),香港中文大学出版社2000年版,第374页。并可参见陈梦家:《西周铜器断代》(上册),中华书局2004年版,第3页。

喜上帝，文王德在上。”康王时期《大盂鼎》铭曰：“今我隹即井（型）禀于玟（文王）正德，若文王令二三正。”[37]此“德”的具体内容大致可分两个方面，一是文王其人的德行，二是文王的政治主张和方略，主要是恩德。此亦是文王力主的“德政”的两个维度，即内修与外发。《逸周书·程典解》对此有甚微精确的表述：

> 政失患作，作而无备，死亡不诚，诚在往事。备必慎备，思（慎）地思地，慎制思制，慎人思人。慎德德开，开乃无患。慎德必躬恕，恕以明德，德当天而慎下。下为上贷，力竞以让，让德乃行。慎下必翼上，上中立而下比争，省和而顺，慎同。携乃争，和乃比。比事无政，无政无选。无选民乃顽，顽乃害上。故选官以明训，顽民乃顺，慎守其教，小大有度，以备啬寇。[38]

据此，文王的“德政”观念，可见图 7-1：

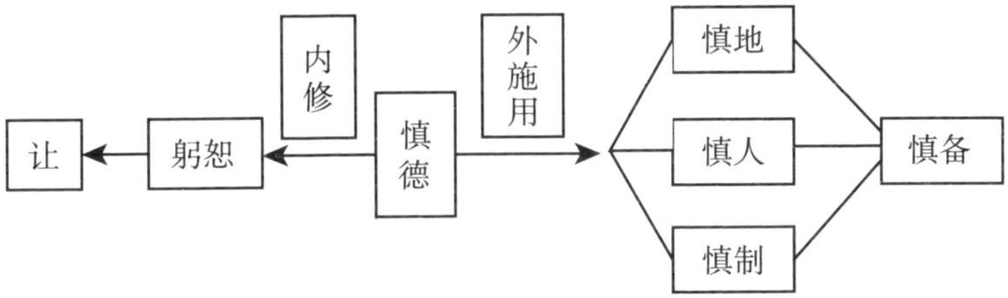

图 7-1　文王的“德政”观念

郭伟川认为“这是周文王晚年之事。《程典解》的内容，显示姬

---

〔37〕 李学勤：《大盂鼎新论》，载《郑州大学学报（哲学社会科学版）》1985 年第 3 期。

〔38〕 黄怀信等：《逸周书汇校集注》（修订本），上海古籍出版社 2007 年版，第 168-172 页。

周在其治下,已趋于哲理之教化,而应用于社会政治秩序”。[39] 强调“内”的维度,意味着存在推己及人和反求诸己的倾向,这与后世儒家的心性之学相类似。《尚书·无逸》中周公所言“皇自敬德”与之相契。讲求内修之“德”与对人性的理解不可分割。虽说专门以“性”为中心的学理研讨到了战国中期以后方始兴起,但这并不意味着之前的圣哲乃至一般民众对之未加反思。

文王将对人性的理解置于天道自然的基本前提下,认为人之生与性俱源自“天”。《逸周书·度训解》开篇云“天生民而制其度”,《逸周书·命训解》云“天生民而成大命”,《逸周书·常训解》云“天有常性,人有常顺”。上述三句可谓是人性与天之关系的总概括。认为“天”性与人性均有“常”可把握,即所谓“天有常性,人有常顺”。这与殷商视“帝”为具有神秘莫测性格的人格神,并常对人世施加难以揣测的影响大相径庭。

既然人秉受天性而生,那么以人身与人生为起点寻绎完满且合乎至理的状态便是理所应当的选择。这就开出了“内修”的路子。文王内修之德的表现,据后世追述包括有“不敢侮鳏寡,庸庸,祗祗,威威”[40]“徽柔懿恭”[41]“小心翼翼”[42]等。以现代语言概括,此修身之“德”的表现包括宽厚、敬慎、恭敬、勤勉。若用《逸周书·程典》中引述文王的话语来说,内修可以概括为“慎德德开,开乃无患。慎德必躬恕,恕以明德,德当天而慎下”。

“躬恕”与“明德”在行事中的具体要求,可借由《逸周书·宝典解》所录武王向周公述说政治的“宝典”来细说。其中对修身的

---

[39] 郭伟川:《论周文王的立国思想与西周礼乐制度——兼论文王与儒家文化的渊源》,载郭伟川:《两周史论》,北京图书馆出版社 2006 年版。

[40] 《尚书·康诰》。

[41] 《尚书·无逸》。

[42] 《诗经·大雅·大明》。

要求包括：

> 何修非躬，躬有四位、九德……四位：一曰定，二曰正，三曰静，四曰敬，敬位丕哉，静乃时非，正位不废，定得安宅。九德：一、孝。子畏哉，乃不乱谋。二、悌。悌乃知序，序乃伦。伦不腾上，上乃不崩。三、慈惠。兹知长幼。知长幼，乐养老。四、忠恕。是谓四仪。风言大极，意定不移。五、中正。是谓权断，补损知选。六、恭逊，是谓容德。以法从权，安上无慝。七、宽弘。是谓宽宇。准德以义，乐获纯嘏。八、温直。是谓明德。喜怒不郄，主人乃服。九、兼武。是谓明刑。惠而能忍，尊天大经。九德广备，次世有声。〔43〕

文中"四位"之"定""正""静""敬"，从文义上看均是有关心性修行的要求。潘振云："定，谓志有定向。敬位丕哉，言敬则心广也。时非，言心待时不妄动也。废，怢也，正心不骄泰也。定则有天理自然之按，无人欲陷溺之危，常在其中，而须臾不离也。"〔44〕陈逢衡以为：定、静之说，开《大学》知止得止之先。唐大沛认为：四位皆以心体言之。〔45〕 此外，还可通过后世的记述进一步认识文王其人的德行状态。胥臣在对晋文公之问时言："文王在母不忧，在傅弗勤，处师弗烦，事王不怒，孝友二虢，而惠慈二蔡，刑于大姒，比于

〔43〕 尽管在《逸周书·宝典解》篇中未及文王，但从武王本人缺少文治创见以及其所称述的内容与《逸周书》其他篇章中文王思想的印证，可以推断此段文字是对文王思想的撰述或概括。也有可能就是"文王之典"的一部分。

〔44〕 黄怀信等：《逸周书汇校集注》（修订本），上海古籍出版社 2007 年版，第 282 页。

〔45〕 参见黄怀信等：《逸周书汇校集注》（修订本），上海古籍出版社 2007 年版，第 282 页。

诸弟。”[46]

需要说明的是，在中国古代的思想中，修身从来就不孤立于外部的人世和天道环境，而一直有寻求反哺、回归与还原自然本根的倾向。

文王以修身立德作为治理天下的出发点，通过修身，做到“惠于宗公，神罔时怨，神罔时恫。刑于寡妻，至于兄弟，以御于家邦”。[47] 修身的影响力首先是及于家，而后推展到宗族、亲族。而此恰是周人部族得以经历太王、王季、文王、武王四世持续以强大的凝聚力和能动性发展壮大，直至翦商平天下的基础。

后世关于文王治家之道称颂有加。《诗经・大雅思齐》中“刑于寡妻，至于兄弟，以御于家邦”即是一例。春秋时子鱼曾引此句劝诫宋公曰：“今君德乃犹有所阙，而以伐人，若之何？盍姑内省德乎？无阙而后动。”[48]可见文王以内省发端，自己身推及家、族、国、天下的理路，在孔子以前的时代业已被反思、总结并获得认同。

善于治理家与族，对于翦商前的周人意义重大，因为当时周人的政治基础在于周族与姜族的政治联盟，且以周族为中心。这个“族”亦可看作一个大“家”，凝聚力的纽带与家一样都在于血亲关系。对这种血亲纽结的族群进行治理，显然用伦理的方式更加妥当和自然。而周人部族的和谐，其属邑治理的成就，使之具备了更加巨大的向心力和吸引力。周人得以吸纳众多人才，以至于后来的天下归心。

很明显，作为姬周部族的统治者，文王的一切举措的最终目的无疑在于政治上的功业。因此外向的“德”经由家、族向一国、四方

---

〔46〕《国语・晋语四》。

〔47〕《诗经・大雅・思齐》。

〔48〕《左传》宣公十一年。参见杨伯峻：《春秋左传注》，中华书局 1990 年版，第 383-384 页。

推展,是以政治治理层面的“德政”为中心展开,而“德政”的主要内涵可概括为“敬神保民”。两者之中“保民”又更为重要,固有“民本”之说。相较于殷商以前以人神关系为核心的政治建构,文王给姬周政治带来的最根本性的变化,在于将关注的重心从神转向民,特别是下层民众。以民生和民意作为政治评判的标准,进而更以之为神(天)意的直接表现。

文王“民本”思想的最显著特色,是将有关民生、民意的几乎所有方面均纳入政治治理。因此,民政成为政治的中心内容。也恰是因此,整个社会中不复存在纯粹的“私人”关系。个人、家、族为结构的伦理关系,以及“乡里—邦国”为结构的人际关系,一并属于政治关系。从政策和策略上看,“民本”政治以民生为起点,现存史籍中的针对民生的政治创制最典型的表现是文王的“德政”。

有必要提到,“德政”以及“德”的观念非周人创见。一段时期内,以郭沫若为代表的学者们以甲骨文中不见“德”字为最主要依据指出“德”的观念出现于西周以后。从思想理路上说,文王“德政”的起点是对“人(民)”之性的理解。民之性源于“天”,是为《逸周书·命训解》所言之“天生民而成大命”。[49] 天所生之民,禀赋有天之“性”,因此说“天有常性,人有常顺”(《逸周书·常训解》)。人性在初始状态是“丑不明”的,并通过好恶、喜哀之情表达。在文王看来,天命存在一套调整人性并导之向善的机制,即“天生民而成大命。命司德正之以祸福”。这是一套自在于天的“正人”机制,同时也是政治统治者需要效法和因循者,故有“立明王以顺之,曰:大命有常,小命日成”[50]之说。

---

〔49〕 黄怀信等:《逸周书汇校集注》(修订本),上海古籍出版社 2007 年版,第 20 页。

〔50〕 黄怀信等:《逸周书汇校集注》(修订本),上海古籍出版社 2007 年版,第 20-21 页。

效法天命是进行政治活动与制度设置的最高要求，而周人的天命，较之前代最主要的改变在于强调征诸“德”和“民心”，由此周人可以堂而皇之地宣称“天命无常，维德是辅”，以之作为天下正统和神圣性由殷商向周人移转的根据。

四、周公与法律伦理化

天下格局自西周起生一大变化，而周初乃是变革的最显著处。此次变局肇始者为文王，成就者乃周公。周乃夏农官后稷弃之后，约五百余年前，值夏乱政，后稷子不窋去稷不务，以其失官，奔于戎狄之间。后历三世，公刘复修后稷之业，周道之兴自此始。至古公亶父承后稷、公刘之业，积德行义，国人皆戴之。避熏育戎狄于歧下。至是贬戎狄之俗，而邑别居之，作五官有司。再由季历传至文王姬昌，开始了翦商的事业。这样的觊觎还有可能开始得更早，《诗经·鲁颂·閟宫》曰：“后稷之孙，实维大王；居歧之阳，实始翦商。”从周人自述来看，周人可谓是夏人中分出的一支逃荒部族，由于长期与戎狄的混杂，在事实上处在华夏文化边缘，甚至在一段时期是与中原文化相隔绝。周人自己对其“蕞尔小邦”的处境也直言不讳。如《尚书·大诰》言：“予惟小子，不敢替上帝命。天休于宁王，兴我小邦周，宁王惟卜用，克绥受兹命。今天其相民，矧亦惟卜用。呜呼！天明畏，弼我丕丕基！”从实力上说，周人远不是商人对手，最终战胜商人极大地仰仗了战略、战术得当和有利的形势。不客气地说，周人最终依靠阴谋和机遇的把握而得手。[51] 然而现存

---

〔51〕 甚至可以设想，季历之子吴太伯去往东方亦可视为战略部署之一，而并非仅仅是对王位的谦让所致。

传世文献中却鲜见贬辞，最大不敬的话也仅仅是“武王答拜，先入适王所，乃克射之，三发而后，下车，而击之以轻吕，斩之以黄钺。折，县诸太白。乃适二女之所，既缢，王又射之三发，乃右击之以轻吕，斩之以玄钺，县诸小白。乃出场于厥军”（《逸周书·克殷解》）。即武王对纣王象征性的“鞭尸”行为。对文献中充满褒溢之辞的记述恰隐含着我们所要讨论的中心问题——为什么这次有预谋的造反行为最终受到歌颂？又为什么在传世文献中没有保存对此事件公允的，或者说是立场中立的记录？相反，几乎所有的记载都在立场上倒向了周人一方。另外，周人统治的规模是否仍旧是前人开创和维系的那个“天下”？

（一）政治伦理化

周人以武力方式推翻商人的统治，说得直白些，这是一次成功的造反行为。那么可以肯定，这种行为本身对于具有正当性的殷商政权来说显然不合法。况且周人借以成功的并非超强的实力，而是巧妙的战术加之对机遇的把握。[52] 基于这种方式取得胜利，多少有些乘人之危，胜之不武的嫌疑，更不用说当然地具有正当性。况且，武力上的胜利仅仅是对殷商首都地区和周人旧部所控制的西部地区而言，在广袤的东部，商人的实力依旧令周人胆寒。此时在周人，尤其是居于统治集团的周人中，萌生了强烈的忧患意识。“肆予冲人永思艰”（《尚书·大诰》）即其真实写照。当时最

---

〔52〕 从出土的卜辞文献中，不难发现是时商王朝恰与东夷进行了旷日持久的战争，在此次战争中商王朝消耗了大量的人力和财力，同时也使首都地区驻防空虚。而周人正是乘此机会一举攻陷了朝歌（相关的论述，可参见张光直：《商文明》，辽宁教育出版社2002年版，第246页；陈梦家：《殷墟卜辞综述》，科学出版社1956年版，第304页）。关于此次战争，在《左传》“昭公十一年”中也有“桀克有缗以丧其国，纣克东夷而陨其身”的记述（《十三经注疏》，阮元校勘，中华书局2021年版，第2060页）。这可与出土资料相互参证。

为紧迫的任务是使周人的统治获得正当性，以及获得实质性的社会控制力。对此问题作出成功回应的即是周公，而他的针对性的回应行为却又在不经意间开启了“天下”的新规模。

首先需要解决的问题乃是其政权的正当性。自从进入家天下，作为天下制高点而存在的政权一直是在炎黄部族内部传递的。自黄帝的开创事业之后，他们获得了掌控政权的当然资格。有夏初期所受到的短时期的挑战并没有对其正当性以及社会对其的认同产生实质性的挑战。[53] 这种局面直至商汤革命始有大变革。前文已述，商汤及其部族实为东夷，与夏人并非一族，商汤推翻夏桀而获得政权，发号施令于天下的局面，与周武王革商纣王之命的举动有极大的类似性，二者都系非统治集团的部族借武力造反并获得政权。不同的是，商人当时实为强势介入，加之东方部族强大的宗教能力，故对正当性的问题缺乏也无须过多的关注，毕竟掌握神圣解释权和话语权足以直接获得政治正当性。而各方面都处于弱势的周人，获得君临天下的正当性，无疑更加困难，而这也对维系新政权有着决定性的意义。汤武革命的相似性被周公巧妙地利用，意在将政治的正当性标准与道德准则联系在一起，以是否有德于民作为政权是否具有正当性的判断标准，而作为表现形式，“天命”和“民意”被整合为一体。下面的一段引文，不难窥见周人是时的用心所在：

> 惟戊午，王次于河朔，群后以师毕会。王乃徇师而誓曰：“呜呼！西土有众，咸听朕言。我闻吉人为善，惟日不足。凶人为不善，亦惟日不足。今商王受，力行无度，播

---

〔53〕 此间史实，参见《史记·夏本纪》。文献对有夏之初的政治变局记载略有不同，但无涉本章宏旨，故不敷陈。相关记载可参见《帝王世纪》《世本》《竹书纪年》辑本等。

弃犁老，昵比罪人。淫酗肆虐，臣下化之，朋家作仇，胁权相灭。无辜吁天，秽德彰闻。惟天惠民，惟辟奉天。有夏桀弗克若天，流毒下国。天乃佑命成汤，降黜夏命。惟受罪浮于桀。剥丧元良，贼虐谏辅。谓己有天命，谓敬不足行，谓祭无益，谓暴无伤。厥监惟不远，在彼夏王。天其以予乂民，朕梦协朕卜，袭于休祥，戎商必克。受有亿兆夷人，离心离德。予有乱臣十人，同心同德。虽有周亲，不如仁人。天视自我民视，天听自我民听。百姓有过，在予一人，今朕必往。我武维扬，侵于之疆，取彼凶残。我伐用张，于汤有光。勖哉夫子！罔或无畏，宁执非敌。百姓懔懔，若崩厥角。呜呼！乃一德一心，立定厥功，惟克永世。”（《尚书·泰誓中》）

“汤武革命”在武王的这番设计中成为应和民意、得到天命之举，而获得了造反的正当性。《周易·革·彖》曰：“天地革而四时成，汤武革命，顺乎天而应乎人，革之时大矣哉！”孔颖达在《正义》中对此作了更具体的解释：“‘天地革而四时成’者，以下广明《革》义，此先明‘天地革’者，天地之道，阴阳升降，温暑凉寒，迭相变革，然后四时之序皆有成也。‘汤武革命，顺乎天而应乎人’者，以明人革也。夏桀、殷纣，凶狂无度，天既震怒，人亦叛亡。殷汤、周武，聪明睿智，上顺天命，下应人心，放桀鸣条，诛纣牧野，革其王命，改其恶俗，故曰‘汤武革命，顺乎天而应乎’。人计王者相承，改正易服，皆有变革，而独举汤、武者，盖舜、禹禅让，犹或因循，汤、武干戈，极其损益，故取相变甚者，以明人革也。‘革之时大矣哉’者，备论革道之广讫，总结叹其大，故曰‘大矣哉’也。”以上可谓准确地记载了周人对革命的基本观念。其中商汤、周武二人的造反行为都被赋予正当性。将汤武二人捆绑在一起,意味着周人的行为是在有先例的情况下进行的,商人所作的一切既然能够得到认可,周人所为当然同样具有这种可能性。前文已论述过,作为“天下”规模中的政治行为,最重要的正当性渊源在于天的认可,即获得“天命”。周人最大的发明在于将“天命”与“民意”整合,除此之外,周人很难获得对神意较之商人更精确的把握。只要商人的政权侵害了人民的生活,成了虐政,那么就可以理所当然地构成推翻它的理由。所以后世齐宣王问曰:“汤放桀,武王伐纣,有诸?”孟子对曰:“于传有之。”曰:“贼仁者谓之贼,贼义者谓之残,残贼之人谓之一夫。闻诛一夫纣矣,未闻弑君也。”(《孟子·梁惠王章句下》)恰是对此理由的一次阐释。

在这种意义上,“天下”就被客观化和对象化了。“天命”等于“民意”,则原来那个作为最高主宰而凌驾在人域世界之上的人格神的“天”(或称为“帝”)的角色被削弱甚至消解,取而代之的是象征性存在的义理神的天。此时的天下不能再被看成仅仅是天(帝)的人格性落实,而更应该被理解为对代表天意的民情的落实。与此同时,宗教性的话语权的力量被削弱,取而代之的是道德评价权柄的重要性日益增加。毋庸置疑,商人是宗教异常发达的部族,这可以从其发达的祭祀制度中得到淋漓尽致的体现。由于当时掌握宗教话语权的群体集中在统治集团(商人部族)内部,这种权力涉及信仰的层面,故无法通过简单的武力征服使之消灭。文化相对落后的周人在武力征服商都之后,必须考虑如何使此权力看似顺理成章地转移到自己手中。周人采取的措施即以义理神的“天”取代人格神的“天”,以道德准则作为天的最高指令。从此,“天聪明,自我民聪明。天明畏,自我民明威。达于上下,敬哉有土!”(《尚书·皋陶谟》)被周人作为对天的基本解释。因为虐政而导致周人革命,丧失天下权柄的商人显然不够资格成为承受此天命的团体,商人自然对天意也不再享有解释的权力。由此,垄断在商人手中的宗教性权力消失殆尽。

“今商王受,弗敬上天,降灾下民。沈湎冒色,敢行暴虐,罪人以族,官人以世,惟宫室、台榭、陂池、侈服,以残害于尔万姓。焚炙忠良,刳剔孕妇。皇天震怒,命我文考,肃将天威,大勋未集。”(《尚书·泰誓上》)是武王在孟津观兵时的表达,可借以证明上文的论点。但这对当时的周人而言尚有问题:为什么必须是周人,而不是其他人获得“天命”并完成革命的使命?“已!予惟小子,不敢替上帝命。天休于宁王,兴我小邦周,宁王惟卜用,克绥受兹命。今天其相民,矧亦惟卜用。呜呼!天明畏,弼我丕丕基!”(《尚书·大诰》)这是周公对尚处于冲年的成王说的一番话,正好是在解决上述问题,即有周之所以受到天命,原因就在于周之先王顺了天命做事,天命本身已由掌握在殷商贵族手中的宗教性人格神指令转化成了非人格的道德性的义理神,“敬天”(《尚书·洛诰》)和“保民”(《康诰》《梓材》)具有实质上相同的含义。周人通过主动地施行“保民”的举措以回应“天命”,因而也自然而然地成为天命翦商使命的承担者。在此意义上不难看出其中的政治权术方面的运作,也就是说,周人的这种关于受天命的状态,是自己往自己身上贴的标签。

周人主动地回应天命的要求,意味着他们作为新的天下统治者的身份是争取来的,相应地,商人是由于自己的残暴和虐政而丧失了作为统治者的资格。一方具有了潜在的正当性,而另一方丧失了原有的正当性,由周人起来革命翦商也就势在必行了。对政治正当性的这一系列设计之精巧正是周公作为一个政治家智慧的结晶。但倘若仅有这些创举,想必不足以成就他的伟大,也不至于让孔圣人魂牵梦绕。(《论语·述而》载子曰:“甚矣吾衰也!久矣吾不复梦见周公。”)周公的伟大之处,在于他开出了以伦理标准为政治正当性的最高准则,同时通过一套严格的制度在统治者中落实这些道德标准,并且在统治集团中营造出一种强烈的忧患意识,所当忧患者即夏商覆亡之鉴。如果不保持这种忧患意识,不在统治中始终保持“敬天保民”的“战战兢兢,如临深渊,如履薄冰”的作风,就将面临如夏、商般的命运。可以说,这是通过宣扬新的、具有道德意义的“天命”的政权正当性基础,将周人统治集团纳入了道德自律的轨道中。而此点,方是周公被称为圣人的根本原因。

至此,关于周人革命以及由此所获得的君临天下的政权的正当性问题已经在理论上得到了完满的解决。解决的方式,起于造就一个伦理性的义理神意义上的天,以取代曾经作为人格神存在的天。终于将此伦理性的标准推广到整个政治社会,作为最高的政治准则和最终的评价标准。这样,“天下”的原有格局就在理论上被重构了。前文说到,自黄帝开创以来的天下,形成的是以凌驾性的权力为中心向四方扩展的格局。而此凌驾性的权力核心同时也是人域与天进行沟通并获得天命的唯一媒介,天命通过作为天下共主的君王向天下发布。然而经过周初(尤其是文王、周公)的改造,天人之间的沟通方式发生了变化。天意直接映像于民意,原有的作为与天沟通的唯一手段的宗教性力量的地位大大降低。宗教垄断的作用,随着商人政权的覆灭而几乎丧失殆尽。此时天意不再被垄断于统治集团的话语权中,相反,它看似人尽可知。此时的天下,成为道德性统摄下的天下。政权掌握者务必以道德模范的身体力行者的姿态出现,而其他的权力因素也一齐被置于道德性的要求之下运行。这样的设计较之原有的格局有更大的合理性,至少对天下万民而言当是如此。但其中隐含的不稳定因素也显而易见。道德认同的危机随时可能导致政权以它自己所认可的方式——革命——覆灭。这无疑是自己主动给了潜在的强大势力以口实。而且这种危机仅仅靠统治者本身的努力很难弥补。政治本身永远是在武力和权诈的夹缝中存在。解决方案同样要归功于周公的创建,可以说,他既开了“革命”的口子夺取政权,在成功之后又设法通过建立道德自律原则将这口子堵死。

(二)从权力、宗教屈服到伦理认同

子曰:“为政以德,譬如北辰,居其所而众星共之。”(《论语·为政》)恰喻出了周人天下格局的基本规模。〔54〕但前文已经说到,仅仅包含了道德正当性因素,占据了地缘优势是不足以使新的政治局面具有理论上和现实上的稳定性的。相反,周初的政权恰是处在风雨飘摇之中。适时天下新定,殷族尚强,成王幼弱,四境难安。面对这样的局面,可以说,微周公之举,不足以固有周之天下。

周人以道德名义获得天命并行翦商,于事实而言则依赖于武力和计谋。且其武力仅能乘商人不备攻占其首都及周边地区,对广袤的东方地域以及在此地区所聚集的殷商遗民而言,周人无力以纯武力的方式加以征服。这是潜在的危机之一。危机之二,周人发迹于西部,长期与戎狄杂处,在文化方面自然无法与“中国”相抗衡。周人如何在此背景下稳定其政权就成为当时周人统治集团的当务之急。周人以何种方式看待其西部发源地与“中国”的关系,以及如何看待其政权本身与“天下”的关系,直接决定着这一新

〔54〕 之所以说此段话道出了周人天下格局的基本规模,可作如下的解读:“为政以德”,强调了道德作为最高的政治准则的地位。“众星”指出了当时方国邦属众多的局面。“北辰”,意指居于“天下共主”地位的周人政权。“共之”,即方国邦属对周人政权的认可,体现天下的向心力。这具有理想和现实两个层面的含义,也可以说,孔子描述出了典型的周公创制的政治模式。

兴政权的存亡。下文即通过对西周早期政治举措及其作用和影响的考察，明晰此一时期天下格局的演化状况。

1. 封建与移民——传统思路的继续与革新

"周之所封四百余，服国八百余。"(《吕氏春秋·观世》)一语，道出了周代"天下"的规模。封国一事，商代已有之，或其起源更早，据柳宗元《封建论》言"彼封建者，更古圣王尧舜、禹汤、文武而莫能去之。盖非不欲去之也，势不可也"可略知之。分封诸侯作为当时的基本治理形式在商代十分普遍。可以认为，商代分封延续了传统模式，代表早期天下的基本政治格局。分封一方面是商代王权对其政治势力实际控制力范围边缘或之外的既存政治秩序的认可；另一方面也是各个小的地方政权跻身强大的商人政治联盟的资格。受封者或基于寻求保护，或为商人武力所胁迫，但这并不影响其在封疆之内保持原有的地位。[55] 这种政治传统一直延续到周公摄政以前的周代早期。而反观周代分封方式和表现形态与之大不相同。王国维在《殷周制度论》中从名分的角度谈到了这个变化，文曰：

> 自殷以前，天子诸侯君臣之分未定也。故当夏后之世，而殷之王亥、王恒累叶称王；汤未放桀之时，亦已称王。当商之末，而周之文武亦称王。盖诸侯之于天子，犹后世诸侯之于盟主，未有君臣之分也。周初亦然，于《牧誓》《大诰》皆称诸侯曰"友邦君"，是君臣之分亦未全定也。逮克殷践奄，灭国数十，而新建之国皆其功臣昆弟甥舅，本周之臣子；而鲁卫晋齐四国，又以王室至亲为东方

---

〔55〕 即"王"的称号和原有的自治权力。

> 大藩。夏殷以来古国,方之蔑矣。由是天子之尊,非复诸侯之长而为诸侯之君。其在丧服,则诸侯为天子斩衰三年,与子为父、臣为君同,盖天子诸侯君臣之分始定于此。此周初大一统之规模,实与其大居正之制度相待而成者也。[56]

周初形势危机四伏,武王克商后两年即殁,成王幼弱,殷民骚动,东方部族(如奄)各怀异心。根据《大诰》中周公的言辞以及当时的局势,周初的承袭传统模式的分封并没有给其带来稳定的政治局面,重新构建政治秩序,强化对东方地区的控制成为当务之急。新的分封体系亦在此基础上展开。周公的封建旨在巩固周在东方地区的统治,这一点非常明确。由于周人军事实力有限,加之早周时期与戎狄杂处,文化与技艺方面无法与"中国"相提并论。在此背景下,周代在建国之初无法获得文化上的认同,纯粹的武力压制也只能为一时权衡之计。继续推行传统的政治模式无法达到前代的效果,甚至有养虎为患的可能。周公的对策是采取拓张型的分封。从分封的主体来看,《荀子·儒效》言:"周公……兼制天下,立七十一国,姬姓独居五十三人。"实封的诸侯均系周统治集团内部的成员,如《左传》僖公二十四年文曰:"昔周公吊二叔之不咸,故封建亲戚以蕃屏周。管、蔡、郕、霍、鲁、卫、毛、聃、郜、雍、曹、滕、毕、原、酆、郇,文之昭也。邘、晋、应、韩,武之穆也。凡蒋、刑、茅、胙、祭,周公之胤也。"或为早周时期周人的政治同盟,如齐之太公。从地望上看,所封大国均在宗周东面,宋、卫位于商代中心区域,齐、鲁均地处原东夷势力范围。从分封的方式看,封土与封民并

---

[56]　王国维:《观堂集林(附别集)》,中华书局 2004 年版,第 466-467 页。

举。“综合文献与金文资料所见，西周分封并不只是周人殖民队伍分别占有一片东方的故地，分封制度是人口的再编组，每一个封君受封的不仅是土地，更重要的是分领了不同的人群。杨希枚以为古代赐姓制度，实是分封民姓、族属，与‘胙土’、‘命氏’合为封建三要素，其说甚确。”〔57〕周公利用分封，将原来集中在宗周的小的统治集团的势力向东方以层级的方式扩展。与此同时，伴随着大规模的移民。《左传》定公四年文曰：“昔武王克商，成王定之，选建明德，以蕃屏周。故周公相王室，以尹天下，于周为睦。分鲁公以大路，大旗，夏后氏之璜，封父之繁弱，殷民六族，条氏、徐氏、萧氏、索氏、长勺氏、尾勺氏。使帅其宗氏，辑其分族，将其类丑，以法则周公，用即命于周。是使之职事于鲁，以昭周公之明德。分之土田倍敦，祝、宗、卜、史，备物、典策，官司、彝器。因商奄之民，命以《伯禽》，而封于少皞之虚。分康叔以大路、少帛、綪茷、旃旌、大吕，殷民七族，陶氏、施氏、繁氏、锜氏、樊氏、饥氏、终葵氏；封畛土略，自武父以南，及圃田之北竟，取于有阎之土，以共王职。取于相土之东都，以会王之东搜。聃季授土，陶叔授民，命以《康诰》，而封于殷虚。皆启以商政，疆以周索。分唐叔以大路，密须之鼓，阙巩，沽洗，怀姓九宗，职官五正。命以《唐诰》，而封于夏虚，启以夏政，疆以戎索。三者皆叔也，而有令德，故昭之以分物。”若仅行分封，并不足以保证受封诸侯获得对封地的实际控制力，而辅之以移民则解决了此问题。大规模的移民打破了原有的地方秩序格局，旧贵族势力随着住所的迁移而丧失，具有武装的新封诸侯自然而然地成为当地最具实力和正当性的势力。“商周的封建，事实上是基层地方社群政治权力的延续……Eberhard 认为西周分封，事实上是建

〔57〕 许倬云：《西周史》（增订版），生活·读书·新知三联书店 1994 年版，第 150 页。

立在征服形势上的社群重叠。”[58]若此，分封一方面使地方秩序为周人统治集团所重建和控制；另一方面宗周的政治压力大大减少，周王仅需在王畿之内进行直接的社会治理，而王畿以外的广大地区，尤其是东方地区的政治压力由诸侯分担。更重要的是，受封的诸侯出于统治群体内部，相对周王而言他们是“自己人”。

由于附带武装和移民的分封，东方地区的社会秩序格局面临拆分和重组。商人原有的族群被拆散，迁徙，且受到周人的监视，使其丧失了凝聚力，进而逐渐消解了他们原有族群的特质而融入新的社会，也就是前面所提到的“社群重叠”。并且，商人乃掌握当时最先进文化和技术的部族，移民造成了文化和技术的扩张，消弭了地域间的差距，也在一定程度上弥合了周人及其他部族在文化层面的心理落差。但需要注意的是，对商人民族的拆分仅仅限于商代旧贵族群体，而对其下层社群组织并没有作剧烈的变更。这使变革本身更明确地表现出其政治性质和目的，而对下层社会而言，民众更多地成为被保护和安抚的对象，其目的自然是迅速稳定初定的天下。

2. 制礼与德政——“天下”的新规矩

随着分封的大规模进行，如何维系与被封于遥远东方的诸侯的关系，成为周王室需要解决的问题。尽管这些诸侯是以王室亲友故旧的身份受封的，但由于他们在受封后远离宗周，且掌控了实际权力，并且可以传于后代。当情感和亲缘随着时间的流逝而变得淡薄时，这种体制势必造成越来越大的离心倾向。为了避免这种状况的发生，显然需要有效的制度加以维系，这正是周公制礼的直接动因。

---

[58] 许倬云：《西周史》（增订版），生活·读书·新知三联书店1994年版，第145页。

周公制礼与施行德政是相辅相成的两项举措。制礼的本意是维系分封诸侯与周王室之间的关系,而这种关系一方面需要保持两者之间“亲”的关系,另一方面要明确层级关系,即保障周王室具有独尊的地位,并且确定上层对下层的优势地位。而礼制的核心内容就在于此。礼制并非简单的制度体系,而是社会秩序和政治秩序的集成。这一系列秩序被收束于“亲亲”和“尊尊”两大原则之下。礼制展开了一条烦琐的宗法亲等关系链条,作为社会结构的普适性原则。小到家族,大至诸侯国乃至周天下,都以此为基本结构。作为表象,它是一种制度性规范,在这套规范之下,“亲”带来的是社会的凝聚力,而“尊”则给出了边界。在一定程度上,这种设置消弭了政治权力与社会生活之间的界限,此为黄帝以来天下结构的一大转变。凌驾性权力的设置至此延伸到了社会的最基本单位——“家”。这种结构在事实上增强了社会的稳定性,同时也减少了政治压力。政治与社会生活的二元模式至此转化为由“礼”规制的一元模式。

由于“礼”在自上而下的建设中,贯彻的是同一精神,即“亲亲”和“尊尊”主导的道德性原则,而非权力性因素,这就使得一统于周王可以被视为一统于道德层面的最尊者。而此最尊者的正当性基础由宗法关系予以保障,即周王之所以获得最高的地位,乃是由于其在宗族谱系中居于天下“大宗”的地位。同时,周王们只要合乎礼制地行事,他们的行为就具有道德师的意义,也就可以理所当然地保有他们的地位,并且指点天下家国之事。周公之所以强调德政的意义也在于此。

礼制的另一重要作用在于对话语权的控制。由于周王处于宗法谱系中最尊的地位,他同时就具备了政治王和道德师的双重身份。政治王的身份意味着掌握权柄,这与前代无异。道德师的身份则是新出,同时对周人政权而言也是具有决定性意义的。众所周知,商人的祭祀技术十分发达,从出土的甲骨卜辞中可知,商代有专门从事祭祀的神职人员,他们掌握着一切有关祭祀的技术性要件。并且这一群体与商王的关系十分密切,地位也极高。显然,这些神职人员是知识的掌握者,他们使用文字记录占卜的结果,并且将它们保存起来,历代卜辞的积累,实际上就形成了成文的“历史”,后世的“史官”由占卜人员发展而来正是因此。但几乎所有的占卜结论都由商王作出,这意味着领悟神意是商王独有的能力,商王本人才是真正的神权领袖。商王的宗教领袖地位不复存在,商人精湛的神学技艺也无疑在这次动荡中受到了影响。作为天下新领袖的周人无法在短时间内掌握这些宗教技术,以树立类似于商王的宗教领袖地位。况且,周人所鼓吹的天命转移将商人原有神谱的绝对真理价值完全颠覆了,这套旧有的技术对周人而言也丧失了利用价值。值此之故,周人需要对这一领域进行重建。由于周人所声称的天命的转化是基于“德”和“民政”的得失,原先作为商人最高神出现的“天”(或称为“帝”)的人格神意味被转化为以“道德”为核心的义理神。这也就意味着周人可以将宗教问题等同于道德问题加以处理。那么,对宗教权威的垄断也就势必转化为对道德评判的标准和道德内涵解释的话语权的垄断。在完成了这个转化之后,周王的身份实际上是“政治王”与“道德师”的划一。周公创制“周礼”,实际上就是公布了一套权威的道德生活标准,无疑,周王是这套标准的最终,也是唯一的解释主体。与此同时,周人对商代原有的神谱和祭祀技术的态度较之早周时期发生了巨大的转变。从出土文献的种类可以看出,周人在翦商之后,占卜明显减少,其重要性也大大减弱,以至于出现了“疑则卜,不疑则不卜”的思想。自此以降,天下成为道德文化意义上的天下,其凝聚力及拓展能力则以"化"的形式而非征服的形式表现出来。是如钱穆所言:"故周公封建宗法之制,复有两大义为其当时之所明白昭示者,一则天命帝力之退居民心众意之后,而上古先民社会朴素的宗教信仰,遂独于吾中华以后文化传统不见有大势力,大影响,此一也。又其一,则为此后中华传统文化,创立一人文的历史观,使后之人皆有以旷观远瞩于人类文化之博大悠久,能以繁赜丰富多变之内容,而兼容并纳之于绵延一贯之一大系统之中,所谓人文化成,参万岁而一成纯,继继绳绳,以因以革,而天道人道,亦于此融凝一致,此又周公封建宗法之制之所昭示于后人之又一大义也。"〔59〕

五、宗周"家天下"的顶峰与危机

通过上述分析,可以大致概括出周人天下政治的基本格局:首先,家天下作为传统被更加明确化了。通过翦商,天下的权力核心转移到了周人(尤其是周王室)的手中,建国初期的一切作为实际上都是基于对王室家族权力和地位的巩固的目的,在这一点上,它与其前任商族并无不同。之所以说"明确化",关键就在于其分封,家的凌驾性由纯粹的政治领域向社会生活领域扩张,一统的基础被建构在了最基层的社会单位"家族"之上。这种一致性事实上将导致家天下的正当性被社会构成的合理性反证。同时也意味着家天下至此具备了极致化的正当性支撑。其次,权力主体与道德主体合一。宗法制社会中,成员的角色和地位是先天的,人们没有自由选择身份的余地。但由于周公的创制,"尊"从纯粹自然意义的

〔59〕 钱穆:《周公与中国文化》,载钱穆:《中国学术思想史论丛(卷一)》,安徽教育出版社2004年版,第91页。

“长”的范畴内析出，通过宗法谱系加以固定，如《左传》隐公十一年文曰：十一年春，滕侯、薛侯来朝，争长。薛侯曰：“我先封。”滕侯曰：“我，周之卜正也。薛，庶姓也，我不可以后之。”公使羽父请于薛侯曰：“君与滕君辱在寡人。周谚有之曰：‘山有木，工则度之；宾有礼，主则择之。’周之宗盟，异姓为后。寡人若朝于薛，不敢与诸任齿。君若辱贶寡人，则愿以滕君为请。”薛侯许之，乃长滕侯。并在内涵上被赋予了道德意义作为其存在的合理性基础。最后，人文化成意义上的天下的开出。由此，天下成为吸纳式的而非主动拓张式的存在。政治、宗教合一的王权转化为了政治王、道德师的合一，以此为基础形成了天下之内的文化优越性，这种优越性又通过独特的“礼”“乐”的形式表现出来，至此，天下的界域以声教所及处为限。是否承认和遵从“礼乐”成了是否有资格成为天下一员的判别式。随之而来的是“中国”和“夷狄”界限的重新界定，标准同样是天下人对文化和道德认同与否。原有的以武力和宗教进行侵略性征服的模式至此被置于次要的位置。此种观点得到了当时人们的认可，并且作为一种传统一直延续下去，直到唐宋时期亦未有根本性的变化，如宋人石介在其《中国论》中说道：“夫天处乎上，地处乎下，居天地之中者曰中国，居天地之偏者曰四夷。四夷外也，中国内也。天地为之平，内外所以限也。夫中国者，君臣所自立也，礼乐所自作也，衣冠所自出也，冠昏祭祀所自用也，缞麻丧泣所自制也，果蓏菜茹所自殖也，稻麻黍稷所自有也。东方曰夷，被发文身，有不火食者矣。南方曰蛮，雕题交趾，有不火食者。西方曰戎，被发衣皮，有不粒食者。北方曰狄，毛衣穴居，有不粒食者。其俗皆自安也，相易则乱。仰观于天，则二十八舍在焉；俯察于地，则九州分野在焉；中观于人，则君臣、父子、夫妇、兄弟、宾客、朋友之位在焉。非二十八舍、九州岛岛分野之内，非君臣、父子、夫妇、兄弟、宾客、朋友之位，皆外裔也。二十八舍之外干乎二十八舍之内是乱天常也，九州岛分野之外入乎九州岛分野之内，是易地理也，非君臣、父子、夫妇、兄弟、宾客、朋友之位是悖人道也。苟天常乱于上，地理易于下，人道悖于中国，不为中国矣。”[60]是可以为证。

正所谓盛极必衰，家天下的格局演进至西周时代规模与内涵均已趋于完善，但在此完善的形势背后，却存在从内部瓦解的可能性。而这种潜在可能性一旦出现，对于周王朝政权乃至整个家天下格局的冲击都将是致命的。下面对此可能性进行逐条分析：

首先，家天下的正当性基础本身并不绝对稳固，天命也不当然地佑护周人。周人在建制时通过对“德行”和“民生”的强调，将政权的正当性基础建立在了道德层面。由于周人将天命与民意联系起来，民政的状态本身无疑是体现周人受命的依据。而要保持良好的民政和社会治理，则需要王室所有成员的励精图治，故周公对此屡次强调。如《尚书·康诰》言：“呜呼！小子封，恫瘝乃身，敬哉！天畏棐忱；民情大可见，小人难保。往尽乃心，无康好逸，乃其乂民。我闻曰：‘怨不在大，亦不在小；惠不惠，懋不懋。’已！汝惟小子，乃服惟弘王应保殷民，亦惟助王宅天命，作新民。”又言：“呜呼！肆汝小子封。惟命不于常，汝念哉！无我殄享，明乃服命，高乃听，用康乂民。”《召诰》曰：“呜呼！有王虽小，元子哉。其丕能諴于小民。今休：王不敢后，用顾畏于民碞；王来绍上帝，自服于土中。旦曰：‘其作大邑，其自时配皇天，毖祀于上下，其自时中乂；王厥有成命治民。’今休。”又曰：“我不可不监于有夏，亦不可不监于有殷。我不敢知曰，有夏服天命，惟有历年；我不敢知曰，不其延。

[60] （北宋）石介：《徂徕集》卷十。

惟不敬厥德，乃早坠厥命。我不敢知曰，有殷受天命，惟有历年；我不敢知曰，不其延。惟不敬厥德，乃早坠厥命。今王嗣受厥命，我亦惟兹二国命，嗣若功。”如此之类甚多，不烦尽举。这些言论体现出的是一种极强的忧患意识。周公早年曾经参与了文王、武王的翦商，也一手策划了“天命”流转，故对“德政”“保民”的屡次强调，绝非故作姿态。同时他也清楚地认识到，按照他所设计的一套正当性理论，“天命”有可能合法且正当地进行流转。西周早期的几代天子尚有周公遗风，但王室的腐败和堕落只是时间问题，一旦民政荒淫，民不聊生，周人的政权随时都有可能被一次以他们自己认可的合法的革命形态的暴动所颠覆。

其次，周人政治的最高原则是道德原则而非政治原则，周王本身就身兼“道德师”和“政治王”的双重身份，政治王的身份可以通过权力和制度的双重力量得到保障，而“道德师”的身份的维持，并非仅靠制度化的“礼”“乐”和对道德评判的话语权的垄断就可以做到。评判本身会在民众间自发地以各种形式展开，王室可以垄断知识和技术，却不能直接控制人的思想。尽管周公对统治者的自律问题再三强调，周代早期诸王也行言传身教之责，但问题依旧在厉王时代爆发出来。司马迁对此作了如下记载：“王行暴虐侈傲，国人谤王。召公谏曰：‘民不堪命矣。’王怒，得卫巫，使监谤者，以告则杀之。其谤鲜矣，诸侯不朝。三十四年，王益严，国人莫敢言，道路以目。厉王喜，告召公曰：‘吾能弭谤矣，乃不敢言。’召公曰：‘是鄣之也。防民之口，甚于防水。水壅而溃，伤人必多，民亦如之。是故为水者决之使导，为民者宣之使言。故天子听政，使公卿至于列士献诗，瞽献曲，史献书，师箴，瞍赋，蒙诵，百工谏，庶人传语，近臣尽规，亲戚补察，瞽史教诲，耆艾修之，而后王斟酌焉，是以事行而不悖。民之有口也，犹土之有山川也，财用于是乎出，犹其有原隰衍沃也，衣食于是乎生。口之宣言也，善败于是乎兴。行善而备败，所以产财用衣食者也。夫民虑之于心而宣之于口，成而行之。若壅其口，其与能几何？'王不听。于是国莫敢出言，三年，乃相与畔，袭厉王。厉王出奔于彘。"（《史记·周本纪》）由此可证上文所言。有幸这次暴动未激变为颠覆性的革命，但周王室则一再而衰，终为犬戎所破，无奈东迁，作为一统天子的实质性权威也随之逐渐丧失。

最后，由于周人提升道德原则的地位，将之作为对原有纯粹宗教性垄断的替代品，这无疑造就了人文化和历史化的倾向。天命与民意的联系使得原本由商王专有的获知天意的能力变为知识界甚至民众均可理解甚至加以解释天意。真正的价值标准越来越为掌握了历史文献和制度仪式的知识人士所把持。西周时期，这些人至少名义上仍由王朝的政府任命，周王朝通过授予卿、大夫、士等名分将之与庶众相区别，并严格控制人口流动。这实际上是一种对人才和知识的垄断。随着时间推移，这个阶层的人数在养尊处优的环境中势必膨胀，而政府的职位和爵位又相对有限，一部分掌握知识的人士开始向民间流动。这使得周人官方对知识的垄断被消解了。掌握了知识的人，尤其是掌握了历史知识和制度仪式知识的人士开始游离于政治权力之外，使对周人政治进行重新道德评判成为可能。一旦周人政治有荒淫懈怠之势，这种自发的评判几乎不可避免。而且，由于他们与周王室成员和官方知识分子所掌握的话语的知识背景和技术性知识一致，他们的重新评判将具有对官方道德体系予以彻底冲击，并动摇王朝自己构建的以道德原则为核心的政治正当性基础的可能性。这一切到了王权松动的东周时代变成了现实，并且这个冲击不仅限于对王朝本身，还将延及整个"家天下"格局存在的正当性和合理性的方面。前文已述,周人对家天下格局进行的最大改造乃是使道德原则凌驾于政治权力和宗教权力之上。周王为天子的最终依据在于他的“道德圣人”的身份,以及对所有行为的唯一的道德评判权力的控制。当知识界对此政治格局的反思形成了“公”与“私”的观念,家天下的内在合理性就可以被一个“私”字否定得一干二净,尤其是在代表天意的民众在此天下艰难度日的情况下。对日益凋敝的政治和社会局面,知识界开始向历史寻求出路,力图在历史知识中找到一种民本的“公”的模式,以对抗长久以来的家天下的“私”的格局。这一趋势至春秋时代全面展开,最终在理论上形成了对家天下的否定。

身处周王朝政治环境下的知识分子,对抗周王朝势必成为政治上的异端而身遭刑戮。相反,在理论层面反思和解构王朝背后的家天下格局,并以改革和复兴的建议的形式提出公天下的理论,危险和阻力都要小得多。故春秋时代的知识界不约而同地采取了这一做法,形成了反家天下不反政权的有趣局面。

第八章　刑罚与刑法

一、两种“刑”义

古汉语中存在两个“刑”，其字形有着细微差别，语义上差异显著且各有渊源，但通常被人们忽视。因为到了战国以后，书写者们经常混用两字。当然混用并不是误用，而是这个时期原本互不相属的两个词已经发生了语义融合。之前笔者曾引用过梁启超《中国法理学发达史论》中的一段解释来解说两个“法”义，这里需要再引一遍来引出两种“刑”义的讨论：

> 《说文》“灋”下云“荆也”。而刀部有刑字，无荆字。刑下，云刭也。刭下云：刑也。二字转注。然则刑之本义甚狭，谓刭人之颈而已。段《注》云：“并刑罚、典刑、仪刑等字，以刑当之者，俗字也。造字之旨既殊，井声开声各部。

> 凡井声在十一部，凡开声在十二部也。”则㓝不足以当刑。而㓝之义究云何？说文土部型下云，“铸器之法也”。是正与法为转注。段《注》云：“以木为之曰模，以竹曰范，以土曰型。”而许书木部“模”下竹部“范”下，皆训法。是亦转注也。《诗》毛传屡云㓝，法也，亦转注也。《易》曰“利用㓝人，以正法也。”是㓝含有正之意。《荀子·强国》篇云：“㓝范正，金锡美。”是㓝以正为贵也。《记·王制》云：“㓝，侀也。侀，成也，一成而不可变，故君子尽心焉。”一成不变，正与型之性质相合，其字又与形通。《左传》引《诗》，“形民之力而无醉饱之心。”杜《注》云：“形，同刑。程量其力之所能为而不过也。”然则㓝有形式之意，模范之意，程量之意，故典㓝仪侀等字，皆备此诸义……然则《说文》虽无㓝字，今可以意补之云。“㓝，法也，从刀从井。井亦声。”而下其定义，则当云㓝也者，以人力制定一有秩序而不变之形式，可以为事物之模范及程量者也。是与法之观念极相合也。[1]

指代刑罚、刑法的“刑”写作㓝。典型的用例有春秋时人说的“大刑用甲兵，其次用斧钺，中刑用刀锯，其次用钻笮，薄刑用鞭扑，以威民也。”（《国语·鲁语上》）关于㓝的字源、辞源讨论很多，但是至今没有共识。最常见的说法是左边的“井”像桎梏，右边的“刂”表示施加刑罚的刀锯。于是“刑”的含义很明显是指施加在人身体上的作为惩罚的毁伤。可是类似这样的解释大凡都在用后世的刑罚观念附会㓝的字形。况且人们尚不确定最早的“刑”究竟

---

〔1〕 梁启超：《法字语源》，载范忠信选编：《梁启超法学文集》，中国政法大学出版社1999年版。

是写作㓝,还是只写作“井”。如果是后者,那么前述推论中的错误就很明显了。而针对“井”之字形,又有像“棺材说”之类的揣测,同样也只能聊备一说。所有推论都存在相当的不确定性,最主要的原因在于至今人们并没有掌握汉字最初的形态。迄今可以释读的最古文字只有商王武丁之后的甲骨文,用它们写成的卜辞已经有了相当成熟的语法和写作规范,因而绝不可目之为最早的文字形态。不过纵使种种推论都不够可靠,㓝的含义与针对身体作出的惩罚性举措有关倒是大体可以确定。至于这个㓝的制度、观念起源与发展,留待下文讨论。

另一个“刑”写作形,原义近于现代语汇中表模型、型范义的“型”。《诗经》中的“仪刑文王”“刑于寡妻”用到的都是这个“刑”。从语义演化的角度来看,最初它应与本书首章中提到的“佥”具有很大相似性,乃是运用于匠作、铸造中的模型、模范类器具,即俗语所称的“模子”。后世有“型范”(也写作刑范、范型)一词就是这个“刑”的用例。型范之“刑”在早期法文化中的重要程度并不亚于刑罚、刑法之“刑”。春秋战国以后有两个重要的概念和这个形有关,一个是“刑政”,另一个是“刑名”。

总的来说,“刑”与“法”的形、义变化有极大的类似性。前引梁启超的论述已经清楚地表明,在古文中实际上有“㓝”和“刑”两个字,㓝本指模型,后引申出规范、模范之义。这个㓝与佥、范、常等可以同义互换。而“刑”之本义指用刀锯甲兵毁伤肉体的惩罚方式,后来用于泛指所有的严厉惩罚机制。这两个字到了战国中后期被广泛融合混用。所以到了东汉时代,以小学著称的许慎业已不知其二元词源了。更有甚者,战国时亦有将“形”用作刑者,例如《墨子·鲁问》之“是以国为虚戾,身为形戮也”。再如《史记·老子韩非列传》等著作中,刑名一则作“形名”解,二则作刑之名用,致使问题变得更加复杂。

联系第一章可知，法和刑的二元词源及其在战国出现的语义融合，看似巧合，但细绎其与当时思想文化动态之间的联系，可知其背后存在更为深层的文化交融的动因。

二、“兵刑”与“象刑”

《周礼·司圜》疏引《孝经纬》云“三皇无文，五帝画象”。[2]通常人们将之理解为三皇时代文献阙如，五帝时则有象刑之制而不用肉刑。类似的解说可谓囿于后人观念而对其中深意多所忽略。实则“三皇无文”，非文献不足之故，而是说三皇时并不存在五帝、三王意义上的“刑”；“五帝画象”则是说五帝时族内刑常制为“象刑”，即不损毁肉体，仅标示身份减等且意在羞辱、隔离和教化。下述其详：

（一）黄帝、政权与兵刑

上古三皇、五帝之交，中国社会进入了第一个分水岭式的转折点。司马谈、司马迁父子将以政治史为主线的《史记》起点定在《五帝本纪》，已经明确表达了中国政治社会起于黄帝的判断。在此之前的三皇时代未有真正意义上的政权，整个社会是大大小小的部族群体以“有治无政”和“各自以为治”的状态存续。直到黄帝通过武力征服的方式完成部族内部权力归属更迭，并实现对当时主要部族群体的征服，方始建立起对地方治权具有凌驾性的政权，即通

[2]（清）孙星衍：《尚书今古文注疏》，中华书局2004年版，第52页。

常所说的“天下”。[3]

无独有偶，关于刑罚的最早记载，恰好就出现在黄帝“打天下”期间。著名者莫过于对刑天和蚩尤的“大刑”。《山海经·海外西经》载“刑天与帝至此争神，帝断其首，葬之常羊之山，乃以乳为目，以脐为口，操干戚以舞”。[4] 可见刑天曾罹大刑，形体残缺。再有《史记·五帝本纪》载蚩尤作乱后“黄帝乃征师诸侯，与蚩尤战于涿鹿之野，遂禽杀蚩尤”。这两次用刑的共同点：一则都是施诸身体的肉刑，这与“刑”之字与词的本义相契。二则都与政权建构过程中的军事行动有关，印证了古人“刑起于兵”的说法。而且须注意到，早期文献中施用“大刑”全部与具有政治意涵的军事行动有关，因此可以把这类刑罚称为“兵刑”。关于“兵刑”需要把握以下几点：

其一，“兵刑”是一种政治行为，或者更精确地说是政权行为。按照袁珂先生之论：“刑天者，亦犹蚩尤夸父，奋起而为炎帝复仇，以与黄帝抗争者也。常羊山北，经历数地即是轩辕国，轩辕，黄帝之号，则葬首常羊之刑天所与‘争神’之‘帝’，岂非黄帝而何？盖轩辕常羊一带，均属黄炎斗争神话传说之范围。”[5] 其二，“兵刑”的对象大凡是“族外”人，例如蚩尤相对炎黄部族的黄帝是族外人，炎帝部族的刑天相对黄帝部族而言也是族外人。其三，早期“兵刑”与族际战争相伴，属于非常之态，是故缺少相应的严格制度性设置。

---

〔3〕 作为政治实体的“天下”有别于现代“国家”，也迥异于“城邦”“部落联盟”等，而是以占据天下之“中”的政权（天子）单中心凌驾式统治为基本样态的政治体，具体论说参见李平：《“天下”缘起考：中国早期法文化的政治基础》，载李平：《先秦法思想史论》，光明日报出版社2013年版。

〔4〕 此外也见于《淮南子·地形训》中“西方有形残之尸”。高诱注云：“形残之尸，于是以两乳为目，腹脐为寇，操干戚以舞。天神断其手后，天帝断其首也。”

〔5〕 《山海经校注》（增补修订本），袁珂校注，巴蜀书社1993年版，第259页。

兵刑常态化、制度化和官僚化，或当始于舜在五帝末年所进行的政治改革，相关记载中著名者莫过于《尚书·舜典》中的“皋陶，蛮夷猾夏，寇贼奸宄。汝作士，五刑有服，五服三就。五流有宅，五宅三居。惟明克允”。日后的注疏一般将此中的“士”“五刑”与后世观念相混淆，而忽略“蛮夷猾夏，寇贼奸宄”以及早期“兵刑”的背景。

五帝时代的兵刑作为政权功能的分支和延伸，具有强烈的政治意涵。而此时的政权本身囿于政权、治权两分，并受限于神圣性方面的限制，始终存在一大隐患，集中地表征为罹受肉刑者普遍地“成神”。如《龙鱼河图》记载：

> 蚩尤没后，天下复扰乱不宁，黄帝遂画蚩尤形象以威天下，天下咸谓蚩尤不死，八方万邦皆谓殄伏。〔6〕

大意是黄帝在战胜并刑杀蚩尤之后，仍须借助蚩尤的威名来安服天下万邦。可以说，黄帝一手将自己的政治对手塑造成了新神。如果比较后世对政治斗争失败者极尽污名化之能事的处理方式，蚩尤的“成神”显得格外特殊。

这从一个侧面反映出进入政治社会之初，政治权力主导的刑罚起到的仅是镇压和肉体毁伤甚至消灭的作用，意在通过惩罚性措施获致政治权力和政治秩序的稳固。由于并不伴随意识形态和观念控制，被征服者处于屈服而非“心服”的状态，因此受刑者在原部族中会因身残或丧命的斗争而更有“勇士”形象。〔7〕

---

〔6〕《太平御览》卷七九引《龙鱼河图》；并参见《太平御览》卷十九引《河图挺佐辅》文。

〔7〕早期受刑者“成神”等现象参见李平：《先秦刑余之人考论：形象、制度与观念》，载《法商研究》2017年第2期。

(二)象刑、族内罚与帝舜时的"族"际变革

在进行整体性官制改革之前,舜曾经进行过一次具有强烈政治清洗意味的惩罚行为,即著名的"流四凶":"流共工于幽州,放驩兜于崇山,窜三苗于三危,殛鲧于羽山,四罪而天下咸服。"(《尚书·舜典》)针对共工、驩兜、三苗和鲧用到的刑罚文辞有差而其质相同,俱同于后世所谓流放、放逐。《尚书·舜典》在记录此事之前还有一段关于刑的著名记载:

> 象以典刑,流宥五刑,鞭作官刑,扑作教刑,金作赎刑。眚灾肆赦,怙终贼刑。钦哉,钦哉,惟刑之恤哉!(《尚书·舜典》)

这段文字与《公羊传》襄公二十九年何休注引孔子"三皇设言民不违,五帝画象世顺机,三王肉刑揆渐加,应世黠巧奸伪多"的说法相契,所表达的中心内容既包含了刑制,也有关用刑的基本原则,更是由于其中谈到了"象刑",引起了后世广泛关注。关于"象以典刑",马融注曰"言咎繇(皋陶)制五常之刑,无犯之者,但有其象,无其人也"。[8] 此乃后世"象刑"说的最早记载。《汉书·武帝纪》元光元年诏曰"昔在唐虞,画象而民不犯",所论即由此而发。《荀子·正论》"古无肉刑,而有象刑"的说法,在战国时代似已成为常识。但是类似关于上古无肉刑而有象刑的表述造成了很多误解。

---

[8] (清)孙星衍:《尚书今古文注疏》,中华书局2004年版,第52页。

或许是囿于后人对“五刑”具有后入为主意味的疏释,[9]很少有人注意到文中实际上并没有谈及类似用于甲兵之争的肉刑。“流四凶”已经向后人明示,当时政治社会中对其罪过成员所施用的最重刑罚止于流放,相对较轻者包括鞭、扑、赎(罚金)等。其中既没有对身体加以钻凿切割,造成不可逆毁伤的肉刑,更没有绞、斩等死刑。

在功能上取肉刑而代之的一般性惩罚便是“象刑”。对此,《墨子》记曰:“画衣冠,异章服,谓之戮。上世用戮而民不犯。”《慎子》佚文云:“有虞氏之诛,以幪巾当墨,以草缨当劓,以菲履当刖,以艾毕当宫,布衣无领当大辟。此有虞之诛也。斩人肢体,凿其肌肤,谓之刑。画衣冠,异章取,谓之戮。上世用戮而民不犯也,当世用刑而民不从。”董仲舒推断“画衣裳而民不犯”(《春秋繁露·王道》),还有更细致的说法,如《尚书大传》称:“唐虞象刑,犯墨者蒙皂巾,犯劓者赭其衣,犯膑者以墨幪其膑处而画之,犯大辟者布衣无领。”不过类似的解说均可视为推断之辞,因为至晚到了荀子的时代,人们已经但信其有而不解其意了。[10] 更主要的原因在于后人混淆了原本属于两个不同性质、体系的“刑”,所以才会有象刑真伪和象刑、肉刑先后之辩。

“象刑”之类的惩罚措施,现代学者常冠之以“耻辱刑”之名,颇为允当。与尧舜时象刑相仿的制度,还见诸《淮南子·齐俗训》:“帝颛顼之法,妇人不辟男子于路者,拂之于四达之衢。”晁福林引述明代思想家吕坤“五刑不如一耻”论说上古刑罚观念中耻辱刑的

[9] 实则唐虞时代无论《舜典》《皋陶谟》都没有谈到五刑的具体内容,明言者仅见于《周书》中的《吕刑》一篇。而历代注疏对“五刑”通常以商周以后的墨、劓、剕、宫、大辟等加以比附,理解上自然不免存在讹误。

[10] 《荀子·正论》中对当时通识中的“象刑”观念大加质疑,可作为时人已然对象刑之原义不甚了了的旁证。

功能与意义，颇为可取。[11] 如其所言，“讨论‘刑’的起源问题，我们还应当注意到上古时代族内与族外的刑罚有很大的区别。于族外者不乏杀伐之类的酷刑，而于族内则并不如此”。[12] 可知“象刑”是典型的族内刑之常制。

流放、象刑以及《舜典》中提到的“鞭作官刑，扑作教刑，金作赎刑”等，最主要的功能在于“身份区分”和教化。“身份区分”实际上是宣示犯罪者“道德/身份减等”，以此来谋求排除异端对常态社会秩序的侵扰，同时也包含有训诫与教化的目的。周代“其能改过，反于中国，不齿三年”（《周礼·大司寇》）就是这种早期族内刑的孑遗。

至此已可明了，五帝时代的族内刑以非肉刑（兵刑）的耻辱性惩罚为主，是故前节说到的兵刑与此节所言象刑虽在后世都目之为“刑”，实则当时具有完全不同的性质，且分别隶属于不同的制度。当然这个结论当中还隐含了两个问题：

其一，为什么族内不用肉刑？这与当时部族建立以血亲关系，或曰血亲伦理为基础有关。《孝经》中“身体发肤，受之父母，不敢毁伤，孝之始也”与之具有相同的思想文化渊源。而同族人的肉体都与共同的祖灵有关，或者说都由共同的祖灵庇护，在世的子孙们自然无权随意毁伤。

其二，“族”的边界何在？人类学研究表明，早期人类的组织方式呈现出由氏族向胞族、部落、部落联盟等形态过渡的倾向。无论这些研究中所指称的部族形态是否尽合上古中国实态，其中指明“族”际边界存在变动以及扩张两点确实在早期各个文化传统中都

---

〔11〕 参见晁福林：《“五刑不如一耻”——先秦时期刑法观念的一个特色》，载《社会科学辑刊》2014 年第 3 期。

〔12〕 晁福林：《“五刑不如一耻”——先秦时期刑法观念的一个特色》，载《社会科学辑刊》2014 年第 3 期。

有印证。自三皇的“万邦分治”和“各自以为治”过渡到黄帝、颛顼以后政治化的“天下”,“族”的边界同样发生了剧变。黄帝之时,但凡黄帝部族之外都被看作族外,是故可对刑天、蚩尤大加杀伐。尧舜所处的五帝时代晚期“族”际边界已经拓展到了炎黄部族之外。如果此时再出现刑天、蚩尤式的人物,很可能与“四凶”一样只会施用放逐之刑。也可说在黄帝之后的五帝时代,族内刑的范围随着政权的建立而扩大化了,当然随之而来的便是肉刑使用逐渐减少。从这个意义上说,后世称颂唐虞宽仁不无道理。

总之,实际上早期社会中所谓的肉刑仅适用于族外,族际战争中出现的毁伤肉体行为,例如黄帝斩首刑天、杀死蚩尤等,都属于肉刑。后来“刑起于兵”的说法就以此为据。族内对秩序破坏者的惩戒则以劝诫、羞辱为主,通过身份区分(如画象、异装)标明其过错,使之受辱而改过。最严重的惩罚是流放,“流四凶”就是例证。当时肉刑不用于族内,与其时族内关系以血亲—宗亲伦理为基础建立有关。

(三)苗民与肉刑

前文说到“兵刑”随中国社会“政治化”而生,但并不意味着在三皇时代不存在肉刑。恰恰相反,曾与黄帝九次大战的蚩尤就早有“刑神”之名。这恰好与《吕刑》篇等所记与苗民之说相为照应。〔13〕

相传蚩尤是东夷集团九黎部族,亦即最古时“三苗”的首领。《太平御览》卷七九引《龙鱼河图》载:“黄帝摄政前,有蚩尤兄弟八十一人,并兽身人语,铜头铁额,食沙石子,造立兵杖刀戟大弩,威

---

〔13〕 最多为后人称引的表述见诸《吕刑》:“苗民弗用灵,制以刑,惟作五虐之刑曰法。杀戮无辜,爰始淫为劓、刵、椓、黥。越兹丽刑并制,罔差有辞。”

振天下,诛杀无道。”[14]《管子·地数》云:“修教十年,而葛卢之山发而出水,金从之。蚩尤受而制之,以为剑、铠、矛、戟,是岁相兼者诸侯九。”这些关于蚩尤的记载显示出,当时的东夷部族掌握了较之西部炎黄等部族更为优秀的冶金技术和兵战技法。

之所以后世有刑起于苗民之说:一则由于对《尚书·吕刑》篇的记载存在一定程度的误解;二则也可理解为,五帝时中原文化的“兵刑”在方法上借鉴了东夷部族“先进”的兵器制作和使用技巧。故此可说,苗民(东夷)的刑,具有五帝兵刑之“形”而无其政治内涵之“质”。

三、《禹刑》

前引叔向“夏有乱政而作《禹刑》”之说,直接把刑书传统的缘起诉诸禹夏时代。把肉刑引入族内,或者说打破族内、族际界限,建立天下一体适用的刑罚体制者乃是禹,是故后有《禹刑》为刑书之始的说法。禹的这个改变与他对政权性质、天下格局的改造一体相关。

(一)禹启与“天下”之变

欲深刻理解为何到了禹夏时代出现“刑书”之制,须以把握禹启时代对“天下”作出的颠覆式重构为基础。此一重构包括了政权性质、政权运行方式、政权治权关系、地方格局等方面。《礼记·礼

---

[14] 《汉学堂丛书》辑本引作“黄帝之初,有蚩尤兄弟七十二人,铜头铁额,食沙石,制五兵之气,变化云雾”。此二说法均据袁珂、周明编:《中国神话资料萃编》,四川省社会科学院出版社 1985 年版,第 51-52 页。

运》篇曾将此转变概括为“大道既隐，天下为家，各亲其亲，各子其子，货力为己，大人世及以为礼。城郭沟池以为固”，虽颇粗略，然业已彰明其要。

尽管迄今人们对夏朝的历史知之甚少，甚至连西汉前期的司马迁也仅能主要依据《尚书》，并辅之以其他一些零星记载来略加勾勒。不过上面提到的巨大转变之枢机仅赖《禹贡》便可窥知其要。相关细节在之前的第六章中已有详细讨论，这里仅略述其梗概。

总体来说，禹试图以治水为契机，建立起一套以治权为中心，以贡赋为纽带，向心化的中央集权体制。〔15〕 大体包括了以下几类举措：

一是重新划定地方边界，将唐虞时的十二州整饬为九州，并营造出兖、青、徐、扬、荆、豫、梁、雍八州拱卫禹都所在的冀州的向心格局。《禹贡》说“禹敷土，随山刊木，奠高山大川”，事实上就是在记录重新勘界、划界的行为。

二是建立全国范围内的水陆交通网，为实现中央政权对地方的直接、高效控制提供可能。《禹贡》中“导山导水”部分详细记录了作成的细节。

三是详细调查了解各地资源分布和出产状况，并以交通网络为依托建立起中央掌控的贡赋体系。并且依托贡赋体系附带形成了一系列的建制：一则为了保障向中央纳贡，必需建成权力中心通达各个地方的交通网络。二则伴随制度化的贡赋的事实，必得形成完备的官僚制度来加以督责。

四是以理想化的“五服”格局为基础，在意识形态层面强化向

〔15〕 关于《禹贡》性质、内容以及禹夏时代政权、政治和天下格局变化的详细论证，参见李平：《作为中央集权化立法的〈禹贡〉——一次法哲学式的解读》，载《厦门大学法律评论》2017 年第 1 期。

心整合和纵向的权力控制。

相应的考古学互证如李民已指出："从龙山文化，尤其是它的晚期地区分布和周围那些所谓的'似龙山文化'的分布区域来看，它与《禹贡》所写的地域范围基本上是合拍的。""《禹贡》的地域范围，实应为夏王朝及其与国以及较远的一些部落或部落联盟这一格局的写照。""《禹贡》中说的'五服'制度和范围被后人弄得神秘莫测，究其实，应属上述情况之折射。"〔16〕20 世纪 80 年代末，邵望平先生著《〈禹贡〉"九州"的考古学研究》，结合考古学资料否定了顾颉刚先生关于"中国古代并不曾真有九州这个制度"的结论，提出龙山文化圈恰恰与《禹贡》九州的范围大体相当，从而论证了《禹贡》九州的真实可信性。〔17〕 迄今最具说服力的解释来自赵春青，在充分考察了龙山文化和泛龙山文化各遗存之间的关系后，他断言："《禹贡》五服制度不会是古人的臆说，而是曲折地反映着龙山时代中原与四邻的相互关系。"〔18〕

综上可知，禹夏时政权和天下格局较之以往的五帝时代发生了质的转变，其中最核心的特质莫过于中央集权化，由此实现了政权对地方的基本掌控，也使原本各自以为治的地方划界自治的局面随之被破除。

而上述的种种创制，无疑与政权"私化"，或曰家天下有直接关系。政权欲获得对天下的直接掌控，除了上述几个方面的创制之外，无疑还需要制度性地保持对天下强势的控制力。下面要说到的刑制变革，就是支撑这种控制力的关键因素之一。

---

〔16〕 李民：《尚书与古史研究》（修订本），中州书画社 1981 年版。

〔17〕 赵春青：《〈禹贡〉五服的考古学观察》，载《中原文物》2006 年第 5 期。

〔18〕 赵春青：《〈禹贡〉五服的考古学观察》，载《中原文物》2006 年第 5 期。

(二)《禹刑》与“刑”义之变

《禹刑》的具体内容现已不可确知,按照先秦时人的说法,大体上商周两代刑书沿袭了它的基本格局和规模而略有损益。对此,康有为提供了一个很有意思的解释:

> 《(尚书)大传》又曰:“夏刑三千条”,此本《周书·甫刑》之序也;《甫刑序》曰:“穆王训夏赎刑,作《吕刑》。”按:经曰“五刑之属三千”,不言“夏”;《吕氏春秋·孝行览》云:“《商书》曰:‘刑三百,罪莫大于不孝’”,亦不及“夏”;《左氏传》曰:“夏有乱政而作《禹刑》”,虽言“夏刑”而不举其目。若非见《书序》“训夏赎刑”之文,何以知三千条为夏刑也?[19]

从零碎的片段式记载中可以窥知《禹刑》给刑制和刑义带来的几大变化:

其一,重新界定了“刑”,并以之为基础生发出一套全新的刑制,“刑”的含义也随之发生了变化。重在威慑的肉刑与重在区分、隔离的耻辱性(象刑)统入了“刑”的体系之下。后世说“古者大刑用甲兵,中刑用刀锯,薄刑用鞭扑。自兹厥后,狙诈弥繁”。[20]

按照“刑”的新内涵,《禹刑》应当重新确立了刑罚的等次。唐虞时代兵刑五等,族内刑则包括象、流、官、教、赎,到了禹夏时全部打并入五刑之属三千条中。是故《扬子法言·先知篇》言“夏后肉

---

〔19〕 康有为:《新学伪经考·书序辨伪第十三·第二辨今文尚书无序》,中华书局2012年版,第316页。

〔20〕 (唐)房玄龄等:《晋书·刑法志》,中华书局1974年版,第917页。

辟三千”，而今人“以刑统罪”的归纳大致可取。[21]《左传》昭公十四年文中叔向引述“《夏书》曰：昏、墨、贼，杀。皋陶之刑也”。叔向所言皋陶之“五刑”应该是《禹刑》用以“统罪”的刑制主体内容。后世所言的“刑书”就是这套全新刑制的载体。虽然现已无从知晓夏人当时以何种器物作为载体去保存《禹刑》，但大致可以推知当时存在某种书面化的记录。[22]

其二，兵、刑分离。虞舜改革以后掌管肉刑之“士”职能类似于后世的兵部侍郎，以掌管军事、应对“蛮夷猾夏”为主要职分。不过随着刑制变化，“士”官也随之两分：一则成为专门的军士类职官，后世的“士”的武士之义即本于此；二则成为掌管狱讼刑罚的职官，如《周礼》中“察狱讼之辞，以诏司寇断狱弊讼，致邦令”的士师和“掌四方之狱讼，谕罪刑于邦国”的讶士都属于此类。[23]

兵、刑两分，肉刑与象刑整合，带来了刑罚功能上的变化。不过刑却在两分的同时也分享了兵的政治功能，即专属于政权并作为其象征。由此便可理解为何要说“夏有乱政而作《禹刑》”。通常将此“乱政”理解为政治社会衰颓，如叔向说“三辟之兴，皆叔世也。”汉人服虔进一步解释说“政衰为叔世。叔世踰于季世，季世不能作辟也”。[24] 近有沈家本“言刑书不起于始盛之时”[25]等说，这类解释显然受到了释读《吕刑》的影响。事实上应该与《禹刑》所具

---

〔21〕 武树臣、马小红：《中国成文法的起源》，载《学习与探索》1990 年第 6 期。

〔22〕 清末发现殷墟卜辞以后的很长一段时间，人们通常认为商代甲骨文是中国历史上最早的文字。但这个看法近年来受到质疑，理由之一是甲骨刻辞中的文字和语法太过规范和成熟，不大可能是文字初创时所当表现出的状态。加之断代于五帝末期，并极有可能是尧都的陶寺遗址中发现了大量具有表义意味的刻划符，使学界开始逐渐认同文字的出现和使用或早自五帝时代前期，甚至接近传说中的伏羲时代。

〔23〕 参见（清）孙诒让：《周礼正义》，中华书局 2013 年版，第 2786、2813 页。

〔24〕 （清）洪亮吉：《春秋左传诂》，中华书局 1987 年版，第 672-673 页。

〔25〕 （清）沈家本：《历代刑法考 · 律令一 · 禹刑》，中华书局 1985 年版，第 818 页。

有的政权象征义联系在一起,把所谓的“乱政”理解为革命与政权更迭。当然,将《禹刑》为首的刑书新建制理解为“叔世”的标志也颇有其理,毕竟它与天下政权的私化,即家天下相伴生。这在后人看来确实是政权由“公”而“私”堕落的表征之一。[26]

其三,“刑”的功能实现了对以往兵刑和象刑的整合,集威慑、惩戒、隔离、区分于一体。以五刑为中心的刑制在此整合下“既是肉刑,又是耻辱刑”。[27]

禹夏对刑制的使用原则与五帝时代呈现的族内刑扩大化恰相悖反。同样是基于“天下”本位,禹启选择了将针对族内的耻辱刑与针对族外的肉刑合并起来,统属于“刑”。这实际上意味着原本仅施用于族外的肉刑适用范围扩展到族内。最典型的例证是夏启在讨伐作乱的有扈氏时对其部族声言“不用命,戮于社”(《尚书·甘誓》),已然将肉刑中最重者用于内部惩罚。造成这个改变的根本原因莫过于“天下”,也就是政权性质、功能和结构的变化。或者说得更直接一些,这由禹夏寻求政、治权合一和中央集权体制的需求所造成。

由于集权化,原本地方分治状态被强行打破,当然遭受侵扰的也包括地方原本的人口聚集和社会组成方式。过去以宗族为中心的社群被强行纳入集权化的中央—地方格局中,造成的后果之一

---

〔26〕 参考许逸民云:叔世之奸谋。《左传》昭公六年文曰:“(叔向使诒子产书曰)夏有乱政,而作《禹刑》,商有乱政而作《汤刑》,周有乱政而作《九刑》,三辟之兴,皆叔世也。”杨伯峻《春秋左传注》:“三辟,指《禹刑》《汤刑》《九刑》三种刑律。叔世前人解为衰乱之世,服虔且云‘逾(愈)于季世’。其实不然。《左传》凡三言‘季世’,二处皆《易》‘末世’、‘衰世’之义,‘叔世’唯此一见。《汉书·刑法志》引此文,师古注:‘叔世言晚时也。’《刑法志》又云:‘禹承尧、舜之后,自以德衰而制肉刑,汤、武顺而行之者,以俗薄于唐、虞也。’王先谦《补注》云:‘据此文,班以肉刑始于夏禹,而叔向所云叔世,对上世言之。’”徐陵:《徐陵集校笺》,中华书局2008年版,第484页。

〔27〕 杨鸿雁:《耻辱刑与奴隶制肉刑》,载赵翔、刘鹏主编:《贵州法学论坛:第二届文集》,贵州人民出版社2001年版。

便是原先的族际边界被政治意义上的行政区划边界所取代，也可理解为地方秩序的血亲基础为政治权力基础所取代。[28] 若非这种全局性的天下格局重塑，原有的血亲—宗亲社群的基础地位不被动摇，则既无肉刑族内化的可能，也无必要。

前文说到，新刑制的设置旨在为中央政权实现对天下的有效控制提供支撑，因此，《禹刑》此时便不仅是一部规定刑罚适用方法的技术性手册，而更成为政权权威的标志之一。为什么会有作为日后刑书鼻祖的《禹刑》，至此便不难理解了。

四、殷周的因袭与损益

商周两代因袭了禹夏刑书制度而有所损益，史有明文，概说如《晋书·刑法志》所载："夏后氏之王天下也，则五刑之属三千。殷因于夏，有所损益。周人以三典刑邦国，以五听察民情，左嘉右肺，事均熔造，而五刑之属犹有二千五百焉。"

与刑制相对应地，殷商对有夏一代的天下理念、格局、制度等多有因袭。除"家天下"之外，象征政权神圣性与基本政治理念的大法，[29] 中央集权式的政权运行和天下格局等概莫能外，[30] 而辅

---

[28] 当然这并不意味着地方聚落的血亲、宗亲属性消失，只是它们的基础性地位让位于政治权力。

[29] 商之遗老箕子向武王所陈《洪范》时的描述表明，关于天下的政治理念和王道、治道之大法，商人均得之于夏而信用。参见《尚书·洪范》篇首。

[30] 刘莉指出"二里头和二里冈时期，早期国家呈现地域集权的特征"。（刘莉：《中国早期国家政治格局的变化》，载荆志淳等编：《多维视域：商王朝与中国早期文明研究》，科学出版社 2008 年版。）此点可以殷商发达的交通网络和全国性贸易—贡赋体制见其一斑。殷商王权的中央集权状态，参见晁福林：《试论殷代的王权与神权》，载《社会科学战线》1984 年第 4 期［收入《甲骨文献集成》（第 24 册），第 540-542 页］；张秉楠：《商周政体研究》，辽宁人民出版社 1987 年版。殷商的天下格局参见周书灿：《殷商时期的天下格局》，载《殷都学刊》1999 年第 1 期［收入《甲骨文献集成》（第 25 册），第 298 页］。

成之的刑书制度得到承袭自在情理之中。

殷商“刑书”的具体形态和内容均不可知，除了叔向说到的“商有乱政而作《汤刑》”之外，还有《竹书纪年》中“祖甲二十四年，重作汤刑”[31]的记载。战国有“刑名从商”（《荀子·正名》）之说，可见殷商时代于刑制颇有建树。殷墟甲骨卜辞中见有黥、劓、刖、宫、大辟、剖解、砒等刑制，[32]亦可印证传世文献所论。《史记·殷本纪》载商纣时多立酷刑，或为其重刑之极端化体现。这或与商人族属源自东夷而秉承了其先人善于用刑的传统有关。总体来说，殷商承袭了禹夏的《刑书》制度与对“刑”之于政权和社会的基本设定，虽有损益而无质变。

迨至西周一改夏商集权而行分封之制，虽家天下政权属性未有根本性变化，然亦融入了些许“公”的质素。政治理念中强调以德配天、敬天保民、明德慎罚等，由此引发商周之际思想文化、制度、法律等方面的剧变。[33]

叔向追述西周刑书曰“九刑”，孙诒让引贾疏云：“司刑主刑书，若于外朝司寇断狱之时，司刑则以五刑之法诏刑罚。刑罚并言者，刑疑则入罚故也。”[34]是可知其内容或大抵同于夏商刑书，为以五刑统罪的格局。

西周有关“刑书”最直接的记载来自《尚书·吕刑》和《逸周书·尝麦解》。其中《逸周书·尝麦解》记载了“成王于尝麦之月格庙命

---

〔31〕 洪亮吉引汲郡古文曰：“祖甲二十四年重作汤刑。”外传云：“玄主勤商，十有四世。帝甲乱之，七世而陨。”惠栋曰：“祖甲贤君，事见尚书，止以改作汤刑，故云乱之。”参见（清）洪亮吉：《春秋左传诂》，中华书局 1987 年版，第 672 页。

〔32〕 参见蒲坚编著：《中国法制史考证》（第 1 卷），光明日报出版社 2001 年版，第 28-30 页。

〔33〕 首为发明者莫过于王国维，参见《殷周制度论》（王国维：《观堂集林》，中华书局 1959 年版，第 451-480 页）。后学对之虽多有批评、质疑与订改，然其说之要大体无误。

〔34〕 （清）孙诒让：《周礼正义·司刑》，第 2841 页。

大司寇正刑书以逆刑罚，之中遂以策书敕戒司寇及群臣州伯之事”。[35] 其文曰：

> 维四年孟夏，王初祈祷于宗庙，乃尝麦于太祖。是月，王命大正正刑书……众臣咸兴，受大正书，乃降。太史策形书九篇，以升授大正，乃左还自两柱之间。□箴大正曰：“钦之哉，诸正。敬功尔颂，审三节，无思民，因顺尔临狱，无颇正刑有掇，夫循乃德，式监不远，以有此人保宁尔国，克戒尔服，世世是其不殆，维公咸若。”[36]

这篇文献中成王“初朝”的特定时间背景对接下来的理解颇为重要。这说明“命大正正刑书”的举措与祈祷于宗庙、尝麦于太祖一样都是在宣示天子掌握政权和天下，性质上也类似于“改正朔”。

关于刑书制度在周代的施用情况，将在下一章中结合周人德政详论。

---

〔35〕 黄怀信等：《逸周书汇校集注》，上海古籍出版社 1995 年版，第 720 页。

〔36〕 篇幅所限，并没有全部引述篇中的内容，省略部分将在下文论述中随使用征引。

第九章　德政与慎刑

叔向对子产铸刑书的质疑中的“先王议事以制，不为刑辟”一句多被误解为反对成文法或反对公布法律。其义实为周人审判中虽以刑书为据，却最终通过常态化而又不书于竹帛的“赦”的原则来减轻惩罚。这一审判和刑罚原则初见于《尚书·康诰》，或由周公所立。迨至成康以后成为周人司法常制，其实例见于《师旂鼎》《倗匜》《曶鼎》等铜器的铭文中。西周之所以有此制度安排，意在通过判决与刑书的反差彰显政权对民人的恩德。此一机制是为西周德政具体落实的最重要手段之一，故周人常以“明德慎罚”连言。

一、从叔向与子产之争谈起

公元前 536 年三月郑国执政子产铸刑书向来被当作中国法律史上具有划时代意义的大事

件。不唯如此,此事在当时亦引起了广泛关注,招致了来自邻邦晋国的重臣叔向的批评。叔向、子产双方论辩见载于《左传》昭公六年文,具引如下:

三月,郑人铸刑书。

叔向使诒子产书,曰:"始吾有虞于子,今则已矣。昔先王议事以制,不为刑辟,惧民之有争心也,犹不可禁御。是故闲之以义,纠之以政,行之以礼,守之以信,奉之以仁,制为禄位以劝其从,严断刑罚以威其淫。惧其未也,故诲之以忠,耸之以行,教之以务,使之以和,临之以敬,莅之以强,断之以刚。犹求圣哲之上,明察之官,忠信之长,慈惠之师,民于是乎可任使也,而不生祸乱。民知有辟,则不忌于上,并有争心,以征于书,而徼幸以成之,弗可为矣。夏有乱政而作《禹刑》,商有乱政而作《汤刑》,周有乱政而作《九刑》,三辟之兴,皆叔世也。今吾子相郑国,作封洫,立谤政,制参辟,铸刑书,将以靖民,不亦难乎?《诗》曰:'仪刑文王之德,日靖四方。'又曰:'仪刑文王,万邦作孚。'如是,何辟之有?民知争端矣,将弃礼而征于书。锥刀之末,将尽争之。乱狱滋丰,贿赂并行,终子之世,郑其败乎!肸闻之,国将亡,必多制,其此之谓乎!"

(子产)复书曰:"若吾子之言,侨不才,不能及子孙,吾以救世也。既不承命,敢忘大惠?"[1]

---

[1] 本章《左传》原文和杜预《注》、孔颖达《疏》均以李学勤主编的《十三经注疏·春秋左传正义》(北京大学出版社 1999 年版)为底本,下不一一出注。

这段记载颇受法律史家重视，征引遍见于各种著作、论文之中，专门性的论述亦数以百计；又因其出自五经之一，两汉以来儒者注疏析解更可谓卷帙浩繁；加之文辞浅近，故在此无须再作全面译释。然而，窃以为子产之举、叔向之语始终未得究竟之解，甚至某些成见、讹误被当作定论大行其道。最常见者莫过于说子产铸刑书标志着中国历史上公布成文法的开始，以及认为叔向本着守旧立场反对公布成文法。欲明此两说之误，则须辨清子产铸刑书意味着什么？叔向反对的又是什么？

叔向秉持传统立场，要言之即“先王议事以制，不为刑辟”，杜预《注》云“临事制刑，不豫设法也”。孔颖达作《疏》时似乎意识到了杜预《注》与其他史料存在明显冲突：

> 《尚书·伊训》云：“先王肇修人纪，制官刑，儆于有位。”又穆王命吕侯训夏赎刑，作《吕刑》之篇，其经云：“墨罚之属千，劓罚之属千，剕罚之属五百，宫罚之属三百，大辟之属二百，五刑之属三千。”《周礼》：“司刑掌五刑之法，以丽万民之罪，墨罪五百，劓罪五百，宫罪五百，剕罪五百，杀罪五百。”据此二文，虽王者相变，条数不同，皆是豫制刑矣。

据之可知书于竹帛的成文刑法夏商已有，周人“不豫设法”之说似有不妥。然而本着疏不破注的原则，孔氏又尝试为杜预《注》提供一个于理可通的解释：

> 而云“临事制刑，不豫设法”者，圣王虽制刑法，举其大纲，但共犯一法，情有浅深，或轻而难原，或重而可恕，

> 临其时事，议其重轻，虽依准旧条，而断有出入，不豫设定法，告示下民，令不测其浅深，常畏威而惧罪也。法之所以不可豫定者，于小罪之间，或情有大恶，尽皆致之极刑，则本非应重之罪；悉令从其轻比，又不足以创小人也。于大罪之间，或情有可恕，尽加大辟，则枉害良善；轻致其罚，则脱漏重辜。以此之故，不得不临时议之，准状加罪。今郑铸之于鼎，以章示下民，亦既示民，即为定法。民有所犯，依法而断。设令情有可恕，不敢曲法以矜之。罪实难原，不得违制以入之。法既豫定，民皆先知，于是倚公法以展私情，附轻刑而犯大恶，是无所忌而起争端也。汉、魏以来，班律于民，惧其如此，制为比例。入罪者举轻以明重，出罪者举重以明轻。因小事而别有大罪者，则云所为重，以重论。皆不可一定故也。

孔氏核心观点在于，先王虽有制定成文的刑法，然而仅举大纲，事实情况较成文法所规定者远为复杂，因此需要“临时议之，准状加罪”。如果拘泥于法条以为“定法”，且“民有所犯，依法而断”，势必导致“罪实难原”。而此类出离于刑法文面的考量，就是“议事以制”。

尽管孔氏疏解多少带有强为杜预《注》“不预设法”之讹寻找说辞的印记，未切于事情之实，但其中却也触及了问题的关键，既然定法（成文法/刑书）早已有之，〔2〕为何又要“临事制刑”？对此，孔颖达《疏》可自成一说，但无法圆融地解释，为何叔向会在成文刑书

---

〔2〕 定立成文法的传统古已有之，这一点无可争议。无论叔向提到的《禹刑》《汤刑》《九刑》，还是《逸周书·尝麦解》中的“刑书”俱为明证。叔向对子产的讥评焦点显然不在刑辟的成文化这一点上。

古已有之的前提下说先王“不为刑辟”？拙见以为，解释这一系列问题的关键在于理解“议事以制”。

杨伯峻据王引之《经义述闻》提供了另一种释读：“议读为仪；仪，度也。制，断也。谓度量事之轻重，而据以断其罪。”又，“辟，法也。刑辟即刑律。”[3]联系后文“国将亡，必多制”，即以多兴狱讼为亡国之征，可见杨、王之说更为合理，“制”当解为断制、裁判、审判等义。“议事以制”按此当读“依事而断”，不过具体含义仍旧不得而知，相反引出了更多问题，诸如：既然有刑书，为何要“依事而断”而不能依法而断？他们如何处理刑书与事情的关系？或者可问，刑书在司法审判中究竟扮演怎样的角色？

公布成文法之举亦渊源甚古，周成王“维四年孟夏，王初祈祷于宗庙，乃尝麦于大祖。是月，王命大正正刑书”，在一组仪式和成王训诫之后，“众臣咸兴，受大正书，乃降，太史策刑书九篇，以升授大正，乃左还自两柱之闲。”（《逸周书·尝麦解》）这说明周初已有了向众臣子公布刑书的定制。《周礼》中的“悬法象魏”亦可为之印证。但公布的对象是“臣”而非“民”。也就是说，需要臣对刑书了然于心，但不必授之于民。这与叔向的看法相合，也就是说，叔向反对的不是公布刑书，而是子产将公布的范围由臣拓展到了民。

《逸周书·尝麦解》和《周礼》的记载都表明，西周时向大臣公布刑书，重要性甚至可与祭祀并驾齐驱，其中蕴含丰富的政治象征意义。大臣们掌握刑书，实为王权下行的一种表征。既然王廷如此兴师动众地编修、公布刑书，并要求臣子加以掌握，那么又为何会让叔向有“不为刑辟”的印象呢？

再者，叔向对铸刑书行为的批判，源自他对伦理败坏、道德沦

---

〔3〕 杨伯峻：《春秋左传注》，中华书局1990年版，第1274页。

丧的担忧,即所谓“将弃礼而征于书”。也就是说,焦点在于叔向向民众公布了刑法,会使得一般民众将行为合法当作底线作为设定行为标准,即其所谓“民知有辟,则不忌于上,并有争心,以征于书,而徼幸以成之,弗可为矣”。或者说是由“为刑辟”引起“民之有争心”,再到“民知争端矣,将弃礼而征于书。锥刀之末,将尽争之。乱狱滋丰,贿赂并行”。叔向只以为之将会引发亡国之举。为什么“为刑辟”会导致“民之有争心”呢？杜预《注》说“法豫设,则民知争端”。实际上并未申说其理。孔颖达认为:

> 古者分地建国,作邑命家,诸侯则弈世相承,大夫亦子孙不绝,皆知国为我土,众实我民,自有爱吝之心,不生残贼之意。故得设法以待刑,临事而议罪,不须豫以告民,自令常怀怖惧。(《春秋左传正义》卷四三)

按照叔向的理解,先王的刑制和刑治配合礼教而行,即“故闲之以义,纠之以政,行之以礼,守之以信,奉之以仁,制为禄位以劝其从,严断刑罚以威其淫”,如此非但不会导致道德沦丧,相反是成就德化的途径之一。至此就需要思考:为何刑—德关联如此之紧密？刑法、刑罚在实际的操作层面又如何成就西周的德政？

解决上面提到的一系列问题,要明了西周时的士师、司寇们究竟怎样“议事以制”？同时还要弄清这种制度设置与作为西周政权正当性支柱的“德政”之间的关系。

二、慎刑与明德:西周刑德观概说

为了明确西周的刑、德关系,特别是刑何以成德的问题,有必要先行厘清周人关于刑与德的基本理解。

(一)周人慎刑诸说

西周奉行"明德慎罚"政策为学界所公认。这个说法在传世文献中最早见于《康诰》,周公对康侯姬封说"惟乃丕显考文王,克明德慎罚;不敢侮鳏寡,庸庸,祗祗,威威,显民"。周公在追忆成汤到帝乙的政治业绩时也曾说道:"乃惟成汤克以尔多方简,代夏作民主。慎厥丽,乃劝;厥民刑,用劝;以至于帝乙,罔不明德慎罚,亦克用劝;要囚殄戮多罪,亦克用劝;开释无辜,亦克用劝。"(《尚书·多方》)可见重视谨慎用刑的"慎罚"观念,以及在德、罚之间建立起紧密关联,至少在周公摄政时已经明确。

不过随着对出土文献研究的深入,出现了一些新的情况,据胡留元研究,金文中无"慎罚"字样,只有"明刑""怀刑"。金文中出现"慎罚"铭文都集中在春秋战国时代,如春秋时期《叔夷钟》铭有"慎中厥罚"。[4] 是故传世的《尚书·周书》诸篇中"慎罚"的表述,很有可能是春秋史家转述过程中"今文化"重述的结果。

"怀刑"见于《班簋》铭"文王孙亡弗怀刑。"(《集成》4341-6)[5]《论语·里仁》载子曰:"君子怀德,小人怀土。君子怀刑,小人怀惠。"刘宝楠释"怀"曰:"《尔雅·释诂》'怀,思也。'《说文》'怀,思念也。'君子已立立人,已达达人,思成已将以成物","怀刑,则日儆于礼法,而不致有匪僻之行,此君子所以为君子也。"[6]据此,怀刑可释为慎思刑法,与传世文献的"慎罚"含义无大出入。

---

[4] 胡留元、冯卓慧:《夏商西周法制史》,商务印书馆2006年版,第314-315页。

[5] 释文据《殷周金文集成释文》(第3卷),第479页。

[6] (清)刘宝楠:《论语正义》,中华书局1990年版,第148页。历代经学家对此"怀"字的解释纷繁复杂,详情可参见程树德:《论语集释》,中华书局1990年版,第250-253页。

另外还有“刑中”之说，如周宣王时《四十三年逨鼎》铭载：

> 王若曰：命女官司历人，毋敢妄（荒）宁，虔夙夕惠雍我邦小大猷。粤乃尃政事，毋敢不妻不井，雩乃讯庶又粦，毋敢不中不井……皇考其严才上，廙（翼）才下，穆穆秉明德，丰丰勃勃……[7]

有研究指出，西周中晚期“明德慎罚”的精髓，是在重视德教的同时，提出了“刑中”思想。[8] 明德慎罚与刑中本即相契，亦可归于慎刑之下来观察。

综上所述，把慎刑、慎罚、怀刑等而观之应无大过，都意在表达一种应当谨慎、允当运用刑罚的态度。且根据引述的诸材料，西周官方应自建国之初就秉持着“慎刑”的观念。问题在于，这个说法具体指的是怎样一种刑罚政策、方式？抑或仅仅是要求在审理案件时小心谨慎？[9]

（二）明德与明刑

春秋时申公巫臣曾对楚庄王说：“《周书》曰：‘明德慎罚。’文王所以造周也。明德，务崇之之谓也；慎罚，务去之之谓也。”（《左传》成公二年）荀子也说“治之经，礼与刑，君子以修百姓宁。明德慎罚，国家既治四海平”（《荀子·成相》）。可见周人德政的重要表现之一乃是慎刑，也可说，东周时的知识分子已经普遍认同慎刑

---

〔7〕 释文底本据李学勤：《四十三年佐鼎与牧簋》，载李学勤：《中国古代文明研究》，华东师范大学出版社 2005 年版。李学勤旧隶定“逨”为“佐”，今据通说均改为“逨”。

〔8〕 胡留元：《卜辞金文法制资料论考》，载《中国法制史考证》（甲编第 1 卷），第 123 页。

〔9〕 这个问题留待下文第三、四部分详论。

是西周德政成立和彰显的必要一环。下面略对此“明德”及与之相关的“明刑”观念做一梳理。

翦商前夕，周人便已奠定了将政治正当性建立在“德”上的基调。通过“德”，上可禀受天命，下可获致民心。当然宗周文化中的“德”与之前商人的“德”和之后孔子、儒生们讲的“德”差异都很大，简言之，周人侧重“恩德”，即王对处于下位者（特别是民）的恩惠；商人的“德”义类似于今所谓“属性”，如《洪范》“三德”曰“刚克、柔克、正直”。孔子的德可以概括为“仁德”，即以具有普适性的伦理内涵为中心的德。周人德政的表征之一是“明德”作为周人常用语言反复使用，典型用例见诸西周中期《𤼈钟》铭：

> 𤼈不敢弗帥祖考，秉明德囟，夙夕佐尹氏。（《集成》247-6）[10]

西周晚期《虢旅叔钟》铭：

> 丕显皇考惠叔，穆穆秉元明德，御于厥辟，得纯亡愍。（《集成》238.1-6，238.2-6）[11]

春秋早期的《晋姜鼎》铭：

> 余不暇荒宁，经雍明德。（《集成》2826）

还有如《大克鼎》铭“天子明德，显孝于申。”《叔向父簋》铭“肇

[10]　《殷周金文集成释文》（第1册），第219页。

[11]　《殷周金文集成释文》（第1册），第211页。

帅井先文祖共明德。”《叔和钟》铭“帅秉明德。”传世文献的“明德”亦首见于《康诰》“克明德慎罚”语。并见于《尚书·梓材》“先王既勤用明德，怀为夹，庶邦享作，兄弟方来。亦既用明德，后式典集，庶邦丕享。”《召诰》“保受王威命明德”；《多士》“自成汤至于帝乙，罔不明德恤祀”；《君奭》“嗣前人，恭明德”；前引《多方》“罔不明德慎罚”。《君陈》“黍稷非馨，明德惟馨”〔12〕。还有《逸周书·程典解》“慎德必躬恕，恕以明德，德当天而慎下。”〔13〕《酆保解》“明德摄官”；〔14〕《大开武解》“维明德无佚”；〔15〕《祭公解》“朕皇祖文王、烈祖武王，度下国，作陈周，维皇皇上帝，度其心，置之明德。付俾于四方，用应受天命，敷文在下”。并见于《诗经·皇矣》：“帝迁明德，串夷载路”，“予怀明德，不大声以色，不长夏以革”。其中“明”有两解：一则以之为动词彰明、显明之义。类似的用法还见诸《班簋》铭的“隹敬德，亡逌违。”《玉篇》云：“敬，恭也，慎也。”二则释为形容词美好之类的意思。类似的词还有“懿德”〔16〕，《大学》“大学之道，在明明德”可为之佐证。上述区别更多是基于现代汉语语法学而来，其实置于先秦的语言环境下，动词与形容词之间并无决然分判的鸿沟。

从上述引文中可以见得，“明德”极为周人所强调，成为其政治的标称。且周人对用刑问题的反复申说，以及屡屡见诸文献中的“明德慎罚”“怀刑”等说，都表明周人取天下之初，尝试通过司法实践来彰显其德政。早在文王时，以司法实践彰显有德便有成例，最

〔12〕 见引于《左传》僖公五年文。

〔13〕 黄怀信等：《逸周书汇校集注》（修订本），上海古籍出版社 2007 年版，第 169 页。

〔14〕 黄怀信等：《逸周书汇校集注》（修订本），上海古籍出版社 2007 年版，第 200 页。

〔15〕 黄怀信等：《逸周书汇校集注》（修订本），上海古籍出版社 2007 年版，第 260 页。

〔16〕 参见西周中期《㹢公盨》铭（释文参见李学勤：《论㹢公盨及其重要意义》，载《中国历史文物》2002 年第 6 期）。

卓著者莫过于虞芮之质。[17] 周初召公理讼为后世所颂念，亦是其有德之征。[18]

与“慎刑”同样常见的“明刑”说，其所谓“明”应同于“明德”之“明”。像《牧簋》铭“女（汝）毋敢弗帅先王作明井（刑）”。《毛公鼎》铭“先王作明井”，《史墙盘》铭“井帅四海”与《左传》襄公十三年引《诗》之“仪刑文王”之“井（刑）”，乃“型范”之刑，而非刑法之刑。[19] 明刑也就是明法，与明德正相对应，共同构成周人立国建制的两大基本原则。明刑要在彰明法律，与《周礼》中“悬法象魏”的说法相契。从《逸周书·尝麦解》记载成王初朝时即“命大正正刑书”到春秋时子产铸刑书和荀寅、赵鞅铸刑鼎，这个传统一脉相承。与此同时，叔向“先王议事以制，不为刑辟”的批评显然不是反对这个传统。

而通过其他文献，可以知晓周人在明刑、慎罚的基础上还提出了一些更具体的要求，像康王时《大盂鼎》铭载：

> 今余隹令女盂绍荣敬雍德井（型）巠（经），敏朝夕入谏，享奔走，畏天威。王曰：於，而令汝盂型乃嗣且（祖）南公。王曰：盂，乃绍夹死司戎，敏谏罚讼。[20]

至此，宗周文化中司法与德政之间的关系已基本厘清，要者可谓

---

〔17〕 虞芮之质一事，即对其意义的解说，参见李平：《试论中国早期“理讼”问题中的公私矛盾》，载《法学家》2013 年第 4 期。

〔18〕 事见《诗经·甘棠》及其毛《传》、郑《笺》等。

〔19〕 参见李力：《出土文物与先秦法制》，大象出版社 1997 年版，第 18－19 页。

〔20〕 释文据《殷周金文集成释文》（第 2 册），第 411 页。并参考陈梦家：《西周铜器断代》（上册），中华书局 2004 年版，第 100－103 页；李学勤：《大盂鼎新论》，载《郑州大学学报（哲学社会科学版）》1985 年第 3 期；刘桓：《大盂鼎铭文释读及其他》，载《北方论丛》2005 年第 4 期。

通过明刑、慎刑以期明德。随之也产生了新的问题：无论文王理虞芮之质还是召伯甘棠下理讼，都是具有鲜明个人色彩的个例。它们不能反复再现，也就不能反映西周时期常态化、制度化的状况。所以还需要进一步探讨，周人如何在常态化的司法实践中实现德政？或者说，用以“明德”的“慎罚”“怀刑”究竟以何种具体方式落实？

三、《康诰》与慎刑原则初立

翦商之后，武王早丧，成王年幼，东土未靖。周公摄政之初时逢三监之乱，宗周政权疲于安顿天下。虽前有文王之法以定大统，后有武王不下车而分封，然而始终未得建立完备政制，亦毋论型构成熟的社会治理机制。成型的政治模式和治理机制大抵随着周公平三监之乱后，在安靖殷商故地、殷民的过程中逐步建立起来，历经成、康二王渐臻完备。〔21〕

《尚书·康诰》〔22〕恰好是在上述背景下，周公针对新式“天下”格局而作。此时急需对殷商遗民彰显周王朝之德，以此强化民众对新政权正当性的认同。文中大量涉及了司法、审判和刑罚，强调明德的同时特重慎罚，显然是非常有意识、有目的且有针对性的设计。胡留元认为西周“‘明德慎罚’总的原则是‘庸庸，祗祗，威威，显民’”〔23〕，可见《康诰》一文具有为西周法律文化奠定方向的意

〔21〕 铜器铭文中册命文在成、康、昭、穆时代的大量增多，也可辅证此处周制渐次大备的看法。

〔22〕 所引《康诰》以阮元《十三经注疏》本为底本，标点方式主要参照了孔颖达《正义》、孙星衍《尚书今古文注疏》和刘起釪《尚书校释译论》等，或有尚未争论之处，在不影响该文主旨的情况下，姑且搁置不论。

〔23〕 胡留元、冯卓慧：《夏商西周法制史》，商务印书馆 2006 年版，第 314-315 页。

味，亦可推论，明德慎罚的原则、方案或即成于此。

《康诰》与本章主题有关的叙述包括：

王若曰："孟侯，朕其弟，小子封。惟乃丕显考文王，克明德慎罚；不敢侮鳏寡，庸庸，祗祗，威威，显民，用肇造我区夏，越我一、二邦以修我西土……"

……

王曰："呜呼！封，敬明乃罚。人有小罪，非眚，乃惟终自作不典；式尔，有厥罪小，乃不可不杀。乃有大罪，非终，乃惟眚灾：适尔，既道极厥辜，时乃不可杀。"

王曰："呜呼！封，有叙时，乃大明服，惟民其敕懋和。若有疾，惟民其毕弃咎。若保赤子，惟民其康乂。非汝封刑人杀人，无或刑人杀人。非汝封又曰劓刵人，无或劓刵人。"

王曰："外事，汝陈时臬司师，兹殷罚有伦。"又曰："要囚，服念五、六日至于旬时，丕蔽要囚。"

王曰："汝陈时臬事罚。蔽殷彝，用其义刑义杀，勿庸以次汝封。乃汝尽逊曰时叙，惟曰未有逊事。"

……

凡民自得罪：寇攘奸宄，杀越人于货，暋不畏死，罔弗憝。

王曰："封，元恶大憝，矧惟不孝不友。子弗祗服厥父事，大伤厥考心；于父不能字厥子，乃疾厥子。于弟弗念天显，乃弗克恭厥兄；兄亦不念鞠子哀，大不友于弟。惟吊兹，不于我政人得罪，天惟与我民彝大泯乱，曰：乃其速由文王作罚，刑兹无赦。"

不率大戛，矧惟外庶子、训人惟厥正人越小臣、诸节。乃别播敷，造民大誉，弗念弗庸，瘝厥君，时乃引恶，惟朕憝。已！汝乃其速由兹义率杀。

其实上述引文的内容本身足以令人深思：如果康叔真像《左传》定公四年文所记，原本就在宗周王室任司寇，且擅长司法、审判，[24]那么周公还有什么必要如此细致地把周人司法原则讲述一遍？若是康叔连这些司法审判的原则都不熟悉，又何以在此前胜任司寇？因此，合理的解释只能是：周公讲到的内容并不见于以往周人的典制中，带有战后临时约法的性质，同时也可看作基于“明德慎罚”开出的新原则：

原则一：死刑（杀）与否，大体上与《舜典》中“眚灾肆赦，怙终贼刑”相合。考虑到当时三监之乱新平、殷商故地未靖的背景，周公向康叔交待此条渊源古老的用刑原则，重点在“赦”而非“杀”。这被归于“敬明乃罚”名义下。

原则二：施用肉刑的权柄必须掌握在宗周政权成员（王、诸侯）手中。据此，审判、刑罚与王政之间建立起了当然也必然的关联。

原则三：沿用的殷人法律，包括“外事，汝陈时臬司师，兹殷罚有伦”。

原则四：不赦原则之一，即“凡民自得罪：寇攘奸宄，杀越人于货，暋不畏死，罔弗憝”。

原则五：不赦原则之二，将违反宗亲伦理的行为定性为“元恶大憝”，强调要按照文王作罚来从严处置，“刑兹无赦”。周公认为

〔24〕 李力研究指出，“目前所知最早的带有‘司寇’字样的铭文是西周中晚期的南季鼎、扬簋以及司寇良父壶”。（李力：《出土文物与先秦法制》，大象出版社1997年版，第83页。）很有可能康叔在宗周的官名在后世转述的时候有了变化。类似的情况遍见于先秦文献中，不足以说明《左传》中的记载不实。

"明德慎罚"源自文王。但文中"乃其速由文王作罚"一语显示出,在很多情况下周公所提到的原则与以往的文王之法并不完全一致,所以才要特别强调在某一特定情况下须得按照文王所立的刑制行事。〔25〕"刑兹无赦"意味着除了"元恶大憝"之外,对其他罪刑的处置会经常性地用到"赦",微此则毫无必要在此特意强调"无赦"。

原则六:关于事实审的方式,包括:"要囚,服念五、六日至于旬时,丕蔽要囚。"和"汝陈时臬事罚。蔽殷彝,用其义刑义杀,勿庸以次汝封。乃汝尽逊曰时叙,惟曰未有逊事。"

上述六条原则中,原则五很明显是为了在殷遗民中强化周人宗法制的举措,具有强烈的意识形态属性。所有这些原则落实时有一个共同的前提,即成文的刑法原已具备。成文刑法,也就是"文王作罚"究竟是称为"刑书",还是春秋时人常说的"文王之法",抑或是其他,现已难以确知;以何种形态(判例还是规范性条文)表现亦不可知,但并不妨碍我们将之理解为典制化的法律文本。

周公这篇诰辞意义重大,它很可能正式开启了周人"慎刑"的传统并为之设定了具体的操作模式。在刑书既存的前提下,抛开两类"不赦",其余的情况可以,甚至需要酌情减免刑罚。所以可

---

〔25〕《康诰》一文是特定的历史背景下的产物,这一点已经获得学界的认同。在平定三监之乱后,周所面临的政治局面依旧非常复杂和严峻。首先,周人本族群的力量依旧不甚强大,尽管在地位上已经贵为"共主",但在实力和控制能力方面,治理广大的疆土对于新兴的周人而言依旧困难。其次,虽然三监之乱已经平定,但是东方的殷人聚集区中,旧民的势力依旧强大。如何对之进行改造,使之由被压服转为对周统治的信服和折服是迫切需要解决,同时也难以在短时期内解决的问题。再次,周人应当以怎样的方式实现对天下的治理,甚至连周人自己都没有完整的规划。康叔受封到殷墟所在的"卫",恰恰是这三重问题集中在一起的一个契机。周公在该篇中试图向康叔告诫的,包含了三个方面,即文王成法、殷人旧法和周人新法。前两者用周公的话说就是"祗遹乃文考,绍闻衣德言",这两点是直接在文字中明确表现并被反复强调的。最后,即周人新法,乃是周公的创制,也是成康以后周人持续执行并获得巨大成功的政治原则和理念。过去学界对此篇的阐释,往往忽略了文中周公对自己政治理念的阐述,或将之等同于文王之法。

说,“明德慎刑”的落实方法简单地说就是“赦”的常态化。

有理由认为,这种立法、行法两分的模式,原自周初诸王(特别是文王、周公)的精心设计,直接目的在于通过以实际处罚轻于刑典来彰显周王朝的“德”,此即王对子民施以“恩惠”“恩德”的表征。文中周公强调康叔要将司法权柄牢牢掌握在自己手中,正是周人借由慎刑、明刑以彰显德政的要求所致。

然而,文中说的“赦”并不写在制度性、规范性的典册中,没有规范化、机械化地规定,它们是士师、司寇们熟谙于心,却又不见于明文的法律适用原则。反过来看,不赦的对象也在随时随势而变。在《康诰》有两类原则,而在《酒诰》中又有“‘群饮’汝勿佚,尽执拘以归于周,予其杀”的要求,并且在其中还提到“又惟殷之迪诸臣惟工,乃湎于酒,勿庸杀之,姑惟教之”的例外情况。所以这些原则性或政策性的审判指引往往具有临时性,且非常复杂,想必在西周不同历史阶段各有不同,不过所有这些最终都将体现在审判时主审官的判决方式上。是故接下来有必要通过具体的判例来对此机制落实的状态作一实证考察。

四、以“赦”显“德”

前文已经谈到,至少在周公平定三监之乱以后,建立了新的“慎刑”落实方案,即一方面以类似于成文刑法典的刑书为蓝本,另一方面又在审判时按照口授或临时性具有政策导向的原则来轻化刑罚,进而借由看起来出离于刑书常态化的“赦”来展现周王朝对民的恩德。不过,《康诰》篇中我们只能窥见这个机制,却难以确知实际落实的情况。

有幸日渐丰富的铜器铭文中提供了新的证据。一方面，据统计，“金文中凡载有‘明德慎罚’的铭文，大多汇集在三个时期：成康时期、共懿时期和宣王时期，即西周历史上所谓的盛世、安定和中兴时期”。[26] “记载‘明德慎罚’的早周铜器不多，有代表性的共三件：班簋、师旅鼎和大盂鼎，都是成王、康王时器。”“西周中期载有‘明德慎罚’的铭文极多，主要有共王时期的师望鼎、牧簋、师虎簋、史墙盘、师旂鼎和懿王时期的兴钟、𠑇匜等。”[27] “西周晚期载有‘明德慎罚’的铭文，主要有宣王时期的毛公鼎和𧾷盨。”[28] 这表明周公在《康诰》中强调的明德慎罚原则在其后得到了持续遵从。另一方面，若干铜器铭文中记载的案件和判决为我们理解以“赦”显“德”的实际落实情况提供了直接佐证。

出土于陕西省岐山县董家村名为《𠑇匜》的周夷王时代青铜器上，有长铭文完整记载了一个案件的审理情况，全文如下：

隹三月既死霸甲申，王才莽上宫。伯扬父乃成賓曰：牧牛𠭰[29] 乃可(苛)[30] 湛(抌)[31]，女敢以乃师讼。女上

---

〔26〕 胡留元：《卜辞金文法制资料论考》，载《中国法制史考证》甲编第一卷，第 122 页。

〔27〕 胡留元：《卜辞金文法制资料论考》，载《中国法制史考证》甲编第一卷，第 122 页。

〔28〕 胡留元：《卜辞金文法制资料论考》，载《中国法制史考证》甲编第一卷，第 122 页。

〔29〕 唐兰云：“𠭰”字，又见师旂鼎，是判词。《说文》“𠭰”字读作“概”，《切韵》𠭰、概都是古代反，而劾字胡概反，两字音近相通，那么，𠭰就是汉代法律上专用名词的劾。《周礼·乡士》：“辨其狱讼，异其死刑之罪而要之。”郑玄注：“要之，为其罪法之要辞，如今劾矣。”今，指汉代。《尚书·吕刑》正义说：“汉世，问罪谓之鞫，断狱谓之劾。”（唐兰：《陕西省岐山县董家村新出西周重要铜器铭辞的译文和注释》，载《文物》1976 年第 5 期。）

〔30〕 唐兰云：原作“可”，读作“苛”，谴责。法律用语。《周礼·世妇》注：“苛，谴也。”《汉律》有“苛人受钱科”。（唐兰：《陕西省岐山县董家村新出西周重要铜器铭辞的译文和注释》，载《文物》1976 年第 5 期。）

〔31〕 唐兰云：原作“湛”，读为“抌”，音同。《说文》释“抌”为“读若告言不正曰抌”。告言不正就是诬告。（唐兰：《陕西省岐山县董家村新出西周重要铜器铭辞的译文和注释》，载《文物》1976 年第 5 期。）

> 玶(挺)[32]先誓。今女亦既又御誓専趍(格)啬覷𠈌寽(授/受)亦兹五夫,亦既御乃誓,女亦既从辞从誓,卡可我义(宜)鞭女千,幭剭女。今我赦女,义鞭女千,幭剭女。今大赦(器铭)女,鞭女五百,罚女三百锊。伯扬父乃或使牧牛誓曰:自今余敢㥄乃小大事。乃师或以女告,则致乃鞭千,事幭剭。牧牛则誓,乃以告使𠭯吏曶于会。牧牛辞誓成,罚金,𠈌用作旅盉。(盖铭)[33]

大意是说:有一年三月末,周王在旁京的上宫(泾水北)。跟随周王的伯扬父在那里定下了判决词。伯扬父谴责牧牛违背自己先前的誓言,胆敢同自己的上司打官司,进行诬告。他勒令牧牛履行自己的誓言,到啬那个地方去见𠈌,还掉五个奴隶;同时要惩罚牧牛的违约诬告行为。伯扬父指着牧牛说:我本应鞭打你一千下,并给你幭剭之刑;[34]经过宽宥,还要打一千鞭,处以黥刑,并免去官职;最后决定大赦,打五百鞭,罚铜三百锊。伯扬父要牧牛立誓以后不许再来打扰(再上诉)。又说,如果你的上司把你告上来,还是要给你开初应得的刑罚,不再宽赦。牧牛立誓后,在有关官吏的参与下结了案。𠈌得了铜,就作了这件铜器纪念。[35]

从铭文中可以看出,首先,这里出现的几类刑制都可以对应到《尚书·舜典》中的记载:

---

〔32〕 唐兰云:原作"玶",通"挺"。《说文》:"挺,拔也。"拔出、拔去,都是背离的意思。(唐兰:《陕西省岐山县董家村新出西周重要铜器铭辞的译文和注释》,载《文物》1976年第5期。)

〔33〕 释文据《殷周金文集成释文》(第6册),第169-170页。

〔34〕 处以黥刑,并以黑巾蒙面。这是墨刑的一种。

〔35〕 参见程武:《一篇重要的法律史文献——读𠈌匜铭文札记》,载《文物》1976年第5期。

象以典刑,流宥五刑,鞭作官刑,扑作教刑,金作赎刑。眚灾肆赦,怙终贼刑。钦哉,钦哉,惟刑之恤哉!

文中的五刑具体所指向来有争议,不过大体上属于肉刑且包含墨(黥)、劓、刖、宫、大辟等。伯扬父说的幭剭属于墨刑,鞭属于官刑,罚三百锊属于赎刑。

其次,这次审判针对的是牧牛诬告上司之事,按照伯扬父的判决,牧牛的罪本应对应幭剭之刑,可是伯扬父在没有交代任何缘由、依据的情况下就作出了赦的决定,鞭刑减半且将肉刑改为了罚三百锊。很明显,“赦”对受刑者而言是一次蒙受“恩德”的经历。这反映出“刑书”中将罪行与五刑做了制度性的规定;但在日常的适用中,赦肉刑而用官刑、教刑、赎刑成为常态化的适用原则。这便是以赦和轻量化刑罚彰明德政的“慎刑”原则在司法实践中的落实情况。

类似的情况还见诸约西周中期前段的《师旂鼎》铭:

唯三月丁卯,师旂众仆不从王征于方雷。吏氒(使厥)友引以告于白(伯)懋父[36]。在莽,白懋父乃罚得显、古三百寽(锊)。今弗克氒罚,懋父令曰:宜播劇氒不从氒右征。今毋播,又内(其有纳)于师旂。引以告中史书,旂对氒賓于尊彝。(《集成》2809)[37]

据唐兰解说,铭文大意为:这是三月的丁卯日,师旂因为他属

〔36〕 由于伯懋父之名出现在成王时的《小臣謎簋》铭,康王时的《召尊》铭、《小臣宅簋》铭、《御正卫簋》铭等处,故可推知《师旂鼎》应作成于西周的成、康时代。

〔37〕 释文据《殷周金文集成释文》(第2卷),第376页。

下的许多仆官不跟王去征方雷，派了他的属僚引把这件事告到伯懋父那里，说："伯懋父曾罚得显和古三百锊，现在没有能罚。"伯懋父命令说："依法应该放逐像这些不跟右军一起出征的人，现在不要放逐了，应该交罚款给师旂。"〔38〕

此处的伯懋父也对同一事件作出了两次裁判，前一个是"宜播𠭰氒不从氒右征"，即依法应该放逐这些不跟右军一起出征的人。这应该是按照刑书作出的裁断。后一个则是"今毋播，又内（其有纳）于师旂"，即应该交罚款给师旂。这样一来就把原本放逐之刑赦为了罚金。与《假匜》中伯扬父一样，伯懋父的宽赦并没有任何特殊理由。同时，此次申诉至伯懋父处的原因是之前的罚金"三百寽"未能执行。也就是说，针对"师旂众仆不从王征于方雷"行为原来有过一次判决，当时也没有用肉刑，同样只是判处了罚金。如果根据伯懋父之言来推论，应是按照刑书本应"播"，但宽赦成了罚金。

广为法史学者熟知的西周恭王时器《曶鼎》铭也反映出类似的情况：

> 昔馑岁，匡众氒臣廿夫，寇曶禾十秭。以匡季告东宫，东宫乃曰："求乃人，乃弗得，女匡罚大。"匡乃稽首于曶，用田五，用众一夫，曰嗌，用氒臣曰寔，〔曰〕朏，曰奠，曰："用丝（兹）四夫稽首。"曰："余无逌具寇，足〔禾〕不出，鞭余。"曶或以匡季告东宫，曶曰："必惟朕〔禾是〕偿。"东宫乃曰："赏（偿）曶禾十秭，遗十秭，为廿秭。〔若〕来岁弗赏（偿），则付卌秭。"乃或即曶用田二，又臣

〔38〕 唐兰：《陕西省岐山县董家村新出西周重要铜器铭辞的译文和注释》，载《文物》1976年第5期。

〔一夫〕,凡用即曶田七田,人五夫。曶觅匡卅秭。[39]

在东宫的判决中,“鞭余”应是按刑书当对匡作出的惩罚,但是第二个判决,也就是实际上的处罚仅仅是“付卌秭”的实物赔偿。

上述三段铭文分别属于西周三个不同的时代,案件的性质、“两造”的身份以及主审官的职位亦有分别,然而其中都出现了常态化的“赦”,可见关于西周以赦显德的推论应无大过。

例外情况则见于军事性的案件中,如西周晚期记述兮甲(尹吉甫)随从周宣王征伐玁(猃)狁,对南淮夷征收赋贡之事的《兮甲盘》铭:

> 隹五年三月既死霸庚寅,王初各伐玁狁于[illegible],兮甲从王,折首执讯,休亡敃,王易兮甲马三匹、驹车,王令甲政𤔲成周三方责,至于南淮夷,淮夷旧我帛晦人,毋敢不出其帛、其责、其进人,其贾,毋毋敢不即次即市,敢不用命,则即刑扑伐,其隹我者诸侯、百生,厥贾,毋不即市,毋敢或入蛮宄贮,则亦刑。兮白伯吉父乍盘,其眉寿万年无疆,子子孙孙永宝用。(《集成》10174-7)[40]

铭文中记载的“即刑扑伐”等,与上节通过《康诰》《酒诰》中推导出的不赦的原则正相照应。

---

〔39〕　释文据《殷周金文集成释文》(第2卷),第414页;参考张经《曶鼎新释》(载《故宫博物院院刊》2002年第4期)订改。

〔40〕　释文据《殷周金文集成释文》(第6卷),第131页;并参见连劭名《〈兮甲盘〉铭文新考》,载《江汉考古》1986年第4期;尚秀妍:《兮甲盘铭汇释》,载《殷都学刊》2001年第4期。

五、小结

通过以上论说可以明确，西周时代奉行“德政”的表征之一是“明德慎罚”的原则，要言之，即通过慎罚（慎刑）来彰明宗周政权之“德”。具体地说，一方面“明刑”，也就是向大臣（不包括民众）公布“刑书”。另一方面在实际的审判中，按照刑书要求作出第一次裁决，表达“明刑”之义；进而再遵从非成文性的原则等进行第二次裁决，常态化地赦免第一次判决中的刑罚，而代之以更轻的刑罚，以此彰显“慎罚”（慎刑）。出离于成文法的“赦”，恰是王政施予万民的恩德，亦即西周德政的具体实现方式。

这种以司法实践中常态化的“赦”来表征德政的机制，第一次见于《尚书·康诰》。周公在三监之乱初平，封康叔于殷商遗民聚居的卫地前夕，向康叔姬封口述了具有战时临时约法性质的审判、刑罚原则和注意事项，为后世以“赦”明“德”奠定了基础。成、康以降迨至恭、懿，这一机制始终落实在了司法实践中，《师旂鼎》《倗匜》《曶鼎》铭文中记载的案件判决是为其实证。

同时须注意，尽管赦是常态，但自始就设定了例外，也就是不赦的情形。《康诰》中周公强调了对“元恶大憝”必杀就是一例，《兮甲盘》铭中反映的军事行动中对不按军法从事者的必刑也是一例。大抵关乎王政基础，如宗亲伦理原则和王权行使等方面有需要从严用刑。

至此，回过头来看叔向对子产的批评，一众疑惑可得迎刃而解：其一，叔向并不反对刑法成文化及其公布，但他反对向民众公布,认为这会带来民众行为标准由受礼降格为远刑,造成民心扰动,社会堕落。其二,叔向强调的“先王议事以制,不为刑辟”,并不是说不立刑罚,或临事制法;而是本章所阐明的,在司法实践中通过常态化的赦免刑书之罚来昭明王政之德。

第十章　狱讼

早期中国“讼”的含义存在变化与拓展，本义为辩理于公庭，由主理者裁断。至战国扩展出重视争义的“辨讼”，超越了作为政治制度的“狱讼”。汉代以后，“争”义取代的说理与公断，成为关注的重点。“讼”的观念具有多元价值维度，对理讼者、告讼者和政治社会而言，均存在正负两个维度的价值指向。先秦对“讼”之成因的解说有政治、义理二层，《易传》认识到“讼”的存在本自合理，且是人在处理其自身与外部世界关系的起点和原动力。以何种方式来理顺“违”与“讼”，是人发挥其独特的主观能动性来参与世界，建构社会、政治和观念秩序的基本前提。故孔子的“无讼”非指通过礼教遏绝讼源，而意在通过有效而公允的理讼，化解矛盾，杜绝断讼之后“不服”之心依旧而引发次生问题。

一、“讼”的语义与内涵演变

甲骨文无“讼”字，故商代的情况很难知晓，在此不论。西周金文多见，大致写作“䜣”（扬簋）、“䜣”（倗匜）、“䜣”（盂鼎），通过周恭王时期的曶鼎、周夷王时的倗匜、西周后期的六年琱生鼎、扬簋、大盂鼎以及西周晚期的𪉨簋等的铭文中对“讼”的使用，可知当时已有较为稳定的意义所指。如曶鼎铭载“井叔才异为〔理〕，〔曶〕吏（使）氒小子䜣，以限讼于井叔”[1]所谓“以限讼于井叔”，意即将限（人名）作为被告“辩理于公廷以求公断”。

西周金文作“审讯”讲的“讯”字后面常接“讼”字。如扬簋（集成04294）：“讯讼，取征五寽。”羚簋：“讯讼，取征五寽。”[2]但也接“讼罚”，如𪉨簋（集成04215）：“讯讼罚，取征五寽。”[3]并有“狱諫（讼）”（六年琱生鼎）、“讯讼”（𪉨簋、扬簋）等复合词。但在其使用中并无明显的价值指向，而仅指称一种事实状态。[4]《大盂鼎》铭说到“敏諫罚讼”，[5]是周王所表彰的盂的功绩之一。

春秋时代，“讼”的含义与西周金文并不大异。诸侯之间、诸侯

---

〔1〕 张经：《曶鼎新释》，载《故宫博物院院刊》2002年第4期。

〔2〕 张光裕：《读新见西周簋札迻》，载中国古文字研究会编：《古文字研究》（第25辑），中华书局2004年版，174-177页。

〔3〕《说文》：“罚，辠之小者。”《尚书·盘庚》：“邦之不臧，惟余一人有佚罚。”孔传：“佚，失也。是己失政之罚，罪己之义。”《左传·成公二年》：“贪色为淫，淫为大罚。”《国语·周语上》：“国之不臧，则惟余一人是有逸罚。”韦昭注：“罚，犹罪也。”《后汉书·袁术传》：“武王伐纣，曰：‘殷有重罚。’”《史记·周本纪》作“殷有重罪”。

〔4〕 另外，有的学者认为，“质”与“讼”对言有别，“讼”强调原告方控告被告方，“质”则重在双方请求第三方或有司平断其曲直是非。（董珊：《略论西周单氏家族窖藏青铜器铭文》，载《中国历史文物》2003年第4期。）这个说法是比较武断的，这一点笔者还将在下文中继续谈及。

〔5〕 于省吾云：“谏、勑、饬通。言对于罚惩讼狱须明敏整饬。”

与周王室以及平民之间的“讼”事，屡见于《左传》《国语》等史料中。此时的“讼”事中“讼”的公断者是可以挑选的。这种情况引起了观念中对“讼”之公断者身份、能力要求重视程度的提升。故《管子·问》有了“审刑当罪，则人不易讼”的说法〔6〕。

一般而言，西周、春秋时期“讼”指的是“两造”纷争不决，由第三人（多为官方）加以决断的事件。不过从纷争出现到作出决断有一个过程，那么，就需要辨析是整个过程都可被称为“讼”，还是其中的某个阶段才能被称为“讼”？

应当认为，只有理讼者介入以后，纷争才进入“讼”的阶段。这可以《曶鼎》铭记载的讼事为证。铭文曰：

> ①隹王四月既眚（生）霸，辰才丁酉，井叔才异为〔理〕，〔曶〕吏（使）氒小子䵣，以限讼于井叔：②“我既卖女五〔夫，效〕父用匹马束丝。限许曰：𪘨则卑（俾）我赏（偿）马，效〔父则〕卑（俾）复氒丝束。𧷡、效父乃许䵣曰：于王参门□□木𣐿（榜），用𢓊征卖兹五夫，用百锊。非出五夫〔则〕倍，乃𩣨又倍罚𨤻金。”③井叔曰：“才（裁）王人乃卖用〔𢓊〕不逆付，曶毋卑（俾）成于𩣨。”④曶则拜稽首受丝（兹）五夫曰陪、曰恒、曰藉、曰𧺝、曰眚。⑤吏孚以告𪘨，乃卑（俾）〔飨〕以曶酒彶羊，丝三孚，用致兹人。⑥曶乃每（谋）于𩣨〔曰〕：“女其舍䵣矢五秉”。曰：“必当卑（俾）处氒邑，田氒田”。𪘨则卑（俾）复令曰“诺”。〔7〕

〔6〕 按，此处所谓“易讼”，非容易、轻易争讼之义，而应理解作“易主而讼”。

〔7〕 释文据张经：《曶鼎新释》，载《故宫博物院院刊》2002 年第 4 期。记录了完整的诉讼过程，是故，这段铭文颇受法史学界关注。当然，对其文字、文义考释上的歧见仍有不少，在此不一一考究。诸家释读的不同意见，可参见上列张经文。文中标号为笔者所加，以便后文讨论。

②段是小子𩛥对纷争原委的陈述，从中可以看出，纷争在“𧶠、效父乃许𩛥曰：于王参门□□木𣏌（榜），用𢔶征卖兹五夫，用百锊”〔8〕第一次毁约时就已经存在。但直到①段所说“井叔才异为〔理〕，〔曶〕吏（使）氒小子𩛥，以限讼于井叔”，“讼”才真正发生，尽管之前已有分歧，有争。很明显，在此事件的发展过程中，有理讼者参与方可称为“讼”。

此外，“争”可说是“讼”所以发生的最重要、最常见的诱因，但它只是原因之一，不是“讼”的必要条件。举例而言，《左传》文公十四年载“周公将与王孙苏讼于晋，王叛王孙苏，而使尹氏与聃启讼周公于晋”。对第二个“讼”，杨伯峻解释说：“讼周公，为周公诉冤求理也。”〔9〕是可知尹氏与聃启发起的讼，非起于“争”，而起于“冤屈”。又，《左传》襄公二十三年载：

> 初，斐豹隶也，著于丹书。栾氏之力臣曰督戎，国人惧之。斐豹谓宣子曰：“苟焚丹书，我杀督戎。”宣子喜，曰：“而杀之，所不请于君焚丹书者，有如日！”乃出豹而闭之，督戎从之。逾隐而待之，督戎逾入，豹自后击而杀之。范氏之徒在台后，栾氏乘公门。宣子谓鞅曰：“矢及君屋，死之！”鞅用剑以帅卒，栾氏退。摄车从之，遇栾氏，曰：“乐免之，死将讼汝于天。”

文中“死将讼汝于天”，可直译为“死后到上天那里告你一状”。这个“讼”同样也是起于“冤屈”。在先秦时人眼中，“天”常被视为

---

〔8〕 此句大意为：当小子𩛥找到限和效父要人的时候，他们却不想失去劳动人手，因而提出了新的解决方案：“于王参门□□木榜，用𢔶征青丝五夫，用百寽。”（张经：《曶鼎新释》，载《故宫博物院院刊》2002 年第 4 期。）

〔9〕 杨伯峻：《春秋左传注》，中华书局 1990 年版，第 600 页。

至高、至公、至上之神，当人间无处明理，则付诸上天。由此二例可证，“讼”的起因多元，而其旨归则一，即求“评理”。

由此可见，存在“理讼者”是“讼”成立的必要条件。在《左传》和《国语》中，形形色色的“讼”事层出不穷，有国与国、君与君、君与臣、臣与臣等形态，然无不有第三人为之评断。

“求理”，即讲道理、求公断，是当时“讼”的功能和价值的重点。用今天的白话来说，一提到“讼”，就意味着“找地方说理”和“找能说理的人来评断”。至于其起因是纷争，还是情屈并无区别，重要的是寻求一种能够明理的方式。〔10〕故《商君书·开塞》强调“务胜则争，力征则讼，讼而无正，则莫得其性也。故贤者立中正，设无私，而民说仁”。〔11〕

是故，时人在反思、讨论“讼”这个概念时，更加在意的自然会是理讼者如何明理，“决狱讼必正平”（《逸周书·月令解》）是对理讼者的要求。早期对《易·讼》卦的理解，也表达出类似的观念，如《穆天子传》卷五“天子筮猎苹泽，其卦遇《讼》。逢公占之曰：《讼》之繇，薮泽苍苍，其中□□，宜其正公，戎事则从，祭祀则憙，田猎则获”。“宜其正公”与前引之“正平”含义略同。

官方话语中对“讼”的关注，侧重的也不是如后世所谓遏制诉讼源头的“息讼”“止讼”等，而是将“讼”作为不可回避，也无从回避的事实，〔12〕来考虑如何能通过更好地扮演“理讼者”的角色，以图化解矛盾，并借此达到规训、教化以至于提升统治者本身的威望

---

〔10〕 此一点，诚如方潇、段世雄所发挥的《周易·讼卦》之义：讼卦之“讼”，乃以言相争而求辩其曲直之意，即在遇到冲突时，以理辩而明之并解决之，而不是以力斗。这其实已展示上古法治文明的萌芽。（方潇、段世雄：《讼卦之“讼”辨正》，载《法制与社会发展》2011年第5期。）

〔11〕 蒋礼鸿：《商君书锥指》，中华书局1986年版，第51－52页。

〔12〕 有关于此，参见下文第三节的论述。

的多重目的。[13] 所以具有良好的理讼能力,[14]成为对官员评价的重要标准,如《大盂鼎》铭明确地对官员提出了"敏諫罚讼"的要求。具言之有二:一是公正,如《逸周书·月令解》之"决狱讼必正平"[15];二是迅速,即"无留狱讼"(《吕氏春秋·音律》)。这和与讼者"速我讼"(《诗经·行露》)的希冀相契。

善理讼者甚至可以以此加官晋爵,如西周后期的《六年琱生鼎》鼎铭中载庆(人名)"用狱諫(讼)为白(伯)。有祗有成",[16]即以长于理狱讼而为伯。不善听讼,理讼不决,则被视为是官方的失职甚至罪责。如商汤指责夏桀之辞有"强弱不絅諹,众寡不听讼,天地四时之事不修。"[17]所谓的"众寡不听讼",意即不听众寡之讼。《墨子·明鬼》下记载"昔者齐庄君之臣,有所谓王里国、中里徼者,此二子者,讼三年而狱不断",此事被齐庄公视为心病,亦可见其一斑。

战国时期延续"讼"的"争""正"(理)的含义与使用方式的同时,出现了一个新的复合词,叫作"辨讼",这是"讼"的观念发生重大转变的表征之一;而此转变或与当时名分、名法之辨盛行有关。更深层次的原因,则在于当时缺乏普遍认同的真理和价值追求,亦无凌驾性的意识形态控驭思想观念。

---

〔13〕 关于"理讼"行为与统治者权威与合法性之间的复杂关系,参见李平:《试论中国早期"理讼"问题中的公私矛盾》,载《法学家》2013年第4期。

〔14〕 有关这些"能力"所需的技术,《礼记·王制》中做了专门的归纳:"司寇正刑明辟以听狱讼,必三刺。有旨无简不听。附从轻,赦从重。凡制五刑,必即天论,邮罚丽于事。凡听五刑之讼,必原父子之亲,立君臣之义以权之。意论轻重之序,慎测浅深之量,以别之。悉其聪明,致其忠爱以尽之。疑狱,汜与众共之;众疑,赦之。必察小大之比以成之。"借此,早期对官员理讼的技术能力的重视可见一斑。

〔15〕 《礼记·月令》作"决狱讼,必端平。"文异义同。

〔16〕 林沄:《琱生三器新释》,载复旦大学出土文献与古文字研究中心网2008年1月1日,http://www.gwz.fudan.edu.cn/srcshow.asp? src_id=286。

〔17〕 单育辰:《上博二〈容成氏〉新编联及释文》,载复旦大学出土文献与古文字研究中心网2008年5月21日,http://www.gwz.fudan.edu.cn/Srcshow.asp? Src_ID=438。

《礼记·曲礼》:“分争辨讼,非礼不决。”《荀子·正论》“无隆正则是非不分,而辨讼不决”。《荀子·正名》:“故王者之制名,名定而实辨,道行而志通,则慎率民而一焉。故析辞擅作名,以乱正名,使民疑惑,人多辨讼,则谓之大奸。”《韩非子·问辩》:言当则有大利,不当则有重罪,是以愚者畏罪而不敢言,智者无以讼,此所以无辩之故也。[18] 至《淮南子·俶真训》:“周室衰而王道废,儒墨乃始列道而议,分徒而讼,于是博学以疑圣,华诬以胁众,弦歌鼓舞,缘饰《诗》《书》,以买名誉于天下。”

这个“辨讼”之“讼”,已经不同于西周时代辩理于公庭以求公断的本义,而仅取其“争”义。到了汉代以后,辨讼之讼与狱讼[19]之讼二义区别非常明显。对辨讼之讼,王充做了一大段发挥:

> 一堂之上,必有论者;一乡之中,必有讼者。讼必有曲直,论必有是非,非而曲者为负,是而直者为胜。抑或辩口利舌,辞喻横出为胜;或诎弱缀跲,蹥蹇不比者为负。以舌论讼,犹以剑戟斗也。利剑长戟,手足健疾者胜;顿刀短矛,手足缓留者负。夫物之相胜,或以筋力,或以气势,或以巧便。小有气势,口足有便,则能以小而制大;大无骨力,角翼不劲,则以大而服小。鹊食猬皮,博劳食蛇,猬、蛇不便也。蚊虻之力,不如牛马,牛马困于蚊虻,蚊虻乃有势也。鹿之角,足以触犬,猕猴之手,足以博鼠,然而鹿制于犬,猕猴服于鼠,角爪不利也。故十年之牛,为牧竖所驱;长仞之象,为越僮所钩,无便故也。故夫得其便

---

〔18〕(清)王先慎:《韩非子集解》,上海书店1986年版,影印世界书局《诸子集成》本,第301页。

〔19〕“狱”“讼”二词作为诉讼的意思来讲并无区别。有关于此,参见李衡梅:《狱讼辨析》,载《人文杂志》1987年第4期。

也,则以小能胜大;无其便也,则以强服于羸也。(《论衡·物势》)

可以看出,在王充眼中,“讼”的“争”义取代以往的“说理”与“公断”,成为关注的重点。这个变化与战国时“辨讼”概念出现对“讼”的观念本身的影响有关。并且,这种理解并不孤立。许慎在《说文·言部》考云:“讼,争也。”王逸注《楚辞·怨世》说“讙哗为讼。”在王符的《潜夫论》中有一篇名曰“断讼”,文中说到“今一岁断狱,虽以万计,然辞讼之辩,斗贼之发,乡部之治,狱官之治者,其状一也”。[20] 这个“辞讼之辩”的“讼”,就兼有狱讼、辨讼二义,且以辨讼之“争”义为重。

不过,这个观念变化的端倪实际上在春秋后期已有显露,例如,《吕氏春秋·离谓》记载:“子产治郑,邓析务难之,与民之有狱者约:大狱一衣,小狱襦袴。民之献衣襦袴而学讼者,不可胜数。”邓析本人的学问与事迹,常被冠以“诡辩”之名,故可知从之“学讼”,即学习如何参与并赢得诉讼,隐含的意思,不外乎学习如何辩理。又如,《韩非子·说林下》记载:“三虱食彘相与讼,一虱过之,曰:‘讼者奚说?’三虱曰:‘争肥饶之地。’”此中“讼”即特重“争”义。

二、“讼”多元价值维度的再认识

总体来说,“讼”是解决矛盾、纷争以及化解不满情绪的有效途

---

[20] 王符:《潜夫论笺校正》,汪继培笺、彭铎校正,中华书局1985年版,第226页。

径之一。而“讼”的诱因,即社会和人际关系的不平、不公、矛盾、纷争等,有其存在的深层必然性。因此对“讼”的思考和制度建构,重心在如何提升道德、能以期更好地解决“讼”,而非致力于从根本上加以遏制或压服。这是古人对“讼”的基本态度。不过站在不同的立场,所需关注到的“讼”的价值并不一致,大凡呈现正负价值两相缠绕,难以做出简单取舍的境况。下面详论之:

在早期中国的文化和思想环境中,对统治者而言,“讼”具有正负两方面的价值。正者,通过对“讼”的受理、处置,可以彰显理讼者,乃至整个统治集团的知识与道德优越性,这就是为何统治者会有“匹夫寡妇之狱讼,君必身听之”[21]的做法。这与“讼”的概念内涵,即通过寻求理讼者获取公断直接相关。在这个意义上,统治者希冀成为公认的“讼”的受理者,也力图通过扮演好这个“理讼者”的角色来强化其知识、道德和话语的优势地位,进而巩固政权的正当性。因此对统治者而言,有司无讼可理并不见得是好事。[22]

负者,“讼”的出现,表明社会中存在各种各样的不公、不平、纷争和屈理等状况,也就意味着统治者没有能够建构起足够完善的政教体系和社会秩序。尽管这种至善的政治社会秩序实难企及。所以,在主生的仲春之月要“止狱讼”(《礼记·月令》),更有甚者,要追求“法省而民讼简”(《韩非子·八说》)。据此,不难理解为何时人憧憬“皋陶既已受命,乃辨阴阳之气而听其讼狱,三年而天下

---

〔21〕 单育辰:《〈曹沫之陈〉新编联及释文》,载简帛研究网 2007 年 5 月,http://www.bsm.org.cn/show_article.php? id=574。

〔22〕 这个情况,恰好与以往学界常说的官方力主息讼、止讼等的认识相反。但对于早期乃至后来的政权而言,这始终是被基于关注,关于其政权安立与否的大问题。须得引起今日研究者的重视。考虑笔者曾撰文专门讨论这一问题,故在本论中不再重复讨论。参见李平:《试论中国早期“理讼”问题中的公私矛盾》,载《法学家》2013 年第 4 期。

之人无讼狱者,天下大和均”。[23] 其实就“讼”而言,一方面,是它的出现表征社会中乱序的存在,如《韩非子·解老》的理解为“狱讼繁,则田荒”,“狱讼繁仓廪虚,而有以淫侈为俗,则国之伤也”。另一方面,对“讼”处置得不当,或者理讼者本身能力[24]不足,会引发更加严重的乱象。像《左传》僖公二十八年载:

> 卫侯与元咺讼,宁武子为辅,针庄子为坐,士荣为大士。卫侯不胜。杀士荣,刖针庄子,谓宁俞忠而免之。执卫侯,归之于京师,置诸深室。宁子职纳橐饘焉。元咺归于卫,立公子瑕。[25]

这是春秋时期很常见的一类诸侯士大夫之间的“讼”事。据杨伯峻考此事起缘为“元咺以杀叔武事诉于晋,故卫侯与之讼”[26]。参与此事的包括“两造”双方的卫侯和他的副手宁武子和元咺,“坐讼曲直”的理讼者针庄子,他的副手大士士荣。[27] 这次讼由晋之针庄子、士荣主理的讼,并没有达到化解矛盾的效果,反而导致与讼者元咺的杀戮、囚君和易主等一系列严重后果。可以说,这是非常典型的处理纠纷失败的事例。时人对理讼所具有的化解已有矛盾和避免次生危害,认识得非常清楚。不断地强调官员理讼能力

---

[23] 单育辰:《上博二〈容成氏〉新编联及释文》,载复旦大学出土文献与古文字研究中心网 2008 年 5 月 21 日,http://www. gwz. fudan. edu. cn/Srcshow. asp? Src_ID=438。

[24] 如今所谓公信力、权威等。

[25] 杨伯峻:《春秋左传注》,中华书局 1990 年版,第 472-473 页。

[26] 杨伯峻:《春秋左传注》,中华书局 1990 年版,第 472 页。

[27] 针对庄子和士荣,俞樾有不同的看法,他在《茶香室经说》卷十四中指出:“针庄子为坐,不过代卫侯坐讼耳;至其往反辩论,与晋狱官对理,则皆士荣为之;名曰大士,盖当时有此名目也。”[俞樾:《茶香室经说》,载《续修四库全书》(第 177 册),上海古籍出版社 2002 年版。]

和道德感召力的重要性,恰是基于此认识而来。

对前述正负两方面的价值,《大戴礼记·千乘》的看法很有代表性:"司寇司秋,以听狱讼,治民之烦乱,执权变民中"。此言可见,狱讼本身体现了"民之烦乱","烦乱"显非善政。而作为理讼者的司寇的职责在于"治"此烦乱以致"执权变民中",彰显出统治者存在的功能与意义。同时我们应该看到,正是由于有正负两层价值,统治者对"讼"的态度呈现"两难":既需要通过理讼来彰显和稳固政权的正当性,又需要避免诉讼过于繁密凸显政治、社会治理的不力,损害、危及政权的存续。

对于讼者,或曰民众而言,"讼"的价值同样是呈现正负两面的。正者,"讼"提供了一条可预期的,稳妥的"明理"的途径。也可以说,正是存在这样一种以公断和化解矛盾为己任的人域危机处理机制,社会成员和社会秩序不会被导入无穷并不断恶化的竞争中,也不易催生暴力与混乱。当权者以"有狱讼而不平其冤"(《韩诗外传》卷六)为耻,说明了政府极力营造此"明理"途径。负者,"讼"带来额外的负担,并具有一定的不可知性,且致使其生活复杂化。[28]

迄今没有任何直接的证据表明,在早期中国的观念世界中,前述诸维度的价值中没有哪一种占据了主导性地位,也没有哪一种被有意地压制或放弃。因此,简单地说"息讼""厌讼""无讼""健

〔28〕 对此方面,先秦历史文献中的记载相当匮乏,这也导致当前相关研究的缺失。尽管众多关于宋明清的相关研究可以提供参考性见解。参见张翅:《抑冤与诉讼》,中国政法大学2009年博士学位论文,第52-54页;王锦:《中国古代非必要诉讼研究》,郑州大学2008年硕士学位论文,第7-17页。由于缺少直接证据使本论对此方面的论证陷入困境。故于文中仅将推断性的见解略加表达,详细的考证有待日后进行。

讼”等任何一种倾向占据绝对优势地位，均不可取。[29] 相反地，如是的几种心态和政治策略，与“讼”的多元价值维度一样，相互缠绕并共存于中国传统法文化之中。

三、关于“讼”之成因的解说

关于讼的成因，讼起于“争”之说代表了汉代以后的大多数学者的理解。《说文》曰：“讼，争也……以手曰争，以言曰讼。”郑玄《周礼注》中说道：“争罪曰狱，争财曰讼。”《正字通》曰：“讼，《六书故》：争曲直于官有司也。”从一般意义上说，这个认识可以成立，不过诚如上节所示，此说明显受限于汉人对“讼”之“争”义的关注，如果作更深入地探求，会发现它既不全面，同时也略表面化。

首节中说到“讼”的两种直接诱因，即纷争和冤屈。如果进一步思考，二者具有相似的心理基础——不服。《周礼·地官·大司徒》曰：“凡万民之不服而有狱讼者与有地治者，听而断之”。所谓“不服而有狱讼”说的就是这种“不服”的心理状态与“狱讼”之间的关联。

再进一步则需论及“不服”的原因。常见的一种解说将之归咎于政教礼俗的不完善。这种理解在先秦乃至其后的文献中非常多见。

---

〔29〕 近年来的研究也在不断表明，无论是官方还是民间，对“讼”截然相反的两种态度交杂存在其实才是常态。参见邓建鹏：《健讼与息讼——中国传统诉讼文化的矛盾解析》，载《清华法学》（第4辑），第176-200页；朱新林：《浅谈中国人是否“好讼”》，载《法制与社会》2009年第36期；张木勇：《健讼与息讼——从〈名公书判清明集〉看南宋诉讼风气》，西南政法大学2009年硕士学位论文；王华胜：《中国人厌讼吗？——对传统观念的另一种思考》，载《池州师专学报》2002年第2期。相关的论著还有很多，受篇幅所限，难以尽表。

此外,先秦时对此问题还有更为深层的思考,却很少被当下的研究者所关注。这层思考的最典型代表是《周易·讼》卦大《象》传所谓"天与水违行讼君子以作事谋始"所谓"天与水违行,讼",历代注疏多将之看作对"讼"义的象化解说。如《子夏传》说"相违而与处事,讼之象也"〔30〕,李鼎祚《集解》引荀爽曰"天自西转,水自东流,上下违行,成《讼》之象也"。李道平《纂疏》释曰:"上坎下离,东西违行,犹人彼此乖违,故云'成讼之象也'。"〔31〕孔《疏》云"天道西转,水流东注,是天与水相违而行。相违而行,象人彼此两相乖戾,故致讼也。"〔32〕胡瑗《口义》云:"天之运行则左旋而西,水之流行则无不东流,以天与水所行既相违悖,则不相得是讼之象也。"前述几则解说思路和立场大略相同,均在"违"字上着眼。他们的思路大致上可以理解为:讼这一社会现象从成因和特质上说,是双方(或多方)相违背乖戾;而《讼》卦坎下乾上的卦象,以及大《象》"天与水违行"之说恰好与之相契,故此,自然可以勾连"天与水违行"与"讼"。近代以来的研究者,大抵也认同这个理解思路,甚至不乏从中生发出儒家持贱讼、息讼主张的解读。〔33〕

不过这个看似"合理"的解读,事实上大有再推敲的必要。《象》传"天与水违行"一说,应看作先秦时人对"天道""地道"表相的一般性理解。在当时的观念中,对"天道"与"地道"有差的认识是非常清晰的,如《逸周书·武顺解》云"天道尚左,日月西移;地道

〔30〕《子夏易传》卷一,《文渊阁四库全书》本。

〔31〕(清)李道平:《周易集解纂疏》,中华书局1994年版,第121页。

〔32〕李学勤主编:《十三经注疏·周易正义》,北京大学出版社1999年版,第46-47页。

〔33〕如李游说"在诉讼观上,《周易》贯穿着儒家'贱讼'、'息讼'思想,并认为"讼"既是祸首,又是恶行"。(李游:《从无讼到恢复性司法》,中国政法大学2006年博士学位论文,第57页。)其说可谓典型。并可参见于语和:《〈周易〉"无讼"思想及其历史影响》,载《政法论坛》1999年第3期。持此说者实不在少数,在此不复一一枚举。

尚右,水道东流”。[34] 由此拓展出《老子》第三十一章“君子居则贵左,用兵则贵右”;“吉事尚左,凶事尚右。偏将军居左,上将军居右,言以丧礼处之”的理解。《左传》襄公十八年载董叔曰:“天道多在西北,南师不时,必无功。”[35]《黄帝四经·十六经·姓争》云:“夫天地之道,寒涅燥湿,不能并立。刚柔阴阳,固不两行。两相养,时相成。”王充《论衡·道虚》说“天之门在西北”,《说日》篇又说道“如日能直自行,当自东行,无为随天而西转也。月行与日同,亦皆附天”。这反映汉人对天地异道的理解。

但前引对“天道”“地道”表相相违的认识,并未引申出“乖戾”“违背”等义。恰恰相反,时人更强调的是其背后的同质、同源和同归。如郭店本《老子》第十六章说“天道员员,各复其根”。所谓“各复”,无疑说明了它们复归方式,亦即表相上的差异。

至此就需追问,为何至于《讼》卦乾(天)上坎(水)下之象,会得出如此强调相违的认识?如果这种通说式的解释有误,那么误在何处?是对易象的认识有误,还是对“讼”的理解有误?

其实,《象》传“天与水违行,讼”一说是描述性的。首先,后人理解的偏差,在于先入为主地对“讼”做了价值判断,并以此判断为基础来理解“天与水违行”。其次,“君子以作事谋始”,历代注疏大凡基于对“讼”的理解来进一步展开,失之尤甚。窃以为,所谓“天与水违行”,是在描述天道、地道之“相”与“行”的差异。“违行”,强调的是运行方式之别。

为了明确这个认识,有两个自始存在的观念需作说明:其一,天道、地道,以及此中未及的人道等,其质实同,老子以及后来的道

---

〔34〕 黄怀信等:《逸周书汇校集注》(修订本),上海古籍出版社 2007 年版,第 309 页。

〔35〕 杨伯峻:《春秋左传注》,中华书局 1990 年版,第 1043 页。

家、黄老家乃至儒家把这种同质性抽象出来说，就是“道”。也就是说，人们承认，尽管宇宙万有表象各有不同，然均同源、同质、同根于“道”。后世学者将此归纳为“道”的“一体分殊”，甚允。其二，天道、地道、人道乃至世界一切存有的诸物相，殊途同归。它们变化、运行，究其根本，都是在向道“还原”。此即《老子》第四十章“反者道之动”和第六十五章“玄德深矣，远矣，与物反矣，然后乃至大顺”之所谓。

在前述两个前提的基础上展开对宇宙、万物和人的认识，最大的困境在于“人”的特殊性。人有性智觉，即今所谓“主观能动性”，既可以反道而动，亦有对道加以认识、反思、自觉、体行的能力。职是之故，人自始存在两种动的向度：一是因循顺守，通过减少人之为人的特殊性来寻求向道还原；二是基于人所特有的认识、反思和行动能力，通过最大限度地发挥其主观能动性来建构秩序，主动寻求与道的和合。《老子》的“无为”和《周易》的乾、健，分别代表了上述两种不同的世界参与立场。

老子的一路，易知而难行。其说的合理性依据，借由“法象”自可彰明。既然以“人法地，地法天，天法道，道法自然”（《老子》第二十五章）的“法象”方式，通过取法天地万物运行之理以为人行事的指引和准则，当然“合法”。这就意味着，老子一系的理解，强调的是天、地、万物之道与人的“和”而非“违”。有的研究者将此作为“无讼”追求的观念基础，不无道理。[36] 说“自然和谐与社会和谐相统一的理念，深入到社会政治领域，便成为统治者施政的一种理念，对于古代‘无讼’法律意识的形成也有着重要的影响”[37]，仅在

〔36〕 参见李游：《从无讼到恢复性司法》，中国政法大学 2006 年博士学位论文，第 54-55 页。

〔37〕 张晋藩：《综论独树一帜的中华法文化》，载《法商研究》2005 年第 1 期。

老子、道家、黄老等这一系的观念路数上说，是可以成立的。

而《周易》的乾、健的路数，讲究人的健动、创制能力，按照往时世界同原同归的理解，其合法性也应，且只能来自天地万物之道。其中，"法象"亦是其方法，正如《系辞上》所言"是故法象莫大乎天地，变通莫大乎四时，县象著明莫大乎日月，崇高莫大乎富贵"。不过更应注意到，老、孔同说"法象"，实则殊途。《讼》卦"天与水违行"之象，以及对之的取法，恰可彰显此间差异。

"天与水违行"之象，含义有三：一则明示天地万物之道呈现殊途之象。同理，人道，即人所应体行以臻和合于"大道"的途径，亦可独特，不必拘泥同于天道之象，或地道之象云云。此即孔《疏》所谓"欲使人法天之用，不法天之体"〔38〕，意思是说《周易》所法象者，重在其"用"，而非欲求与人与世界诸相的齐同。二则"讼"从来源看具有必然性，作为天道、地道、人道本根的"道"是其基础，诚如方潇、段世雄所论："从《周易》讼卦的角度看，'讼'却是源于上天的启示，是为天理"，"天水固守其道而其行相违，这构成了讼卦的本质特征。人事中的争讼正是如此的符合天理"。〔39〕三则此象阐明了人域之"动"的原动力。"讼"起于"争"，"争"起于"异"与"别"。天地之动尚有此别、异，人世由此亦不足为怪。并且恰是有此别异，故人方始有"作事谋始"的原动力和合理性。

---

〔38〕 李学勤主编：《十三经注疏·周易正义》，北京大学出版社 1999 年版，第 1 页。按，此言之"体"，被本体之"体"，实指"相体"。

〔39〕 方潇、段世雄：《讼卦之"讼"辨正》，载《法制与社会发展》2011 年第 5 期。另外方潇近论《孔子"无讼"思想的变异及其原因分析——兼论对我国当前司法调解的启示》专门反思了孔子"无讼"的本意，并试图纠正旧识的曲解。其基本判断与本论略同，但作者侧重的方向则在对"吾犹人也"的辨析和对孔子"无讼"观的曲解带来的后果的阐明。总体来说，此文对重新审视孔子"无讼"观具有相当的启发意义。参见方潇：《孔子"无讼"思想的变异及其原因分析——兼论对我国当前司法调解的启示》，载《法商研究》2013 年第 1 期。

综上所述,《象》传为我们呈现了时人对“讼”之成因的最深层认识:“讼”的存在,植根于人所存在的世界的特性以及人与此世界之间的互动关系。天道、地道本是殊途,而人又有其特殊的存在方式,即“人道”。人需从外部世界摄养,人与人之间也存在摄养与互养,追求“自主”和“自足”地存在与返道,与事实上对殊途的外部摄养资源的依赖,即不自足,使人始终面对“违”的境况,这就是“讼”的根源。

是故“讼”是不可避免的,是世界本有的差异和人的不自足性所致。它也是人在处理其自身与外部世界关系的起点和原动力。以何种方式来解决“违”与“讼”,而非考虑何以杜绝“讼”,才是人发挥其独特的主观能动性来参与世界,建构社会、政治和观念秩序的基本前提。

四、理解“无讼”

孔子提倡“无讼”,后世以之为不刊之论。然而世俗之见常囿于文辞而不达其深意,故对讼事带有制度性打压和负面化评价。此类不明讼之义理却又裹杂了过多其他目的的“息讼”,与现实中求辩理、公断的诉求之间存在冲突,也使这些具有合理性的诉求被冠以“健讼”“好讼”之名而显得格外“扎眼”。

按照一般理解,孔子是“无讼”观念的首倡者。这种看法虽存在已久,影响颇广,但实难经受拷问。方潇等通过对《讼》卦的研究指出:孔子的“无讼”观,未必就是后来儒家乃至今日人们常论的所谓“没有诉讼”或“消除诉讼”,孔子的本义或许是其他,如“消解纷争”,即对一个个纠纷案件进行有效的解决。事实上,后来儒家(主

要是正统儒家以降)已将孔子给全面异化了,或增加了许多附加值。〔40〕

旧说最直接的依据来自《论语·颜渊》载子曰:“听讼,吾犹人也,必也使无讼乎。”这句话对后世的影响之巨,可谓尽人皆知。不过,对其中“无讼”的理解,当今学界存在一个普遍的误区,即理解为追求通过教化、礼俗杜绝“讼”之源头;并将之作为后世“息讼”传统的源头和理论基础。这个误区的产生很可能与《大戴礼记·礼察》的一段论说有关:

> 然如曰礼云礼云,贵绝恶于未萌,而起信于微眇,使民日从善远罪而不自知也。孔子曰:“听讼,吾犹人也,必也使无讼乎。”此之谓也。

很明显,它把孔子的“无讼”与绝恶于未萌,起信于微眇的“礼”相关联,认为“使民日从善远罪”即可谓“使无讼”。如此阐释确实彰显了“礼”对防限纷争所起的作用。但这种是否合于孔子的本意有待商榷。〔41〕需知,《礼察》一篇,首章与《礼记·经解》同;第二章以下与贾谊《陈政事疏》同。或本是贾谊所作。〔42〕而汉人持类似见解者并不在少数,如陆贾即主张“是以君子之为治也,块然若无事,寂然若无声,官府若无吏,亭落若无民,闾里不讼于巷,老幼不愁于庭”。(《新语·至德》)贾谊本人也在他处表达了“内领国政

---

〔40〕 方潇、段世雄:《讼卦之“讼”辨正》,载《法制与社会发展》2011年第5期。

〔41〕 这种因经典而发挥、旁通义理的情形,在战国思想界极为常见,且发挥的自由程度通常很高,最典型者莫过于韩非解说《老子》。对孔子“听讼,吾犹人也,必也使无讼乎”的解释也是如此。

〔42〕 高明认为,《礼三本》《礼察》《保傅》《劝学》等篇属荀、贾论议,其说有据。参见高明:《大戴礼记今注今译》,商务印书馆1975年版,第11页。

治,而外施教百姓,富民恒一,路不拾遗,国无狱讼”(《新书·先醒》)的追求。《礼察》中重“争”义的“讼”,与孔子所处的春秋时期惯常使用的“讼”义并不契合。[43] 也与孔子在别处对“讼”的使用不尽相同,如《论语·公冶长》中,子曰:“已矣乎! 吾未见能见其过而内自讼者也。”[44]“自讼”的“讼”,包咸曰:“讼犹责也,言人有过,莫能自责”。[45] 它强调的是“明理”而非“争辩”。很明显,这个用法与早期“讼”观念中对明理的强调相符。

《礼记·大学》云:“子曰:‘听讼,吾犹人也。必也使无讼乎!’无情者不得尽其辞,大畏民志。”[46]这里把“无讼”解为“无情者不得尽其辞”,郑玄《注》曰:“必使无实者不敢尽其辞,大畏其心志,使诚其意不敢讼。”[47]如此来解读孔子之语,彰显的是“讼”的“辞讼”“辨讼”之义,与前述战国时“辨讼”概念的出现背后的思想基础一致。但“讼”的这层意思在孔子的时代表现得并不明显。

前引两说均释“无讼”,但差异甚大。那么,何者为孔子的本意呢? 我们可以基于前节对各时期“讼”观念状况的分析,再结合两则记录来推断:一者,《韩诗外传》卷三载:

> 鲁有父子讼者,康子欲杀之。孔子曰:“未可杀也。夫民不知父子讼之为不义久矣,是则上失其道。上有道,

---

〔43〕 参见本章第一节所述。

〔44〕 (清)刘宝楠:《论语正义》,上海书店1986年版,影印世界书局《诸子集成》本,第110页。

〔45〕 (清)刘宝楠:《论语正义》,中华书局1990年版,第206页。

〔46〕 李学勤主编:《十三经注疏·礼记正义》,北京大学出版社1999年版,第1598-1599页。

〔47〕 李学勤主编:《十三经注疏·礼记正义》,北京大学出版社1999年版,第1599页。

是人亡矣。”讼者闻之，请无讼。[48]

这里的“无讼”，是主理者处置争讼以后不再进行诉讼的意思，与前引《大戴礼记》使讼于未萌和《礼记》中“无情者不得尽其辞”的无从辨讼之义均不相同。这个含义的“无讼”，与西周以后人们观念中对召公棠下听讼的记忆和赞颂相一致。[49] 二者，《风俗通义·六国》记曰：

燕召公奭……当农桑之时，重为所烦劳不舍乡亭，止于棠树之下，听讼决狱，百姓各得其所。

文中所谓“听讼决狱，百姓各得其所”，与前引“讼者闻之，请无讼”的原因略同，即理讼者对“讼”事的妥当处置。而“各得其所”，即可带来不复争讼的“无讼”局面。顺着这个思路，结合上文的考证，可以认为孔子所说的“无讼”，指的不是要通过礼教遏绝讼源，而意指通过有效而公允的理讼，化解“两造”的“不服”，杜绝断讼之后的“不服”之心依旧而引发次生问题。而与之相类似的说法，亦见于《管子·问》篇之“审刑当罪，则人不易讼”[50]。

按照《周易·讼》卦的义理，大而言之，争、讼是人之健动作为参与世界，人化世界，使之意义化、价值化的证成过程。从表面上看，理讼的功能在于恢复秩序与彰显政权的“道德性”与“正当

[48] 韩婴，许维遹校释：《韩诗外传集释》，中华书局1980年版，第105页。这个事件还见于《荀子·宥坐》篇，记载的文字略有差别。

[49] 《诗·甘棠》郑《笺》亦说“召伯听男女之讼，不重烦劳百姓，止舍小棠之下而听断焉”。

[50] 此处所谓“易讼”，非容易、轻易争讼之义，而应解作“易主而讼”。

性”,[51]而在更深的层次上说,它一方面要成就“争”的价值,并予以彰显;另一方面又要通过“辩理”“明理”甚至教化将“争”之健动导向与讼者自觉于健动而知止,自证而不固执于“私”的境界。这方是真正的“无讼”。在此意义上方可说“讼”的终极旨归在于健动、证道以臻无讼,亦可印证胡震在解释《讼》卦之九四爻时说的“夫极天下之不善者,讼也;极天下之至善,亦讼也”。[52]

五、小结

通过前文的论述,大体上可以获得对早期中国“讼”观念的几点认识:

其一,“讼”的语义内涵存在一个变化的过程。西周时代的“讼”指辩理于公廷,由主理者裁断,以理讼者构成讼事的必要条件,此即后世“狱讼”之“讼”。“求理”(讲道理)和求公断,是“讼”的功能和价值的重点。春秋时代与之略同。至战国时期开始出现“辨讼”之说,以此为表征,作为“讼”义一隅的求理的方式,即“争”开始被重视,其价值意涵也随之彰显。而“讼”一词的所指被扩大和泛化,超越了作为政治制度的“狱讼”的范畴。至少到了东汉以后,“讼”的“争”义取代以往的“说理”与“公断”,成为关注的重点。

其二,藉由对“讼”义的认识,可以发现“讼”的观念具有多元的价值维度。它对于理讼者、告讼者和政治社会而言,均存在正负两个维度的价值指向。而不同的价值指向带来的是对“讼”的理解的

[51] 理讼的双重功能参见李平:《中国早期“理讼”问题中的公私矛盾》,载《法学家》2013年第4期。

[52] (元)胡震:《周易衍义》,文渊阁四库全书本。

不同向度。明了于此,便不难解释时人对“讼”的理解何以呈现明理、争、辨、公等不同的侧重,以及官方和民众对“讼”事的两难、两可态度。

其三,按前述两点,汉代以后“讼”起于“争”的认识是否合于先秦时的观念,就需要在辨析了。直接以之作为先秦时人关于“讼”的成因的理解,显失偏颇与肤浅。先秦将“讼”之“争”的起因解作“不服”。而之所以“不服”,政治层面的解说,多以官方政教体系和治理之不完善为咎。义理层面的思考则更为深邃,将人域之有“讼”,置于宇宙秩序和人与外部世界互动关系中进行理解。结合早期思想传统因循、阳动的分殊,我们认识到《周易·讼·象传》代表了阳动的一支。它也代表了儒家对“讼”因的义理诠释高峰:人需从外部世界摄养,人与人之间也存在摄养与互养,追求“自主”和“自足”地存在与返道,与事实上对外部养资源的依赖,即不自足,使人始终面对“违”的境况,这就是“讼”的根源。是故“讼”人所不能避免的,是世界本有的差异和人的不自足性所致。它也是人在处理其自身与外部世界关系的起点和原动力。以何种方式来理顺“违”与“讼”,而非考虑何以杜绝“讼”,才是人发挥其独特的主观能动性来参与世界,建构社会、政治和观念秩序的基本前提。

其四,有了上面的认识,本章对备受法学界关注的孔子“无讼”观念做了全新的诠释,基本的结论是,《论语·颜渊》篇记载的子曰:“听讼,吾犹人也,必也使无讼乎”的“无讼”,指的不是要通过礼教遏绝讼源,而是意指通过有效而公允的理讼,化解两造的“不服”,杜绝断讼之后的“不服”之心依旧而引发次生问题。

第十一章　礼与法

“礼法之争”是中国法律思想、文化研究领域的重要议题，理论界对其的兴趣肇端于清末法律改革中“法理派”与“礼法派”之争，这种在当时极具现实意义的争论促使人们回过头对早期传统作溯源式的研究。[1] 渐积至当下，研究者已普遍认同了中国历史上发生过多次“礼法之争”的说法，大体都认为首见于春秋战国，止于清末的“法理派”和“礼法派”之争。先秦时存在“礼法之争”的看法遍见于史学、哲学、法学、政治学、伦理学等学科，甚至不少学者将礼法之争与古今、天人、人性善恶之争一并看作春秋战国时期

---

〔1〕 关于此论题的研究非常丰富，且愈加细致化，在此不烦敷陈。从立场上看，朱立宇“近代以来的礼法之争，实际上反映的就是中国法的传统与法的现代化之间的对立”（朱力宇主编：《法理学》，科学出版社 2013 年版，第 191 页。）具有代表性。顺着这种思路，以批判传统法律文化为目的对先秦礼法之争加以论说者亦不乏其人，代表者如李晓明：《先秦礼法之争及其法哲学解析》，载《当代法学》2001 年第 9 期。这类具有强烈“以西释中”倾向的论说近年来多受批判，故不予采用。

思想文化领域的中心问题。[2] 归纳起来，当前学界对先秦礼法之争的理解，包含如下面相：

其一，将礼法之争视为新旧两种不同性质的治理方式之争。常见的看法如“春秋战国时期的法家，为了反对旧贵族的‘礼治’原则，提出‘刑无等级一断于法’的主张，即‘法治’的原则，将礼治与法治对立起来，首开礼法之争的先河。法治的核心是以法治国，将法作为治理国家的唯一尺度”。[3] 不过双方的阶级属性差异在进入21世纪后逐渐不被提及。

其二，看作法家以“法治”反对儒家“礼治”，也就是不同政治立场的斗争。例如，向达说的“先秦和西汉的礼法之争作为一种统治原则的论争”，[4] 崔永东更是认为“儒法之争本质上是意识形态的交锋，同时也涉及治国的许多方面”。[5]

其三，将治理方式的差异当成关注的重点，把“礼治”等同于“人治”“德治”等。如屈振辉认为，“中国历史上从先秦到清末两千多年的礼法之争，实际上就是对道德与法律之间孰主孰辅的争论，当然在这个时期内始终是道德占据着统治地位”。[6]

其四，认为礼法之争属于人性论之争的外化表现，如宋四辈说到“儒法两家的礼法之争植根于其对人性的不同诠释”。[7]

---

[2] 例如，朱贻庭说：“礼法之争是战国时期政治思想斗争的中心问题。”参见朱贻庭主编：《中国传统伦理思想史》（第4版），华东师范大学出版社2009年版，第34页。

[3] 王宏治等：《中华文化通志·学术典·法学志》，上海人民出版社1998年版，第130页。

[4] 向达：《在理性与非理性之间：中国法律现代化之文化解读》，吉林大学出版社2006年版，第7页。

[5] 龙文懋、崔永东：《传统文化的沉思：中国传统政治法律文化研究》，内蒙古人民出版社2001年版，第49页。

[6] 屈振辉：《中国传统礼制对现代中国法治的启示——“礼”的法伦理学视角解读》，载李建华主编：《当代中国伦理文化构建　首届（中国青年伦理学论坛）文集》，中南大学出版社2011年版，第145页。

[7] 宋四辈主编：《中国法制史》，郑州大学出版社2004年版，第68页。

同时,上述先秦儒法之争、德刑之争、新旧立场之争等不同视角的解读,又常常交织融会,最典型的见解包括:“儒家强调‘礼治’反对‘法治’,法家则主张‘法治’攻击‘礼治’。”[8]还有如“早在先秦时,儒家两派的冲突,就由礼法之争、刑德之辨,最终形成‘治人’与‘法治’的尖锐对立”。儒家主张以礼治国,认为“礼之所兴,众之所治也;礼之所废,众之所乱也。法家的主张与此相反,他们绝不相信仅凭道德说教和身体力行的示范作用就可以治理好国家”。[9]

这些看法形成之后,特别是最近几年关于先秦礼法之争的研究逐渐陷入了停滞。既成的认识乍一看貌似有理,然而细绎起来则有诸多漏洞,并不严谨。特别是礼法之争的“礼”与“法”究竟是什么?纷争起自何时?为什么会有“争”?谁和谁在争?争的目的是什么?对这一系列问题的解说每每呈现似是而非的状态。举例而言,将礼法之争等同于儒法两大战国显学之争的论断,显然忽略了“法家”的复杂性。很多学者都注意到了,战国“法家”多脱生于儒,例如,“李悝之学受自子夏,李悝一向被认为是战国法家的开山鼻祖,而李悝的老师则是子夏”。[10] 史传中记载商鞅入秦就曾携李悝的《法经》。商鞅本人也可能受教于儒生。晚期的韩非与李斯同为儒学巨擘荀况的入室弟子。今人对这类情况的解释多不深

---

〔8〕 复旦大学中国哲学史教研室编:《中国哲学史教学参考资料》,复旦大学中国哲学史教研室,第5页。

〔9〕 杨立新:《论中国传统法律文化中的依法治国思想》,载李永璞主编:《中外近现代文化研究:2004年中国近现代史史料学学会〈全国中外近现代文化学术研讨会〉论文集》,中国社会出版社2004年版,第230页。

〔10〕 何新:《何新考古新论:圣与雄》,金城出版社2004年版,第12页。

刻。事实上，所谓“法家”，并不是先秦事实存在的一个“学派”，[11]而是一种尚法的思潮。当前文史学者越来越倾向于认为，主导尚法思潮并为之提供理论创建的其实是道法家，也就是黄老家。[12]那么曾经认定的儒法之争看起来应该转变为儒家与黄老之争，然而二家何以争，所争为何以及其后果，尚缺乏细致研究。

再有，通说认为，先秦礼法之争最终归于礼法合流，荀子就是典型例证。从现象上看，荀子主张隆礼重法的理论中确实反映出礼、法并重的特质，但需要进一步追问：为何会如此？在出现此等变化的过程中经历了哪些曲折？儒家对礼、法的理解又经历了何种变化？这些问题也没有整饬到礼法之争的大背景中加以细绎。类似的问题，不胜枚举。以上问题显示出，无论以何种方法、视角加以审视，儒家始终是贯穿其中的主角。因此，我们不妨以儒家理论演化为线索，重新梳理礼法之争，并以此为基础寻求对这一问题更为准确且深入的理解。

根据笔者以往的研究可初步认识到，战国时代的礼法之争是儒家为了谋求话语主导权，在应对外部理论思潮，特别是黄老道法之学而不断调整自身理论的过程中产生的理论碰撞。[13] 故在下文中拟细化讨论在诸子理论互动场景中儒家理论的变化，及其所表征的礼法之争。

---

〔11〕 现代学者对“法家”的认识，多源自汉代文献，而汉代人对“法家”的归纳，具有强烈的意识形态色彩，源于反思秦过时将秦亡的主因归咎于尚法和酷政，进而牵连商鞅、韩非、李斯等。所以说，这并不是一个客观的学术传统归纳。

〔12〕 参见胡家聪：《稷下争鸣与黄老新学》，中国社会科学出版社 1998 年版，第 61-62 页；白奚：《稷下学研究：中国古代的思想自由与百家争鸣》，生活 · 读书 · 新知三联书店 1998 年版，第 120 页。

〔13〕 相关论说参见李平：《先秦“法学”研究》，清华大学 2014 年博士后出站报告。

一、礼法交争之前

(一)周人之“礼”

王国维先生“中国政治与文化之变革莫剧于殷周之际”〔14〕的观点诚为不刊之论。西周文化出现了划时代的变化,标志之一便是“周礼”的建立,变革过程中最具影响力者当属周公制礼。周公制礼作乐之“礼”,〔15〕就制度而言内容大致不出“丧、祭、射、御、冠、昏、朝、聘”(《礼记·礼运》)八类仪制。相对于后世广义的“礼”所指狭窄得多。类似的仪制其实早在西周以前就存在,至于是否被冠名为“礼”尚难确定,但与周礼的制度渊源关系毋庸置疑。〔16〕周礼之特殊性并不限于制度层面,同时也因为它是周人基于特殊的政治和意识形态需要,对以往的仪式制度作出新的规定和创制,并赋予新的价值、伦理内涵,以彰显周人政权正当性并建构文化优势的举措。所以说,周公制礼的意识形态立法意义远远大于礼作为

---

〔14〕 王国维:《殷周制度论》,载王国维:《观堂集林》,中华书局1959年版,第451页。

〔15〕 “周公制礼作乐”,是中国文化史上广为公认,又难以确证的复杂问题。最大的阻碍来自史料的匮乏,使众多细节问题难以澄清。不过,结合《尚书》周初八诰和春秋战国文献中对之的追忆,以及近年来出土的金文材料对此类历史记忆的佐证,我们大致可以肯定西周初年确实发生过一次礼乐制度的大变革。至于其确切的发生时间,以及与周公姬旦本人的关系究竟如何,实难考实。在此我们暂且遵从自古以来惯常的说法,仍以周公制礼作乐代称西周初期礼乐制度的变局。

〔16〕 连劭名曾撰文指出:“殷墟卜辞中有‘令尹作大田’的记载,大田指大田礼。无名组卜辞中有‘作礼庸’,礼庸指常礼。商代礼制中有‘旧礼’和‘新礼’区分,合于先秦思想家所说的损益之道。”(连劭名:《殷墟卜辞中的礼》,载《文物春秋》2011年第2期。)此文的论述可以作为商代即并有“礼”之名实的证据,值得重视。

政治社会秩序规范功能的意义。[17] 正如金景芳先生所言："周公制礼没有？制的是什么礼？自来有很多不同意见。我的看法，周公不但制过礼，而且这是周公为了进一步巩固周朝政权而采取的又一项重要措施。它的意义远远超过了周公时代，成为在整个中国古代史上发生重大影响的历史现象。"[18]郑开"'周礼'的基本特征可以概括为'德礼体系'"[19]的论断和将宗周文化归纳为"德—礼"系统的结论甚为可取。[20]

若仅就内容来看，西周的"礼"指的就是前述八类仪制，创制的目的在于为周人统治提供正当性与文化优势，故仅限施行于统治集团的成员，即贵族群体之中，《礼记·曲礼》"礼不下庶人"的说法可以得到印证。到了春秋后期，礼的概念边界连同其使用范围开始出现了松动的倾向，徐复观据此提出春秋时代是以礼为中心的人文世纪，其说颇有见地。[21] 此时人们对"礼"的功能与价值的反思尤为突出，特别是去"文"返"质"的倾向越发明显。不过总体来说，直到在孔子时代，主流文化中礼的概念仍是以宗亲伦理为基础的礼节、仪制、规范，具体是指由周代所确立的一整套典章、制度、规矩、仪节，存于十三经的《仪礼》可谓其典型代表。[22]

---

〔17〕 礼的起源与周公制礼的概况，参见杨向奎：《宗周社会与礼乐文明》，人民出版社 1992 年版，第 229-357 页。

〔18〕 金景芳：《古史论集》，齐鲁书社 1981 年版，第 102-103 页。

〔19〕 郑开：《德礼之间：前诸子时期的思想史》，生活·读书·新知三联书店 2009 年版，第 75 页。

〔20〕 不过郑开前引书中所说的"周礼"之"礼"和"德礼"之礼，事实上都已经超越了西周话语中"礼"的边界，而用的是春秋以后的"礼"的观念。这一点需得注意。

〔21〕 徐复观：《中国人性论史（先秦编）》，上海三联书店 2001 年版，第 40 页。

〔22〕 《仪礼》的成书时代和作者历来有争议，今古文经学和近代疑古派各执一端。此处从丁鼎、杨天宇说，以之为孔子编订的周礼经汉儒整理以后的传本。相关情况可参见丁鼎：《试论〈仪礼〉的作者与撰作时代》，载《孔子研究》2002 年第 6 期；杨天宇：《〈仪礼〉的来源、编纂及其在汉代的流传》，载《史学月刊》1998 年第 6 期。

（二）复礼成仁：孔子的新“礼”

春秋末年孔子以宗周话语体系和“德—礼”制度为基础开出了一套以“仁”“礼”为中心的新学问。[23] 从删编《诗经》《尚书》到传《周易》作《春秋》，无不说明孔子与宗周文化的关系貌合神离。一方面，孔子的出发点、话语和知识背景与宗周文化相一致。特别是孔子坚守文王、周公以来确定了以阳动的方式参与世界的基本方向，谋求以政治整合的方式实现人类的整合。文王演《周易》，一反殷人《归藏》首《坤》尚阴而首《乾》尚阳的立场，到了孔子易学中被更直白地表达为“天行健，君子以自强不息”（《乾·象》）。然而，孔子袭用了周人的制度、话语、概念，企图通过表面上的“述而不作”以行偷梁换柱之实。近人常说孔子的社会政治主张具有“改良”色彩，在此意义上看不无道理。另一方面，孔子的理论以具有普适性的“仁”，而非周人的宗亲伦理为核心，意在建构一套以真理而非统治秩序为旨归的理论，可以用“克己复礼成仁”（《论语·颜渊》）一言以蔽之。此中的“礼”已经不再是宗周旧礼，而是具备了“仁”的新内涵，文质彬彬的新礼。[24] 当然，无论克己、复礼、成仁，最终都指向天下合道，所以说“一日克己复礼，天下归仁焉”（《论语·颜渊》）。故支撑孔子成仁的礼虽借周礼之名，却已与之判然有别。然而，若仅就功能而言，孔子之礼仍不失为一种社会关系调整，或曰治理的方式。所以在社会治理上，孔子坚持的“道之以德，

---

[23] 如陈碧强说：“礼字在《论语》中凡 75 见，它和仁一起，构成了孔子思想体系的两大范畴。”参见陈碧强：《由外在之礼到内在之礼——孟子思想内化的一个具体案例》，复旦大学 2011 年硕士学位论文，第 10 页。

[24] 聂琴认为，“孔子自我认定为‘信而好古’的，并且要‘克己复礼’，礼即周礼，也就是西周奴隶社会的政治制度的道德规范和表现这些内容的各种礼节仪式，其中心是奴隶制的宗法等级制度”。（聂琴：《天人之际：中国哲学与中国文化》，云南大学出版社 2004 年版，第 25 页。）这个见解很常见，但是并不准确。

齐之以礼”(《论语·为政》)与宗周文化并无二致。

从总体上看,孔子对“礼”做了新的阐释:一方面,提升了“礼”之于政治社会的功能意义,并拓展了“礼”的范围;〔25〕另一方面,对“礼质”做了普适的道德化解说,并以作为道德本体的“仁”将本属于治道层面的礼具有了真理义涵。孔子此举背后的原因很多,要者,其一,孔子“儒”者出身,而儒的专业就是“礼乐”,这是他们得以立身立说的知识基础。孔子欲建构一套真理之学,势必要对其知识基础的正当性进行再加工。其二,孔子虽已面对“礼崩乐坏”的社会政治局面,但春秋之时匡复周制而非颠覆仍是当时反思的中心,因此才有“复礼”的论调。

在此还须提到,法史学界通常认定孔子曾对子产铸刑书和荀寅、赵鞅铸刑鼎两事颇有微词,并以之为孔子(也包括与子产直接论争的叔向)反对法治而主张礼治、人治,甚至是礼法之争的标志。〔26〕这类见解颇有问题。孔子不满子产铸刑书的原因在于“先王议事以制,不为刑辟,惧民之有争心也”(《左传》昭公六年),意思是不该把刑书作为政治的首要法则,言下之意是要批判子产不教而诛,却非反对刑书本身。实际上刑书制度周初已有,属于周人政治治理制度的一部分,《逸周书·尝麦解》中即有“(成)王命大正正刑书”。荀寅和赵鞅受批判的主要原因则在于僭越立法权,而

---

〔25〕孔子对“礼”的范畴的拓展,参见勾承益:《先秦礼学》,巴蜀书社 2002 年版,第 365–366 页。

〔26〕例如朱贻庭说“如果说,礼法之争是战国时期政治思想斗争的中心问题,那么这一斗争已在春秋时期初现端倪了。它反映在伦理思想上,就是道德与法制、政令的关系。这里有两种情况:一是固执礼、德,反对法制;二是主张礼、法或德、法兼用。这是春秋时期关于道德作用认识的另一侧面。礼法或德法之争的典型例证,就是众所周知的子产与叔向对铸刑鼎的不同态度。叔向坚持以礼(旧礼)治国,完全排斥‘法’的作用,认为‘法’是多余之制。子产肯定‘法’的作用,认为铸刑鼎是为了‘救世’”。参见朱贻庭主编:《中国传统伦理思想史》(第 4 版),华东师范大学出版社 2009 年版,第 34 页。

非刑鼎。在孔子看来两个事件的性质大为不同。所以,孔子秉承着宗周政治治理模式加以调整,本身就含有德、刑二柄,只是他的侧重点在德、教、礼。

此外,孔子对“法”这个概念并不关注,这也和整个宗周文化的情形相一致。也就是说,孔子观念中的“法”全然不足以成为政治和社会治理的支撑性概念,它的重要性远逊于“礼”。因此,在孔子的理论中断无所谓礼法之争的可能。而在孔子之前的官方话语系统中,同样不存在战国式的礼法之争。[27]

(三)前期道、墨与“法”学奠基

春秋末期到战国初年,思想界发生了天翻地覆的变化,不少人不再固执宗周话语,这与孔子的坚守形成了鲜明对比。稍早于孔子的老子虽身为周人柱下史,却弃宗周话语、概念等乃至政治理念于罔顾,相反极尽批判之能事。他秉持与周人阳动正相反对立场来重建一套阴本返道的新理论,意在抛开周人的话语体系和价值标准“另起炉灶”。例如,周人政治社会以封建、私天下、德—礼体系为核心,老子则针锋相对地提出了中央集权、公、上德等概念与之抗衡。[28] 执此立场的老子当然也反对周人的礼治,且他反对的不仅是以“礼”为中心的治理规则体系,更意图对周人的文化理念、思维方式、价值标准、治理模式等全盘加以否弃。无怪乎胡适说“老子对于那种时势,产生激烈的反响,创为一种革命的政治哲

---

〔27〕 孔子及春秋以前“法”的概念不受重视的状况和原因,参见李平:《法义新论》,载《现代法学》2013 年第 2 期。

〔28〕 老子对宗周文化的反对,参见拙文《从“人法地”到“道法自然”——老子眼中的上古意识形态立法之争》(待刊)。老子的中央集权主张,参见张帅:《老子的中央集权思想》,载《齐鲁师范学院学报》2011 年第 6 期,特别是文中对《老子》第八十章的独特解读(第 73 页)。

学"[29]。然所存《老子》五千言仅纲举目张,于实际治理方面未及明言,因此尚不易判断老子究竟意欲采取何种具体方案落实其对人类社会重构的宏愿。大而言之,"人法地,地法天,天法道,道法自然"(《老子》第二十五章)表明老子的"法象"思路,将政治社会秩序的正当性由宗亲性的人伦转变为向宇宙秩序,即作为"象"的天道和作为"体"的道。由此,"取法"天地万物变成为了人域世界秩序得以合法的保障。值此,法象思路,连同"法"这个概念获得了新的内涵。[30]

须注意的是,虽说孔子就教于老子史有明文,且受之发蒙而有晚年思想之变亦无可疑,但关注方向、问题意识和理论资源方面的推展并未改变孔子"阳德证道"基本立场和他以"礼"为中心整肃政治社会的看法。[31]

受学于孔门的墨翟提供了一套看似与当时主流文化相比极其"另类",却又渊源有自,受众广泛且影响深远的理论方案。其中与本章主题关注最密切者,莫过于墨子首次对"法"这个概念做了义理化阐发,并使之成为人类社会治理理论的核心概念。或曰,墨子的理论中实现了"法"的义理化和治术化。此一理论创建的出现与墨子特殊的知识背景和思维方式关系密切。几乎所有对墨子有所研究的学者都会注意到他出身工匠,正是这个特殊的出身,以及附着其上的特殊知识背景、思维方式和话语系统促成了墨子对"法"的青睐。[32] 他之所以选择"法"这个宗周话语系统中无足轻重的语词作为核心概念,和他出身工匠有直接关系。这些是常年被排斥在宗周正统文化圈之外自成一系,且有着古老的渊源的边缘知

---

〔29〕 胡适:《中国哲学史大纲》,东方出版社 1996 年版,第 42 页。
〔30〕 这个思路对后世影响甚为深远,详见下节论述。
〔31〕 对此,尚阳健动的《易传》和重建礼乐文明的《春秋》最为典型。
〔32〕 概括起来,可目之为理性—功利式思维模式和看重侧重客观标准的行为方式。

识。东周以降周王朝控制力的衰颓为之兴起提供了契机。墨子“法”学的核心在于以“法”为中心实现标准化、规范化的权力运行模式和社会治理机制。这非常契合工匠所习惯的思维方式。[33]

至此可见，孔门之外已经出现了至少两类迥异于宗周—孔子的话语系统和学理体系：老子以法象而求复归于道，墨子欲因法而牟求规范化社会治理以获致社会秩序重整。两者都关注到了“法”这个在宗周正统话语中毫无重要性可言的概念，并作了义理上的发挥，为战国时期“法”的概念的中心化做好了准备。

（四）初期儒、道、墨的发展殊途

孔子的入室和再传弟子凭借着六艺、六经，俨然以正统文化传人的身份自居。他们更着意于获得政权的认同，并借助政治身份、职权和社会声望来践行其政治理念。新兴且游离于宗周正统之外的老学、墨家在理论上的创建和影响力，没有引起他们的足够重视。

孔子殁后儒门离散，众弟子每每自以为是而以人为非，各执一端使儒家内部并未及时整合既有的理论资源，相反多有内耗。于是，孔子纵有弟子三千，卓著者七十二人，然而在入室弟子中无一人对孔子学说提供助益。[34] 孔子曾对颜回早丧颇感悲切，甚至有“天丧予”（《论语·先进》）之语，或是他已对身后学脉不兴有所预见而发的感慨。《史记·儒林列传》云：

> 自孔子卒后，七十子之徒散游诸侯，大者为师傅卿相，小者友教士大夫，或隐而不见。故子路居卫，子张居陈，澹

---

〔33〕 墨子“法学”的具体情况我曾有专文论说，此处仅略述其要。参见李平：《论墨子与先秦“法”学兴起》，载《法制与社会发展》2014年第2期。

〔34〕 孔子主要弟子的生平和思想情况，参见王春：《孔门弟子思想分化研究》，山东大学2005年博士学位论文。

台子羽居楚，子夏居西河，子贡于于齐。如田子方、段干木、吴起、禽滑釐之属，皆受业于子夏之伦，为王者师。是时独魏文侯好学。后陵迟以至于始皇，天下并争于战国，儒术既绌焉，然齐鲁之间，学者独不废也。于威、宣之际，孟子、荀卿之列，咸遵夫子之业而润色之，以学显于当世。

前述引文表明，自孔子殁后至孟、荀，儒学一度不振。子夏虽“居西河教授，为魏文侯师”，然仅以孔学推广为能事，未见有义理上的发挥。而渊源自子夏的禽滑厘、田子方、吴起、商鞅等人，纷纷变换立场，转投他门或另起炉灶的现象绝非偶然。可以想见，时人目儒生为知识承载者，受其教而无意传其道者大有人在。

儒生内部关于孔子原旨理解的分歧，造成了内部分化。《孟子·滕文公上》记载的一则故事可见一斑：“子夏、子张、子游以有若似圣人，欲以所事孔子事之，强曾子。曾子曰：‘不可；江汉以濯之，秋阳以暴之，皜皜乎不可尚已。’”推举有若，反映出孔门众弟子对孔学离散的隐忧，而曾参的阻拦，恰好说明了当时儒者内部纷争与分化的倾向。

总体来说，第二、三代孔门子弟关注的重心仍旧集中在如何克己、复礼以图成仁。他们坚守自以为是的师说，且以礼乐文明的正统传人自居；此时周遭思想界发生的近乎天翻地覆的变化并未引起他们的足够重视，甚至可以用不屑一顾来形容。因此，他们丝毫没有参与到战国前期诸子重建概念、话语和理论体系的新思潮中。

反观墨、道二家在战国初年的蓬勃之势，恰和儒家的固执与对思想界动态的迟缓反应形成了鲜明对比。《淮南子·泰族训》云：“墨子服役者百八十人”，虽然墨翟身后旋即有了“墨离为三”，然而分派的后果与“儒分为八”大为不同。三分之后的墨家仍旧保持着严格的教团式组织和强大的基层社会控制能力，《庄子·天下篇》

将之描述为:“以巨子为圣人,皆愿为之尸。冀得为其后世,至今不绝。”这种自下而上的持续影响力使得墨子思想以经—教模式逐渐成为人们知识基础的一部分,其中就包含了墨子的“法”思想,即对规范化社会治理的认同。[35]

老子虽被追溯为道家之宗,但他身前未曾建立学派,更遑论身后的分宗立说。可是战国中期以后以标榜“道”论,崇尚因循、柔顺、法象的学说迅速发展,而且多多少少都直接带有老子学理的印记。可以认为老子之学的推展程度不逊于,甚至要超过儒、墨。像《文子》《列子》等书的作者大多没有直接师承老子,所以不约而同地认同老子之学,或与他们具有共同文化、知识背景有关。和墨子立足的工匠知识一样,这类崇尚因循、顺守、法象的“阴本”思想观念和知识,曾被宗周文化有意识地边缘化。随着周王廷控制力的下降,再加上老子创造性地做出了理论提升,为持类似立场与知识的思想者们树立了旗帜。这些知识人主动地聚拢到老子的旗号下进行理论创建,并以游士、商贾、说客等身份把它们传播到各个诸侯国,[36]特别是到了战国中期以后利用齐国稷下学宫作为枢纽,由此形成了战国时代道家学术遍地开花的局面。

二、儒家的危机与应对

(一)道法学勃兴与儒家理论危机

人们对战国学术的总体印象大抵是战国思想界呈“道术将为

---

〔35〕 墨子身后墨家的发展情况,参见方授楚:《墨学源流》,中华书局、上海书店1989年版,第147-153页。

〔36〕 春秋末年的范蠡就是这个群体中非常著名的一例,参见李学勤:《范蠡思想与帛书〈黄帝书〉》,载《浙江学刊》1990年第1期。

天下裂”之势，诸子立言分门别派，各执一端而互为攻讦。大有儒、墨、道、法、名、阴阳之分；小有儒分为八，墨离为三。其中，传统意义上的道、法、名、阴阳等家，甚至战国中后期儒家（以《易传》为代表）无不具有黄老学的色彩。与之相应地，社会政治层面“不仅秦国是礼崩法起，东方六国经过不同规模、程度的变法，法的观念也已浸淫着社会政治生活的方方面面，‘礼崩乐坏’已是一种普遍的现象、潮流。春秋战国时期礼法关系、地位的消长、演变，在思想文化领域里表现为所谓‘礼法之争’。过去，有人一谈到礼法之争，往往会简单地归结为儒家要礼不要法，法家要法不要礼，这实在是一种误解”。〔37〕黄老学的成长与主流化，可算得上战国中期以后思想界最显著的变化。而以“法”为治道、治术理论核心概念，恰是黄老学的一大特质。当然，不是说宗周文化中不存在类似的规范化社会治理机制。实则西周官方无论思想观念还是制度文化中都不乏规范性的内涵，例如周人的礼制和礼治。差异在于宗周的礼制基础于血亲—宗亲伦理。尽管周人也谈天命，但这种外部化的正当性标称始终被收束到“人”那里，故有“天听自我民听”等说法。这与自文王、周公以来秉持的阳动立场一脉相承。在此立场之下，人的主观能动性，人的自我觉悟与超越最为根本。任何一种规则、规范，无论其名为典、宪、常、彝、刑还是其他，都有两大属性：其一，基于人伦而非法象天道、天理；其二，规范性的法律文件本身绝对不会被当作唯一的社会治理机制，更遑论成为唯一的行为准则。

道家学问传到齐地后，产生了非常明显的变化，简言之即为

〔37〕张广志、李学功：《三代社会形态：中国无奴隶社会发展阶段研究》，陕西师范大学出版社2001年版，第147页。

“黄老化”。齐国稷下学宫的成立为之提供了强大的推动力。[38]不过,稷下学宫更多地扮演着思想交流枢纽的角色。[39] 黄老学用黄帝、老子自为标名,其对老子思想的认同程度可见一斑。而稷下黄老家们的理论建构最初呈现开放式的状态,即在坚守基本立场的同时博采众长。

老子道论的影响力成功吸引了一大批知识分子为之作进一步的理论细化工作;另外,原本处于宗周正统话语之外的边缘知识人也在主动地向“黄老”这个已然为官方所认可的“名分”靠拢,借此获得主流话语的认同。众多具有不同知识背景,怀揣着不同目的甚至秉持不同信念的知识分子聚拢到“黄老”的旗号之下,造成了黄老学复杂的知识构成,同时呈现极为不清晰的学脉。因此,战国时期的黄老学并没有明确的“学派”属性,而更像是一种泛滥于知识界的大思潮。

黄老家理论建构的重点在治术领域,甚至可以说黄老学本就是一门围绕解决现实社会、政治、经济和文化问题而逐渐系统化的学术,因此表现出强烈的现实针对性,并往往能够提出行之有效的解决方案。这与白奚概括的“战国时期的诸子百家‘皆务为治’,以何种方式治国是人们最为关心的大问题”[40]的背景相契合。之前

---

[38] “黄老”中的“黄”,即黄帝,更多的是在提供意识形态方面的支撑。通说将之与齐威王祖述黄帝以谋称帝联系在一起。近年来余明光提供了另一种解释也颇有道理,他认为:“历史趋向是要求统一,要求结束战乱的纷争局面。这个时候,思想界出现‘百家言黄帝’的局面,黄帝成为统一的象征。以黄帝为首的旗帜就是中华民族统一的旗帜,而《四经》中提出的政治统治模式,就是以黄帝为首的走向统一、结束纷争的新兴国家模式。”(余明光:《黄学“道生法”的重大意义》,载徐炳主编:《黄帝思想与道、理、法研究》,社会科学文献出版社 2013 年版。)

[39] 稷下学宫与黄老家的关系,参见胡家聪:《稷下争鸣与黄老新学》,中国社会科学出版社 1998 年版。

[40] 白奚:《道德形上学和礼法互补——战国儒学的两个重要理论推进》,载《中国哲学史》2011 年第 4 期。

提到他们以开放的态度博采众长，同样是受这种“问题—解决”式思路的影响所致。黄老家们关注的中心问题，不外乎是君权的合法化、君臣权力关系、治权的运行以及政治社会秩序的型构和维系。此时，无论是《管子》《黄帝四经》《慎子》《尹文子》《鹖冠子》等哪一家的学说，都不约而同地选择了“法”作为最核心的解决机制，也就是以规范化权力运行和社会治理作为最基本原则。[41] 并且，除在治术领域内围绕“法”展开理论建构外，他们还对“法”做了义理上的提升，将之与“道”关联起来，形成了“道法学”和“法术论”两个层次的理论。[42]

黄老学“道法论”和“法术论”在战国中期以后逐步完善，标志着“法”义理发展的巅峰状态。“法”这个概念，至此收纳了一切与治理、秩序有关的规范，甚至包括天法、地法、万物之法，当然，其中也可容纳宗周文化中的礼、刑、典、宪、彝、诰、命甚至盟、誓等形制的制度规范。黄老学的“法”与宗周文化的“礼”类似于种属关系，或曰包容与被包容的关系。在这个意义上看，“礼”“法”二者毫无“争”的可能性。

再看墨家的情况：此一时期的墨者已经不再寻求理论上的创新。墨子的思想、言论按照经教的方式在一般民众，特别是墨家的

---

〔41〕 关注到这一点的学者有很多，例如，胡家聪通过分析《管子》诸篇概括齐法家特色时，指出“道、法”并提“法术权势”结合是其最大特点。（胡家聪：《稷下争鸣与黄老新学》，中国社会科学出版社 1998 年版，第 61-62 页。）还有如白奚指出，“道生法”确立了黄老之学的基本思路。这一命题首次将道与法统一了起来，明确地揭示了道与法的基本关系——法是由道派生的，是道这一宇宙间的根本法则在社会领域的落实和体现。从“道生法”这一命题出发，《四经》推衍出它的所有政治主张。以后的黄老学者无不循着这一路数论证他们的主张。（白奚：《稷下学研究：中国古代的思想自由与百家争鸣》，生活 · 读书 · 新知三联书店 1998 年版，第 120 页。）

〔42〕 关于战国黄老家“道法论”“法术论”的详细解说，参见李平：《先秦“法学”研究》，清华大学 2014 年博士后出站报告；李平：《黄帝四经与战国有关“法”的学问》，载徐炳主编：《黄帝思想与道、理、法研究》，社会科学文献出版社 2013 年版。

信众们中间广泛流传。保存在传世本《墨子》中的《经》和《经说》应该就是这些教本的孑遗。[43] 随之而来的最大影响莫过于对"法"的义理化理解、规范化社会治理、按法而治等"常识化"了。墨者通过体行和传教反反复复地强化着这些观念,最典型的例子见诸《吕氏春秋·去私篇》:"墨者巨子腹䵍,居秦,其子杀人。惠王曰:'先生年长矣,非有他子也,寡人已令吏勿诛矣。'腹䵍对曰:'墨者之法,杀人者死,伤人者刑,王虽为赐,腹䵍不可不行墨者之法。'"何炳棣先生曾揭示出墨者在战国中期秦国强势崛起中扮演超过商鞅的重要作用,[44]据之墨家在战国前中期的社会影响力可见一斑。恰是这种基层观念辅成了黄老法学影响力的扩大。

儒家在思想领域面对黄老学的主流化、官方化和墨学对基层思想观念的渗透;政治社会层面,以往掌权的分封贵族渐次为新贵所取代,权力的属性也随之出现治权化、私权化的转型;制度上宗周"德—礼"体系被强调权力控制和新秩序建构于维系的"法"秩序所替代。在这三大转变之中,儒家所起的作用可谓微乎其微。尽管儒生们往往受到掌权者的青睐并予以厚待,然而更多的是因为他们代表了文化传统,可借以粉饰僭越而得的政治权力,孟子的境遇便是典型例证。理论构想和方案"迂远而阔于事情"始终困扰着孔子至孟子的四代儒者。思、孟时代,儒家学说不仅仍旧受困于无

---

〔43〕《墨子》中的《经上》《经下》,被认为是《庄子·天下》篇"相里勤之弟子,五侯之徒,南方之墨者若获、已齿、邓陵子之属,俱诵《墨经》"中《墨经》的传本。既奉之为经,可知极可能为墨子所作。而与之相对应的《经说》上下篇,则可能是墨家后学解经之作。相关考证可参见高亨:《墨经校诠》,载高亨:《高亨著作集林》(第7卷),清华大学出版社2004年版。亦有学者将《经》上下、《说》上下与《大取》《小取》六篇并称为"墨辩"。参见谭戒甫:《墨辩发微》,中华书局1987年版。蒙文通则认为"以今《墨子》书七十一篇言之,经上、下,经说上、下,大取,小取诸篇,此邓陵之属所诵墨经"。蒙文通:《论墨学源流与儒墨汇合》,载蒙文通:《古学甄微》,巴蜀书社1987年版。

〔44〕参见何炳棣:《国史上的"大事因缘"解谜——从重建秦墨史实入手》(电子文本,出处不详)。

法落实，而且在思想文化领域的主流、正统地位也受到了来自黄老家的巨大挑战。当战国初年的黄老家、墨家学者着手完成道、法合流并型构一套完备的"道法学"理论时，儒家诸子丝毫未得参与。从最初的不屑一顾到后来的格格不入，儒家错失了春秋末至战国前中期治道与治术理论"知行合一"式发展的黄金期。同时，无论是黄老家还是更加纯粹一些的道家，多以致用为己任，无意专门针对儒家理论展开批判，这一点本身也反映出当时的儒学已经在主流的治术理论讨论中被"无视"了。

（二）儒家应对与礼法之争

至晚到第三、四代儒生时，危机意识已渐清晰。这种危机感清晰地表现在《礼记·坊记》这篇被公认为子思的作品中。白奚认识到："先秦是儒学的原创时期，儒学在先秦时期形成的不是一个封闭的思想体系，而是一个开放性的思想体系。孔子奠定了儒学的开放性特征，在战国百家争鸣的文化条件下，儒学在与其他学派的争鸣辩驳中不断汲取别家的优长，弥补自身的不足，丰富和拓展自己的理论空间出现了《易传》、思孟学派和荀子之学三个理论高峰，最终形成了博大精深的思想体系，为之后的长期发展奠定了坚实的基础，也为日后获得两千年的独尊地位在理论上创造了条件。"〔45〕因此，如何能够在坚守自家立场的同时，提出足以与黄老思潮相抗衡，甚至具有超越性的理论，特别是治术理论成为战国中期以后儒生们不得不面对的问题。其中最核心的论题包括两个方面：其一，如何对待"礼"；其二，如何应对道法家以"法"为中心的治道和治术理论。为此，儒家产生了至少三种方案，可概括为被动介

---

〔45〕 白奚：《道德形上学和礼法互补——战国儒学的两个重要理论推进》，载《中国哲学史》2011 年第 4 期。

入,主动参与和超越整合,分别以《孟子》《大戴礼记·盛德》和《周礼》为代表。

1. 被动介入:《孟子》之"法"论

作为第四代儒家的孟子,已经深切感受到了黄老道法学带来的冲击,也被迫介入到黄老家的话语、问题之中。然而孟子始终把注意力放在内向的心性理论建构上,至于如何基于"内圣"来落实为"外王",他似乎并不十分介意。我们可以通过《孟子》中"法"的用例来作一管窥:

《孟子》书中的"法"有三种用法:一是效法,以"文王不足法与"(《公孙丑上》)为代表;二是西周表严正、好义之"灋"的古义,仅见"入则无法家拂士"一例;[46] 三是治理之法,如"下无法守"(《离娄上》),"舜为法于天下"(《告子下》)。

首先,当孟子使用第三种义涵的法时,实际上已经进入了战国"法"学的话语体系。并且,他并不排斥讨论治术层次的问题,且很多情况下运用了在"法"学的术语体系中展开讨论。仅就这一点来说,被认为最为坚守大道儒学"道统"的孟子,在当时的环境与风气下亦不能"独善其身"。

其次,孟子对以"法"为中心的社会治理格局并未表达出直接的反对;相反,他的论说默认了这种治理模式的实际存在及其合理性。孟子对治理之"法"的基本立场,可以"徒善不足以为政,徒法不能以自行"(《孟子·离娄上》)为代表。很明显,他反对的并非"法"治,而是"徒法"。

最后,孟子对"法"学的参与,旨在将此类有关治术的"法"纳入其德政的规制之下。《尽心下》载:

---

[46] "入则无法家拂士"的"法家",以往常被解释为"法度大臣之家"(史次耘:《孟子今注今译》,台北,商务印书馆 1978 年版,第 343 页),此说不准确。其义应同于金文"灋保先王"、《论语》"法语之言"、《老子》"法物滋章"、《礼运》"大臣法、小臣廉"之"法"。

> 孟子曰："尧舜，性者也；汤武，反之也。动容周旋中礼者，盛德之至也。哭死而哀，非为生者也。经德不回，非以干禄也。言语必信，非以正行也。君子行法，以俟命而已矣。"

此段论说清晰地呈现了孟子政治思想中对德、礼、法的关系安排。

"礼"观念的变化也映衬出孟子参与"法"学的态度、方式。礼仍用作指称仪制，如"礼，朝廷不历位而相与言，不逾阶而相揖也"（《孟子·离娄下》）之"礼"，但并非关注的重点。《离娄上》"礼之实，节文斯二者是也"是对古"礼"做的精辟归纳，据此，孟子很明确地将"礼"义做了内向化的拓展，最典型的是"四端"论：

> 恻隐之心，仁之端也；羞恶之心，义之端也；辞让之心，礼之端也；是非之心，智之端也。人之有是四端也，犹其有四体也。有是四端而自谓不能者，自贼者也；谓其君不能者，贼其君者也……不仁、不智，无礼、无义，人役也。（《孟子·公孙丑上》）

将"礼"置于"四端"中讨论，乃是对早期作为仪制的"礼"的功能的内向化至于心性论层面的扩展。孔子对礼质中"敬"义的关注已开了这个思路的端绪。孟子"四端"之仁、义、礼、智，与子思"五行"说一脉相承。[47]《五行》第十四章说"不远不敬，不敬不严，不

---

〔47〕 子思"五行"（仁义礼智圣）见于郭店简本、马王堆帛书本《五行》篇。自帛书《五行》出土以来备受关注。基本情况可参见陈来：《竹简〈五行〉篇与子思思想研究》，载荆门郭店楚简文献中心网 2008 年 3 月 29 日，http://www.jmlib.net/zj/news.asp?id=250。

严不尊,不尊不恭,不恭无礼”。陈来指出:仁是发端于“以其中心与人交”;礼则发端于“以其外心与人交”。“中心与人交”是一种亲近的好悦的心情,“外心与人交”是一种保持距离的敬畏的心情。仁之行和礼之行都是由它们各自的内心发端而扩展来的。[48] 孟子依旧是以此“外心”为依据,说“辞让之心,礼之端也”。“四端”之“礼”的外发便是“礼义”。孟子思想中“外发”的重心在于求“放心”以达“四端”,而对具体的治术问题不甚关注。但他对“礼”的心性论层面的探求,以及“本心—四端”这一统御式的理论,无疑将“礼”提升到了较治术而言更高的层次,成为一种道德本体生发出的,可作为一切人域事务、行为的判别式的概念。

综上所述,孟子虽重在“内求”,然其学说已开始介入黄老道法学论域,使用其话语并关注他们的问题。只是孟子始终以强烈的批判,对抗态度立说。

2. 主动参与:《盛德》的“三法”论

所谓主动参与,顾名思义,系指儒生主动参与到战国法学的讨论中,借它山之石以攻玉。由此形成了以“法”为核心概念重建的儒家新理论体系,最典型的例证莫过于《大戴礼记》中的《盛德》篇。[49] 由于以往对此的研究较少,下文略加详述。

---

〔48〕 陈来:《竹简〈五行〉篇与子思思想研究》,载荆门郭店楚简文献中心网 2008 年 3 月 29 日,http://www.jmlib.net/zj/news.asp? id=250。

〔49〕 类似的情况也出现在郭店楚简《六德》篇中,白奚注意到:“郭店竹简最早把刑法与礼乐并列为教化民众的手段和内容,开始了对传统儒家政治主张的重大变革,并在道德评价的层面上肯定了人的自然本性的合理性,这些都被荀子所承袭,并最终形成了以性恶论为理论基础的礼法互补的治国模式理论。”(参见白奚:《道德形上学和礼法互补——战国儒学的两个重要理论推进》,载《中国哲学史》2011 年第 4 期。)相比较而言,《盛德》篇中的表现比《六德》更为典型,故《六德》的问题在此从略。

《盛德》[50]篇收于西汉戴德编集的《大戴礼记》。历代注家对其成篇年代无大争议,黄怀信考曰:“论所谓圣王之德及御政、御民之道,属政论文,文辞不晚,当是七十子之徒所论,亦可谓《记》。”[51]所纠结者,在其与《明堂》篇的分合。[52] 选择此篇作为例证的原因有三个:(1)内容具有总括性。文中用到的思想资源,基本含摄了战国儒家政论的主要质素,如明堂制、《周礼》官制、五行等。(2)内容具有典型性,与战国诸儒的政论形成呼应。(3)该篇是战国儒家“法学”的建构性作品和最具代表性的成果。

该篇的主旨在说“圣王之盛德”的“治”的理想模式的实现方式,可谓非常典型的战国“法”学所关注的治术范畴的问题。而针对性地提出的“三法”之论,更是直接运用“法”这个中心话语来建构其治术理论。下面先简单梳理全篇的思路:

盛德之治的理想被描述为“人民不疾,六畜不疫,五谷不灾,诸侯无兵而正,小民无刑而治,蛮夷怀服”。为了达至此境,则需“考德”。藉此获得对“治乱得失”的认识,进而提出了“法”“政”两个命题,总说曰“德盛则修法,德不盛则饰政,法政而德不衰,故曰王也”。接下来分疏的诸“乱象”之因。可分天灾、人伪两类,人伪之属又包含不足、不孝、不义、长幼无序、男女无别五端,此五端的极致化则有刑罚。针对这两类共七种乱象,提出了天法、德法、刑法的“三法论”。文曰:

---

〔50〕 本章所征引的《大戴礼记》原本,底本均据黄怀信:《大戴礼记汇校集注》,三秦出版社 2004 年版。为了避免文烦,恕不一一标注。若干文字或有版本间的差异,若对本文讨论构成影响,将作标注说明。

〔51〕 黄怀信:《大戴礼记汇校集注》,三秦出版社 2004 年版,第 26 页。

〔52〕 对此,黄怀信《集说》中对诸家论说进行了集中汇总,提出《明堂》篇“当是汉初礼家据传闻而作,而戴德又附《盛德》之末者”,可供参考。参见黄怀信:《大戴礼记汇校集注》,三秦出版社 2004 年版,第 23 页。

> 明堂,天法也;礼度,德法也;所以御民之嗜欲好恶,以慎(顺)[53]天法,以成德法也。刑法者,所以威不行德法者也。

总言之,此部分是在说“法”的类别与功能。按前文中所说,“天法”即“明堂”,内容涉及“政道”而非“治道”“治术”层面的话题。因非本篇关注的重点,故未细加讨论。而直接关涉人域治理的“德法”“刑法”的论说则占据了绝大部分篇幅,这与战国中后期黄老法学以治术为中心的状况相一致。

所谓“德法”,即“礼度”,它是制度规范的主体。按五端的分疏,分别对应为“度量”“丧祭之礼”“朝聘之礼”“乡饮酒之礼”“昏礼享聘之礼”,此五类礼又分别与足、仁爱、义、敬、男女夫妇之义五种德对应。要注意的是,这里说到的五种德并非思孟五行所说的心性之五德(仁、义、礼、智、信/圣),而是更低层次的“治德”,并按照事与礼的类型化来分类。“刑法”是“德法”的补救性制度,它所针对的事类与“德法”一一对应,文曰“所以威不行德法者也”。

进而讨论的是“法正”,即“政”的实现。与“法”意指制度规范相对应,文中的“政”讲的其实就是“法”的运行、落实,或曰如何“御民”,就性质而论属于治权运行范畴内的问题。故此段的内容以德、法、刑、官吏之间的运转关系为主。这个话题从对“吏”的德、能的要求谈起,认为“能〔得〕[54]德法者为有德,能行德法者为有行,能理德法者为有能,能成德法者为有功。故论吏而法行,事治

---

〔53〕 以慎天法,戴及二汪、王树楠“慎”皆校为“顺”。孔广森曰:慎,古通以为“顺”。怀信按:慎,本字宜作顺,此借字。(黄怀信:《大戴礼记汇校集注》,第892页。)

〔54〕 “能”下戴校、孔校并增“得”字,汪照、王树楠从。孔广森曰:宋本脱“得”字,从朱本增。黄怀信按:依文例文义,“能”下当有“得”字,诸校是。(黄怀信:《大戴礼记汇校集注》,三秦出版社2004年版,第894页。)

而功成。季冬正法,孟春论吏,治国之要也"。在此基础上展开了"御民"论。文中以御马比喻御民,说:"德法者御民之衔也,史者辔也,刑者筴也;天子御者,内史、太史左右手也。古者以法为衔勒,以官为辔,以刑为筴,以人为手,故御天下数百年而不懈堕。""善御民者:正其德法,饬其官,而均民力,和民心;故听言不出于口,刑不用而民治,是以民德美之。"这里把"治"的两大核心说得很清楚:一是有"正德法",即定立良善的法律;二是"饬其官",即选用有德能的官吏。

接着本篇的作者从正反两方面论说了"德法"与"天法"的关系:有德法者有民心,民意上闻于天,"上帝歆焉,故永其世而丰其年";无德法者"民恶之,必朝夕祝之,升闻于皇天,上帝不歆焉,故水旱并兴,灾害生焉"。至此,业已勾勒出了天、政、治、民的关系结构。可以以图 11–1 明之:

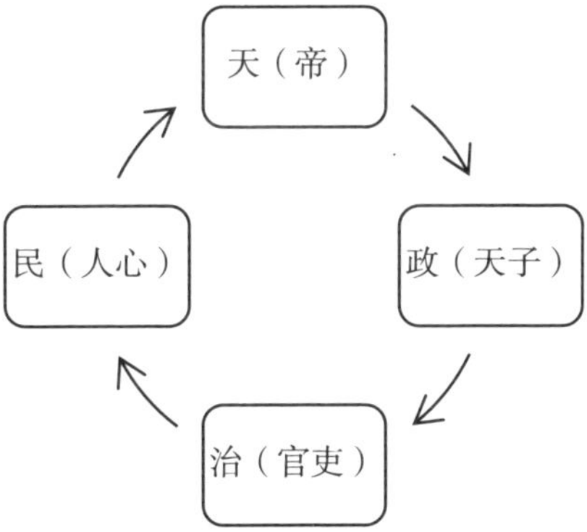

图 11–1 《盛德》的政治循环结构

由此可见,之所以说《盛德》篇是战国儒家"主动参与"的典型代表,最直接的根据便是它提出的"三法论"(天法、德法、刑法),并以此三种"法"为基本结构来展开论说治道、治术问题。

"天法"一说,或是直接针对黄老学说提倡之"道法"论。天法,文中说得很简单，就是“明堂”。[55] 所谓“明堂，天法也”取的是明堂制度背后法天和与天交感的神圣性基础，而非限于那个具有特定形制的建筑本身。[56] 比《礼记·明堂位》所说的“明堂也者，明诸侯之尊卑也”的层次要高。故可理解为，天法是天（帝）对君王的立法。它有一套用以常驻人间的表现形式被称为“明堂”，而实际上起作用的是天道与天命，落实到人间就是“人民不疾，六畜不疫，五谷不灾”或“人民疾、六畜疫、五谷灾者”。这两者如何呈现，是帝感自民心而做出的选择。而民心的向背，则取决于君王“德法”的制定与运行状况。

“德法”概念通贯《盛德》全篇，表征着战国儒家一次典型的“法学”化理论建构的成果。所谓“德法者御民之衔也，史者辔也，刑者筴也”，用御马来比喻御民，换用现在的术语，御民就是社会治理。也就是说，“德法”属于治道与治术的范畴。由于在文中出现了“其法诚德”和“法诚不德”两种状态的描述，故可藉此认为，“德法”可以分析为“德”（质）、“法”（文/器）两个层次。同时要看到，“德法”又是与“刑法”相对称的概念，即“无德法而专以刑法御民，民心走，国必亡”。“刑法”是“德法”的补充，在内容上与“德法”相对应，而在功能上则受“德法”统摄，就概念本身来说，与战国文献中习见的“刑”“刑法”等大体一致。

尽管以极富战国“法学”色彩的“三法”为理论框架展开，但并

---

〔55〕 历代注疏倾向于将此联系古代明堂制度进行考证，从对文义的理解上看略嫌狭隘。这明显是受到了汉代以后经学家理论倾向的影响。战国时代的明堂讨论，相较而言要丰富得多。例如，《尸子》中有《明堂》一篇，内容全与后世所论之建筑形制无涉，讲的全是君王何以遵道而治的话题。

〔56〕 按《文子·符言》“帝王之崩，藏骸于野，其祭也祀之于明堂，神贵于形也”。《盛德》之“明堂”，取的就是这个“神”。再说得直白一些，“明堂”就是“道”的象征，若《逸周书·大匡解》所云：“明堂所以明道，明道惟法。”［黄怀信等：《逸周书汇校集注》（修订本），上海古籍出版社 2007 年版，第 365 页。］

不妨碍展现儒家立场。最显著的标志在于:其一,以“德”为中心,推广道德理想主义。“德法”的提出本身可为其证。其二,以承自孔子的“大道”“天道”对抗“法”学“道法论”中的至“道”。

综上所述,治道、治术的所有问题,均可以被纳入“三法”体系中。对比孔子及其弟子的相关思想,可清晰地看出《盛德》篇的作者“法学化”的倾向。这种主动地运用“法”学的理论概念和资源来重构儒家治道、治术学说的理论创作方式,可界定为对“法”学思潮的主动参与。

3. 超越整合:《周礼》的纳法入礼

“超越整合”模式,简单地说是儒家尝试基于本家立场,重新打造一个与黄老“法学”具有相似规模的,足以将之收纳整合于儒家立场之下的完整学理、制度体系。此动向的出现,也可以看作此前儒家对“法”学主动参与的一次阶段性超越。其中最典型的例证是《周官》六篇。[57] 佐证之一如梁治平所论:“礼法”一词出现甚晚,五经之中,仅二见于《周礼》。[58] 并引出了“礼法既同于礼,何不云礼,而谓礼法”[59]的问题。窃以为,这恰好反映了《周礼》“纳法入礼”的特殊主张,其基础则在于对“礼”的内涵做了全新的阐释和建构。

《周官》所创的六典、八法、八则、八柄、八统、九职、九赋、九式、

---

〔57〕《周官》始出于西汉影印、武之际,荀悦《汉纪》云“刘歆奏请《周官》六篇,列之于经,为《周礼》”。可知该书在西汉以前当名曰《周官》。对《周礼》成书年代,学界历来大有争议。关于其成书周公、西周、春秋、战国、周秦之际和刘歆作伪六说。近人结合出土文献、器物做的整合式研究使研究界倾向于认为其书作于战国,但大量保留西周以降的思想观念和内容。对相关研究的综述与反思,参见彭林:《〈周礼〉主体思想与成书年代研究》,中国社会科学出版社 1991 年版,第 4-19 页。

〔58〕梁治平:《“礼法”探源》,载《清华法学》2015 年第 1 期。

〔59〕梁治平:《“礼法”探源》,载《清华法学》2015 年第 1 期。

九两之设,[60]实则囊括了治术层面的一切要素。郝铁川概括说:“《周礼》之所以具有重视制度建设和操作实施的特点,是因为它吸取了法家‘课群臣之能’、‘循名而责实’的治官之术,从而比《论语》《孟子》等更具有可行性。”[61]显而易见,与战国诸子作品的情况相一致,《周官》中“法”一词的出现频率很高,已然成为政治治理中不可或缺的组成部分。大至太宰之职中总治官府的“八法”,细及“朝觐、会同、宾客,以牢礼之法”,几乎所有的政治、社会规范,均被冠名曰“法”。这无疑是基于对战国“法”学各家政治治理规范化主张的吸纳整合而来。朱红林通过比较《周礼》与秦汉法律简和战国法家论著,揭示了其间法律传播的制度之设置方面的相似性。[62] 这个结论从侧面反映《周官》的作者对当时诸子“法”学思路已有融会。彭林也指出:“用法代替德,以之作为治官的基本方针,这是法家的创造。《周礼》吸收了其中的积极因素,又对其加以发展,提出了用‘八法’、‘八柄’治官的方针。”[63]

当然,《周官》对黄老“法学”理论成果的融会经过了精心考量和选择性设计。首先,应注意到“法”的概念被做了“治器”化的处理。尽管它们遍及整个治理体制的各个层级,各个方面,但它的内容始终是指特定的治理规则规范,而绝无一例用以上及政道、治道层面或伦理层面。类似的思路也反映在儒家对“法”这一概念的界定上。《尔雅·释诂》曰:“典、彝、法、则、范、矩、庸、恒、律、矩、戛、职、秩,常也”;“柯、宪、刑、范、辟、律、矩、则,法也”。此中出现的两

〔60〕 参见《周礼·天官·太宰之职》。

〔61〕 郝铁川:《经国治民之典——〈周礼〉与中国文化》,河南大学出版社1995年版,第4页。

〔62〕 朱红林:《战国时期国家法律的传播——竹简秦汉律与〈周礼〉比较研究》,载《法制与社会发展》2009年第3期。

〔63〕 彭林:《〈周礼〉主体思想与成书年代研究》,中国社会科学出版社1991年版,第104页。

组概念分疏,以往常被研究者视为战国时人对“法”的概念理解的代表。若是比较《尹文子·大道上》以“法有四呈”为目的展开的概念分疏,《尔雅》的定义要显得狭隘得多。笔者认为,《尔雅》对“法”的这种狭义化的界定,恰是战国儒家以“礼”为中心的治术化建构以抗衡“法”学的又一体现,与《周官》的思路实则一致。〔64〕

其次,综观《周官》全经,丝毫不见当时业已成熟并广为接受的“道法论”学理的踪迹。反倒是儒家以礼、教为重的道德中心立场被贯彻始终。很明显,作为儒家制作,它对战国“法”学的理论基础是加以排斥的。《周官》六篇内容虽以官制为主干,但属“以官制表达政治理想”〔65〕的儒家制作亦毋庸置疑。诚如郝铁川所说:“与《论语》《孟子》等元典相比,《周礼》非常注重把道德伦理落实到操作层面上,而不是仅停留在唤起内心觉悟的道德说教层面上。”〔66〕《周官》中所具有的这种道德本体的统摄性,正是儒家立场的体现。又如,在治民问题上,“《周礼》六典,以教典扰万民、以礼典谐万民、以刑典纠万民,三者相辅相成,组成了重教化、隆礼义、慎刑罚的治民思想体系。这一体系正是以荀子‘礼本刑用’的精神为底本,增益补苴,精心设计而成的”。〔67〕

最后,《周官》对“礼”这个概念的使用,形式上大多遵循了西周旧义,且以春官宗伯一系官属专门执掌;而没有像子思、孟子及《礼

〔64〕 孙星衍早已注意到《尔雅》与《周礼》之间的存在的联系,特别是在名、物方面。甚至谓“《尔雅》所记,则皆《周官》之事也”。参见钱坫《尔雅释地四篇注》孙星衍《后叙》,《皇清经解续编》卷二一五。

〔65〕 徐复观:《〈周官〉成立之时代及其思想性格》,载徐复观:《徐复观论经学史二种》,上海书店 2006 年版,第 212 页。

〔66〕 郝铁川:《经国治民之典——〈周礼〉与中国文化》,河南大学出版社 1995 年版,第 4 页。

〔67〕 彭林:《〈周礼〉主体思想与成书年代研究》,中国社会科学出版社 1991 年版,第 65-66 页。

记》《大戴礼记》诸篇的作者那样，对之做泛化、道德化的解释。从表面上看，这似乎与其对“法”的概念处理有类似之处，若深加揣摩，则其实迥异。一则如前所述，《周官》将儒家“礼义”作为“大义”统摄并贯穿全书，不再拘泥于礼文。恰是有此“礼”之“大义”，《周官》方有日后被改称为“周礼”的可能。二则《周官》作者有复周制之意，故此在“礼”一词的运用上从周之制无可厚非。

由此可见，儒家以超越整合态度抗衡战国黄老“法学”的思路，在《周官》中得到了最集中的体现。简单地说，即将战国“法”学的理论治器化、技术化，并创建一个完整的、能够体现儒家道德理想主义终极追求的治术理论体系，以此统摄这些“法”学的理论成果。总体来说，三类方案的共同点在于理论兴趣和中心的转向，即治术化。其进路与黄老家逐渐一致，采取了“以术证道”的进路。

三、礼法合流与儒家妥协

战国晚期的荀子向来被视为儒法合流的代表人物，最有力的证据便是“隆礼重法”。诚如周伟所总结的：“纯物量精神的法家‘法治’成就了政治社会的客观化，这种物化的治道是中国法发展的一次重大转捩。荀子有效回应了法家的这一发展方向，它会通义理与时势，使道德主体坎陷为知性主体，以周孔礼义之统涵摄战国法家‘法治’。”[68]不过“合流”的原因、方式和影响，以及其在先秦儒家学理脉络中的位置，可借由礼法之争再作辨正。

---

〔68〕 周伟：《荀子礼法学说新解》，载《政法论坛》2010年第5期。

荀子本人曾在稷下学宫三为祭酒:一方面,表明他凭借坚守儒家立场在当时知识界获得了相当的声望和地位;另一方面,也意味着他与黄老学之间有着密切的往来。以此二者为基础,可以推知荀子的礼法合流,乃是整合黄老道法的话语、知识和理论资源,用以证成其儒家立场。〔69〕 其中最典型的表征莫过于他有关天人关系和礼法关系两方面的论说。下略论之:

黄老家特重"天道",以天道为"道"体之"象",人须取法此"象"以获得人域之法。儒家自孔子以来也承认有天道,并承认它与人道理应相契合,但人道与天道之间实无法象关系,而仅可相互比对、参照。故此,法圣人(古)而不法天成为儒家学者共同的选择。〔70〕 这种对天人关系的理解造成了早期儒家不关注天道,自孔子开始便是如此。这也解释了为何子贡说,"夫子之文章,可得而闻也;夫子之言性与天道,不可得而闻也"。(《论语·子罕》)夫子的不屑于谈论与今本《荀子》中有《天论》一篇专门讨论天人关系形成鲜明对比。这很有可能是荀子应对黄老家法天说而作,当然立场仍属儒家,故文中强调"治乱,天邪? 曰:日月星辰瑞历,是禹桀之所同也,禹以治,桀以乱;治乱非天也",意在强化天的自然属性,以此来消解法象和感应学说的基础。由此可见,荀子在著书立说时确已考虑了与思想界的状况并积极进行了互动。《非十二子》篇中对当时著名知识人(包括儒家内部的思、孟)的批判同样反映出他对当时思想界的状况熟谙于心,且著述具有强烈的针对性。并

---

〔69〕 陆建华指出"荀子推崇礼治,同时又提高法律的地位。其隆礼重法视野下的礼法关系理论包括礼的内涵层面的礼中有法,政治和社会价值层面的礼法并重,儒家理想层面的礼尊法卑等三方面的内容"。(陆建华:《荀子礼法关系论》,载《安徽大学学报(哲学社会科学版)》2003 年第 2 期。)这种理解较为全面。

〔70〕 儒家法人不法天的具体论说,参见李平:《规矩·致治·成人——孟子法哲学新解》,载《现代法治研究》2016 年第 2 期。

且,《天论》中表现出的借用当时流行的话语、概念系统以驳论立论也是表征之一。

《荀子》书中与礼法之争关系最密切的莫过于"隆礼重法",很多现代学者便是据此以主张荀子的思想中具有强烈的儒法合理的特质。常被引用到的表述如《君道》篇之:

> 隆礼至法则国有常,尚贤使能则民知方,纂论公察则民不疑,赏克罚偷则民不怠,兼听齐明则天下归之;然后明分职,序事业,材技官能,莫不治理,则公道达而私门塞矣,公义明而私事息矣。

该引文中的"隆礼"之礼,重在"礼义",《议兵》云"隆礼贵义者其国治"。这时儒家的"礼"论已从孔子时代讲究"文质彬彬"转而着重"礼质",也就是"礼义",或曰礼的价值内涵。尽管后人常常并称"隆礼"与"重法",但在荀子看来二者所主导的政治实有差别,《强国》篇说"人君者,隆礼尊贤而王,重法爱民而霸,好利多诈而危,权谋倾覆幽险而亡",其中王、霸、危、亡是差序关系。换句话说,礼义法度兼备者"王",有法无礼者仅可算作"霸"。

荀子对秦国治理的态度也反映了他对礼、法关系的理解。《强国》篇载:

> 应侯问孙卿子曰:"入秦何见?"孙卿子曰:"其固塞险,形势便,山林川谷美,天材之利多,是形胜也。入境,观其风俗,其百姓朴,其声乐不流污,其服不佻,甚畏有司而顺,古之民也。及都邑官府,其百吏肃然,莫不恭俭、敦敬、忠信而不楛,古之吏也。入其国,观其士大夫,出于其

门，入于公门；出于公门，归于其家，无有私事也；不比周，不朋党，倜然莫不明通而公也，古之士大夫也。观其朝廷，其朝闲，听决百事不留，恬然如无治者，古之朝也。故四世有胜，非幸也，数也。是所见也。故曰：佚而治，约而详，不烦而功，治之至也，秦类之矣。虽然，则有其諰矣。兼是数具者而尽有之，然而县之以王者之功名，则倜倜然其不及远矣！是何也？则其殆无儒邪！故曰粹而王，驳而霸，无一焉而亡。此亦秦之所短也。”

由此可见，按法而治的政治社会治理机制得到了认同，但荀子仅以之为天下“王道化”的必要条件之一，而非全部。换个角度来看，荀子已经承认了，若欲实现王道、王政，须以霸道、霸政为基础。而霸政的实现有赖于法治这个当时知识界的共识，显然也得到了荀子的认同。因此可以说，在无力改变世人对霸政基本理解的情况下，荀子尝试通过最大限度地妥协来曲线实现儒家对王道政治的追求。由此，荀子实际上放弃了孔孟式的礼治而把政治社会治理寄托在霸道式的“礼法”之上。韩德民曾指出荀子“创造性地提出了‘礼法’的范畴。‘礼法’是荀子有关社会秩序之建构模式的核心性概念，其内涵集中显示了儒家社会理想学说在战国末期的新发展。这个概念所要昭告的，既是新的社会结构模式，也是新的政治法律制度”。〔71〕

作为荀子入室弟子的韩非，进一步推进了荀子的学说，不过表现得更为大胆和激进一些。他更直接地表达了对法治和霸道的认可，并在理论建构的过程中将之置于最显要的位置，同时把对王道

---

〔71〕 韩德民：《“礼法”范畴与荀子对儒家社会理想学说的发展》，载《儒学与二十世纪中国文化学术讨论会论文集》，1997 年，第 1 页。

政治的追求表达得更加隐晦。与荀子的不同之处在于，韩非在道法论层面直接使用了黄老家的理论资源，而在法术论层面[72]企图利用法治机制本身来框限君、臣的权力，一旦能够实现，那么从霸政向王政的转变，已经在制度和秩序上做好了准备，只需再将黄老家的“天道”人伦化即可。当然，从本质上看，韩非并没有背离儒家阳动与人伦两大基本出发点。[73]

相较于上一节说到的被动介入、主动参与和超越整合三种方案，在荀子—韩非那里，儒家出现了最大化的妥协。他们通过放弃王治（礼治），接受霸治（法治）来获得当时知识界和政权的认同，并以此为实现其下一步追求，也就是王政（礼乐政治）的阶段性准备。按此，纯粹针对政治社会秩序型构和维系的礼制和礼治被极大弱化，置于几乎可以忽略不计的位置。在此意义上，礼治、法治之争已可忽略不计。而更高层次的“礼政”并没有与之相对的“法政”，[74]因此这一层中并不存在礼法之争。

事实证明，只有荀子—韩非的方案才能够将儒家学理最终落实到现实的政治社会中。当然，经历了一系列的战乱和动荡之后，直到董仲舒那里，这个思路才真正得到了实践。[75] 诚如瞿先生认为，儒法之争经过春秋战国，至秦汉以后已不复存在，董仲舒通过《春秋》决狱，成为中国古代将“儒家的经义应用于法律的第一人，

---

〔72〕 韩非学说中的黄老学质素，参见王威威：《韩非思想研究：以黄老为本》，南京大学出版社 2012 年版。

〔73〕 关于韩非对儒家基本立场的坚守，参见李平：《君主集权之后：试探韩非法术之学的大义》，载李平：《先秦法思想史论》，光明日报出版社 2013 年版。

〔74〕 到了“政”的层面，黄老家讲求的是“道政”，而战国末年的君主则喜好更能成就其私天下之欲的集权专政。所以在政治实践的层面，君主只用黄老家的治术，而不取其“公”“道”的情况比比皆是。

〔75〕 参见李定生：《董仲舒与黄老之学——儒学之创新》，载《复旦学报（社会科学版）》1995 年第 1 期；花琦：《董仲舒体系建构对黄老学的吸收借鉴》，载《重庆师范大学学报（哲学社会科学版）》2006 年第 1 期。

以儒为体,以法为用,实是真正沟通德治、法治,融合儒法两家思想的第一人"。他认为,礼法结合后,封建法律产生了巨大的稳定性。[76] 从这个意义上说,"儒法合流由荀子开其端,到汉代以董仲舒的思想为其成熟的标志,从而开启了两千年的封建的霸王道杂治"[77]的说法可以成立。而"礼"的含义自孔子以后至荀子"礼义"化、价值化的变化,使"礼"与"法"逐渐分化成不同的范畴,此即赵旭东所说"礼法之争大略言之,在中国文化传统中'礼'本来就是大于'法'的,甚至可以说'礼法并举'的状况根本就没有存在过"[78]也可以成立。

四、小结

通过前文诸节的论说可见,西周以"德—礼"为核心的政治社会和思想文化模式殆及东周时代渐次崩颓。由此带来的影响甚为深广,思想文化方面,宗周意识形态和话语系统行将崩溃,春秋末期至战国初年知识界涌现出了改良式再造(孔子)和颠覆式重构(老子、墨子)两种理论建构方向。孔子化宗周基于宗亲伦理的"德—礼"以普遍性道德内涵为基础的"仁—礼",企图以旧瓶装新酒的方式,利用周人既有的话语系统建构新王道。老子、墨子基于曾经被边缘化的思想文化传统立说,反对宗周"礼制"。前者立足

---

〔76〕 马小红主编:《中国法制史关键问题》,中国人民大学出版社 2011 年版,第 17 页。

〔77〕 龙文懋、崔永东:《传统文化的沉思:中国传统政治法律文化研究》,内蒙古人民出版社 2001 年版,第 37 页。

〔78〕 赵旭东:《法律与文化:法律人类学研究与中国经验》,北京大学出版社 2011 年版,第 237-238 页。

阴本返道提出了“法象”思路，后者基于匠人思维大力推广规范化社会治理思路，并将匠人之“法”做了治术化的义理阐发。老、墨的学说广泛传播为战国中期以后“尚法”思潮和按法而治思路的主流化奠定了理论基础。此时期，“法”学尚未主流化，“法”这个概念也未尝被主流知识人所重视，因此严格的礼法之争尚不存在。

战国中期，黄老思潮呈现风起云涌之势，其理论融会老子“法象”论与墨家“法治”论，又契合了战国治权政治、私权政治的需求，以《管子》《黄帝四经》《尹文子》《列子》《文子》《慎子》《鹖冠子》等著作为代表，融会众多知识传统而建构了系统的“道法学”和“法术论”。至此“法学”在知识界实现了主流化，而宗周“德—礼”模式下的礼制、礼治全然被抛弃。此时的黄老家们已经无意，也无必要对宗周之礼作针对性的批判。黄老思潮业已占据绝对优势的情况下，黄老之法与宗周之礼之间亦无可“争”。

孔子的初代、再传弟子们以文化“正统”自居，着力于内部争夺“衣钵”，向外中则力求见用于政权，以落实孔子“仁—礼”之学。一方面他们不屑于道、墨等家的理论创化，由是错过了战国“法”理论的草创阶段；另一方面当时正值政权的私权化和治权化变革期，新的政权掌握者务求功利、实效，造成了儒家学理从未真正获得政权的青睐并为之体行。

直到第四代儒生时，才明确地意识到黄老道法之学和治术理论已经主流化，自己的“仁—礼”之说则由于长期被政权所有者束之高阁而淡出了一般知识人的话语和视野，强烈的危机意识在儒家内部应运而生。急于重返主流话语圈，甚至试图与黄老学争夺话语主导权的儒家学者采取了不同的方法，典型表征包括谓孟子式的“被动介入”、以《大戴礼记·盛德》为代表的“主动参与”和《周礼》所代表的超越整合。他们都尝试在理论建构时关照黄老法学的话语、概念、论题。所不同者，孟子以驳斥为能事；《盛德》立“三法”说，按照黄老法学的话语系统和概念体系重新整饬儒家学理；《周礼》则力图建构一个扩大化的“礼”的系统，将战国“法”的制度全然包容于其中。按此，战国中期以后确有礼法之争，然而它实际上是儒家主导的一次话语权争夺，不过似乎作为其对立面的道法家们对此似乎并不太过介意，所以说这场争斗多少具有儒家一厢情愿的色彩。

与儒家关照“法”学相伴的是“礼”论的变化。从孔子是强调“文质彬彬”的“仁—礼”转向强化“礼质”的价值意涵，试图使之摆脱特定政治社会治理模式的局限而成为能够统摄治理之“法”的上位概念。

这些努力汇聚到荀子那里以“隆礼重法”的形式得到了表达。荀子思想的出现，一方面，表现出儒家学者对黄老家倾盈天下之势的最大妥协，他在坚守儒家基本立场的同时尽可能多地采纳了黄老家的理论，并将理论旨趣合乎时宜地转向了治术领域；荀子在理论路上完成的“礼法合流”，也可以说是设定了以“礼”（义）统“法”（治）的格局。另一方面，也为儒家最终能够“战胜”、收纳诸子之学而在统治者那里成就独尊之势提供了切实可行的方案。当然，过程并非一蹴而就，期间还有两大关键人物，即韩非和董仲舒。董仲舒以后，先秦儒家面临的礼法困境就彻底不复存在了。当然，其时又产生了另一种类型的“礼法之争”，〔79〕一直延续到晚清，但与先秦儒家所经历的那场纷争已判然有分。

〔79〕 汉代礼法问题的研究概括，参见罗彩：《汉代礼治思想研究三十年》，载《中华文化论坛》2014年第7期。

第十二章　寻找“法官”

中国古代一向无独立执掌司法权、专司审判的现代式法官，近代以来这种独特的制度设计业已备受关注。相应产生了诸如传统社会缺乏分权等论说，既是描述，也是批判。由于西学东渐，迨至戊戌变法以后，主流知识界已然将现代西方政治制度和法律文化当作了标准系，用之以审视国故，径直判定与之合辙者为先进，相异者则为落后、反动，甚至以这些制度文化中与西方相异者为权力腐败、社会混乱的直接原因。按照这种理解模式，自然会说古代中国的法律制度、司法制度乃至法官的职权设置和审判方式通通落后、不完善、有缺陷，甚至不合理。

可是如果我们暂且抛弃对现代西方制度文明和法律文化这个标准系的执着，而仅以之为参考系，旋即会有完全不同的观感。首先，至少可以溯源至西周的传统司法模式，虽然并不“现代”，可是却实实在在地行之有效了两千余年。

这本身就足以显示出这种模式的合理性与生命力。当然人们不能苛求一种制度全无弊病,人类任何一个文化传统也从来不曾拥有过“完善”的制度。重要的是理解每种制度文化所以臻于“治”的机理、道理,而后才是批判和改进。其次,如果对观传统中国与现代西方两种司法模式,若是不作削足适履式的匹配,会发现古代中国的职官制度中根本找不到现代意义上的法官。类似情况也见诸司法、司法权等概念和职权。显然这是整体性的制度差异的表现,更源于深层文化差异并为之表征。问题在于,传统中国要如此设置的用意何在?道理又是什么?进一步还需思考,这些对当下中国的司法制度和模式有什么意义?

一、制度之中:“徧在”的审判者与审判权

近代以后的中国法律史和法文化研究,仍和传统时代一样习惯于将中国古代司法制度的源头上溯到尧舜时代。舜进行中央职官制度改革的时候设立了一个叫作“士”的职位,并以后世美誉满满的皋陶充任主官。按《尚书·舜典》所记,任命时“帝曰:‘皋陶,蛮夷猾夏,寇贼奸宄。汝作士,五刑有服,五服三就。五流有宅,五宅三居。惟明克允!’”文中作士的皋陶的主要职分是用刑以消除境外的蛮夷和境内的寇贼对社会秩序造成的侵扰。当然其中确实会涉及审判,还有可能是当时著名的“流四凶”的主审者,但显然士不是专司审判,也不限于审判。毕竟当时的“用刑”既包括今人所言刑罚,也包含军事行动,士的职分围绕用“刑”展开。当时人们对“刑”的理解兼有兵刑和刑罚,与之相应“士”负责类似于今人所言国防和司法。审判更像是为了用刑而产生的“业务”。后世“士”的

内涵出现了文士与武士两个大类的分判，表明尧舜时期的制度及其背后的观念基础都已发生了显著变化。[1] 根据皋陶所任之“士”的职分可以推知，设置官僚体系和职守的时候并没有把审判看作一个需要单列出来的类。

也有如《说苑·修文》记载“皋陶为大理”。这为商周以后官制中的司寇、理等官与舜时的“士”建立了直接渊源关系。囿于文献阙如，事实上是否果有关联不可确知。同样也由于文献不足证，殷商、西周乃至春秋战国的职官制度全貌亦难尽知。[2] 不过司寇一职确有，且与司法裁判关系密切，又承担警戒、捕盗等职责。[3] 同时西周时代主持审判者也见于其他官职，例如《扬簋》铭文中“讯讼、取徵五寽”的是司空。[4] 张亚初、刘雨通过对西周金文中的各种官制进行详细考察，也认为西周时期没有专职的司法官，司寇也不是司法官，“司寇的记载，在西周铭文中仅见三条，而且记载很简单，因此光凭这一点材料是难以全面地弄清楚这种职官的地位和执掌”。[5]

春秋时代各诸侯国的官制本自西周而渐有改变，士、理、司寇之职并见于各诸侯国。各自的职分略有异同，但都不限于司法审

〔1〕 参见余英时：《士与中国文化》，上海人民出版社2011年版。

〔2〕 西周司法制度概况可参见胡留元、冯卓慧：《夏商西周法制史》，商务印书馆2006年版，第542-600页。

〔3〕 这从“司寇”的字面义中即可看出。另外孔颖达在《礼记·曲礼》“正义”也说到“司寇除了寇贼”。

〔4〕 参见王贻梁：《周官“司寇”考辨》，载《考古与文物》1993年第4期。关于司寇是不是司法官，学界曾经出现了一系列争论，持肯定、否定意见者大抵参半。要言之，产生争论的根源并不在于司寇本身职分不清，而是是否能够适配现代意义上的司法和司法权。相关论说可参见李远明：《春秋时期司法研究——从纠纷解决的视角切入》，华东政法大学2012年博士学位论文，第117-120页。

〔5〕 张亚初、刘雨：《西周金文官制研究》，中华书局1986年版，第24页。

判。[6]到了战国以后，随着各国普遍进行政制和治理模式改革，崇尚控制力、效率、规范和功利的按法而治体制大行其道。官僚设置、权限、职分随之发生了或大或小的调整，变化以三晋、秦、楚为甚。不过此间仍没有创设出专司审判的官职。除了对后世影响巨大的秦制之外，《周礼》呈现的“联事通职”的“官联”模式也可反映当时思想界对审判权不专属于特定官职的认识。[7]

秦代扫除六国异制而划一，建立了齐整的官僚制度，其中可主理狱讼的官员，中央有脱生于先秦的士、理之官廷尉，还有御史大夫；[8]畿内有内史；地方则包括郡守（太守）、都尉、监御史、县令（长）、县丞、狱掾、令史等。[9] 可是无论是廷尉、御史大夫还是县丞、令史，职分又都不止于审判。廷尉的常职至少还包括校勘刑律。[10] 再参以长期担任廷尉的李斯之所为，可知“掌刑辟”亦不足以涵盖廷尉之职。

汉代因袭秦制而有所损益，后经历魏晋南北朝之变，至于唐代而致大成。唐代的情况大体如郑显文所言：“唐代的司法人员构成复杂，大致可分为两种类型。其一，中央和地方专职从事司法事务的官吏。主要包括大理寺、刑部、御史台等中央司法监察机构的官

---

〔6〕 春秋战国时各国的士、理官名称不一，如楚之“司寇”、晋之“理”、齐之“大理”、楚之“廷理”、陈之“司败”等。参见陈光中、沈国峰：《中国古代司法制度》，群众出版社1984年版，第2页。春秋时期的司法制度及官员职分，参见李远明：《春秋时期司法研究——从纠纷解决的视角切入》，华东政法大学2012年博士学位论文，第116-169页。

〔7〕 参见温慧辉：《〈周礼〉中的司法官联制度论析》，载曾宪义主编：《法律文化研究》（第5辑），中国人民大学出版社2009年版。

〔8〕 《汉书·百官公卿表》曰：“御史大夫，秦官，位上卿，银印青绶，掌副丞相。有两丞，秩千石。一曰中丞，在殿中兰台，掌图籍秘书，外督部刺史，内领侍御史员十五人，受公卿奏事，举劾按章。成帝绥和元年更名大司空，金印紫绶，禄比丞相，置长史如中丞，官职如故。哀帝建平二年复为御史大夫，元寿二年复为大司空，御史中丞更名御史长史。侍御史有绣衣直指，出讨奸猾，治大狱，武帝所制，不常置。”

〔9〕 参见刘海年：《秦代法吏体系考略》，载《学习与探索》1982年第2期。

〔10〕 参见《尉杂律》。

员;地方州、县专职从事司法事务的官吏,如各州府的司法参军,各县的县尉、司法佐等。其二,中央及地方行政长官兼理司法审判事务的官员。唐代的诉讼案件不是很多,为了节约司法成本,通常由行政长官兼理司法,如中央的尚书、中书、门下省的官员经常参与重大刑事案件的讨论,尚书省户部所辖的户部司是婚姻、田土等民事诉讼案件的上诉机构。[11] 在全国各州县,地方行政长官兼理审判事务的现象更为普遍,如地方州一级的行政长官刺史、县级行政长官县令就同时兼理本州、本县的司法审判事务。"[12]

唐代以后官制设置虽然代有变迁,但基本格局一直延续到了清朝晚期。宋代中央除大理寺、刑部、审刑院、御史台外,还有登闻鼓院、登闻检院、理检院、军头引见司、理讼所等都可以成为审判机构,并不是纯粹的审判机构。京畿和地方的情况也与唐代相仿。像枢密院、殿前司等军事机构,盐铁、度支、户部三司等财政、民政机构也有审判职能。[13] 明代中央除三法司外,有审判权者还有内阁、司礼监、东厂、锦衣卫等机关,甚至可说几乎遍布所有职权部门。[14] 清代中央的"三法司"通常被看作最高司法机关,大体上刑部掌管审判,督察员负责监察,大理寺负责复核,但是掌管审判的刑部尚有其他职分。[15] 可以认为,唐代以后开始典型化的三司会

---

〔11〕 郑显文:《律令体制下的唐代民事诉讼制度》,载郑显文:《律令时代中国的法律与社会》,知识产权出版社 2007 年版。

〔12〕 郑显文:《审判中心主义视域下的唐代司法》,载《华东政法大学学报》2018 年第 4 期。

〔13〕 宋代司法制度概况参见王云海:《宋代司法制度》,河南大学出版社 1992 年版。

〔14〕 明代中央司法制度概况参见那思路:《明代中央司法制度》,北京大学出版社 2004 年版;尤韶华:《明初司法考》,厦门大学出版社 1998 年版,第 2-60 页;尤韶华:《明代司法续考》,中国人事出版社 2005 年版。

〔15〕 清代中央司法的概况,参见那思路:《清代中央司法审判制度》,北京大学出版社 2004 年版。

审比较典型地反映了传统制度中不把司法权单独视为一"类"的状况。[16]

如果限于具有明确权限划分和权力层级的官僚制度，传统中国充其量只有掌法之官、掌刑之官，并无现代意义上的法官。这多少与近代以后学界所渲染出来的古代行政权、司法权不分的结论相吻合，但这种结论却又不足以完整地概括。[17]

若是用现代司法和职官制度作标准系来审视，同一层级上如此之多的官职可以进行审判，不免会造成权力分隔不清，甚至相互冲突抵牾的局面。但是传统政治社会中却并不存在这种情况。换句话说，司法权散布于各个职官在传统中国制度文明中根本不是"问题"。之所以会被当作"问题"，甚至引发理论争议，完全是因为西方法律文化强势东渐。当传统法律观念尚有余绪，西方式的法律和职官制度又须被当作标准时，"问题"方始出现。

清末三部诉讼法草案[18]和三部组织法[19]中最晚颁布的《法院编制法》整合了此前各项改革与相关立法，可视为清末司法改革

---

〔16〕"古代的典籍中并未出现'会审'一词。《辞海》《辞源》等工具书当中也都没有对其作出任何解释，只是在《司法词典》及《北大法学百科全书》中找到'三司会审'词条，实指唐朝的'三司推事'，或者解释为中国古代的一种联合审判和复议制度。而且，中国历史上，不同时期对'会审'的称呼是不一样的。如汉朝的'杂治'、隋唐的'三司推事'与'三司使'、明清的'九卿圆审'、'朝审'与'热审'等等。'会审'一词，实际上是后人对中国古代刑事诉讼中若干官员及法官会同审理重大或特殊案件的通称。"参见谢冬慧：《中国古代会审制度考析》，载《政法论坛》2010 年第 4 期。

〔17〕有学者将之描述为分散、分层与分化，较为近是，却仍有以今度古之嫌，参见赵恒慧：《分散、分层及分化——汉代司法制度研究》，华南师范大学 2002 年硕士学位论文。

〔18〕包括 1906 年《刑事民事诉讼法草案》、1910 年《刑事诉讼律草案》和 1910 年《民事诉讼律草案》。

〔19〕即 1906 年《大理院审判编制法》、1909 年《各级审判厅试办暂行章程》和 1910 年《法院编制法》。

的最终成果。[20] 与上述立法行为相伴生的是 1906 年、1907 年出现了大量有关司法独立和司法权的实质性争论。其中最受关注的话题,也是清末司法制度法制改革带来的直接影响之一即“部院之争”。

部院权限之争的表象透露出“司法”理念水土不服,并未被人们真正透彻地认识,遑论内化式认同。[21] 尽管和制“司法”术语业已主流化并落实到法律文本上,但人们大多不了解概念本身,特别是司法权的性质、内涵以及独立为一类特殊权力的理据,更无从理解其所基础的西方法律文化为何要将司法权作为政治权力三大类之一。[22]

部、院权限经过多次争论,1909 年清廷最终裁决:“属于全国司法之行政事务,如任用法官、划分区域……统由法部总理主持,毋庸会同大理院办理。”自此确立了法部对包括大理院在内的四级审判机构及其内设检察机构的主要人事任免权,并将法官(推事、检察官统称法官)的考选提上了议事日程。到 20 世纪初之后,司法权与司法独立话题的热度有所下降,一是由于定制已成;二是因为经过一番集中的讨论,关于司法权独立的问题大体上已经有了共

〔20〕 据吴泽勇考证,《法院编制法》自起草、修订直至最终颁行经历了四个阶段,先后形成四种法律稿本,至 1908 年,宪政编查馆奏进经过审核的《法院编制法》,同时奏进《初级暨地方审判厅管辖案件暂行章程》、《法官考试任用暂行章程》和《司法区域分划暂行章程》。也就在当天,清廷上谕颁行该法,即钦定《法院编制法》。参见吴泽勇:《清末修订〈法院编制法〉考略——兼论转型期的法典编纂》,载《法商研究》2006 年第 4 期。

〔21〕 新法设立之初,官吏对司法独立臧否参半。例见《鄂督电争司法独立之害》,载《申报》1907 年第 12152 号;《奉省司法独立实行》,载《申报》1907 年第 12300 号;《大理院与司法警察分权之问题》,载《申报》1907 年第 12188 号;《吴御史奏厘定外省官制请将行政司法严定区别》,载《申报》1907 年第 12154 号;《专电二　司法独立先由直粤办起》,载《申报》1907 年第 12179 号;《廷尚书对于司法独立之意见》,载《申报》1909 年第 13283 号。

〔22〕 当时公共知识分子,特别是留洋学生与官僚界和法律从业者相对谨慎、保守的态度形成鲜明对照,他们大肆鼓吹司法独立,一是政治立场所需,二是由于他们并不了解司法实践的实态。例见《留学生电争司法独立》,载《申报》1907 年第 12182 号。

识。但达成共识并不意味着传统制度设置与现代司法权获得了融会，而只是因为传统的类观念连同制度模式一道被抛弃了。

综上所述，传统社会的法律制度和官僚体系中并没有类似于现代法官的专门性职务，而是表现为：一方面审判权散布于各个官属，在官僚系统中，能够成为案件主审者的职官品类繁多。另一方面掌握审判权者同时还承当其他类型的职权。换个角度来看，人们从来没有把司法裁判当作一“类”需要专门化的职务。可以见得，传统官制不以立法、司法、行政判分权力类型，进一步可以推知，彼时人们观念中并无这类划分和相应的概念。不过制度化的权力运行和权限划分至晚自舜以后便始终存在，于是需要理解当时人们拥有怎样的类观念，又如何划分政治权力。

二、制度之外：审判者“超制度”特质

如果熟悉中国传统法文化，会发现其中一个很独特的面相是可以行使“司法权”（主理狱讼纷争）者的身份异常多样。上自作为政治权力和制度顶端的天子，下至出离于官僚体制之外的乡长、里正，甚至家长、族长都可在特定情景下成为审判者。这恰与官僚制度中专司审判的职官阙如相为表里。有关传统法律文化的研究业已表明：天子为最高，同时也是最终审判者，大抵从舜以来已成定制。官僚系统内，除常被认定为与司法相关的士、理、司寇、廷尉、刑部、大理寺以及御史等职，其他的各级、各类官员，很多都可以充任审判官。例如，汉成帝年间尚书仆射下的三公曹尚书“主断狱”，〔23〕曹魏设比

〔23〕　东汉以后演化为尚书令、仆射一下二千石曹“主辞讼事”。

部郎“以司刑狱”，以及前文说到的官僚制内的情况。在职权范围内严格按照法律规定理讼和裁判是整个传统社会的常态，不过官僚系统内部成员越职、越级审案裁断的现象经常出现。此外，官僚系统之外的人也可以充任审判者，最典型者是乡绅，[24]在某些情景下还有族长、家长。[25] 虽说上述审判者身份、知识背景各有不同，甚至有些时候还相互抵牾，但是如此设置又确实长期维系了传统社会有效、有序地运转。审判不被当作专门性的职务之“类”，而被视为为官者须得具备的一种专门性的能力，而且这种能力又区别于精熟法律知识和审判技巧的技术性能力。要注意，秦汉以后的法吏之流可能是社会上最熟知法律条文的群体，[26]与之相似者还有明清时代的“师爷”。[27] 但他们却鲜能成为狱讼的主理者，最多只能看作审判过程提供知识、技法辅助与具体执行的参与者。[28]

这些情况已经足以表现出，审判者并不囿于官僚体系和制度，甚至也不局限于法律制度，我们可以将此概括为传统社会审判者的“超制度”特质。回到前文所说，审判者和审判权不被看作需要单列出来并专门化的一个“类”。接下来需要通过寻找历史上那些充任过“法官”（审判者）的实例，来观察究竟什么人可以成为审判

---

〔24〕 关于历代乡绅的情况，参见赵秀玲：《中国乡里制度》，社会科学文献出版社1998年版。

〔25〕 例如“出子”，即将家庭、家族的晚辈成员除名时，家长就可扮演审判者。参见[日]滋贺秀三：《中国家族法原理》，张建国、李力译，法律出版社2002年版，第155-156页。

〔26〕 秦汉法吏概况，参见马作武：《古代司法吏治论略》，载《中山大学学报（社会科学版）》1996年第S3期。传统社会的吏制，参见赵世瑜：《吏与中国传统社会》，浙江人民出版社1994年版。

〔27〕 师爷参与司法活动的情况，参见郭润涛：《官府、幕友与书生——“绍兴师爷”研究》，中国社会科学出版社1996年版，第85-93页。

〔28〕 案件载于吴奎《墓志铭》，分析参见徐忠明：《包公故事：一个考察中国法律文化的视角》，中国政法大学出版社2002年版，第124-125页。

者，他们又呈现怎样的共同特质。接下来将尝试从观念认同的角度，结合若干典型来加以考察。

先秦时的三位人物——皋陶、文王和召公被后世正统观念塑造成为了审判者和理讼的典型。他们的身份分别是“士”官、（被追认的）天子和诸侯。

如前文所述，皋陶所掌握的职务很多，根据后人追溯大致包括：其一，“听狱”，也就是断案，战国时已有了“听狱不后皋陶”[29]的观念。其二，掌刑，即执掌五刑之类的刑罚，这个说法即源于对《尚书》的理解。其三，有观点认为皋陶有编订“刑”的功绩。《左传》昭公十四年文曰：“《夏书》曰：‘昏、墨、贼，杀。’皋陶之刑也。”《吕氏春秋·君守》也说“皋陶作刑”。其四，汉初陆贾《新语·道基》说：“铄金镂木，分苞烧殖，以备器械，于是民知轻重，好利恶难，避劳就逸；于是皋陶乃立狱制罪，县赏设罚，异是非，明好恶，检奸邪，消佚乱。”这是认为皋陶创立了从审判到刑罚的一系列制度，成为以威势惩罚维系社会秩序的第一人。[30]

至于皋陶这些作为的收效，大抵如《文子·精诚》中说到的“皋陶暗而为大理，天下无虐刑，何贵乎言者也”。《尸子·仁意》说的“听狱折衷者，皋陶也”。[31]《大戴礼记·五帝德》曰：“皋陶作士，忠信疏通，知民之情。”上述的一系列议论反映出，将“民情”“衷（中）”融入对狱讼与刑罚的处理，达致“天下无虐刑”和“异是非，明好恶，检奸邪，消佚乱”的局面是皋陶最大的成就。对这些内涵，

---

〔29〕《尸子·分》。

〔30〕又通过《风俗通义·佚文》中引《皋陶谟》“虞始造律”的文字，可以推测虞舜之时有可能将道、术结合的新型狱讼刑罚之制以某种形式的立法确定下来了。至于它是否被命名为“律”倒是很值得存疑。

〔31〕《韩诗外传》二：“夫辟土殖谷者，后稷也；决江疏河者，禹也；听狱折中者，皋陶也。然而圣后者，尧也。”盖本此，亦见《淮南子·诠言训》。

《尚书·大禹谟》作出了精辟的归纳，文曰："皋陶，惟兹臣庶，罔或干予正。汝作士，明于五刑，以弼五教。期于予治，刑期于无刑，民协于中，时乃功，懋哉。"

上面这些记述中，作为审判者的皋陶形象并不是太清晰，对后世影响广泛的是一则较为离奇的故事：

> 觟䚦者、一角之羊也，性知有罪。皋陶治狱，其罪疑者，令羊触之。有罪则触，无罪则不触。斯盖天生一角圣兽，助狱为验，故皋陶敬羊，起坐事之。此则神奇瑞应之类也。(《论衡·是应》)

王充在《论衡·是应》篇中记曰"犹今府廷画皋陶、觟䚦也"，可见时至东汉此说影响和认同之广。不过故事是否属实尚且存疑，因为在先秦时代的文献中并未见到类似记载，反倒是《墨子》中有更加质朴的"原型"故事，但并不属于皋陶。[32] 可是后世将之归于皋陶这个现象本身就值得重视，反映人们对审判者"理应"断案如神的心理预期。

早期文化传统中有关理讼的最理想化的个案，当属于周文王尚为西伯时的"虞芮之质"。《史记·周本纪》载此事作：

> 西伯阴行善，诸侯皆来决平。于是虞、芮之人有狱不能决，乃如周。入界，耕者皆让畔，民俗皆让长。虞、芮之

〔32〕《墨子·明鬼》载："昔者齐庄君之臣，有所谓王里国、中里徼者，此二子者，讼三年而狱不断。齐君由谦杀之，恐不辜；犹谦释之，恐失有罪。乃使之人共一羊，盟齐之神社。二子许诺。于是泏洫，摆羊而洒其血。读王里国之辞既已终矣。读中里徼之辞未半也，羊起而触之，折其脚，祧神之，而槁之，殪之盟所。当是时，齐人从者莫不见，远者莫不闻，著在齐之《春秋》。"

人未见西伯，皆惭，相谓曰：“吾所争，周人所耻，何往为，衹取辱耳。”遂还，俱让而去。诸侯闻之，曰“西伯盖受命之君”……诗人道西伯，盖受命之年称王而断虞芮之讼。〔33〕

严格来说，这是一场尚未审理就已结束的讼事。西伯是未及出场的理讼者，或者说西伯的声望和感召力代替他本人成为理讼者。之所以“诸侯皆来决平”，即诸侯均选择文王为争讼的处理者，首先在于他有德行。可见，有德是人们对主理者有处理纷争的资格和能力的要求。其次，文王成为被认可、信服的“评理者”，意味着声望，即一种优势社会地位的获得，亦是政治合法性的基础之一，因此，方有“盖受命之年称王而断虞芮之讼”之说。

西周初期召公审案也为后世称颂，《诗序》云：“《甘棠》，美召伯也。召伯之教，明于南国。”〔34〕持《鲁诗》说的司马迁记曰：“召公之治西方，甚得兆民和。召公巡行乡邑，有棠树，决狱政事其下，自侯伯至庶人各得其所，无失职者。召公卒，而民人思召公之政，怀棠树不敢伐，哥咏之，作《甘棠》之诗。”（《史记·燕召公世家》）文中明确讲到了《甘棠》内容所不及的“决狱”。而且之后的郑笺、孔疏以及其他主流论说都谈到了召公在甘棠下理讼之事。司马迁、郑玄们作出这个判断的理据显然不在《甘棠》本身。而且当注意

〔33〕　相关的记载还见于《诗经·緜》云：“虞芮质厥成，文王蹶厥生。”《尚书大传》：文王一年质虞芮。《说苑·君道》：虞人与芮人质其成于文王，入文王之境，则见其人民之让为士大夫；入其国则见其士大夫让为公卿；二国者相谓曰：“其人民让为士大夫，其士大夫让为公卿，然则此其君亦让以天下而不居矣。”二国者，未见文王之身，而让其所争以为闲田而反。孔子曰：“大哉文王之道乎！其不可加矣！不动而变，无为而成，敬慎恭己而虞芮自平。”这些记载在史实上的真实性于本文而言并不十分重要，之所以它值得我们从法理学的视角重新审视，乃是基于其对古代法文化所造成的影响及获得的认同。

〔34〕　李学勤主编：《十三经注疏·毛诗正义》，北京大学出版社1999年版，第77页。

到,郑笺释《甘棠》首句时云“召伯听男女之讼,不重烦劳百姓,止舍小棠之下而听断焉”。[35] 虽则相关记载不少,但几乎没有文献记录他所理狱讼具体为何,以及如何审理。被凸显的乃是他的勤政、亲民、德行、教化。

天子直接参与诉讼的史事不少,仅举东汉顺帝时宁阳主簿告县令案一例管窥之:

> 先是,宁阳主簿诣阙,诉其县令之枉,积六七岁不省。主簿乃上书曰:“臣为陛下子,陛下为臣父。臣章百上,终不见省,臣岂可北诣单于以告怨乎?”帝大怒,持章示尚书,尚书遂劾以大逆。诩驳之曰:“主簿所讼,乃君父之怨;百上不达,是有司之过。愚蠢之人,不足多诛。”帝纳诩言,笞之而已。诩因谓诸尚书曰:“小人有怨,不远千里,断发刻肌,诣阙告诉,而不为理,岂臣下之义?君与浊长吏何亲,而与怨人何仇乎?”闻者皆惭。诩又上言:“台郎显职,仕之通阶。今或一郡七八,或一州无人。宜令均平,以厌天下之望。”及诸奏议,多见从用。[36]

这个案件中天子、虞诩和诸尚书的廷争和态度对理解审判者的特质大有裨益。宁阳主簿所以诣阙,天子所以大怒,尚书所以“劾以大逆”,都在于对官僚体制不满。而虞诩的争论和天子态度转变,皆系诸一个“理”字。由此可以得到以下印象:其一,官僚系统似乎更愿意维护法律制度并利用之以造成和掩盖其内部的非法与渎职;其二,相较于形式上的合法性,天子更加在意合“理”与人

[35] 李学勤主编:《十三经注疏·毛诗正义》,北京大学出版社 1999 年版,第 77 页。
[36] 范晔撰,李贤等注:《后汉书·虞诩传》,中华书局 1965 年版,第 1872 页。

心(“天下之望”)。[37]

再者,我们还可以通过广受社会认同的清官形象和清官故事,借助人们对审判者的希冀进一步理解审判者的特质。像著名的申公豹、包公、海瑞、施公、彭公等都属此类。以包公为例,很多学者都注意到,明清以后广为流传的包公故事与历史上的包拯差之甚远,过程中存在累积的修改、修饰、变形。[38] 史有所本的包公“盗割牛舌”案凸显出公正与明察,[39]“贵臣逋货旧不偿”案重在表现包公审判中“守法持正”和“不畏权贵”。要注意,史籍中绝大部分关于包公判案的记载都省略了如何“按法”,即今所谓法律审或定罪量刑。[40] 这当然不意味着审判不需按法,而是按法既是一种常态,体现不出审判者的特性,也不甚为人们所看重。而随着包公故事在流传中发生变化,他作为审判者的形象也颇有损益。其中通天、对抗官僚制、无私、明达事理人情等方面显得格外突出。换句话说,人们心目中的审判者,理应是能够明事理、知人情、秉公无私、有德且有能力超越包括法律条文和官僚制度在内一切有碍于“理”的现实阻碍的通天者。

以上谈到的各类审判者,虽说政治身份和社会身份差异巨大,但是一旦开始“扮演”审判者来审理案件,他们便有了一系列共性。

---

〔37〕 更详细的论说参见李平:《古代中国上访的道理、法理与今鉴》,载《清华法学》2020 年第 2 期。

〔38〕 徐忠明将包公形象分作历史叙事、自我叙事和文学叙事三个语境加以考察,颇为可取。若是考察人们对审判者的观念预期和认同,无疑文学叙事更有价值。参见徐忠明:《包公故事:一个考察中国法律文化的视角》,中国政法大学出版社 2002 年版。南宋至清代包公形象演变,阿部泰記『包公伝説の形成と展開』(汲古書院 2004 年)。

〔39〕 案件见载于吴奎《墓志铭》、《宋史・包拯传》、朱熹《五朝名臣言行录・枢密包孝肃公》等,分析参见徐忠明:《包公故事:一个考察中国法律文化的视角》,中国政法大学出版社 2002 年版,第 121-123 页。

〔40〕 学界大多认为,较为可靠的史料中记载的包公断案只有三个案例,其他则多为后世附会。参见丁肇琴:《俗文学中的包公》,台北,文津出版社 2000 年版,第 14、33 页;孔繁敏:《包拯研究:历史与艺术形象中的包公》,中国社会科学出版社 1998 年版,第 165 页。

主要包括以下五个方面：

其一，成为“理”的代言人。传统社会打官司意在找第三人辩理、评理、讨说法之类的观念深入人心，反过来印证理讼者的角色认同首先是知理者、明理者。而知理者、明理者又经常被等同于“长者”“尊者”，同时人们对长者的评价标准，又复合了知理、经验（知识）、品行（道德水准）、声望、权威等内涵。这种状态形成的原因和过程非常复杂，此处暂且不论。仅就后果来说，人们对审判者角色的心理预设和认同上，“道理”远比依法来得重要。亲为审判者的海瑞的一段表述很有典型性：

> 问之识者，多说是词讼作四六分问，方息得讼。谓与原告以六分理，亦必与被告以四分。与原告以六分罪，亦必与被告以四分。二人曲直不甚相远，可免愤激再讼。然此虽止讼于一时，实动争讼于后。理曲健讼之人得一半直，缠得被诬人得一半罪，彼心快于是矣。下人揣知上人意向，讼繁兴矣……可畏讼而含糊解之乎？君子之于天下曲曲直直，自有正理。四六之说，乡愿之道，兴讼启争，不可行也。[41]

明理又使审判者获得了通“天”的属性，毕竟一般观念中天道、天理、道理被视为同一。天子通天，代表天理自不必说。天子之下的官员在断案、审判时同样也会被目之为“青天”。相应地，人们对裁判权威性的认同从根本上说系诸合“理”，社会身份和政治身份更多地成为知“理”的标志。

---

〔41〕 陈义钟编校：《兴革条例》，载《海瑞集》（上册），中华书局1962年版，第117页。

其二,获得了“公”的身份。“讼”字虽以“争”义为重,但传统观念中国自始就蕴含了“言于公”的内涵。发生纷争和寻求第三人公断是成“讼”的两个必备条件。这里的“公”,既包括“公家”之义,与私人身份相对;也有“公正”“公平”之义;更有“至公”之义。这些“公”的内涵与政权所必需的权威相统一。因此“公家”出身的审判者作出“公正”的裁判,展现出“至公”的价值追求,这是政权所必需,同时也可反过来强化政权的正当性。

其三,与官僚制度和体系发生关联又若即若离。常见的审判者中至少有两类人出离于官僚体系之外,一是天子,二是乡长老、族长等。其中天子即可以看作超越于整个官僚制度、治理体系甚至法律体系之上的存在。他能够以一己之力作出哪怕是与整个官僚群体相反的裁断。同时天子又是制度性的“审级”中的一环,这在历代于越诉、直诉相关的法律制度中有明确规定。不过尽管有着至高无上的权力,但天子往往不会擅用或独断,大多数情况下采取的是“过问”、交由专员处理或者廷议等方式。〔42〕历代“清官”判案的形象同样也充斥反对、超越官僚制的义涵。人们认同且希冀审判者能够“通天”,一则逃脱出官僚体制中的“官官相卫”,二则也可保证审判更加合于“理”。〔43〕

其四,看重行“权”。一般性案件,事实清晰、法无疑议,自当按法而断,这是传统社会审判的常态。但是几乎所有审判者又都不免会遇到事理、情理、法理等存在冲突的疑难案件。这时无论是谳狱、上请还是自行处断,所可仰仗的其实都是“权”。行“权”既有类

〔42〕 参见李平:《论少数服从多数的合理性基础——中西之别及其成因》,载《中外法学》2017 年第 5 期。

〔43〕 关于审判者的“通天”特质,参见李平:《古代中国上访的道理、法理与今鉴》,载《清华法学》2020 年第 2 期。

于今所谓依原则而断、自由裁量等，又不全同。[44] 可以海瑞的一段论说为例：

> 窃谓凡讼之可疑者，与其屈兄，宁屈其弟；与其屈叔伯，宁屈其侄；与其屈贫民，宁屈富民；与其屈愚直，宁屈刁顽。事在争产业，与其屈小民，宁屈乡宦，以救弊也。（乡宦计夺小民田产债抽，假契侵界威逼，无所不为。为富不仁，比比有之。故曰救弊。）事在争言貌，与其屈乡宦，宁屈小民，以存体也。（乡宦小民有贵贱之别，故曰存体。弱乡宦擅作威福，打缚小民，又不可以存体论。）[45]

据之可粗见，审判者行"权"之要在于求理，前提是"可疑"而不一定非得陷入无法可依后方可行。

其五，理讼者遵照大体相同的常识基础、思维方式、价值标准进行审判。需要注意的是，这种共同性乃是政权特别看重，且加以培育所致。最典型的例证来自唐代的"试判"，我们可以通过保留在《文苑英华》中的千余篇书判[46]和张鷟《龙筋凤髓判》、[47]白居易《百道判》[48]以及敦煌残卷中的《唐安西判集残卷》《文明判集

---

〔44〕 "权"是孔子所持重的话题，其质涉及一"理"与分殊之间关系，并及如何以事求理。见诸《论语·子罕》之"可与共学，未可与适道；可与适道，未可与立；可与立，未可与行权"。向以为《春秋》是孔子"权"论的最集中表达，如《公羊传》桓公十一年"权者何？权者反于经，然后有善者也"。而孟子则是孔子以后最得精义者。董仲舒而后，关于"权"的理论儒生大抵已有共识，但如何践行则无定法。

〔45〕 陈义钟编校：《兴革条例》，载《海瑞集》（上册），中华书局1962年版，第117页。

〔46〕 参见李昉等编：《文苑英华》，中华书局1966年版。

〔47〕 参见（唐）张鷟撰，田涛、郭程伟校注：《龙筋凤髓判》，中国政法大学出版社1996年版。

〔48〕 参见谢思炜：《白居易文集校注》，中华书局2017年版。

残卷》等〔49〕获得直观认识。

唐承隋而兴科举,〔50〕列明经、明法、进士等科,向来法学界更关注明法科。不过明法一科并不为士人所重,是故有学者据之判定唐代重文轻法云云,实失之武断。唐代选士,科举只相当于“门槛”。通过科举获得“出身”之后,尚需经由吏部铨选。书判是所有参选者的必考科目。〔51〕换个角度来看,所有为官者,以及候补为官者,被辟除为吏者,甚至可以说当时绝大部分知识人,都经受了相似的为判训练。

判文的内容反映出,作出“判”更像是依据应被政权、社会认可的知识、价值、法律制度作出判断,而非严格依据法律作出司法裁判。《通典》卷十五《选举三》记述:“吏部选才,将亲其人,覆其吏事,始取州县案牍疑议,试其剖断,而观其能否,此所以为判也。”为判者对法律和制度的细节不必精熟,通“理”和能够在复杂的诸理冲突情景下行“权”才是考察重点。如洪迈所言:

> 唐铨选择人之法有四:一曰身,谓体貌丰伟;二曰言,言辞辩正;三曰书,楷法遒美;四曰判,文理优长。凡试判登科谓之入等,甚拙者谓之蓝缕,选未满而试文三篇谓之宏辞,试判三条谓之拔萃。中者即授官。既以书为艺,故唐人无不工楷法,以判为贵,故无不习熟。而判语必骈俪,今所传《龙筋凤髓判》及《白乐天集甲乙判》是也。自

〔49〕 参见刘俊文:《敦煌吐鲁番唐代法制文书考释》,中华书局1989年版。

〔50〕 明法一科可溯及《开皇律》颁布后隋文帝在大理寺设置律博士8人,各州县设律生。唐朝中央的教育机构国子监设有“律学”,生员称“律学士”,取自八品以下官吏的后代和其他愿习法律者。参见《新唐书·选举志》。

〔51〕 唐代科举和吏部铨选试判,参见陈登武:《唐代知识人对唐律的理解与诠释——以白居易〈百道判〉的法律推理为中心》,载黄源盛主编:《唐律与传统文化》,台北,元照出版有限公司2011年版。

> 朝廷至县邑,莫不皆然,非读书善文不可也。宰臣每启拟一事,亦必偶数十语,今郑畋敕语、堂判犹存。世俗喜道琐细遗事,参以滑稽,目为花判,其实乃如此,非若今人握笔据案,只署一字亦可。国初尚有唐余波,久而革去之。但体貌丰伟,用以取人,未为至论。[52]

现存的众多书判,既有实判,也有试判,还有举子们为了应试练笔而作的拟判,著名者便是前述张鷟和白居易的作品。所判者只有一部分属于现在的司法裁判,另外还有众多与礼、乐、经、史相关者。[53] 这恰好印证了前文对古今"类"观念差异的论说。对古人而言,今所谓司法裁判与其他主题的判并无性质之别,只有内容之分。[54] 宋人李昉、徐铉等人在《文苑英华》中作出的类分才符合古人的类观念。

试判类似于命题作文,针对同一事件,应试者给出案件分析、理据敷陈和判断。理据敷陈因人而异,但大抵本自公认的儒家经典、论著以及著名史事。最终做出的是非、价值判断也大体相同。既然是应试之问,那么作文者显然需要考虑判卷者认同与否,因此所敷陈的理据必会基于当时主流观念认同。是可见时人所共的知识背景、价值标准和思维方式而非专业的法律知识和技法是审判的基础。

与此同时,判文同样也呈现前述诸点。试判所考察者是在作

---

〔52〕 (南宋)洪迈:《容斋随笔》,孔凡礼点校,中华书局2005年版,第129页。

〔53〕 例如,陈登武将"百道判"题旨所涉议题区分为四大类型:单纯法律案件的判、礼法兼容或冲突的判、单纯礼教问题和无关礼法案件。参见陈登武:《再论白居易〈百道判〉——以法律推理为中心》,载《台湾师大历史学报》2011年第45期。

〔54〕 仝玉霞曾对白居易"百道判"中的案件类型做了细致分类,其中严格意义上的司法裁判仅有三成左右,与司法不相关的判文占了半数有加。这个情况与唐代判词的整体状况大体吻合。参见仝玉霞:《"甲乙判"研究》,西北大学2018年硕士学位论文,第12-13页。

判者的综合能力,尤其看重知理、辨理、说理的能力,而非对制度、法律知识的熟知程度。表现于判词的殊理包括法理、事理、情理、伦理、经理(或曰经义)。此外还有拿不上台面,却又需被裁判者考量在内的若干殊理,像唐人格外看重的佛理,以及有习俗惯常而来的俗理。这些在现实中存在的殊"理"冲突如何"权",如何"判",如果做到"制宜经久,理贵从长",[55]显然烘托出超越法律制度之上的审判者。这种状况,又可在法律制度之中找到支撑,如高明士曾撰专文研讨唐律中的"理",认为"从唐律看来,'理'实是律、令(含格、式)之外第三种具有法律效力的断罪依据……其义基本上仍须由先秦典籍,尤其儒家经典去理解,间参唐以前诸儒立论,因为这是当时人的基本教养与共识……广义指道理,狭义为义理。唐律本于礼,此处之礼,析而言之,具有三义:礼之仪、礼之制、礼之义;唐律中的理,大多指礼之义而言,尤其是礼所规范人际关系的义理社会价值。理不可为而为者即有罪,以此法意断罪,影响至明清律,是传统法制一大特质"。[56]

三、何以为此:政、治两分与审判之"理"

通过上文所述可见,传统中国的法官既在官僚体制之外,又遍在于官僚体制之中,且不受限于官僚制。接下来需要分析,为什么会出现如此奇异的设置?这里面其实包含了两个问题:一是为什么传统中国会有如本章第一部分中所描述的那种类观念和权力判分

---

〔55〕 谢思炜:《白居易文集校注》,中华书局 2017 年版,第 1632 页。

〔56〕 高明士:《唐律中的"理"——断罪的第三法源》,载《台湾师大历史学报》2011 年第 45 期。

方式;二是为什么审判的权力不被类化并专门安置在职官体系中,而且审判者还会呈现本章第二部分中所描述的那种特殊状态?当然,之所以产生这些问题,无疑受到了现代司法制度与学理的影响。如果仍旧置身于传统社会,或许根本就不会以之为意,更不会以“特殊”视之。不过有了现代西方文化作为参考系,确实有助于我们经由差异发现问题,获得重新审视、理解传统法文化的新视角。

审判权之所以不能完整地嵌入官僚制,甚至无法完全制度化地运行,深层原因在于传统社会始终存在政(权)与治(权)两分,相互依存又彼此独立甚至存在矛盾和竞争。而审判与政、治两端俱有关联,势必具有相当的复杂性。

古代中国的政治体自从黄帝以后有了“天下”之名,随之人们也认同当有唯一的“天子”存在。由于天下政体的特殊性,〔57〕天子的角色不可简单地等同于最高统治者,而更像是一个代理人和责任人。对天之下的一切存在者而言,天子是天之子,也就是意味着他是天命、天道、天理的象征和代言人。非止于此,经由后世圣贤不断地加工,天子还必须是道德、文化、智慧等的至高表现,借此而成为普天之下人文化成的基准和辐射中心。而对天来说,天子仅仅是代天牧民的角色,他有责任将万民化于合于天道的和谐状态。他需要对天负责,是世间一切过错、愆误的最终责任人。〔58〕尤其需要注意,设定出一个集天命、道德、责任、智识于一身的天子作为

---

〔57〕“天下”政体简言之是一个以天子为中心,影响力向四外辐射的开放式政治体。与现代式的国家不同,它不强调明确的边界、人口、领土等,而侧重基于武力、道德、文化、经济等方式将普天之下“化成”到整体性的秩序之中。关于“天下”的理念与实践,参见李平:《天下缘起考》,载李平:《先秦法思想史论》,光明日报出版社2012年版。

〔58〕近代以后,人们很容易先入为主地以西方政体为标杆,对传统中国的政治理念多有批判而疏于深入理解。于是大多数论家径以古人看似迂远而阔于事情的天子设定为“口实”,甚至为愚民统治而生的诳言。如果我们抛开对所谓现代的固执来思考,这种政治理念之所以能在数千年来被接受、被认同,背后显然蕴含深刻的合理性。

政权的象征,已然表明政权的性质、功能与属性。对观西方政治思想史可见,自古希腊开始几乎所有的论家讨论政治合法性、合理性、正当性问题时,都聚焦于利益,或者说是政治体内主体的福祉,甚至连道德标准都建立在利益予夺之上。可是中国的政治的正当性自始就与天道、道德联系在一起。与利益相关的民生只不过是教以合道的前提。说得简单一些,古代中国之所以有政治,之所以"为政"的正当性基础在于合"道"(或曰"理")而非求"利"。

审判,或者用传统话语说叫作"理讼",须当置于上述前提之下来理解。在古人看来,合于天道的人世理应和谐有序。出现纷争即意味着有序状态被打破,理当加以矫正匡复。故此时人观念中,"讼"与理讼都是可以"通天"的大事,这集中体现在讼事失理而产生冤情之后,无论是先秦"讼女(汝)于天",〔59〕还是"东海孝妇,三年大旱",〔60〕"窦娥之冤,六月飞霜",〔61〕背后的观念相一致:在天人合一的观念背景下,人事不得理,一则干犯了天道,二则意味着政权失职。〔62〕 同理,审判的核心要务在于求得一个合理的结果,以消弭矛盾,匡饬秩序,而非止于依法作出具有强制力的裁决。

什么人能为此矫正匡复之事呢?理讼要在止"争",止争须得

---

〔59〕《左传》襄公二十三年记载晋国之范鞅对栾氏说"乐免之,死将讼女于天"。

〔60〕 事见《汉书·于定国传》:东海有孝妇,少寡,亡子,养姑甚谨,姑欲嫁之,终不肯。姑谓邻人曰:"孝妇事我勤苦,哀其亡子守寡。我老,久累丁壮,奈何?"其后姑自经死,姑女告吏:"妇杀我母。"吏捕孝妇,孝妇辞不杀姑。吏验治,孝妇自诬服。具狱上府,于公以为此妇养姑十余年,以孝闻,必不杀也。太守不听,于公争之,弗能得,乃抱其具狱,哭于府上,因辞疾去。太守竟论杀孝妇。郡中枯旱三年。后太守至,卜筮其故,于公曰:"孝妇不当死,前太守强断之,咎党在是乎?"于是太守杀牛自祭孝妇冢,因表其墓,天立大雨,岁孰。郡中以此大敬重于公。

〔61〕 此事最为人们熟悉的来源是关汉卿的《感天动地窦娥冤》,实则典故原有所本,如《后汉书·刘瑜传》引《淮南子》:"邹衍事燕惠王,尽忠。左右谮之,王系之,(衍)仰天而哭,五月为之下霜。"

〔62〕 参见孙家红:《"天人合一"思想在明清司法中的实践及其终结》,载《中国政法大学学报》2013 年第 3 期。

以理明事,以德服人。按照此理,任何明理、有德者都有资格成为理讼者。而且事实上“两造”双方也愿意寻找到这样的理讼者来解决纠纷。此即《易传》强调“利见大人”和“讼元吉,以中正也”,以及西伯被选定为虞芮之质理讼者的原因。

再联系之前说到的政权和天子。天子被设定为天下最明理、最有德、最知天道者,那么他理应能为一切争讼提供公断。现实中由于天子一人力不能逮,不可能亲理天下所有的狱讼,所以要由他的政权来分理。天子只需作为最终裁判者,偶尔处断官员们难以厘清的疑难案件即可。在这个意义上,政权中所有的理讼者都分有天子的属性并以天子具体而微的明理、有德形象示人,或者认为他们都直接分有了天命、天道之“天”的属性,所以观念中把理讼的官员视为“青天大老爷”和诉诸天子寻求“通天”都与“天”有关。

官方所以能够成为“公认”的评理者,除具有权力依托外,更因他象征着道德和智识上的优势地位,较之民众更加能够明辨是非。所以受理纷争的最终追求,不仅在于基于已有的法律和证据作出准确的判断,尽管这也必需,不过在传统文化中它始终处于“术”的位置,其上更有“道”的统摄。通过道德感召力和公允的处置,化解“两造”之间的冲突,是官府职分之一。其中,中正是最基本的要求。如同《周易·讼》九五《象》传所说:“‘讼元吉’,以中正也”,意思是讼所以能大吉,在于断讼者(九五爻之象)的中正之德。

对于官方来说,还有一个方面的因素值得重视,即获得“评理者”的地位,本身乃是权力和道德优势的象征。还可以联系前引“讼女于天”来理解,这表明“天”在当时被看作终极的评理者。考虑天在观念中具有至高、至公、至明之性,反过来可推断出,时人对于人域的评理者同样抱有如此的期待。人们选择某谁来作为评理者,除制度规定的原因外,也是对之具有上述价值的认同。后来流传于民间的“青天大老爷为民做主”无疑是这种观念的通俗表达。《孟子·万章上》以“讼狱者,不之尧之子而之舜”和“朝觐讼狱者不之益而之启”来说明舜、启较之尧子丹朱和益有德,可见成为人们认定的理讼者,同时即标志着道德权威获得认同。也正是由于理讼带来的此等效果,告诉甚至成为一种被鼓励的方式,理想状态如“禹乃建鼓于廷,以为民之有詓(讼)告者鼾(鼓)焉。毄(击)鼓,禹必速出,冬不敢以寒辞,夏不敢以暑辞”。[63]

这意味着,理讼过程就是彰显政权正当性的过程。人们愿意将纷争诉诸政权,并对裁判心悦诚服,是对政权正当性认同、认可的表现。反过来,一旦人们普遍不愿意寻求政权为之理讼,表明政权的正当性出了问题,甚至岌岌可危。前文谈到虞芮之质,两国国君产生纠纷,不到商王那里求公断而去找时为西伯的文王姬昌,正是殷商祚命不久的象征。还有“益避禹之子于箕山之阳,朝觐讼狱者不之益而之启(《孟子·万章》)”也表达出相同的观念。

至此,“政”的层次上的审判者形象逐渐廓清了,他的终极诉求与政权一样都可谓是证道。审判者通过在审判过程中彰显明理、有德,一方面证成政权的正当性,另一方面矫正人间的纷争而使之臻于有序。

除“政”的层次外,还需要在“治”的层次理解审判者和审判行为。中国古代的治权运行和治理模式的基本状态可以溯源至舜、禹之际,其中又以禹最为特殊。基于《尚书·禹贡》和其他散碎文献记录,可知禹开创了规范化治理的先河,依托全国性水路网络建构起了税制、吏治、法治的雏形。而此前舜所创设的官僚制也被袭

---

〔63〕 单育辰:《上博二〈容成氏〉新编联及释文》,载复旦大学出土文献与古文字研究中心网2008年5月21日。此事又见于《淮南子·泛论训》:禹之时,以五音听治,悬钟鼓磬铎,置鞀,以待四方之士,为号曰:“教寡人以道者击鼓,谕寡人以义者击钟,告寡人以事者振铎,语寡人以忧者击磬,有狱讼者摇鞀。”

用了下来。[64] 秦统一六国后的天下治理模式,大抵都可看作舜、禹模式的延续与发展。汉代以后虽说鉴于秦过而做出了修正,但并没有对治理模式和格局作出实质性改变。

和“政”不同,“治”以制度、法律为基础,价值诉求是秩序。[65] 治权运行有赖于官吏,并以利益分配、流转为纽带。这个层次上方始出现了按法而治,即规范化治理的需求。向有中国古代崇人治而无法治的论断,与实际情况完全相悖。至少秦朝以后,整个治权运行和社会治理都有相对完备的法律制度依据,并且官方对官、吏、民依法行事的要求非常严格。

理想状态下,“治”应是“政”的实现方式之一,是“政”在社会治理层面的落实。为“治”而立的法律、制度理应契合于天道且成为道德的规范化表现。置身其中的官、吏也理应既代表政权又代表治权,换言之,官吏当在按法而治的同时又作为天道、公理、政权的代言人。但现实与理想之间始终存在显著差距,主要原因有三:一是权力的私性。在于理想状态落实过程中难免夹杂着“私”性。传统思想界一直强调政道的“公”性,认为至公(至善)方是政治追求的终极目标。但事实上无论家天下政体还是治权的参与者都免不了“私”性和为私。二是治权与政权的矛盾。这个状态由来已久,且始终没有得到有效解决。无论是早期舜、禹之间的矛盾,还是后世君权与相权千余年间不断地斗争都是其表现。三是现实中存在诸理冲突。实践所遭遇的情形较之理论预设要复杂得多。纯粹的“道理”和简单是非判断在现实中很难实现,事理、伦理、情理、法理之间每每存在冲突,这就需要审判者行“权”。与此同时,行

---

〔64〕 详见本书第六章。

〔65〕 或者更准确地说是“有序”,因为仅就治权而论,并不太在意所维系、成就的秩序是否合于道,是否有德且至公。历史上很多时候治权都在为私化的政权服务,甚至在相对独立地追求治者的私利和私权。

“权”的旨归本身也含有“权”的成分：审判者须得在为政与为治不统一，以及自身职务职责与道义要求不统一等情况下作出权衡判断。

由此，审判者的角色和行为模式显得格外复杂。其一，这个分有了天子属性，代表政权正当性的角色不能够完全受治权运行和法律制度的框限，否则无法矫正治权的私化，也难以处理诸理冲突，尤其是伦理、事理与法理冲突所带来的困境。这就是为什么超越于官僚制和法律制度的天子必得作为终审者的原因。其二，官僚体系中的审判者既是个体之人，又是官吏，同时也是士大夫，分别对应了个体之私、治权与政权三层。

再者，审判权之所以能够超越制度性权力运作而又有条不紊且行之有效，则有赖于传统中国文化中的泛政治性和伦理化特质。现代社会法官需要经过长期专门化的法学教育，具有一套独特的思维方式和知识储备方可胜任。传统中国则不然，即便有明法科之类，但精熟于律令并非成为主审者的必备条件，也不曾有过专门针对审判思维与推理的教育或培训。这很容易让今人产生古代中国轻视法律，不依法断案等印象。可是前文已经多次谈到，这些得自表面的印象往往因为受制于现代标准而失于理解。

实则传统社会并非不重视法律，也从未容忍审判者以类似近代以后人们所渲染的那种“人治”状态为之臆断。而之所以审判者和审判呈现前文所描述的状态且能够行之有效，乃是缘于传统文化泛政治性、伦理性和宗亲性的基础。

按照宗法制的理论和理念，天子是为天下大宗，小到家庭，中有乡里郡县，大到天下，都是大宗之下宗法制之内的组成部分。这种宗法制的内核即是亲亲与尊尊，衍生出一系列宗亲伦理原则和规则。[66] 天子视所有臣民为“子民”，百姓以官员为“父母官”，都是宗法制在观念层面的具体表现。由此，心、身、家、乡、国、天下既得同质，有一理贯之。包括天子在内的所有人都必须以宗亲伦理作为基本行为准则和价值标准。

宗亲伦理的内涵非由政权设定，而是本自儒家六经，并在史书和诸子论说中反复印证、强化、拓展。这一方面使宗亲伦理得以超脱于政权的私性而“公理”化，另一方面也使所有“读书人”通过权威性经典文献把握宗亲伦理内涵的同时获得了共同的知识背景、思维方式和价值标准。这样一来，所有潜在的审判者作出判断的模式，以及背后的理据，乃至他们对终极之“理”的诉求都具有相当的统一性。

审判过程中，依法只是常规状态下的重要项目，既非充分条件，也不是目的。辨理、明理才是重心。主审者在审判过程中扮演的明理者、道德长者、施教者角色，远比守法者对政权和社会而言来得重要。准此，唐代官吏铨选中试判就很好理解了。自上而下一以贯之的价值标准、思维方式和知识储备，其实就是不同出身的审判者对理的认识、理解和判断基础，而后者即为前者的目的和表现。

四、小结

传统中国的审判权关乎政、治两端，所以法官的“扮演者”既是

---

〔66〕 宗法制和宗亲伦理与政治社会相“绑定”，与西周初年周公的创制和儒家经教关系密切。西周宗法制，参见金景芳：《论宗法制度》，载《东北人民大学（人文科学学报）》1956 年第 2 期。宗亲伦理的特质与实践状态，参见刘广明：《宗法中国》，上海三联书店 1993 年版，第 1-89、165-190 页。

以天命、天理、天子的代表者身份“为政”，同时又在“为治”以合于既有的制度和秩序要求。前文说到，这种模式成立的基础在于传统中国文化的泛政治性和伦理性特质，乃至于整个传统中国的思想文化和制度文明。可是近代以后，这一切似乎都随着西方文化强势东来而作古了。至少就法律体系和职官制度而论，自清末民初修律、变法以降，古代传统已经完全被弃之不顾。

当下学界对法官的角色多有关切。人们更愿意在宪法和法律体系的框架下讨论问题，〔67〕此外也对法官的社会影响、责任以及作为个体的法官〔68〕在参与职权行使时所遇到的角色冲突等话题进行了研讨。〔69〕不过总体而言，这些研究大抵都属于治道层次，而不及政道。这与受西方影响的现代法学理论和法律观有直接关系，尤其是所谓法律的“内部视角”预设、〔70〕程序（制度）崇拜〔71〕和

---

〔67〕参见黎晓露：《论我国法官的角色定位》，载《法商研究》2016年第3期。

〔68〕针对作为个体之人的法官所产生的问题与应对机制，学界大凡置于职业伦理层面来讨论，参见贺绍奇：《论法官的职业伦理》，中国社会科学院2001年博士学位论文。

〔69〕例如，江国华指出法官不仅要扮演裁判员，同时还应扮演社会工程师的角色，并最终落脚于规则适用者的角色定位。参见江国华：《常识与理性（二）：法官角色再审思》，载《政法论丛》2011年第3期。并可参见江国华、高冠宇：《当代中国法官角色的谱系》，载《江汉大学学报（社会科学版）》2012年第3期；张晓冰：《法官的角色紧张及其消解》，载《人文杂志》2011年第5期；陈洪杰：《从程序正义到摆平“正义”：法官的多重角色分析》，载《法制与社会发展》2011年第2期；史美良：《法官角色的矛盾辨说》，载《浙江学刊》2004年第4期。

〔70〕将法律看作一个严整、独立且牢不可破的体系，认为所有的司法活动都应在法律体系内部寻求排他式的解决方案，学理上规范法学派为代表。不过观念滥觞久远，且对整个西方法学界乃至西方观念世界有着普遍化的影响。诸如“信仰法律”“自动售货机”等说法俱是极端化表现。当下中国法学界受之影响颇深，即便近年来越来越多地引入了社会学视角进行观察，提出了事实层面的反驳，但理论反思却并不配套。

〔71〕早在20世纪末，已经出现了将法官从“从实质公正的追求者转变为程序公正与实体公正共同的维护者”的呼声，迄今已成为学界的主流观点。参见蒋惠岭：《论法官角色的转变》，载《人民司法》1999年第2期。

对司法独立与公正裁判近乎因果关联式的执念。〔72〕

和司法者一样，司法过程和判决同样具有为政的属性，可以直接体现治理层面所不能涵盖的政权正当性，以及执政者的追求与使命等。那么如何将超越性的政治角色及其所应有的责任、使命与法律制度限定内的依法审判相结合，需要在理论和实践两方面作出重新界定。

据苏力观察："在中国，基层法院法官在处理司法时一个主要的关注就是如何解决好纠纷，而不只是执行已有的法律规则。他们会在当时当地各种条件的制约或支持下，权衡各种可能的救济，特别是比较各种救济的后果，然后作出一种法官认为对诉讼人最好、基本能为诉讼人所接受并能获得当地民众认可的选择。在这里，诉讼根据、法律规定的法官职责、有关法律的程序规定和实体规定都不是那么重要，重要的是把纠纷处理好，结果好，'保一方平安'；有关的法律规定往往只是法官处理问题的一个正当化根据，或是一个必须考虑甚或是在一定条件下必须有意规避的制约条件。"〔73〕类似情况越来越多地出现在各级司法裁判中，并且反映到了裁判文书上。

法官日常的审判工作中经常会面对事理、情理、伦理、法理之间的冲突，尽管现行的制度和学理都强调严格依法裁判，但法官们实际上更倾向于扮演说理者、纠纷解决者，而非简单地依法判决了之。反倒是过于严格刻板的依法审判容易往往不被认同，甚至被

---

〔72〕 像"要求法官只服从于法律"这样的表述至少在20世纪、21世纪之交便已成为国内学界的主流意见，类似论说遍见于当下论著，参见韩旭：《21世纪中国法官的新理念》，载《云南法学》2001年第1期；并参见陈实：《论法官在困难案件中的角色》，载《法律科学(西北政法学院学报)》2000年第3期。

〔73〕 苏力：《送法下乡——中国基层司法制度研究》，中国政法大学出版社2000年版，第181页。

戏谑为“机械司法”。

无论是之前说到的为政角色，还是日常审判中处理诸理冲突的明理者角色，都与“理”相关。为政的道理、法律所蕴含的法理、事情中的事理、道德性的伦理、人所提天生的情理等，都复合在了法官的角色中，须在司法过程中考虑、辨明并求得具有包容性和说服力的“合理”处断。

现实的困境在于，近代以来西方式的法学教育和文化习染，使得当下的法官没有了传统社会中那种权威经典所塑造的关于“理”的全社会一体相通的知识、价值和思维方式。[74] 于是即便是试图说理，往往也只能概括性地诉诸“天理人情”等含混的语词而缺乏实质性内涵。更有甚者，受到西方价值多元和个人主义的影响，社会文化中已经越来越多地显现出去真理和反权威倾向。换句话说，现代文化在西方产生的流弊也渐渐波及国内。近乎再现了东周年间“一人则一义，二人则二义，十人则十义”（《墨子·尚同上》）以致“天下是非无所定，世各是其所是而非其所非”（《淮南子·齐俗训》）的状态。于是表现出一方面法官无“理”可据且不善说理，[75] 另一方面即便说理亦很难期许到广泛认同。

法官在日常的审判行为中如何求得政、治与个人三重角色的平衡，又如何将前两种角色的职分、职责转化为社会的有序与向善，既与当下法官在裁判中自觉不自觉地说理模式所反映的趋势相一致，更与党的立场、追求以及中华文明所内化的使命相契合。并且，我们不能简单地将希望寄托在法律制度层面，更不能以“制度不完善”作为既存现实问题的成因。

---

〔74〕 近些年来法官群体也逐步形成了一套相对统一的知识基础和思维方式，但这只限于与法律本身有关的操作技术和职业伦理意识。

〔75〕 除常见的判决中说理含糊笼统而实无所据外，仅据个人喜好偏爱说理的情况同样需要重视。

第十三章 “天下”：政道、图法与践行

近代以来，质疑“天下”真实性者不在少数，他们常常斥之为现实中不曾“存在”的政治理论或想象。例如，葛兆光质疑“中国历史上的‘天下’何尝是德化广被、四裔大同？‘华夏—中国’的诞生，何尝是协和万邦、和合万国？”〔1〕就连提倡“天下体系”的学者，也多认定“事实上的古代中国帝国的确与‘天下/帝国’理想有相当的距离，以至于在许多方面只不过是个普通的帝国”。〔2〕 相形之下，列文森的判断是比较合于当下学界胃口的近是之论：“在早期‘国’是一个权力体，与此相比较，‘天下’则是一个价值体。”〔3〕

---

〔1〕 葛兆光：《对“天下”的想象：一个乌托邦想象背后的政治、思想与学术》，载《思想》2015 年第 29 期。

〔2〕 赵汀阳：《天下体系：世界制度哲学导论》，江苏教育出版社 2005 年版，第 77 页。

〔3〕 [美]列文森：《儒教中国及其现代命运》，中国社会科学出版社 2000 年版，第 84 页。

与“天下”之论勃兴相伴,“天下主义”最近成为学界热议的论题,或者毋宁说是一种具有强烈意识形态色彩和潜在“假想敌”的对抗性“态度”。[4]

当代学者断裂了传统学脉、语境、话语,自觉不自居地在研究中一方面将西方文化作为标准系,另一方面又视为“假想敌”。如此一来便“制造”出了林林总总“不经”的阐释、质疑、争论。无论是看似“客观”的实在论意义上的研究,还是具有鲜明意识形态倾向的论述,实际上都背离了传统文化中“天下”的最重要的属性——载“道”。为此,有必要再以中国传统文化为基底认真审视“天下”的义理内涵。

一、“天下”正名

中国传统文化中的“天下”,其所指质言之乃是经由人按其对“道”的体认,积极主动地参赞化育世界以图“证道”的“工夫”的载体(注意这里的载体不必然对应实体)。其中包含了众多质素,可归为特定地域、人群的制度文明(政体、政制、治术、治法等俱属于此类)、思想文化和器物文明三大类。说得更简单些,所谓“天下”

---

〔4〕 参见李慎之:《全球化与中国文化》,载《太平洋学报》1994 年第 2 期;盛洪:《从民族主义到天下主义》,载《战略与管理》1996 年第 1 期;盛洪:《新帝国主义,战略恐怖主义,还是天下主义?》,载《国际经济评论》2002 年第 4 期;赵汀阳:《天下体系的一个简要表述》,载《世界经济与政治》2008 年第 10 期;郭沂:《从古代中国的天下一体化看当代全球化趋势》,载《哲学动态》2006 年第 9 期;江西元:《从天下主义到和谐世界:中国外交哲学选择及其实践意义》,载《外交评论(外交学院学报)》2007 年第 4 期;冯维江:《试论“天下体系”的秩序特征、存亡原理及制度遗产》,载《世界经济与政治》2011 年第 8 期。并见许纪霖、刘擎主编:《新天下主义》,上海人民出版社 2015 年版,其中有许纪霖、刘擎、李永晶、崇明围绕“新天下主义”论题展开的四篇专论。

就是人据“道”、向“道”而化成的世界。因此,它可以有诸多面相,除了最常见的政治地理(疆域、空间)之外,[5]还表现为文化意象、[6]观念、理论、仪制等。为使这个看似与常识殊异的定义便于理解,需首先把握以下几点:

其一,抛开“道”与“证道”(践行体道),便无从理解“天下”的要义,且不免会将之降等而陷入所谓华夷、帝国以及中西政制差异之争。[7] 中国文化较之西方诸文明(如古希腊、古罗马、古希伯来、基督教等),最大的特质即在于其对“道”的体认、把握和追求。中国文化中的“道”非实体,人类参与世界完善本身就是道。此“道”既是世界万有的本根、本原,又是其生长存灭等一切运行演化的规定性,同时还是世界万有共同的归宿。所以存在者俱是“道”的征显,存在方式也为道的征显。《周易·系辞下》说“天下同归而殊途,一致而百虑”的“一致”之“一”与“同归”之“归”,说的都是此“道”。

其二,“人化”[8]是证道的关键。《周易》首“乾”而言“君子终日乾乾”,孔子申释“天行健,君子以自强不息”,都在示明人应扮演引领者的角色,主动地体认、解释、改造(化成)世界以求整个世界

[5] 典型的表述,如吕文利认为“中国古代的天下观是有限疆域的观念,经过历代儒者根据不同时代的需要不断建构,以‘天下观’为一体,以‘大一统’和‘夷夏’观为之两面的意识形态被建构起来。在这种意识形态的指引下,祭祀制度、礼法制度以及施之于边疆的官僚制度被建立并完善起来,在观念上和实效支配上达到‘天下归一’。这种诞生于中国相对封闭地理空间上的天下观念,不但促成了中国形成了一个疆域广阔的统一国家,而且使中华民族形成了一种内敛、保守的民族性格”。参见吕文利:《中国古代天下观的意识形态建构及其制度实践》,载《中国边疆史地研究》2013 年第 3 期。

[6] 作为文化意象的天下,参见胡健:《“天下”秩序:一种文化意象》,载《学海》2017 年第 9 期。但笔者在文中对“天下”性质的认定方式,以及以秦为分水岭作文化意象和政治单位两分等观点似不可取。

[7] 近年来,绝大部分讨论“天下”,特别是涉及“天下主义”的论著,无论观点如何,大体上都在上述问题之间纠缠不休。

[8] 类似于荀子“化性”所起之“伪”,即人主导化成世界而证道的过程。

整体性地和合于道。而与阳德健动相反者可归之为阴本立场，讲究人以因循、顺守的姿态回归、退守到和合于道的状态。

其三，必须在证道的“过程”（“工夫”）中把握“天下”，而不可将之等同于经验世界中的某种政体，或是如柏拉图的“理念”那般超越且悬隔于彼岸的纯粹形式。由于近现代知识人大多受西学影响，似乎必得在主客观、应然实然、实体与价值〔9〕等二分中作出取舍，由此硬生生造作出了当下的理解困境：将天下视为“想象”，难以解释种种与之相关的政治实践；〔10〕看作政治实体，似乎又难以在数千年的历史中找寻到一个尽善尽美的样本。而且，单纯的经验事实、历史事件本就不足以完全呈现和承载天下，因此试图仅仅通过史事寻求对“天下”的完整把握断不可能。

知与行、体与用、物与理等分判，皆是为了便于理解而权宜为之，这一点自宋明以降早已为大儒明辨。其实只需要稍加借鉴对“道”和“工夫”这两个概念的理解方式，上述西式两分困境自可迎刃而解。陈鼓应曾用“动体”来解释“道”，〔11〕参照这个思路，“天下”可以理解为人主动寻求参赞化育世界，使之整体和合于道的过程的表现。我们无法明确地界说这个过程中哪一个节点可算作天下，或者哪一个节点算作完成。就好比孔子说“仁”，既言“一日克己复礼，天下归仁焉”，又终不给出“仁”的理想型或成“仁”的标准。整个证道过程中所表现出的世界样态，俱可目之为“天下”。

其四，与天下能够处于同一层次的概念，或许只有传统语境中

---

〔9〕 例如，列文森指出：“在早期‘国’是一个权力体，与此相比较，‘天下’则是一个价值体。”参见［美］列文森：《儒教中国及其现代命运》，中国社会科学出版社 2000 年版，第 84 页。

〔10〕 详见下文第三部分。

〔11〕 关于“动体”和老子之“道”，参见陈鼓应注译：《老子今注今译及评介》，台北，商务印书馆 1978 年版，第 2–12 页。

的“宇宙”[12]和源自佛教的“世界”。[13] 通常被拿来与之对称的帝国、国际、四海、四方等则全然不足以等量齐观,而将之作为特殊形制的政体来审视亦只偏于一隅。当代学界经常将天下作为与中国、华夏、中华帝国等同质的政治文化概念,甚至置于华夷之辨等语境中,考辨它是不是“真实”的政治实体,抑或分辨它究竟是怎样的政治实体。[14] 这些研究存在两方面误区:一是政治实践只是天下的表现之一,而非天下只囿于政治实践;二是上述中国、华夷等与天下完全不属于同一层次,它们全部都是“天下”下位的概念范畴。

之所以文籍中的“天下”总不免给人以强烈的地域和政治体的印象,最主要的原因有二:一是自古以来,对证道具有强烈认同并予以践行者大多同时具有中国化(或曰中心化)的自觉。正所谓“欲近四旁,莫如中央,故王者必居天下之中”(《荀子·大略》)。二是由于“天下”所示为寻求人类乃至世界整体性证道的工夫,因此绝大多数时代的体行者都在有意识地借助政治权力实现对人类社会秩序的整饬和维系。较之于单纯的凭借私人之力的教化、感化和熏染,人们普遍认为具有权威性和强制力的政权更具有可行性。

基于上述前提,传统语境中的具有政治义涵的“天下”可判分为以下三个层次来理解:

一是政道层次,关乎政治性“天下”的必要性、正当性。这一层的表现形式多为言论、著述,最典型的代表是《庄子·天下》篇。它

---

[12] 如《文子·自然》:“往古来今谓之宙,四方上下谓之宇。”《庄子·庚桑楚》:“出无本,入无窍。有实而无乎处,有长而无乎本剽。有所出而无窍者有实。有实而无乎处者,宇也;有长而无本剽者,宙也。”《尸子》:“上下四方曰宇,往古来今曰宙。”

[13] 赵朴初:《佛教与中国文化的关系》,载《文史知识》1986年第10期。

[14] 现今绝大多数关于天下的学术论著都属于此类,而且其中还泾渭分明地存在两类完全相反的态度。

包括如何型构政治社会,整顿社会乃至化成世界以证道的理念、观念、思路、理论。东周以前,由于知识为官方垄断,绝大部分有关政道天下的表达都有政权内部参与者作出;而自老、孔开辟独立于官方话语的“真理”之学,知识人渐次有了独立于政权的自觉和身份,至极表现便是“素王”意识。他们开始以“第三人”〔15〕的身份提供有关天下的形而上基础(道论)、图景(政论)和实现方式(治术)等方面的论说。

二是治道层次。这一层是政权如何看待“政”,基于政道为政权规定的正当性、价值、功能、目标等展开,涉及如何通过政权型构、维系秩序,以及维系怎样的秩序、价值、观念足以证道。最集中地表现在仪式、诏书、敕令以及天子的相关作为和足以代表官方意识形态的论著。与前一层次相应,治道天下原本和政道天下并不分隔,五帝、三王时代俱是如此。迨至春秋战国以后,随着“第三人”出现,治道天下独立出来。政权所设计的治道天下,一方面必须以政道为依托,以此获得合法性;另一方面又存在折损、俗化、变形甚至对抗。二者出现分离的根本原因在于“私”,其中“家天下”乃是最集中的体现。治道天下本身由于正当性的需求而与政道天下之间呈现复杂的关系。一方面,帝制政权不得不“迎合”政道天下,以宣示政权的正当性。汉代尊儒,唐朝尊老都是直接表现。另一方面,政权又不愿也不能对“素王”式的政道亦步亦趋、唯命是从。毕竟两者之间既有公私之别,亦不乏理想与现实的差异。是故政权对政道理论,连同第三人采取了多重策略,借重的同时又不乏归化(规训)、排斥、分化等,意在营造治道与政道和合表象的同时掌握话语权并不受制于政道理论。

---

〔15〕 所谓“第三人”,即独立于政权掌握者(如天子、官僚)和反对者(如太平道、太平天国等),超脱于政治身份,纯以真理掌管者自居以观察、审视、评判政治的知识人。

三是治术层次。这一层的主要表现包括制度文明，也包括政治实践。这也可以看作政治实践中的天下。其中制度与实践过程中的实际运作二者未必，或者说从来不曾完全契合。

二、何须“天下”：政道之维

为什么“证道”要以“天下”为之表征？又为什么“天下”自始具有强烈的政治属性，以致给人造成“天下”等同于政治实体或政治理念的错觉？第一个问题其实不难回答，因为中国文化始终在寻求人类乃至世界整体性的和合于道，或曰化成世界。第二个问题，仅就表象而言，“天下”似乎自始便具有显著的政治性。这是造成后人径直视为政治体的主因。其实非止“天下”如此，整个传统中国的文化都始终表现出强烈的泛政治化特质。为了理解“天下”，泛政治化现象必须得到解释。而这个追问势必要直接触碰到政治学和法哲学的元问题之一：人类为什么需要政治，为什么必须有统治。[16] 这同时也是“政道”的要义所在。

首先要明确政（政权，或曰统治的权力）、治（治权，亦可谓治理的权力）有别，且两者并非同时产生。中国上古先有一段绵长的“有治无政”阶段，状态类似于老子所言“小国寡民，使民有什伯之器而不用，使民重死而不远徙。虽有舟舆，无所乘之。虽有甲兵，无所陈之。使民复结绳而用之。甘其食，美其服，安其居，乐其俗。

---

〔16〕 熟谙西学的现代学人俱知，自古希腊以来对此问题的论著汗牛充栋。无论是先天说、神意说、契约说，还是进化论、功利论。尽管立场、论说路径繁多，不过终究都可收束到“利”和“主体”上来。其所差异者只不过在于“利”的分配模式和“主体”的范围有别罢了。而中国古代的政治演化虽有颇与西方相似的表现，却不可套用西学理路来解释。因为两种文化本质殊异。

邻国相望,鸡犬之声相闻,民至老死不相往来”。(《老子》第八十章)《庄子·胠箧》描述得更加详细:“昔者容成氏、大庭氏、伯皇氏、中央氏、栗陆氏、骊畜氏、轩辕氏、赫胥氏、尊卢氏、祝融氏、伏牺氏、神农氏,当是时也,民结绳而用之,甘其食,美其服,乐其俗,安其居,邻国相望,鸡狗之音相闻,民至老死而不相往来。”〔17〕秦汉以后人们惯称之为三皇时代。这个阶段社会状态大致可以概括为万邦分治、有治无政。此时的治理关乎秩序、治权,也关乎神意。当时处于泛自然神状态,人们自认为世界大化流形与人之生老病死俱由神所决定,人充其量只能算作“被动”的宇宙秩序参与者。各个部族中占据领导权的大都是“技术贵族”。这些被后世誉为“三皇”们的技术贵族大都通过垄断、秘传具有神性的技术知识而长期占据各部族首领的位置,并掌握治权。他们借助神人中介的身份,通过有保留地传达神意获得权威,同时又掺杂私欲于其权力行使之中。〔18〕

貌似自然而然的万邦分治、有治无政最终难以为继,因为终究不能避免由于私化和私欲带来的混乱、无序。“轩辕之时,神农氏世衰。诸侯相侵伐,暴虐百姓”(《史记·五帝本纪》)描述的就是前政治时代私权发展的终极样态。此时技术贵族私权、私欲的膨胀已经造成了相互倾轧、并兼,并对民生产生侵扰的局面。可以说,在相当早的阶段,以成私为目的的权力运作和社会治理的种种弊端便已经显露无遗,且无法自我修正。“私”所带来的后果之一

---

〔17〕 竹简本《容成氏》开篇也谈道“……尊卢氏、赫胥氏、乔结氏、仓颉氏、轩辕氏、神农氏、祝融氏、垆运氏”等,也是战国时代对上古有治无政局面的记忆。参见单育辰:《上博二〈容成氏〉新编联及释文》,载复旦大学出土文献与古文字研究中心网,http://www.gwz.fudan.edu.cn/srcshow.asp? src_id=438,2008/5/21。

〔18〕 上述论说,参见李平:《作为中央集权化立法的禹贡——一次法哲学式的解读》,载《厦门大学法律评论》2017年第1期。

是人的自觉。于是技术贵族之中便有人开始尝试颠覆式的重建方案,出现了与原先阴本相反的“阳”路径,即由人基于其对世界的理解、体认,提供一套解释方案,通过人为秩序建构将整个世界化约于其中,以期型构出各安其分的有序、和谐状态。此时人不再以因循神意的原则行事,不复为被动参与者,而以引领者的姿态主动重整世界。

理解到这一层,便可明白为何孔子在晚年通达《易》理后要推伏羲为上古圣人之首:

> 古者包牺氏之王天下也,仰则观象于天,俯则观法于地,观鸟兽之文,与地之宜。近取诸身,远取诸物。于是始作八卦,以通神明之德,以类万物之情。(《周易·系辞下》)

引文中表述得很清楚,伏羲是基于他自己对世界的观察、理解创“作”出了八卦,而不像以往的技术知识那般来自神授。并且,这种人为创制出来的方案反过来还可以“以通神明之德,以类万物之情”。这无疑是在强调伏羲主动体认、作为的产物具有神性,即人可以通过自己的心智、觉悟通达神意,获得真理。而孔子正是伏羲阳德证道思路的坚守者。

与此同时,需要理解到伏羲所创造的“八卦”体系,其功能与意义远远超越了筮占技术,更重要的是提供了一套人为设定的“类”标准,以此来分判、框限世界万有,并使之有序化。这是中国文化史上最早的阳德证道方案,也是自觉反私的开始。从此以后,人可以摆脱从前对自然神唯命是从的因循顺守,也摆脱气质之性(作为存在者的本性、属性)的束缚,能够基于自己的体认、觉悟和作为来寻求建构秩序、重整世界。

既然如此,人亦可得通过自己的作为,按照自己为世界秩序设计的蓝图整饬那个到炎帝时代已然私欲炽彰,背“道”而驰人类社会。于是便有了黄帝基于全国性战争造就出第一个具有“统治”意味的政体,值此中国进入有政有治的政治时代。古人将炎黄之际判然别析为“三皇”“五帝”两个性质不同的时代,说明时人对二者间的差异早有把握。《史记·五帝本纪》记述黄帝一生戎马,“天下有不顺者,黄帝从而征之,平者去之,披山通道,未尝宁居”,“东至于海,登丸山,及岱宗。西至于空桐,登鸡头。南至于江,登熊、湘。北逐荤粥,合符釜山,而邑于涿鹿之阿。迁徙往来无常处,以师兵为营卫”。据此,黄帝的战争虽看似开疆扩土,但实不以占有土地和享用资源为目的,而更似纯粹为了将其力所能及的世界纳入他所设定的新秩序之中,是故不顺者征之,平者即去之。这与之前“诸侯相侵伐,暴虐百姓”的三皇末期有着质的差别,同时也迥异于为了共同体福祉而型构政体的西方早期文明。[19] 非但如此,这个人为草创的政体自始就有着“反私”和“证道”的特质。

黄帝凭借武力征服创造出来的政治图景,是为首次通过政权以图化成世界的实践尝试,亦是“天下”最早的表征,虽则当时可能尚无“天下”一词。不过黄帝太过倚重武力的政治化证道不免问题重重,“未尝宁居”便是其最直接的表现。尽管拼接武力实现了秩序整顿,并有了使得政权具有了“中心”的意味,但是时人对这个反传统的人造秩序缺乏认同感,政治秩序只能通过不断地武力施压来维系。于是继起的颛顼、帝喾分别通过意识形态和社会改造为

---

〔19〕 有关于此,参比雅典建城者忒修斯和罗马建城者罗慕洛的事迹便可获得直观认识。参见[古希腊]普鲁塔克:《希腊罗马名人传》,席代岳译,吉林出版集团有限责任公司 2009 年版,第 1-76 页。

中央政权植入了神圣性和宗亲性元素,[20]使之通过垄断神性和居于大宗而具有向心力。至此以后,借由政权整顿世界并且寻求整顿世界以期证道的政治性实践,连同作为"中心"的中央政权对世界施以单中心辐射式影响的模式逐渐稳定下来,并获得了认同。所以可说黄帝之所为,开启了借助政治权力寻求世界重整以期证道的路径。

由上论可见,"政"方才涉及今人所说的统治。其实"统治"一词本身就已经明确表达出这是一种以"政"为统纪的特殊治理。而这个统纪之"统",正是《春秋》"大一统"之"统"。它意味着形成了一种主导性,以之为基础、标准、纲纪来型构的社会治理。后世儒生以"道统"名之,更加清晰地彰明了"统"的义涵。基于"政"而造就的统治,理应只是道统的一种表现形式而已。无论伏羲还是黄帝的作为,始终秉持了两大前提:一是认定世界是内部化的,自足的系统;二是寻求整体性的"证道",而非类似于日后道教隐修和小乘佛教所追求的个体解脱。

余英时注意到:"真正统一的帝国虽然要迟到秦汉时代才出现,但统治着中原地区的政权以'天下共主'自居,却在商、周时代已经开始了。商人觉得自己是'天邑'或'大邦',周人在灭商以前似乎也承认商是天下的共主。后来周取商而代之,更自认是受命于天。所以中国在中原的政权自视为'天朝',至少在观念上是很古老的。"[21]事实上,如前文所示,西周以前的思想文化与政治文明演绎过程中,虽可能无"天下"之名,但决不可否认伏羲、黄帝、颛顼,甚至将政权私化的夏商统治者们早已有了天下之念。如言"天

---

〔20〕 参见陈赟:《绝地天通与中国政教结构的开端》,载《江苏社会科学》2010年第4期。

〔21〕 余英时:《文史传统与文化重建》,生活·读书·新知三联书店2012年版,第139页。

子作民父母，以为天下王”。（《尚书·洪范》）更直接的印证见于《逸周书·殷祝解》：

> 汤放桀，而复薄三千诸侯大会。汤退再拜，从诸侯之位。汤曰：“此太子位，有道者可以处之，天下非一家之有也，有道者之有也。故天下者，唯有道者理之，唯有道者纪之，唯有道者宜久处之。”[22]

自黄帝以降，以证道为矢的“天下”始终与政治权力联结在一起，且政权为之主导。这时政治实践与化成天下的证道工夫大体可视为合二为一。然而伴随政权私化，“家天下”便是上节提到的政治权力私化的终极呈现。这一点战国时代儒生早有讥评。“政”的初衷与现实中所呈现的为“私”求“利”出现了分离。与政治权力私化不可逆相并行者，是自禹夏至宗周，未尝有一人可以个人或小群体、小圈子的私利作为所以“有天下”的理据。无论意识形态还是政治体制中，总需有“公”为之提供正当性背书。然而无论是首推天子政治责任论的成汤、伊尹，还是之后的文王、周公，他们始终不能逾越的阻滞在于家天下之私。最终突破了这一层，直接以通达真理之“道”为目的来理解、阐释天下者，毫无疑问非老子与孔子二圣莫属。总体来说，以“道”为本，以“天下”为念，以证道为归，是二圣之学所以具有超越时空生命力的要质所在。老、孔并之后的“天下”开始表现出以下诸新面相：

一是义理化、真理化、伦理化。老子把“道”从天道、王道等一般概念中抽绎出来，作玄理化、真理化提升，使之成为世界本

〔22〕 黄怀信等：《逸周书汇校集注》（修订本），上海古籍出版社 2007 年版，第 1044—1045 页。

根、本原的代名词,用以置换宗周官方意识形态所崇立的“天”。孔子则以亲亲置换周公的尊尊而以之为根本行事法则,开出了一条足以由爱身、爱亲之私渐次推展至爱人之“仁”的理路。老子和孔子貌似对证道的方向存在根本性差异,前者更近于阴本,主张祛除人伪而还原于道;后者强调阳德,力图通过人的主动作为创化出一套新秩序。老孔以后,“天”之下实质上已被置换为了“道”之下。

二是出现了排斥政治权力主导的倾向。老、孔二圣既以真理掌管者和价值标准的最终诠释者自居,其目的在于为人类证道提供指引。既如此,当然不能承认政权作为化成天下的主导,更何况此时的政权早已私化。不过消弭政权主导性并不意味着排斥政治权力,而是要将它“术”化,且使其中之“私”性受到约束。[23] 至此而后,“天下”仍旧保持着强烈的政治性,只是主导者转化为了“道”。无论老子、孔子,还是之后的战国诸子,以及秦汉以后的儒生和士大夫,无一不将政治化视为人之证道所必需,因而他同样关注“天下”。

为了对抗现实中的政治权力私化,以“至公”为“道”的表现到战国晚期已经成为士人的共识。最典型的表述,见诸《六韬·文韬·文师》:

> 天下非一人之天下,乃天下之天下也。同天下之利者则得天下,擅天下之利者则失天下。天有时,地有财,

---

〔23〕 这是一个在技术上非常难以实现的状态。也正因如此,战国中晚期诸子学讨论的重点之一就集中在了如何约制权力之私,避免以私废公。

能与人共之者,仁也。仁之所在,天下归之。[24]

这段假托姜太公对答周文王的论说明显受到儒家的影响,而至公义理的端绪又源自《老子》第十六章“知常容,容乃公,公乃全,全乃天,天乃道,道乃久”。类似表述并见《六韬·发启》《吕氏春秋·贵公》。这种与现实中“私天下”公然悖反的态度和论说,大抵可视为融会老、孔之学的产物,并被秦汉以后的士人内化为“士大夫”的基本立场。[25] 无论是《韩氏易传》“五帝官天下,三王家天下”这类更温和的表述,[26]还是今文经学家董仲舒之天谴与素王理论,都是这种立场的表达。

三是证道方案(术)分化、异化、多元化。《庄子·天下》篇中一段备受关注的论说准确地表明了当时的状态:

天下大乱,贤圣不明,道德不一。天下多得一察焉以自好。譬如耳目鼻口,皆有所明,不能相通。犹百家众技也,皆有所长,时有所用。虽然,不该不遍,一曲之士也。判天地之美,析万物之理,察古人之全。寡能备于天地之美,称神明之容。是故内圣外王之道,暗而不明,郁而不发,天下之人各为其所欲焉以自为方。悲夫!百家往而不反,必不合矣!后世之学者,不幸不见天地之纯,古人之大体。道术将为天下裂。

---

〔24〕《六韬》自宋代以后多被断为伪书。但自银雀山汉简与定州汉简出现后,类似质疑不攻自破。现今学界大多将之视为战国子学家编著。此段论说见引于(西汉)贾谊《新书·修政语下》。

〔25〕汉代士大夫的公天下观念,参见曹胜高:《“公天下”与两汉士人的国家认知》,载《杭州师范大学学报(社会科学版)》2016年第6期。

〔26〕(东汉)班固:《汉书》,中华书局1962年版,第3247页。

可以说,战国以后"天下"出现了除政治实践和政权内部反思与意识形态建构之外的另一种全新表现——试图外于甚至凌驾于政权的理论建构。

三、"天下"图法与践行

政道层面,政道的载体即是"天下"。可是由于作为政道载体的"天下"太过理想化,它确实不曾完整地在受制于种种条件限制的政治实践中呈现出来。[27] 这乃是现代学界每每将之视为想象的主因之一。不能因为政道在政治实践中难以完整实现,就断言它不存在,或者属于知识人的"不真实"的想象。这类只着眼于所谓客观事实的研究,往往因为过于狭隘而忽略政治必不可少的象征与价值内涵。

古人早已寻找到了一种既不至于折损其理念,又能够落在政治实践中予以表现的方案——政治仪式。借此既可彰显政权不曾须臾忘却、背离政道,又无须受制于具体治理实践中的重重条件限制。这些仪式所呈现的图景也让我们得以窥见天下理念的蓝图。为不致使篇幅过于庞大,以下举例以明之:

《禹贡》篇尾有一段常被当作错简或者后人掺入的"五服"部分,实则正是禹夏天子"天下"理念的蓝图式表述。

> 五百里甸服:百里赋纳总,二百里纳铚,三百里纳秸

---

〔27〕 赵汀阳说古代帝国"在文化追求上一直试图按照'天下/帝国'的文化标准去行事",没有异端、天下为公、世界是一个完整的政治单位,优先考虑的不是领土开拓而是持久性问题,朝贡只是自愿的系统。参见赵汀阳:《天下体系:世界制度哲学导论》,江苏教育出版社 2005 年版,第 77 页。

服,四百里粟,五百里米。

五百里侯服:百里采,二百里男邦,三百里诸侯。

五百里绥服:三百里揆文教,二百里奋武卫。

五百里要服:三百里夷,二百里蔡。

五百里荒服:三百里蛮,二百里流。(《尚书·禹贡》)

正因为上述文字是理念、蓝图,所以它不必,也无法完整地反映到受具体条件(包括自然条件和人文条件)限制的九州政治实践中。[28] 但它作为整个天下政治蓝图,最直接地体现出政权的正当性、使命和天子的地位与责任,因此始终以具有强烈象征意义的仪式反复呈现。

《禹贡》“五服”所示的天下格局,自商、周而后被整体性承袭并在仪式中反复呈现。伊尹《四方令》《逸周书·王会解》中的“成周之会”,[29]《逸周书·明堂解》中的明堂格局,都是典型的体现。

---

〔28〕 禹的天下蓝图以“五服”部分呈现。如果对比九州实际涵盖的地域,“五服”所圈定的半径二千五百里的范围明显要小得多。这表明践行过程中禹夏所营造出的天下事实上超越了原初蓝图中勾勒的区域。

〔29〕 《王会篇》大致可以分为三个部分:第一部分记述了周成王与贵族、臣属在庆祝场所“墠上”的方位和仪容。第二部分记述了非贵族的四方来宾“播民”站立的方位和所携带的方物(贡品)。第三部分为附在《王会篇》后面的伊尹《四方令》。参见安京:《〈山海经〉与〈逸周书·王会篇〉比较研究》,载《中国边疆史地研究》2004年第4期。

需要关注篇中“成周之会”所透露出的信息:(1)现实地理(包括地理方位和地理状况)不被重视,取而代之的是概念化的四方和差等排列。或者说,“地”的重要性被弱化了。(2)政治权力主持下的人为分判是主导。与之相应,地方神并未“登场”。(3)相较于《禹贡》五服和伊尹《四方令》,成周之会的层级更多,更复杂。(4)参与成周之会的诸侯明显比夏商两代更少。这符合西周前期王权控制力较为孱弱的实态。(5)朝贡的方物繁杂。与此差别明显者莫过于伊尹《四方令》的规范化设置。上述这些“异相”,当须作为周人特有的天下观念与制度的表征来理解。

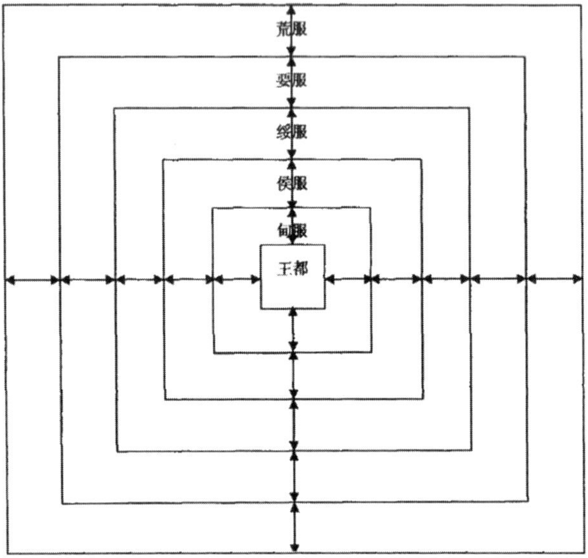

注：岳红琴：《〈禹贡〉与夏代社会》，郑州大学 2006 年博士学位论文。

图 13-1 《禹贡》五服示意图

上文以及图 13-1 中呈现的正是各个政权的“天下”蓝图，自禹夏至西周始终保持着相当的一致性。这些通过仪式呈现的状态，可以看作政权掌握者们“心中”的天下理念。尽管与政治实践中的实态差异巨大，但并不妨碍政权“心系”如仪式中呈现的那种格局工整的天下图景。因为这个蓝图不仅仅是政治理想，更因为坚守天下理念与政权的正当性，即政道有着直接关联。

这个意义上的“天下”是一个极为特殊的政治体，[30] 它以“单中心辐射”为基本样态。“单中心”是政治、军事、经济、文化乃至伦

〔30〕 尽管诸如葛兆光等现代学者一直试图将中国古代的“天下”归为类似于“想象共同体”的理想型，而非实际存在的政治体。但是至少在北宋以前，上至天子、下到知识人，甚至黎民百姓都对之认同，并且在尽力按照学理中的天下形态进行政治实践。我们不能因为践行理论、观念的过程中存在“折扣”而对其性质予以全盘否认。

理的制高点,也是向四方辐射其控制力、影响力并求得“化成”世界的原点、起点和动因所在。与此同时,地域是必不可少的要件。然而与西方式帝国、民族/主权国家等政治体差异最大处在于,“天下”的地域既无需边界,亦不以“占有”为矢的,自然也就不以明确所有权和边界作为前提,理论上是以“中心”控制力和影响力的边界为天下暂时的边界。说暂时,因为按照理想状态和政治理论,政权化成整个世界,使之俱合于道而臻于大同方是所追求的终极状态。随着距离天子越远,意味着文化程度越低,当然中央的直接影响力也越弱。于是通常情况下,天下按照辐射开来的距离范围形成差等化的区域,每个等级分别对应着一系列的制度。

再往后,东周以降诸子又在三代政权所描述、呈现的天下蓝图基础上再作加工,形成了更具有复杂性和包容性,进至完整承载天、地、人、神等世间所有的大融合式理论表述。结合《山海经》中《海经》的叙事方式和内容,〔31〕以及《管子·幼官》《幼官图》《淮南子·地形训》,〔32〕便不难发现其中的一致性。围绕天子这个天下之中,以同心圆,或曰金字塔式拓展的模式,自禹夏至汉代始终被视为天下的应然状态。《春秋公羊传》“故内其国而外诸夏,内诸夏而外夷狄”的渐进式王化思路,同样也本于这个差等结构。

---

〔31〕 将《海经》作“蓝图”式理解的代表者可参见刘宗迪:《失落的天书:〈山海经〉与古代华夏世界观》,商务印书馆 2006 年版,第 238-271 页。不过与诸多其他研究者一样,刘宗迪倾向于将《海经》“蓝图”作天官—巫术性解释,这种思路不乏可取之处,但也只是一隅。

〔32〕 《淮南子·地形训》提供了一个最为复合化的天下图景,包括了九州、九山、八风、六水、四海之内、海外(三十五国)、诸土之气(类似于土质)。但是这种大综合式的图景存在若干不相属之处。九州—八殡—八纮—八极,构成一组渐次展开的同心圆结构。对这一组的描述包括距离、山川、水泽、云雨风的自然现象和各地方物,但不及人,颇合于《五臧山经》的理路。“四海之内”与“四海之外”两段与《海经》《荒经》相似,且所述及的内容也有重合,主要在谈方国。此后又转而以类似《禹贡》导山导水段的叙述描述山川。进而再专门谈神,且以四方风所生之神为首。

尽管上述天下蓝图自始不曾完整地被践行,但历代政权始终都在坚守,并且将之作为政权正当性的标志和象征。总体而言,早期政治主导型“天下”的特质包括:其一,政治主导。借助政治化和政治权力寻求化成世界,肇起自黄帝,之后便一直延续。具有权威性、强制性的政治权力充当着整饬人类行为模式和思想观念的驱动力和保障。其二,中心辐射格局。“中”是“天下”之所以成立的核心,它始终呈现多重内涵复合的状态。其中包含了地理意义上相对于四方、四海的“中”点;〔33〕武力、权威、神圣性的制高点;伦理、道德制高点以及文化制高点。处于天下之中的“天子”则是“中”的象征。〔34〕它的存在使“天下”在性质上不同且超越于部族、邦国、国家等政治体。其三,以证道为旨归。这是“天下”的终极意义和旨归所在。无论实践中的政治体还是政治仪式,抑或观念、理论中的范式、模型,无不体现着“大一统”和“天下为公”的内涵。其四,整体性整饬。“天下”所整饬、型构的关系、秩序远远不止于人类社会,相反包括了“天”之下的一切存在。这与中国传统文化对

---

〔33〕 商周两代迁都的路线和论说都表明政权在寻求地理之中与政权暨天下之中相一致。参见于省吾:《释中国》,中华书局编辑部编:《中华学术论文集》,中华书局 1981 年版[今本《甲骨文献集成》(第 13 册),第 146-149 页];周书灿:《殷商时期的天下格局》,载《殷都学刊》1999 年第 1 期;周书灿、郭文佳、张秀兰:《西周王朝的天下格局与国家结构》,载《河北师范大学学报(社会科学版)》2000 年第 1 期。另外,王邦维:《“洛州无影”与“天下之中”》,载《四川大学学报(社会科学版)》2005 年第 4 期。该文提供了一个新的理解维度,实现了地理之“中”与天(时)之“中”的联结,值得关注。

〔34〕 夏商周三代的政权格局,以及“天子”的地位,参见董作宾:《民无二王》,载《董作宾先生全集》乙编第 3 册,台北,艺文印书馆 1977 年版[今本《甲骨文献集成》(第 24 册),第 200-201 页];刘莉:《中国早期国家政治格局的变化》,载荆志淳等编:《多维视域:商王朝与中国早期文明研究》,科学出版社 2008 年版,第 152-170 页;孙华:《商代前期的国家政体——从二里冈文化城址和宫室建筑基址的角度》,载荆志淳等编:《多维视域:商王朝与中国早期文明研究》,科学出版社 2008 年版,第 171-185 页。周书灿、郭文佳、张秀兰:《西周王朝的天下格局与国家结构》,载《河北师范大学学报(社会科学版)》2000 年第 1 期。

世界作内部化、整体化的理解相一致，[35]也与人作为世界整体的参与者的定位相符。因而所谓证道自然也包括了世界整体秩序完整地和合于道。其五，道术两分。或者表述为政道与治术两分。这种两分质言之是至公的化成世界以证道的追求与存在者界域之“私”之间冲突的表现，也可以视为一种不得已而权宜为之的状态。正是因为存在上述公、私两分，且任何“人为”都难以避免私化，因此飨者论及天下统治时，每每要谈到圣人，究其原因有三，一是由于“统”的功能与意义太过重大，非圣人不足以体认、彰明。二是阳德健动之政，系诸人之主观能动，故须特重效法圣人之所为。三是政治权力可以证道，亦可以背道而为私。需要认识到，无论“政”还是“治”，对于证道而言俱只是“器”与“用”，或曰工具与手段。

四、小结

何为天下？一言以蔽之，道为内核，工夫是人为，而天下为表征。“道”为元，为本亦为归，仰之弥高而又日用不知，须臾不离。“工夫”分阴分阳，有正有偏。全意证道，便是天下；假公济私，方有地理、人物、财富、权能之念。

通过政治化成世界，以求得人类整体性证道的方式为黄帝所肇起，他所创设的统治、统纪一方面要重整人类，另一方面又要反对三皇以来属地的技术传统的私权、私欲。政体后经颛顼天、地（政、治）两分和宗教化，帝喾的伦理化，最终还是难免政权本身被

---

〔35〕 参见 Aihe Wang, *Cosmology and Political Culture in Early China*, Cambridge University Press, 2000; Mark Edward Lewis, *The Construction of Space in Early China*, University of New York Press, 2006。

"私"所侵夺,由此进入了所谓"家天下"政治合一的状态。之后演化出两种模式的践行方案:《禹贡》的属地式中央集权式方案和《周官》为代表的属天式德治方案。两者都不免私化,或者说都是在满足私性与以政证道之间求取平衡,都可看作"天下"理念在实践中的有限实现样态。两者实则都难免受制于统治者的私欲而私权化,迨至老、孔之后受到"第三者"的强烈批判。以超然于政治权力和体制之外的真理掌握者、道德批判者身份提供新的"天下"方案,至战国末达至极端,见诸《庄子·天下》篇。而这些学理、义理方案终究不能独自实现证道,仍需借助政治,因而最终只得以类似董仲舒的模式实现落实。或可说,自黄帝肇端以来,泛政治化成为寻求人类整体性证道的必需,所有的方案调整,都在此前提下寻求证道、反私与有限成就私性之间的平衡。

后　记

这本书十三章的讨论，做的都是正本清源的工作，本意是希望为认识传统中国的法文化建立基础。可是行文至最后，发现仍有两个问题不得不再做些交代。

首先，书中看似十三章，实则是选择了十三个专题分别加以讨论。为什么选择这些专题呢？当然这些不够充分，远远没有覆盖早期中国法文化的所有面相，其中自然与本人学识、水平有限有关。除此之外，还有一个原因也值得重视，那就是，这些问题、话题对于尝试理解上古中国的今人而言显得格外重要。而之所以如此，一是因为现在人们倾向于关注这些话题、面相来理解古代。换句话说，有必要从这些而不是那些面相出发去理解古人，源于今人的问题意识和需求。然而置身于不同文化环境，依托不同理论资源，秉持不同思维方式的古人，既不一定看重这些问题，也不一定按照今人的方式去看待和阐发这些问题。其中隐含了一组矛盾:完全照着古时的原貌解说,有可能后人难以理解,甚至觉得莫名其妙。完全迁就今人,又不免对古代做过多的取舍、裁切,进而背离原貌。例如,第二章中说到的“法家”就是一个典型。若还原到战国时代,根本没有一个能被称为“学派”的“法家”,可是后来却被硬生生地塑造了出来。若干次塑造的过程中,汉代人有汉代人的问题、需求和理解方式,近现代也是如此,因而造就出了形似而实异的好几种“法家”,同时也让战国法家学派成了早期中国法律文化中绕不过去的话题。再如“天下”,明明是个古人日用而不知,具有普遍共识的观念,可是今天不比照现代政治学、法哲学中的“国家”,不概念化地给出比较清晰的内涵、外延,现在人们便会觉得无法理解。可是全盘借用当下习用的学理和术语,又难以合于传统观念和政治实践中的实态。处理这些问题,需要非常精巧的平衡。

此外,是因为书中谈到的这些专题,大多自近代以来存在比较普遍的误解。例如古代“法”的概念,经常被框限在制定法,甚至主要是刑法的狭窄范围来解释,忽视同源于“道”而一体分殊的所有权威规则俱为同质之“法”的内涵。还有像前面谈到的“法家”也属于这一类。

其次,是“用”的问题。古人讲究通经致用、以史为鉴,读经读史终归要落实到致用上。现在人们仍旧热衷于古为今用,像强调传统文化的现代性转化,自然也是为了今用。特别是像法学这种天生就具有实践属性的学科,更是逃不过“有什么用”的追问。

所有学习历史的人都知道,古今之间时势迥异,古人的制度、法律甚至包括思想观念无法直接拿来今用。更有甚者,当你对一个时代了解得越细致、清晰,便越会感受其中因时因势产生的特殊性、偶然性,也就会越发感受到古为今用之难。例如,书中谈到的五帝和禹夏的政体、西周的德政与德治模式、上古的狱讼制度与观念等。很多历史研究者可以用纯粹研究,不求今用的姿态回避了这个问题,可是法学却不行。

我们不妨转换一下思路,暂且放下对“有什么用”的执着,先去审视“怎么用”。诚如前文所说,期望从古史中获得直接可用于当下的制度方案或者治理模式既不现实,也不合适。而且无论是拿着今天的尺子来度量古人,还是以先贤之制为标准来评判当下都不可取。自古迄今,人类的法律制度和社会运行模式从来就不存在一种堪为万世不变标准的完美状态。所以寻求直接“古为今用”,显然不是行之有效的模式。关于“怎么用”,需要着意于:

其一,为理解当下的法律制度、观念、运行机制等提供帮助。例如,中国的法官,无论司法体制如何变化,古今之间的差异何其巨大,但是总保留着不少现代法律理论看来不那么好解释,又与古代传统息息相关的面相。比如,曾经被很多法学家不认同并斥之为法治落后表现的“调解”,还有司法改革中强调法官要有人民性、革命性等,这些显然和西方法治文化中对法官角色、职权和审判模式的设定不同。可是当你明白了第十二章中所说的中国文化中的法官自始至终需得扮演辨“理”、明“理”者的角色,需以化解矛盾而非做出非此即彼的裁判为要务,便会明白为什么时至今日我们的司法制度较之其他法治文化何以具有如此这般的特殊性。更进一步,有了这种理解之后,再来思考如何调整制度,使其更好地发挥作用等。这不失为“古为今用”的模式之一。

其二,为理解中华文化的独特面相,以及背后蕴含的独特文化基础和生命力提供可能。这个方面表面上看起来距离具体的实用更远,相对来说也更间接,但是就意义和影响而论显然更为深远。法文化与其他制度文明、思想文化一样,都基于并且反映着特定文化传统背后的世界观、价值观。正如书中反复谈到的，中华文明最基础性的特质，也是它之所以具有超绝于其他文化传统的强大生命力的根源，在于有“道”、守“道”且以证“道”、合“道”为终极追求。从黄帝肇端政权，到近代“天下为公”的口号，再到当下“人类命运共同体”的倡导，一以贯之的都是中国人对人类整体和合于“道”的追求。政权、治理、法律等，无不以“道”为正当性基础，又以合“道”为矢的。也正因如此，中国的法律格外强调责任，因为我们的文化认为人之为人，作为万物之“灵秀”，自始就有引领万物和合于道，各得安顿的使命与责任。这与强调人是“主体”，是“目的”和“万物尺度”的西方文化存在根本性差异。正是这个差异，造成了中国重责任，“为公”的法律文化与西方以自我成就为目的的法律文化，以及相应的制度设置和价值追求大相径庭。如果我们没有正本清源地把握什么是“公”，为何要“公”以及何以为“公”，不免轻率地做出传统中国法律制度和法律观忽视保障私权利这类误判。同时，理解了“公”与“道”，便会自觉地意识到，我们需要结合当下的法律制度和运行机制，创化出一套以私致公的制度和实践方案。大而言之，是要坚守中华文化之道，在充分考虑当下时、势、世的基础上形成一套超越且又具包容性的现代法律新制度、新理论。

当然，上面说到的更多只是愿景，这本书充其量只提供了一些非常基础性的，同时也只是一些点状的论说。整体性的古代法律文化全景式呈现，以及其中诸多细节的具体考证，还有待日后渐次展开。